경영 고전과 열린 미래

경영 고전과
열린 미래

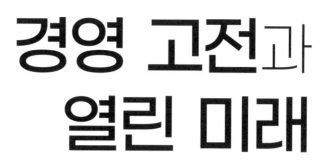

Management Classics
and the Uncharted Future

정명호 지음

한울
아카데미

추천의 말

변화가 일상이 된 시대에 우리는 이제 과거에서 벗어나야 한다는 생각을 하거나, 습관적으로 과거의 방식을 반복하는 이분법적 태도에 빠지기 쉽다. 불확실성 시대의 경영에 있어서 변하는 것과 변하지 않는 것 사이에서 균형 잡힌 시각이 무엇보다 필요하지만, 과거라는 자산은 너무 방대하기에 이러한 방향을 잡기가 쉽지 않다. 탁월한 역량과 경험을 보유한 저자의 30년에 걸친 학문적·실무적 탐구의 결실이 담겨 있는 이 책은 오늘과 미래를 고민하는 우리에게 보배와 같은 역할을 할 것이다.　장은미(한국인사조직학회 회장, 연세대학교 경영대 교수)

이 책은 고전의 내용을 소개하는 것에 그치지 않고, 현재의 관점에서 평가하고, 현대 경영에 대한 시사점을 논의하며, 이를 바탕으로 앞으로 펼쳐질 미래 경영에 대해서 진지한 고민을 하고 있다. 고전과 현대 경영, 그리고 경영의 미래에 관한 대화를 시도함으로써 경영의 변치 않는 본질을 규명하고 있는 것이다. 이 책을 통해 저자가 '경영학과 인사조직의 구루guru'라는 사실을 다시 한번 증명하고 있다. 본인이 추천사를 자원한 이유이다. 인류에게 풍요와 고도의 문명을 일으키는 역사를 열어준 위대한 인물로 프레더릭 테일러와 헨리 포드 두 경영자를 우리는 반드시 기억하고 알아야 한다.

이춘우(한국인사관리학회 및 기업가정신학회 회장, 서울시립대학교 경영대 교수)

추천의 말

내일을 예측하기 어려운 거시적 경영환경 속에서 우리 경영학자들은 주로 미시적인 해결책을 제시해 왔다. 이 책에서 저자는 지난 100여 년 동안 서구 사회를 풍미했던 경영 고전에 천착해, 다가올 경영의 미래 방향을 가리키고 있다. 경영을 공부하고 실천하는 모든 이에게 일독을 강력하게 추천한다.

이영면(동국대학교 경영학과 교수, 전 한국경영학회 회장)

이 책은 과거와 미래, 사람과 제도, 개인과 조직, 주체와 관계, 리더와 직원, 그리고 존재와 인식을 보기 드물게 균형 있게 다룬다. 단순한 지식 전달이 아니라 시대적 배경을 바탕으로 현상을 바르게 설명하고자 하는 이야기를 구성하며, 피상적 인용을 통한 엮음을 넘어 경영의 '본질 그 자체'에 집중해 경영의 실재에 다가갈 수 있도록 돕는다. 이 책은 과거 세대의 전통과 지혜를 가벼이 여기지 않는 동시에 미래 세대의 좋은 삶도 타협하지 않으려는 지속가능성을 추구하는, 그리고 오랜 세월 고민하고 연구해 온 저자의 열정을 과감히 드러내 주는 역작이다.

배종석(고려대학교 경영대 교수, 전 한국인사조직학회 회장)

추천의 말

고전이 고전인 이유는 시대와 상황에 따라 경영에 관한 고민의 모습은 다르지만 실상 그 본질은 같은 경우가 많기 때문이다. 그러나 우리는 종종 본질의 같음을 보지 못하고 방황하기도 한다. 저자의 오랜 연구와 지적 탐험을 담은 이 책은 고전의 핵심을 소개하고, 현재를 이해하고 미래를 그려가는 데 필요한 통찰을 담고 있다. 경영의 역사와 미래에 관심이 있는 모든 분들에게 일독을 추천한다.
                                   김희천(롯데인재개발원 원장, 전 한국인사조직학회 회장)

이 책의 가치는 단순히 경영 고전의 정수를 되짚어보는 데 있지 않다. 시대를 관통하는 사람과 조직의 근본 문제가 무엇인지, 경영의 근본원리는 어떻게 작동하는지, 경영 구루들의 통찰력insight 위에 저자의 예지력foresight을 더한 탁월한 지혜를 만날 수 있다. 특히 미래 경영의 네 가지 키워드인 몰입, 소통, 연결, 연대를 고민하고 실천하는 리더나 인사 책임자들에게 경영 관점의 확장, 내부 토론의 기회, 미래 경영을 만나는 대화의 장이 될 것으로 확신하며 필독을 권한다.
                                   송미영(현대자동차그룹 인재개발원 원장, 교육공학 박사)

프롤로그

우리는 미래를 향해 뒤로 행진한다.

We march backwards into the future.

우리는 후방 거울을 통해 현재를 보고 있다. 우리의 미래는 과거에 의해 정해지고, 우리는 과거의 방식으로 미래를 경험한다. 마셜 매클루언Marshall McLuhan의 말이다. 사람들은 과거의 눈으로 현재를 보기 때문에 과거의 관점과 습관을 그대로 가지고 미래로 다가간다는 의미이다. 이렇게 오래된 생각과 행동을 미래에 가져가기 때문에 새로운 기술과 변화하는 세계에 쉽게 적응하지 못하게 된다.

예일 대학교Yale University 경영대 학장과 애플 유니버시티Apple University 학장을 지냈던 사회학자 조얼 포돌니Joel Podolny 교수는 얼마 전 국내에서 있었던 한 기조 강연에서 한 장의 함축적인 사진으로 매클루언의 통찰을 설명했다.[1] 바로 다음의 사진이다.

〈그림 0-1〉은 1831년 미국 뉴욕New York주에서 최초로 승객을 싣고 달리는 기차의 모습이다. 당시로서는 가장 혁신적인 기술이었던 증기 기관차가 객차를 끌고 있다. 그런데 기관차에 연결된 것은 객차가 아니고 세 대의 마

---

1   조얼 포돌니, "From marching backwards to marching forward", 부산 벡스코(BEXCO)에서 열린 한국경영학회 융합학술대회 기조 강연, 2023년 8월 17일.

그림 0-1 증기 기관차 초기 모습(1831년 미국의 디윗 클린턴 기차)

차였다. 승객들은 기관차에 연결된 마차 안과 위에 앉아 있다. 기관차를 운전하는 기관사 역시 마차를 끄는 말의 등에 앉는 것처럼 기관차에 타고 있다. 3톤짜리 기관차는 12마일(약 20km) 거리를 46분에 주파했는데, 나무를 태우는 증기 기관을 사용했다. 이후에 증기 기관차는 더 큰 동력을 얻기 위해 석탄을 연료로 사용했기 때문에 기관사는 석탄이 연소되면서 나오는 유해 가스에 그대로 노출되었고, 때로는 목숨을 잃기도 했다고 한다. 이러한 위험과 불편에도 불구하고 오늘날과 같은 모습의 기관차와 객차가 나오기까지는 20여 년의 시간이 필요했다.

왜 그랬을까? 사람들은 당시 가장 일반적인 이동 수단이었던 마차의 모습으로 기차를 설계하고 제작한 것이다. 마차를 타던 과거의 경험이 기차라는 새로운 미래를 과거의 방식으로 규정한 것이다. 한 번도 본 적이 없는 새로운 형태의 기관차와 객차는 사람들의 머릿속에 그려지지 않았다. 이와 마찬가지로, 스마트폰이 처음 나왔을 때 그 모습은 과거의 컴퓨터를 작게 만들어 그대로 구겨 넣은 것이었다. 가장 많은 사람들이 사용했던 블랙베리Blackberry를 생각해보라. 작은 화면과 컴퓨터 자판을 그대로 축소해 넣고, 수많은 버튼과 복잡한 기능을 담고 있는 미니컴퓨터 그대로였다. 오늘날 큰 스크린에 터치 방식의 자판과 손가락으로 앱app을 구동하는 진짜 스마트폰은 스티브 잡스Steve Jobs의 혁신을 기다려야 했다. 즉, 우리는 과거의 방식 그대로 미래를 향해 걸어가는 것이다.

우리들 직장도 마찬가지이다. 100년 전 프레더릭 테일러Frederick W. Taylor와 헨리 포드Henry Ford가 설계했던 공장의 모습과 우리가 일하고 있는 오늘날의 직장은 겉으로는 비교가 안 될 정도로 다르다. 현재 국내 주요 기업들은 세계적 수준의 경영을 하고 있다. 공급망 관리, 정보 시스템, 마케팅 전략, 빅 데이터 분석 등 첨단 경영기법과 제도들이 거의 시차 없이 도입되어 적용되고 있다. 그러나 과거의 그림자도 그대로 남아 있다. 그리고 그 밑바닥에는 변하지 않는 모습들이 있다. 권위주의적 리더십, 집중화된 의사결정, 창조와 실험보다는 속도와 효율성, 학습에 대한 강박, 실패에 대한 두려움, 성과 압박과 경쟁은 여전하다. 또, 한편으로는 서로 연결하고 함께 나누면서 성장하고 싶은 우리들의 모습도 달라지지 않았다.

과거의 그늘이 반드시 나쁜 것은 아니다. 그늘은 햇빛을 가로막는 역할도 하지만 시원한 쉼터가 되기도 한다. 이런 생각에서 우리 경영이 나아갈 길을 찾기 위해 경영 고전들을 다시 펼쳐 보려고 한다. 경영 고전은 당대의 문제에 대한 경영자와 학자들의 고민의 산물이다. 시대마다 그 시대에 고유한 문제가 던져진다. 시대와 상황마다 고민의 내용은 달라졌겠지만 거기에 답하기 위해 나온 고전들은 수많은 경영자와 경영학자, 그리고 우리 모두에게 깊은 영향을 미쳤다. 역사 속의 책 한 권으로 사라진 것이 아니라 현재까지도 경영자를 비롯한 많은 사람들의 생각과 행동 속에 깊이 뿌리 박혀 있다.

변하면 변할수록 똑같아진다.

Plus ça change, plus c'est la même chose.

그림 0-2 1918년 스페인 독감 유행 당시 미국 샌
프란시스코 풍경

프랑스의 작가 장바티스트 카Jean-Baptiste A. Karr의 말이다. 세상은 격변하는 것처럼 보이지만 세월이 흘러도 변하지 않는 것들이 있다. 지난 몇 년간 전 세계를 뒤흔들었던 코로나 팬데믹을 생각해보자. 역사상 처음 보는 블랙스완이라고들 했지만 약 100년 전 (1918~1920) 세상에 찾아왔던 스페인 독감과 매우 닮았다. 그때도 3년간 세 차례의 대유행이 전 세계로 퍼지면서 5000만 명이 사망했다. 이후 100년이 지나고 과학과 의료 기술은 눈부시게 발전했지만 코로나19 팬데믹 역시 몇 차례의 대유행을 거치며 최소한 1500만 명의 목숨을 앗아갔다. 그리고 결국 많은 사람들이 감염되고 난 후에야 확산세와 치명적 효과가 감소했다. 100년 전 사람들이 마스크를 쓰고 있는 모습을 보면서 우리는 과연 한 세기 동안 무엇을 했는지 생각해보게 된다.

"나는 일할 수 있는 두 손만 샀는데 왜 매번 사람이 따라오는가?" 프레더릭 테일러가 염원했던 과학적 관리를 완성했다는 헨리 포드의 말이다. 근대적 공장과 사무실이 만들어진 이후 100년이 지나고, 이제 코로나19 팬데믹을 빠져나와 새로운 인공지능AI 혁명의 출발점에 서 있는 지금, 우리의 직장과 경영은 어디로 가고 있는가? 이 책에서 멀리는 100년, 가까이는 30여 년 된 경영 고전들을 다시 돌아보는 이유이다.

그동안 경영 고전을 소개하는 책들은 더러 있었지만 경영전략과 마케팅 등 시대적 유행에 따라 나타났다 사라지는 저작들이 선정되는 경우가 많았다. 이 책에서는 경영의 근본이 되는 조직관리와 인사관리 분야의 고전 열

편을 선정했다. 과학적 관리, 집단사고groupthink, 고성과 팀high performance team, 창의성 경영 등 누구나 알고 있다고 생각하지만 정작 그 내용을 정확하게 말하기 어려운 주제들이다. '인식은 실재'라는 말처럼 이런 고전들은 현재도 경영자들의 생각에 영향을 주고, 경영의 실무에 그대로 반영되어 있다. 그리고 우리는 이러한 관점을 그대로 갖고 미래 속으로 걸어 들어갈 것이다. 그래서 이 책은 고전의 내용을 소개하는 것에 그치지 않고, 현재의 관점에서 평가하고, 현대 경영에 대한 시사점을 논의하며, 이를 바탕으로 앞으로 펼쳐질 미래 경영에 대해서 진지한 고민을 해보고자 한다. 한마디로, 고전과 현대 경영, 그리고 경영의 미래에 관한 대화를 시도했다.

먼저 제1부에서는 엄선한 열 편의 고전을 크게 세 부분으로 나누어 살펴본다. 먼저 저자와 해당 고전이 나오게 된 시대적 배경을 소개하고, 그 주요 내용을 검토했다. 다음으로, 고전을 현재의 관점에서 평가하고 그 시사점을 살펴보았다. 특히, 단순히 고전의 내용을 요약하는 것이 아니라 현대 경영학의 여러 연구들을 풍부하게 소개하면서 고전을 해설하고, 독자들이 고전의 의의를 평가할 수 있도록 했다. 혹시 이 책에 소개된 고전의 내용에 정통한 독자라면 평가와 시사점 부분을 중심으로 읽어도 좋을 것이다. 열 편의 고전은 1911년 발간된 테일러의 저작부터 1997년 출간된 기업 창의성에 관한 고전까지 시대순으로 정리했다. 물론 각 고전이 다루는 주제나 분야별로 묶을 수도 있겠지만, 모든 과학적 지식은 그것을 만들어낸 사회적 맥락의 산물이며, 다시 그 사회에 영향을 미친다는 지식 사회학적 관점에서 출간 시기에 따라 서술했다.[2]

1장 테일러의 과학적 관리 이론에서는 저자인 테일러 스스로 가장 중요하

---

2   P. Berger and T. Luckman, *The social construction of reality: A treatise in the sociology of knowledge* (New York: Doubleday, 1966).

다고 강조하는 원전의 부분들을 그대로 인용하면서 그의 사상과 주장을 전달하고자 했다. 오늘날 우리가 일하는 직장의 여러 모습에는 테일러가 꿈꾸던 과학적 경영의 그림자가 투영되어 있다. 독자들은 세계 최고의 혁신기업으로 알고 있는 구글Google의 데이터 기반 관리가 사실은 100년 전 공장관리를 대상으로 쓴 테일러의 과학적 관리의 원리와 같다는 것을 알게 될 것이다. 이미 시작된 AI 혁명과 함께 앞으로 다가올 미래에도 테일러의 유산은 쉽게 사라지지 않을 것이다.

2장에서는 프레더릭 허즈버그Frederick Herzberg의 내재적 동기부여motivation 이론을 살펴보고, 그가 평생 동안 노력했던 직무충실화 운동과 이후 이어진 직무재설계, 임파워먼트empowerment, 현대의 잡 크래프팅job crafting에 이르는 실무적 흐름의 의미와 시사점을 검토해 보았다. 특히, 현재의 관점에서 보면 50년도 넘은 허즈버그의 '낡은 이론'이 과연 타당한 것인가를 미국 그래비티Gravity Payments사의 흥미로운 실험과 하버드 대학교Harvard University 테리사 애머빌Teresa Amabile 교수의 통찰력 있는 연구를 통해 알아보았다.

3장 어빙 재니스Irving Janis의 집단사고 이론은 '똑똑한 바보들'의 이야기이다. 왜 능력 있는 집단이 어리석은 결정을 내리는가, 그리고 그 대안은 무엇인가를 분석한 의사결정 분야의 고전이다. 재니스는 쿠바 피그스Pigs만 침공 실패 등 역사적 사건을 통해 응집력이 높고 긍정적 정체성을 가진 소수의 집단이 외부의 위협에 직면하면 평범한 사람도 발견할 수 있는 문제를 무시함으로써 결국 어리석은 결정을 하게 되는 과정을 설득력 있게 분석한다. 후반부에서는 고전에서 다루지 않았던 미국 스리마일Three Mile섬 원자력 발전소 사고, 챌린저Challenger호 폭발 사고 등 재난 사고를 보는 정상사고normal accident 이론과 집단사고 이론의 관점을 비교하고, 위기관리를 위한 시사점을 살펴보았다.

4장은 비교문화 연구의 대가인 기어트 호프스테드Geert Hofstede의 문화와 조직관리 이론이다. 문화는 우리 마음속의 소프트웨어이기 때문에 소프트웨어가 다르면 달리 생각하고 행동할 수밖에 없다. 따라서 다양한 경영기법과 조직관리 역시 문화적 가치에 따라 그 효과가 다르기 때문에 달리 적용되어야 한다. 이 장에서는 호프스테드 이론의 소개에 추가해 KAL 801편 추락사고를 비롯한 비극적 사고가 권력 거리와 관련이 있음을 살펴보고, 문화적 차이가 단순한 이론적 논의가 아니라 우리 일상에 관련되는 실제적 문제임을 알아보았다.

5장에서는 가레스 모건Gareth Morgan의 조직 은유 이론을 살펴보았다. 우리가 일하는 조직은 기계, 유기체, 두뇌, 변환체계 등 여러 개의 얼굴을 갖고 있다. 이 장은 모건이 제시한 여덟 가지 이미지를 중심으로 딱딱한 조직이론을 알기 쉽게 설명하고, 각 은유의 장점과 단점을 균형 있게 정리했다. 은유가 가진 힘은 현실 조직과 경영을 꿰뚫어 볼 수 있는 통찰력이다. 모건은 은유를 통해 우리가 당연하게 생각하는 전제에 도전하고, 새로운 사고방식과 관리방식을 찾아야 한다고 주장한다. 앞으로 다가올 미래에도 이러한 은유를 길잡이 삼아 창의적인 경영 방식을 만들어 나가야 할 것이다.

6장은 존 카첸바크Jon R. Katzenbach와 더글러스 스미스Douglas K. Smith의 고성과 팀 이론이다. 우리가 매일 일하는 팀을 어떻게 성공적인 팀으로 만들 수 있는지 그 핵심요인과 운영 원리를 밝힌 고전이다. 저자들은 팀 성공을 위해서는 팀의 본질을 정확하게 이해하고, 팀 몰입, 규모, 역량 믹스 등 팀 성공의 핵심요인들을 효과적으로 관리해야 한다고 설명한다. 특히, 팀과 팀워크를 구분하고, 고성과 팀은 기술적 측면과 사회적 측면이라는 양 날개를 동시에 가져야 한다는 것을 설득력 있게 제시한다. 이에 덧붙여, 장 말미에서는 팀원들의 주도성이 날로 커지고 있는 미래의 경영 환경에서 어떠한 원리가 팀 성공의 열쇠가 될 것인지 논의했다.

7장은 고몰입 인사시스템 이론의 기초를 형성한 제프리 페퍼Jeffrey Pfeffer

의 고전이다. 저자는 '사람을 통한 경쟁 우위'를 만드는 방법을 다양한 사례와 증거를 통해 설득력 있게 주장하고 있다. 고몰입 시스템의 원리를 고용 안정성, 엄격한 선발, 정보공유 등 구체적인 인사제도 및 방안으로 제시하며, 고몰입 공동체형 인사시스템이 경쟁 중심의 시장형 인사시스템을 능가한다고 역설한다. 이에 덧붙여, 고몰입 시스템과 사회적 네트워크, 성과주의와 고몰입 시스템의 관계에 관한 최근의 연구도 살펴보았다. 우리가 얻어야 할 교훈은 잘못된 경영 시스템에 사람을 맞추지 말고, 사람의 본성에 경영 시스템을 맞추라는 것이다.

8장은 우수기업 연구 분야의 고전인 제임스 콜린스James Collins와 제리 포라스Jerry I. Porras의 비전기업 이론이다. 저자들은 비전기업의 성공은 뛰어난 제품이나 아이디어가 아니라 우수한 조직 만들기에 성공했기 때문이라는 것을 다양한 사례를 통해 보여주고 있다. 이 책의 가장 중요한 메시지인 '핵심의 보존과 변화의 자극'은 당시 선구적인 경영학자들의 관심 주제였던 패러독스 경영의 원리와 맞닿아 있다. 오랜 기간 동안 기술과 시장 변화에도 불구하고 우수성을 유지할 수 있었던 비전기업의 핵심은 '불멸의 조직 만들기'라는 결론인데, 이제 AI 혁명으로 시작되는 새로운 미래에도 타당할 것인지 살펴보았다.

9장은 1990년대 지식경영knowledge management의 대유행에 바탕을 제공한 노나카 이쿠지로野中郁次郎와 다케우치 히로타카竹內弘高의 지식창조 이론이다. 노나카의 지식 이론은 기업의 성공과 지속적 혁신은 '지식 만들기' 능력에서 비롯된다고 보고, 특히 암묵적인 지식이 형식지로 전환되는 과정을 독창적으로 이론화하고 있다. 지식창조의 실천방식 또한 정신과 육체, 혼돈과 질서, 형식지와 암묵지 등 대립적인 것의 통합이라는 동양적 인식론에 바탕을 두고 있다. 하지만 일본 기업 특유의 상황에 기초하고 있는 것도 사실이기 때문에 인공지능, 딥 러닝deep learning과 같은 혁신적 기술의 영향을 고려할 수 있는 새로운 지식 이론의 필요성을 추가로 살펴보았다.

10장은 창의성 경영 분야의 고전인 앨런 로빈슨Alan G. Robinson과 샘 스턴 Sam Stern의 기업 창의성 이론이다. 기업 창의성의 본질은 의외성이기 때문에 창의성 경영은 '관리 불가능한 것을 관리하는 것'이다. 저자들은 3M, 듀폰 DuPont 등 다양한 기업의 창의성과 혁신 사례를 통해 창의성 경영의 핵심요 인과 실천 방법론을 제시하고 있다. 기업 창의성은 한두 사람의 천재가 아니 라 기업 특유의 경영 특성에서 나오기 때문에 정렬과 방향 일치, 비공식 활 동, 우연한 발견 등 창의성의 조건을 잘 관리해야 한다고 역설한다. 후반부 에서는 스티브 잡스와 픽사Pixar의 사례 등 연결과 창의성, 다양성 등 저자들 이 다루지 않은 문제들을 추가로 논의했다.

다음으로, 제2부에서는 경영의 미래를 살펴보았다. 아이작 뉴턴Isaac Newton 의 말처럼 고전의 어깨에 올라서서 다가올 경영의 미래를 생각해보려고 했 다. 하지만 미래의 경영과 조직관리의 변화 전체를 포괄적으로 논의하는 것 은 분명 필자의 능력을 벗어나는 버거운 일이 될 것이다. 따라서 조직관리 분야에서 현재 경영의 화두가 되고 있는 몰입, 소통, 연결, 연대라는 네 가지 키워드를 중심으로 생각해보았다. 각 주제들을 세 개의 장으로 나누어 몰입 관리, 혁신을 위한 소통과 네트워크 관리, 그리고 새로운 미래가 요구하는 연대의 리더십에 대해서 필자 나름의 생각을 정리하고, 미래 경영 환경에서 이러한 핵심 주제들이 어떤 변화를 겪게 될 것인지 논의해 보았다. 특히, 제 2부는 최근의 새로운 연구들과 필자의 연구, 그리고 여러 지면에 소개했던 기고문들을 기반으로 해서 미래 경영의 방향을 서술했다.

먼저 11장은 일하는 사람의 입장에서 가장 중요한 몰입engagement의 문제 를 살펴보았다. 경영 환경의 복잡성과 구성원의 주도성이 증가하는 현실에 서 몰입이 왜 중요하고, 어떻게 관리할 것인지 논의했다. 직장에 다니는 사 람이라면 누구나 전문적인 역량 개발과 성장 경험을 원할 것이다. 하지만 이제 AI가 업무를 기획하고, 업무방식과 일정을 결정해 가는 현실에서 조직 구성원들은 과연 일을 통해 삶의 목표를 실현하고, 자신의 정체성을 형성하고, 다른 사람들과 의미 있는 관계를 맺을 수 있을 것인가? 드라마 〈오징어 게임〉의 마지막 장면에서 노인이 회상하듯이, 인생에서 가장 재미있었던 어린 시절의 놀이처럼 업무에 몰입하려면 무엇이 필요한가? 이 장에서는 지금 혼란스럽게 사용되고 있는 몰입의 개념을 정립하고, 몰입을 만들고 유지해 나가는 근본적인 동력은 구성원의 자율성과 자기결정임을 강조하고자 했다. 앞으로 '인간-AI 팀'이 일반화되면, 일반적인 역량과 기술 수준이 높은 사람이 아니라 AI를 잘 이해하고, AI와 협력할 수 있는 구성원이 필요하고, 교육 훈련 역시 그런 방향으로 진행될 것이라고 한다.[3] 이런 상황에서 고려해야 할 몰입관리의 향후 과제도 함께 논의했다.

12장은 혁신을 위해 반드시 필요한 소통과 네트워크 관리 문제를 연결이라는 렌즈로 들여다보았다. 소통은 조직 생존과 성장, 그리고 혁신에 없어서는 안 될 필수적인 요인이다. 그러나 필자가 경험한 바로는 소통에 문제가 없다는 조직은 거의 보지 못했다. 이 장에서는 기업 창의성과 혁신의 근원인 소통의 필수 조건으로 먼저 심리적 안전psychological safety을 정확하게 이해하고, 구성원이 자유롭게 할 말을 하려면 무엇이 필요한지도 알아보았다. 또한, 소통은 연결의 함수이기 때문에 소통관리와 혁신은 결국 조직 내부와 외부의 네트워크를 어떻게 만들고 관리할 것인가의 문제이다. 이런 관점에서, 네트워크 관리의 주요 이론과 쟁점들을 논의하고, 미지의 낯선 상대와 연결해야 하는 미래 경영 환경에서 더욱 필요한 협업과 개방형 혁신open innovation 도 함께 살펴보았다.

---

3   G. Chen and R. Kanfer, "The future of motivation in and of teams," *Annual Review of Organizational Psychology and Organizational Behavior*, 11, 2024, pp. 93~112.

마지막으로 13장은 경영에서 빼놓을 수 없는 리더십 문제이다. 제1부 경영 고전 부분에도 리더십 관련 고전은 포함되지 않았기 때문에 가능한 상세하게 논의했다. 오늘날 리더십은 가장 잘 팔리는 비즈니스 상품이 되었다. 사람들은 "리더십이 모든 것이고, 리더가 바뀌면 모든 것이 바뀐다"고 굳게 믿고 있다. 그래서 새로운 리더십 이론이 끊임없이 나오고 있다. 과연 리더십은 어디로 가는 것인가? 이 장에서 필자는 우리가 믿는 리더십의 중요성은 과장되어 있고, 때로는 터무니없는 로망스(낭만화)에 빠져 있다고 비판한다. 그리고 지금까지 사람들이 열광했던 변혁적 리더십, 진정성 리더십 등 어떠한 리더십 이론도 그 나름의 문제와 근본적인 한계가 있음을 지적했다. 그것은 리더 한 사람에게 모든 권한이 집중되는 '1인 리더십'의 시대가 끝나가고 있기 때문이다. 이제 아무리 역량과 경험이 뛰어난 리더라도 경영 환경의 변화를 읽고, 무엇을 어떻게 해야 하는지 제시하기 어렵다. 대신에 구성원 모두가 리더십을 발휘해야 하는 공유 리더십, 분산적 리더십의 시대가 오고 있다. 필자는 이 장에서 불완전한 리더 한 사람에게 의존하는 'I-리더십'을 구성원 전체가 리더가 되는 'We-리더십'으로 전환하자고 제안한다. 그리고 We-리더십의 개념과 유형, 실행 조건, 실행상의 문제와 쟁점들을 논의했다. We-리더십은 새로운 리더십 기법이 아니라 결국 새로운 연결과 연대를 만드는 것이다. 미래의 리더들은 막연한 비전을 만들어서 자신도 알지 못하는 곳으로 사람들을 이끌려 하지 말고, 구성원이 자유롭게 일하고 연대할 수 있는 공동의 광장을 만드는 데 주력해야 한다. 가장 중요한 것은 구성원을 믿고 그들과 함께 가는 것이다.

  이 책은 조직관리와 인사 실무를 담당하는 경영자와 실무 관리자들이 경영학 고전 이론들을 쉽게 이해하고, 현재 당면한 관리 이슈들과 미래의 변화에 관한 이론적 쟁점들을 깊이 있게 이해할 수 있는 좋은 길잡이가 될 것이다. 특히, 기획팀, 인사팀(피플팀), 인재개발팀 등 조직관리 관련 부서에서 꼭

구비해야 할 참고도서 중의 하나가 되었으면 하는 바람이다. 아울러, 경영학을 전공하는 학부 및 대학원생들이 인사조직 관련 과목을 수강하면서 부교재나 참고도서로 읽을 수 있으며, 조직, 인사, 전략 등 매니지먼트 분야 세미나 과목에서 고전 이론과 현대 연구들을 연결해 토론할 자료가 될 수 있을 것이다. 또한, 경영학과 관련되는 산업심리학, 사회심리학, 사회학, 행정학 등 다른 분야의 연구자들에게도 도움이 될 것이다. 물론 경영과 경영학에 관심이 있는 일반 독자들, 특히 역사적 관점에서 경영학을 이해하고 미래를 전망하고 싶은 독자들에게는 흥미로운 읽을거리가 될 것으로 확신한다.

이 글의 첫 부분에 제시된 1830년대 초반의 이해하기 어려운 기차의 모습처럼, 그리고 마셜 매클루언의 통렬한 예언처럼 과거를 바라보며 미래로 뒷걸음치지 말고, 우리 모두가 미래를 향해 힘차게 앞으로 행진하는 과정에서 이 책이 작은 도움이 될 수 있기를 바란다.

차례

제1부
경영 고전의 이해

1장 공장의 과학자, 프레더릭 테일러의 과학적 관리 이론[*]

1. 저자와 시대적 배경

프레더릭 윈즐로 테일러의 『과학적 관리의 원리』는 1911년 초판이 출간되어 올해로 113년이 되는 고전이다.[1] 이 책은 경영학 전공자가 아니더라도 누구나 한 번쯤 들어본 적이 있겠지만 그 내용을 상세히 읽어본 사람은 많지 않을 것이다. 이 고전은 의심의 여지 없이 경영학 100여 년의 역사상 가장 중요한 저서의 하나로서, 피터 드러커Peter Drucker는 저자인 테일러를 찰스 다윈Charles Darwin과 함께 현대 세계를 만든 인물로 언급하고 있다. 실제로 오늘날 우리가 일하고 있는 직장의 여러 모습은 사실상 테일러의 과학적 관리에서 비롯되었다고 해도 과언은 아닐 것이다. 한마디로 현대 기업과 조직 경영의 근본을 형성한 저작이라고 할 수 있다.

흔히 경영이 과연 '기술art인가 과학science인가'라는 질문을 많이 하는데, 테일러가 경영을 과학의 영역으로 인도한 선구자 중의 한 사람인 것은 분명

---

[*] 이 장은 1911년 출간된 Frederick W. Taylor, *The Principles of Scientific Management* (New York: Harper & Bros.)의 주요 내용을 살펴보고, 그에 대한 평가와 현대 경영에의 시사점을 정리했다.

[1] F. W. Taylor, *The principles of scientific management* (New York: Harper & Bros.).

그림 1-1

The Principles of
Scientific Management

BY
FREDERICK WINSLOW TAYLOR, M.E., Sc.D.
PAST PRESIDENT OF THE AMERICAN SOCIETY OF
MECHANICAL ENGINEERS

HARPER & BROTHERS PUBLISHERS
NEW YORK AND LONDON
1919

하다. 테일러는 과학적 관리가 경영의 한 기법이 아니라 경영의 본질에 대한 일반 이론 또는 하나의 사상이라고 믿었고, 이를 후세의 계승자들이 테일러 주의Taylorism라고 부르고 있다. 테일러는 자신의 과학적 관리가 어떤 산업, 어떤 규모의 기업에도 적용 가능하며, 기업뿐만 아니라 가정, 농장, 교회, 정부 등 모든 조직에 적용 가능한 경영의 보편적 원리라고 주장한다. 또한, 우리가 잘 아는 1980년대의 품질관리QC, 일본식 경영, 1990년대의 리엔지니어링reengineering 등과 같이 테일러의 사상을 현대 경영에서 실현하려는 시도가 계속되고 있다.

그러나 과학적 관리는 산업사회와 자본주의의 발전과 함께 여러 가지 문제를 야기한 측면도 있으며, 많은 비판을 받아온 것 역시 사실이다. 특히, 테일러가 이상으로 생각했던 과학적 경영과 생산성 향상을 기반으로 노사 모두가 이익을 누리는 노사 공동의 발전은 아직도 실현되지 않고 있으며, 생산성 저하와 노사 갈등은 오늘날에도 여전히 해결되지 못한 문제로 남아 있다. 한편으로, 최근 인공지능AI, 빅 데이터 분석, 로봇 등 혁신적인 기술이 일터에 본격적으로 들어오면서 이러한 신기술을 어떻게 설계하고 활용할 것인가라는 문제가 제기되고 있는데, 이것 역시 테일러주의에서 많은 것을 배우고 적용할 수 있다. 테일러의 과학적 관리가 현대 조직 경영에 무엇을 기여했고, 어떤 한계가 있는지 살펴보기로 한다.

테일러는 누구인가

먼저, 테일러의 개인적 배경과 과학적 관리의 초판이 출간된 1900년대 초반의 상황을 간단히 살펴볼 필요가 있다. 프레더릭 테일러는 1856년 미국 필라델피아 저먼타운Germantown, Philadelphia의 퀘이커 교도 집안에서 태어났다. 변호사였던 테일러의 아버지는 그가 법률가가 되기를 희망했기 때문에 하버드 대학교Harvard University 입학을 위해 명문 필립스 엑시터 고등학교 Phillips Exeter Academy에 보냈다. 테일러는 명석하지는 않았지만 열심히 공부해서 상위권을 놓치지 않았다. 그러나 등잔불 밑에서 너무 열심히 공부한 대가로 심각한 시력장애가 생겼고, 의사는 하버드 대학 입학은 물론 과다한 독서나 공부가 필요한 직업을 만류했기 때문에 결국 하버드 입학을 포기했다.[2]

열정적이고 성실했던 청년 테일러는 많은 양의 읽기가 필요하지 않은 일을 찾다가 1874년 필라델피아의 작은 공장에서 기계공으로 일하기 시작했다. 이후 미드베일 철강회사Midvale Steel Works에서 8년 동안 다양한 일을 하며 수석 기사까지 올랐다. 테일러는 특히 선반공의 작업 효율성에 관심을 기울였으며, 선반공의 하루 표준 작업량을 알아보기 위해 시간 연구에 몰두했다.[3] 때마침 시력도 많이 회복되어 야간 과정으로 스티븐스 공과대학Stevens

---

2   A. Gabor, *The capitalist philosopher* (New York: Times Books, 2000).

3   김성국, 「Frederick W. Taylor의 과학적 관리론」, 오석홍 외, 『조직학의 주요 이론(3판)』(과주: 법문사, 2008), 160~166쪽.

1장 공장의 과학자, 프레더릭 테일러의 과학적 관리 이론 **29**

Institute of Technology을 다녔으며, 공학 기사 학위도 받았다. 이후 베들레헴 철강Bethlehem Steel 회사에서 일하면서 선철 운반 실험 등 일련의 실험과 관찰을 통해 과학적 관리를 이론적으로 완성했다. 이러한 연구와 실천에서 얻은 지식으로 여러 회사의 경영관리 자문을 했으며, 40대 후반 은퇴한 이후에는 과학적 관리의 보급을 위해 강연과 저술 활동에 주력했고, 1906년 미국 기계기사협회American Society of Mechanical Engineers: ASME 회장을 역임했다. 특히, 테일러의 이론과 주장은 1912년 미국 하원 특별 위원회에서 열린 과학적 관리에 대한 청문회에서 증언하면서부터 세상에 널리 알려지게 되었다. 이후로도 과학적 관리의 확산을 위해 노력하다가 1915년 59세로 작고했다.

테일러의 주요 저서로는 『과학적 관리의 원리』(1911), 『금속 절삭 기술에 관하여On the Art of Cutting Metals』(1906), 『공장관리Shop Management』(1903) 등이 있다. 그러나 테일러는 학문이나 연구와는 거리가 먼 사람이었다. 그는 기계 기사이며, 경영자였고 실천가였다. 그는 학문적 저술에는 흥미가 없었고, 집필을 하는 것을 힘든 노동으로 생각했다. 테일러는 경영이란 교실에서 읽고 가르쳐서 배울 수 있는 것이 아니고 실천을 통해서만 깨우칠 수 있다고 믿었다.

개인적인 특성을 잠깐 소개하자면, 테일러는 어린 시절부터 측정과 통제에 대해 강박적이라고 할 만큼 몰두했던 사람이다. 이론적인 사고보다는 실천, 그리고 즉각적으로 측정할 수 있는 결과에 매우 관심이 컸다. 어린 시절 친구들과 하는 놀이를 분석하고, 학교까지 가는 걸음 수를 재고, 악몽을 꿨을 때 자세를 기록해서 이를 교정하기 위해 노력을 했으며, 마을 축제 때 여러 파트너와 골고루 춤추기 위한 시간을 계산할 정도였다. 이와 같은 정교한 측정에 대한 강박이 과학적 경영으로 연결되었고, 한편으로는 상류층 퀘이커 교도 집안에서 자라며 술, 담배를 멀리했던 테일러가 당시 공장에서 일하던 이민 노동자들의 근무 태만을 당연히 싫어할 수밖에 없었을 것이다. 결과적으로 이러한 측정과 통제에 대한 강박과 노조에 대한 적대감 등이 이후 과학적 관리에 기초를 둔 미국의 경영 문화에 깊이 각인된다.

시대적 상황

테일러가 활동하던 20세기 초는 19세기의 산업 혁명과 남북 전쟁 이후 시장의 확대에 따라 근대적인 기업과 대규모 공장이 크게 발전하던 시기이다. 특히 미국은 전국적으로 철도망이 건설되면서 철강 수요가 폭발적으로 증가하던 시기였다. 또한 대부분의 공장이 열악한 근무조건과 저임금으로 유지되고 있어서 사회주의 정당이 나타나고, 전투적인 노조가 활발하게 활동하기도 했다. 이에 대응하기 위해 1880년 미국 기계기사협회가 창립되고 협회를 중심으로 능률 증진 운동이 전개되기도 했다.[4]

이러한 시기에 주로 철강 공장에서 일하던 테일러는 노동자들의 만성적인 태업을 목격하면서 큰 문제의식을 느끼게 되었고, 결국 과학적 관리의 연구와 실천에 몰두하기 시작했다. 테일러가 철강 공장에서 작업반장으로 일할 때 노동자들과 갈등이 많았는데, 테일러는 갈등의 근본 원인은 관리자들이 하루 적정 작업량을 제대로 모르면서 강압적으로 결과물을 만들어내려는 데 있다고 보았다. 결국 테일러는 실험을 통해서 공장 내 여러 작업의 적정 작업량을 결정하는 데 몰두했다. 그는 이전 시대의 주먹구구식 경영을 강력하게 비판하면서, 시간과 동작 연구를 통한 과업관리task management와 생산성에 비례하는 차별성과급제 도입으로 노동의 효율성을 높이고자 했다. 즉, 당시 여러 문제의 근원은 잘못된 경영에 있지 작업자의 문제가 아니라는 것이다.

물론 테일러 이전에도 여러 공학 기사들이 과학적 관리의 필요성을 주장했다. 하지만 공장(기업)을 일종의 기계로 보고, '유일 최선의 운영 방법one

---

4   김성국, 같은 글, 161쪽.

best way'을 찾으려는 테일러의 비전은 당시의 사회적 상황에서 과학적 관리라는 명확한 사상과 실천 운동으로 발전하게 된다. 그러나 테일러 생전에는 과학적 관리가 본격적으로 확산되지 못하다가 그의 사후에 점차 효율적인 경영관리 기법으로 퍼져 나갔고, 결과적으로 많은 기업의 경영이 합리화되어 20세기 미국의 산업 발전에 큰 공헌을 했다. 또, 프랑스, 독일, 인도는 물론, 역설적이게도 테일러를 가장 혹독하게 비판했던 노동자들의 나라, 구소련 등 전 세계로 확산되어 현대 기업경영의 기반을 형성하게 된다.

2. 과학적 관리 이론

이 책은 원래 미국 기계기사협회에서 발표하기 위한 논문에서 출발했다. 테일러는 이 책의 서문에서 다음과 같이 말하고 있다. "오늘날 산림이 사라지고, 수자원이 낭비되고, 홍수로 토양이 유실되고, 석탄과 철광석이 고갈되고 있다. 그러나 가장 큰 낭비는 인간의 노력이 낭비되는 것이다. 이것은 물질적인 낭비보다 훨씬 크다. 실수, 잘못된 지시, 비효율로 생기는 노력의 낭비는 드러나지도 않는다."

여기서 낭비와 비효율에 대한 테일러의 증오와 답답함을 잘 엿볼 수 있다. 어떤 학자는 공학 기사였던 테일러가 "게으른 선반lathe(즉, 선반이 놀고 있는 것)과 게으른 사람을 참지 못했다"고 말하고 있는데, 이 문구가 테일러가 이 책을 쓰게 된 동기를 잘 말해주고 있다. 테일러 자신은 서문에서 책을 쓴 목적을 다음 세 가지로 말하고 있다. 첫째, 작업장의 비효율로 얼마나 많은 낭비가 있는지 보여주겠다. 둘째, 뛰어난 작업자보다 체계적인 경영이 낭비를 줄이는 더 좋은 방법이다. 즉, 사람이 아니라 시스템이 문제라는 것이다. 셋째, 최선의 경영은 명확한 법칙과 원리에 기초한 진정한 과학이며, 이러한 원리는 개인의 행동부터 대기업 경영까지 모두 적용 가능하다.

　이제 책의 내용을 좀 더 구체적으로 살펴보기로 하자. 이 책은 약 150쪽의 짧은 저작이며, 과학적 관리의 기초와 과학적 관리의 원리라는 2개 장으로 구성되어 있다. 테일러는 공학 기사답게 간결하고 직접적으로 자신의 주장을 기술하고 있다. 수식어도 많지 않고 우회적 표현도 별로 없다.

경영관과 노사관

　테일러는 1장 서두에서 먼저 자신의 경영관과 노사관계를 보는 관점을 다음과 같이 밝히고 있다. 기업경영의 목표는 고용주와 노동자 모두 최대의 번영을 얻는 것이다. 따라서, 과학적 관리의 기본 토대는 노사의 이익은 다르지 않고 실제로는 같다는 것에 있다. 실제로 노동자에게 고임금을 지급하면서도 노무비는 낮은 수준으로 유지할 수 있는데, 이것은 인간의 노동, 자원 (원자재), 그리고 자본과 설비를 가장 효율적으로 사용함으로써, 즉 최대의 생산성을 올림으로써 가능하다고 했다. 노사 모두에게 최대의 번영은 최대의 생산성에서 나오며, 이를 위해서는 자신에게 적합한 업무에서 능력을 최대한 발휘하고, 업무효율성 제고를 위해 훈련과 능력 개발을 해야 한다. 테일러는 "이러한 원리는 어린아이도 이해할 수 있는 당연한 상식인데 왜 안 되는가"라는 질문을 제기하고 다음과 같이 답변하고 있다.

　"사람들은 운동경기에서 최선을 다하지 않는 선수는 비난하면서, 직장에서는 최선을 다하는 사람을 비난한다. 미국과 영국은 대기업의 독점과 관세에 대해서는 관심이 높지만, 임금 수준, 기업 이익, 근무 태만 문제에 대해서는 아무런 관심이 없다. 태업과 낭비가 줄고 생산성이 올라가면 근로시간이 줄어들고, 직장 생활과 가정생활 모두 개선될 것이다." 즉, 테일러는 생산성 향상을 가로막는 가장 큰 장애가 태업soldiering이라고 보았다. 여기서 작업자들의 체계적 태업에 대한 테일러의 분노가 잘 드러난다.

과학적 관리의 원리

테일러가 보기에 노동자가 열심히 일하지 못하도록 하는 이유는 다음 세 가지이다. 첫째, 열심히 일해서 생산량이 늘면 일자리를 잃을 것이라는 잘못된 생각, 둘째, 결함 있는 경영 시스템, 셋째, 비효율적인 주먹구구식rule-of-thumb 방법과 경험에 의존한 작업방식이 그것이다. 따라서 이것을 막기 위해서 과학적 관리가 필요한데, 그 기초는 다음 세 가지이다.

1) 시간 및 동작연구를 통한 과업관리: 작업표준의 확립

테일러가 보기에 인간은 천성적으로 게으르지만 더 큰 문제는 모든 직장에 체계적인 태업이 만연한 것이다. 테일러는 다음과 같이 말한다.

출퇴근할 때 시속 3~4마일로 걷던 사람이 작업장에서는 1마일로 걷고, 가장 게으른 사람과 보조를 맞추는 걸 신경 쓰느라 오히려 더 지칠 지경이다. 노동자들은 자신들이 얼마나 빨리 일할 수 있는지를 감추려 한다. 근본적으로는 경영진이 노동자의 작업 내용을 모르기 때문에 태업을 바로잡을 수 없다. 동료나 선임 작업자들의 설득과 집단 압력도 작용하고 있다.

그림 1-2 테일러 시대의 작업장

테일러는 이를 막으려면 최적의 환경에서 유능한 작업자의 평소 작업량과 능률을 관찰하고 기록한 후, 동작과 시간 연구를 통해 불필요한 동작을 제거하고, 비효율적인 작업을 최고 속도로 개선해야 한다고 주장한다. 대표적인 예가 테일

러가 베들레헴 철강에서 했던 실험이다. 실험 대상이 된 것은 작업자가 92파운드(약 42kg) 무게의 선철pig iron을 끌어 선로차에 싣는 작업이었는데, 테일러의 작업설계에 따라 작업한 열 명의 작업자가 이전보다 여섯 배가 많은 하루 72톤의 선철을 적재할 수 있게 되었다.[5] 이와 같이 단순한 작업부터 복잡하고 정교한 작업까지 어떤 작업이든 유일한 최선의 방법이 있으며, 이것을 1일 표준 작업량(작업표준)으로 만들어야 한다는 것이다.

2) 경영진의 관리적 통제: 구상과 실행의 분리

테일러가 활동하기 이전인 19세기는 숙련된 장인들이 생산을 주도하는 시기였으며, 고용주는 작업 과정을 직접 통제하지 못했다. 20세기 들어 대규모 공장들이 생겨나고, 숙련공의 숫자는 줄었지만 전반적인 작업장의 상황은 달라지지 않았다. 테일러는 작업자가 알아서 일하고, 경영자는 아무런 조언이나 역할을 하지 않는 종전의 경영 시스템은 많은 문제가 있다고 보았다. 즉, 경영진이 작업 과정에 대한 지식이 없어서 생산과정에 불확실성이 높을수록 비효율과 낭비는 더 커진다는 것이다.

테일러는 관리에 있어서 과학적 법칙을 실행하기 위해서는 경영자와 작업자 간에 '책임의 분업'이 있어야 한다고 강력하게 주장한다. 즉, 경영자는 작업에 대한 연구를 통해 과학적 작업 방법을 찾아서 발전시키고, 이로써 작업자를 인도하고 도와야 한다는 것이다. 그래야만 숙련 수준이 낮은 비숙련공도 쉽게 높은 생산성을 올릴 수 있게 된다는 것이다.

사실 모든 인간의 노동은 아무리 간단한 것이라도 구상과 실행이 통합된 것이다. 예를 들어, 가정에서 나뭇조각으로 간단한 목공예를 만든다면 누구라도 먼저 어떤 모양을, 어떤 도구를 써서, 어떻게 만들 것인지 먼저 구상하

---

5   Gabor, *The capitalist philosopher*, p. 3.

그림 1-3 포드 자동차 조립 라인(1928)

고 이것을 실행할 것이다. 그러나 테일러는 작업의 구상과 설계는 전문적인 지식을 가진 경영진과 기사가 담당하고, 작업자는 그들이 구상한 대로 실행만 하는 것이 가장 최선의 결과를 만든다고 보았다. 실제로 테일러는 한 노동자에게 다음과 같이 말하기도 했다. "당신은 생각하면 안 된다. 이곳에는 생각만 하는 일로 돈을 받는 다른 사람이 있다."[6]

이것이 과학적 관리가 인간을 도구화했다는 비판을 받는 주된 근거이다. 실제로 자동차 공장에 컨베이어 시스템을 도입해 과학적 관리를 기술적으로 완성했다고 평가되는 헨리 포드Henry Ford는 '인간기계human machine'라는 용어를 썼으며, 심지어 "나는 일할 수 있는 두 손만 필요한데, 왜 귀찮게 자꾸 사람이 따라오는가"라는 말을 할 정도로 작업자를 생산과정의 하나의 도구처럼 취급하는 관점을 드러내기도 했다.

3) 차별성과급제

테일러는 임금을 균등하게 지급하면 안 된다고 강조하며, 다음과 같이 말한다. "착취당하는 노동자보다도 비효율로 저임금을 받는 다수의 노동자가 더 불쌍한 것이다." 테일러는 일한 성과에 따라 임금을 차등 지급해야 하고, 일정한 과업표준에 미달하면 해고하고, 새로운 직원을 신중히 선발해야 한다고 했다. 그런데 중요한 것은 일반적인 성과급으로는 태업을 막을 수 없

---

6   Gabor, 같은 책, p. 29.

다는 것이다. 따라서 표준 생산량까지는 낮은 비율의 성과급을 지급하고, 표준 이상에서는 높은 비율을 지급하는 차별성과급이 효과적이라고 했다. 성과급 이외에 이윤 분배나 배당 등으로는 생산성 향상에 한계가 있다는 것이다. 테일러는 당시에 과학적 관리를 실행하고 있는 기업에서 근무하는 약 5만 명의 작업자들은 타 기업 대비 30~100%의 급여를 더 받고 있다고 했다. 이들 기업에서는 파업도 없고 노사 화합도 잘된다고 주장했다.

과학적 관리의 특성

이어서 2장에서 과학적 관리가 통상의 관리와 어떻게 다르고, 왜 더 성과가 좋은가를 구체적으로 설명하고 있다. 테일러는 과학적 관리의 핵심은 과업관리라고 하며, 이 책의 여러 곳에서 과학적 관리와 과업관리를 같은 의미로 쓰고 있다. 즉, 과학적 관리 방법을 찾기 위해서는 작업work을 가장 작은 단위인 기본 과업task으로 쪼개야 하고, 각 과업마다 최선의 방법 즉, 유일 최선의 표준을 찾아야 한다는 것이다. 아울러, 과업표준은 작업자의 경험과 구전에 의한 것이 아니라는 점을 강조한다.

이렇게 과업표준이 미리 계획되고 정해지고 나면, 작업자에게 무엇을, 어떻게, 어느 정도 시간 동안 해야 하는가를 작업 지시서(문서)로 명확하게 전달해야 한다. 과업표준이 정해지고 작업 지시가 명확해지면 어떤 결과가 나타나는가? 테일러는 베들레헴 철강 회사에서 있었던 선철 운반 작업의 예를 들고 있다. 이 작업은 고릴라도 할 수 있는 가장 단순한 작업이지만 과업관리가 잘된 경우, 슈미트Schmidt라는 작업자가 일반 작업자의 네 배 이상을 운반하고, 60% 높은 임금을 받아간다는 것이다. 테일러는 이 밖에도 삽질, 벽돌쌓기 작업, 금속 절삭 작업 등 다양한 사례로 자신의 주장을 설명하고 있다. 나아가서, 과업관리를 뒷받침할 수 있는 공구의 표준화도 강조하며, 절삭 공구 연구에 관한 많은 예를 언급하고 있다. 모두가 당시 공장제하에서 과업관리를 뒷받침하는 중요한 요인들이라고 할 수 있다.

또, 선발과 교육 훈련의 필요성도 강조했다. 테일러는 다음과 같이 말한 다. "유능한 작업자, 훌륭한 기업가를 찾는 것만큼 이들을 올바로 훈련시키 는 것도 중요하다. 과거에는 사람이 중요했지만 미래에는 평범한 사람이 효 율적으로 일하도록 설계된 경영 시스템이 더 중요해질 것이다." 여기에 더해 서 기능적 감독자foremen(직장)제도가 필요함을 강조하고 있다. 테일러는 기 존의 1인 단독 직장제도를 반대하고, 각각 다른 전문성을 대표하는 여덟 명 의 직장이 전문적인 교사와 같이 작업자를 지휘해야 한다고 주장했다. 즉, 일반적인 감독자가 아니라 각자 자신의 전문 분야에서 작업자에게 과업표준 을 교육하고 감독할 수 있어야 생산성 향상이 가능하다는 것이다. 따라서 예 전의 일반 감독자 한 사람이 아니라 검사, 수선, 훈련 등 각 기능에 전문화된 여러 명의 감독자가 더 바람직하다고 역설했다. 비유하자면, 의사들이 진료 과목에 따라 다른 교육과 훈련을 받는 것과 같다고 할 수 있다. 즉, 주의 깊은 선발, 충분한 훈련과 유인, 과학적 작업분석, 차별적 인센티브가 결합되면 고성과가 가능해진다는 주장이다. 정리하면, 과학적 관리의 원리는 시간과 동작 연구, 과업관리, 차별성과급제, 공구 표준화, 기능적 직장제도로 요약 할 수 있겠다. 마지막으로, 테일러는 과학적 관리의 실행은 고용주와 작업자 의 긴밀한 협력을 필요로 한다는 점을 덧붙이고 있다.

3. 평가와 시사점

흔히 사람들은 테일러의 과학적 관리를 현대 경영학의 모태라고 부르는 데, 이는 그다지 큰 과장이나 잘못된 말이 아니다. 실제로, 이 짧은 저작에 직 원 선발, 적재적소 원칙, 직무분석과 설계, 관리 혁신, 교육 훈련, 보상과 동기부여, 기능식 조직 등 현대 경영학의 여러 주요 개념들이 제시되고 있다.

테일러의 과학적 관리는 보통 비슷한 시기에 활동했던 프랑스의 앙리 패욜Henri Fayol의 일반 관리 이론과 비교되곤 한다.[7] 패욜 역시 관리를 개인의 능력에 상관없이 누구나 배울 수 있는 객관적인 개념과 원칙으로 강조했기 때문이다. 하지만 경영자의 관점에서 계획, 조직, 명령, 조정, 통제 등 기본 기능과 14개 원칙을 제시했던 패욜과 달리 테일러는 공장과 작업장 수준에서 관리의 보편적 원리를 찾아내고, 이를 모든 형태의 조직 경영에 적용하려 했다는 점에서 보다 구체적이고 근본적이라고 할 수 있다. 그 내용에 있어서도 상당한 차이가 있다.

예를 들어, 테일러는 각 기능에 전문화된 직장이 작업자를 감독하고 교육해야 한다고 주장했지만 패욜은 작업자는 반드시 한 사람의 상사로부터 명령을 받아야 한다는 '명령 일원화unity of command'의 원칙을 강조했다. 하지만 실무에 끼친 영향을 비교하자면 과학적 관리가 훨씬 광범위한 영향력을 발휘했다고 볼 수 있다. 실제로 패욜이 활동했던 프랑스조차도 전후 미군들이 주도한 도로, 항만, 통신 시설 건설 과정에서 보여준 작업 속도와 효율성에 깊은 인상을 받고, 이것이 테일러의 과학적 관리법의 효과라고 믿었으며, 과학적 관리를 연구하고 응용하려 노력했다고 한다. 아래에서 과학적 관리의 현대적 의미와 시사점을 몇 가지 살펴보겠다.

구상-실행의 분리는 효과적인가

테일러주의의 가장 중요한 핵심은 위에서 언급한 '구상-실행의 분리'라고 할 수 있다. 즉, 경영진은 작업 과정을 설계하고 구상하며, 작업자는 미리 정

---

7   조영호, 「Henri Fayol의 산업 및 일반관리론」, 오석홍 외, 『조직학의 주요 이론(3판)』(파주: 법문사, 2008), 143~151쪽.

해진 표준적인 방식으로 실행하는 것을 의미한다. 이것은 당시 공장과 기업의 주도권(통제권)을 숙련된 노동자들로부터 경영진의 손으로 이전시키는 것이다. 위에서 말한 것처럼, 구상과 실행의 분리는 작업 과정의 불확실성을 제거하고, 저숙련공 활용을 가능하게 하며, 경영진이 확실한 통제권을 갖는 위계적 구조를 가능하게 했다.

예를 들어, 양복 정장을 만드는 일을 생각해보자. 한 세대 전만 해도 숙련된 양복 기술자들이 원하는 방식대로 맞춤 양복을 만들었으나 이제는 생산 공정이 완전히 분업화, 표준화되어 전문 디자이너가 정교한 CAD 작업으로 디자인하고, 각 공정마다 표준적인 절차에 따라 비숙련 작업자들이 대량으로 양복을 만들고 있다. 이와 같은 테일러의 이상이 실제로 완성되고 실현된 것은 헨리 포드가 작업장에 조립라인을 구축함으로써 가능하게 되었다. 그래서 보통 '테일러-포드주의Taylor-Fordism'라고 부르고 있다. 오늘날에도 직장에서 직무기술서, 업무매뉴얼, 표준 업무절차SOP가 준비되어 있고, 이대로 작업하는 것이 너무나 당연하게 받아들여지고 있다. 그러나 이것은 자연의 법칙과 같은 진리가 아니다. 만약 1차 세계대전 후에 등장한 인간관계human relation학파가 과학적 관리와 같은 저작을 먼저 썼다면 오늘날 일터의 모습은 상당히 다를 수도 있을 것이다.

현대 조직에서 대부분의 직무는 과학적 관리가 표방하는 구상과 실행의 분리 원칙에 충실하게 지속적으로 탈숙련화deskilling되어 왔다.[8] 이것은 이전 시기에 숙련된 노동자들이 보유하고 있던 작업장의 통제권을 경영진의 손으로 이전해 생산과정의 불확실성을 제거하기 위한 것이다. 따라서 기업의 직무설계나 업무방식의 변화를 기술적 효율성과 성과의 관점만이 아니라 왜 특정한 직무설계나 업무수행 방식이 선택되고 강화되는가를 생각해볼 필요

---

8 H. Braverman, *Labor and monopoly capital* (New York: Monthly Review Press, 1974).

가 있다. 이를 위해서는 조직 내 권력관계의 분석과 노동시장, 생산양식 등 사회적 차원의 요인들에 대한 고려가 필요하다.

실제로 최근 테일러주의에 대한 근본적인 문제 제기와 대안들이 나오고 있다. 최근 구글Google의 인사 부문 최고경영자인 라즐로 복Lazlo Bock이 쓴 『작업규칙Work Rules!』(2015)이라는 책을 보면, 구글의 발전은 창의적이고 우수한 인재를 고용해 최대의 자유를 주는 것에서 비롯되었다고 한다. 더 나아가서, 경영은 고자유high-freedom 경영과 저자유low-freedom 경영으로 나눌 수 있는데, 후자는 전자를 결코 이길 수 없다고 주장하고 있다. 사람들에게 자유를 주면 그들이 놀랄 만한 일을 해낼 것이라는 주장이다. 그런데 이것은 직원들이 경영과정에서 적극적으로 자신의 의견과 주장을 제기하고 참여하는 것을 전제로 한다. 따라서 테일러가 이상으로 생각하는 구상-실행의 분리와 정반대의 방향이라고 할 수 있다. 이미 이와 같은 방식으로 우수한 성과를 내고 있는 많은 기업들이 있다.

기술 중심 관점과 인간관의 한계

테일러는 공학 기사로서 과도한 기술 유토피아적 관점을 갖고 있었고, 인간을 바라보는 관점에서도 어쩔 수 없는 한계를 나타낸다. 예를 들어, 테일러는 기술과 생산성이 발전하면 더 많은 일자리가 생기고 노동자들의 삶은 더 나아질 것이라고 주장한다. 하지만 테일러 사후 100여 년이 지난 현재, 전 세계의 부는 놀랄 만큼 증가했지만 부의 양극화나 계층 간 부의 차이는 더 확대되고 있다.

또한, 테일러의 인간관은 상당히 편향된 것이어서, 인간은 누구나 최대의 경제적 이익을 추구한다고 가정하고 있다. 그러나 사람들이 경제적 동기로만 움직이지 않는다는 것은 지난 100년간 심리학을 비롯한 많은 사회과학 연구의 일관된 결론이다. 이것은 테일러의 태생적인 한계라고 할 수 있다.

테일러는 노동자들이 근본적으로 게으르고 일을 태만히 하려는 경향이 있다고 굳게 믿었다. 이렇게 편향된 인간관에 대한 반성으로 이후 더글러스 맥그리거Douglas McGregor가 『기업의 인간적 측면Human Side of Enterprise』(1960)이라는 저서에서 이른바 Y이론을 주장하게 된다.

또한, 테일러는 노사관계를 매우 단순하게 이해했다. 사실 고용주와 근로자 주장의 대립은 과거나 현재나 별로 다르지 않다. 테일러는 모든 인간의 궁극적 목적은 더 큰 경제적 이익을 얻는 것이기 때문에 이 점을 잘 이해시키면 노동자와 경영자가 가깝고 친밀한 상태에서 서로 협력하는 것이 가능하고, 이것이 과학적 관리, 과업관리의 핵심이라고 강조했다. 하지만 다분히 기계적이고 공학적인 발상이라고 하지 않을 수 없다. 실제로 테일러는 출퇴근 시 무장한 경호원을 대동할 만큼 노동자로부터 위협을 느꼈으며, 당시 고용주들로부터도 많은 비판을 받음으로써 노사 양측 모두의 환영을 받지 못했다.

과업관리의 문제

분업화, 표준화를 중심으로 한 과업관리 역시 한계가 있다. 작업을 작은 부분으로 쪼개서 최선의 운영 원리를 찾으려는 테일러의 노력은 사실 서구의 사상적 기초인 합리주의와 요소 환원주의를 그대로 따르는 것이다. 과업과 직무중심 관리 역시 주로 서구에서 순조롭게 정착된 것이기 때문에 국내 기업에서도 직무중심 관리가 필요하다는 문제 제기가 지속적으로 나오고 있지만 큰 진전이 없는 것은 사회문화적 배경과 관련이 있을 수도 있다.

기능적 전문성에 따라 조직운영을 전문화하고, 공장의 감독자 역시 기능적 직장제로 전환해야 한다는 것도 같은 맥락의 주장이다. 그러나 과업관리와 분업이 확대되면 조정과 통제 비용이 증가할 뿐만 아니라 구성원의 상호작용이 감소함으로써 사회적 유대와 동기부여가 위축되는 결과를 낳는다. 실제로 전문화, 단순화, 표준화에 의한 기업경영은 1970년대 이후 본격적으로 생산성의 저하를 가져왔고, 직무재설계, 임파워먼트, 최근의 잡 크래프팅 job crafting(직무재창조) 등 과업관리와는 전혀 다른 방식의 혁신들이 지속적으로 시도되고 있다.

펜실베이니아 대학교 와튼 스쿨Wharton School of the University of Pennsylvania의 피터 카펠리Peter Cappelli 교수는 테일러가 지향했던 과업 최적화 원리가 이제 '노동의 최적화'라는 목표로 조직관리에 적용되고 있음을 비판하고 있다.[9] 자동화와 소프트웨어 알고리즘의 발전을 기반으로 노동력의 사용을 최소화하고 기존 노동자를 계약직, 임시직으로 대체하며, 사람들이 일하는 방식까지 빈틈없이 통제하고 있다는 것이다. '주문형 인재talent-on-demand'[10] 모형이 확산됨에 따라, 이제 우버Uber와 같은 긱 이코노미gig economy의 대표 기업만이 아니라 구글 등 대부분의 기업들이 정규직보다 더 많은 계약직과 임시직을 활용하고 있다. 또한 AI 알고리즘이 의사결정권을 노동자들로부터 빼앗아서 데이터 과학자 등 이른바 전문가들의 손으로 넘겨주고 있다. 예를 들어, 과거에는 장거리 트럭 노동자가 제 시간에 운송하기만 하면 언제, 어떤 경로로 가든 상관이 없었지만 이제는 알고리즘이 경로와 일정, 운전 방식, 심지어 속도와 운전 시간까지 분 단위로 통제하고 있다. 이것은 정확하게 100여 년 전 테일러가 주장하고 꿈꾸었던 방식이다. 이렇게 의사결정권을 뺏긴 노동자는 더 이상 자신의 일에 책임 의식을 갖지 않게 될 것이다.

테일러주의의 미래

그러나 분명한 것은 테일러의 말처럼 경영은 지속적으로 진화해야 한다

---

9   P. Cappelli, "Stop overengineering people management," *Harvard Business Review*, 98(5), 2020, pp. 56~63.

10   보고 싶을 때 원하는 영화를 보는 '주문형 비디오(video-on-demand: VOD)'와 같이, 정규직을 채용하지 않고 필요할 때 필요한 인력을 그때그때 활용하는 인재관리 방식을 말한다.

는 것이다. 앞으로 경영이, 그리고 미래의 기업과 우리들의 일터가 어떤 모습으로 어떻게 변할지는 자못 흥미로운 문제이다. 예를 들어, 최근 기업에 급격하게 도입되고 있는 AI, 블록체인, 머신러닝 등 새로운 기술을 어떻게 활용해야 할까? AI나 로봇을 인간이 수행하던 단순한 작업을 빨리, 효율적으로 수행하는 역할에서 그쳐야 하는가, 아니면 AI로 구동되는 로봇에게 어느 정도의 구상 기능(사고능력)을 부여해야 하는가를 생각해보아야 한다.

최근의 신기술은 육체노동자의 단순 작업에 그 영향이 국한되었던 과거와 달리 조사 연구, 코딩과 같은 지식 기반 업무에까지 활발하게 적용되고 있다. 특히, 오픈 AI의 챗GPTChatGPT로 촉발된 AI 열풍은 이제 기업과 경영은 물론 우리 일상생활 전반에 영향을 미치고 있다. 새로운 AI 시스템은 최근에는 스스로 학습하고 마치 인간과 같이 복잡한 문제에 대한 판단을 내리는 단계에 이르고 있다. 고대 역사로부터 인류에 큰 영향을 끼쳤던 바퀴, 증기 엔진, 컴퓨터와 같은 기술은 어쨌든 인간의 통제하에 있었다. 그런데 현대의 AI는 스스로 배우고 행동한다는 면에서 이들과는 질적으로 다른 변화의 가능성을 보여주고 있는 것이다. 어떤 이들은 그 설계자에게조차도 정확한 작동 메커니즘이 블랙박스로 남아 있는 새로운 AI 시스템을 호모사피엔스 인류가 아닌 '오토사피엔스autosapience'의 출현으로 규정하기도 한다.[11] 챗GPT와 같은 생성형 AI는 인터넷과 같은 신기술이 수십 년에 걸쳐 변화시켰던 직장의 모습을 더욱 혁명적으로 바꿔놓고 있지만 이미 가짜 정보, 지식재산권 IP 침해, 개인정보 노출의 위험 등 많은 문제를 만들고 있는 것 또한 사실이다. 이제 경영자들은 어떻게 이들과 함께 일할 것인지 결정해야 한다.

테일러식으로 말한다면, AI와 로봇에 스스로 구상하는 능력을 부여하는

것은 생산과정에 불확실성을 만드는 것이기 때문에 경영진으로서는 피해야 할 것이다. 그러나 이세돌 기사를 이겼던 알파고 리AlphaGo Lee는 인간의 기보를 입력하고 이를 활용하는 방식이었는데, 이후에 바둑 규칙만 입력하고 스스로 학습하는 능력을 가진 알파고 제로AlpahGo Zero가 불과 36시간 만에 알파고 리의 능력을 초월하고 100전 전승을 거둔 것을 보면, 인공지능에게 구상과 학습 기능을 부여했을 때, 성과(생산성)는 훨씬 높았음을 알 수 있다. 이미 생성형 AI 기술은 MBA 시험에 통과하고, 질병을 진단하고, 코딩을 하고, 변호사 시험에 합격하는 수준에 이르렀다. 아울러, 글쓰기, 그림, 작곡 등 전통적인 예술의 영역까지도 확산되고 있다. 현재 직장에서 사용되기 시작한 AI 기반 툴tool들은 기존의 어떠한 디지털 기술과도 다르게 스스로, 그리고 지속적으로 변화한다는 특징을 갖고 있다. 이것은 결국 경영이 근본적인 불확실성에 노출된다는 것을 의미한다.

결국 미래의 경영진은 중요한 선택의 순간에 봉착할 것이다. 테일러의 이상과 같이 인간이 자유롭게 설계한 대로 AI 관련 기술을 활용하는 대신 성과를 일부 희생할 것인가, 아니면 불확실성을 인내하면서 AI의 자율적인 사고 기능을 허용해 더 큰 성과를 기대할 것인가의 문제이다. 이것은 단순히 경영의 문제가 아니라 윤리학과 존재론을 포함하는 매우 큰 문제일 것이다. 앞으로 기업과 경영이 어떻게 변화될지 다 같이 지켜보아야 한다. 분명한 것은 앞으로 경영자들의 중요한 임무는 테일러의 100년 전 이상과는 달리, 구성원들을 재교육하고, 지속적인 학습의 기회를 부여하고, 새로운 실험을 해나가도록 격려하는 것이 될 것이다.

현대 사회에서 조직 구성원들이 보유한 숙련 수준의 반감기는 대부분 5년 이내로 단축되었고, 일부 기술 분야는 2년 반도 유지하기 어렵게 되었다. 대학에서 관련 학과를 전공하고 취업해서 일하는 직장인이 2년여가 되면 보유 역량이 취업 당시의 절반 수준으로 쇠퇴하고, 다시 몇 년이 지나면 숙련 역량

그림 1-4 인공지능의 등장

이 거의 소진된다는 것을 의미한다. 지금까지 기업들은 구성원의 숙련 향상upskilling이나 단기 교육으로 대처해 왔지만 이제 그것으로는 충분치 않고, 다가오는 미래에는 결국 수백만 명에 달하는 근로자들이 완전한 재숙련화reskilling가 요구되는 상황에 처하게 될 것이다. 이미 아마존 Amazon 같은 회사는 사내의 머신러닝 연수원을 통해서 수천 명의 종업원을 머신러닝 전문가로 탈바꿈시키고 있다.[12] 이제 재숙련화가 경영자들의 가장 중요한 책임이 되고 있는 현실에서 테일러의 과학적 관리는 이전의 100년과는 상당히 다른 여정을 걸어갈 것으로 생각된다.

---

12   J. Tamayo, L. Doumi, S. Goel, O. Kovacs-Ondrejkovic, and R. Sadun, "Reskilling in the age of AI," *Harvard Business Review*, 101(5), 2023, pp. 56~65.

2장 마음속의 발전기, 프레더릭 허츠버그의 동기부여 이론[*]

1. 저자와 시대적 배경

이번 장에서 살펴볼 고전은 조직관리의 핵심인 동기부여motivation 이론이다. 프레더릭 허츠버그는 대표 저서인 『동기부여』(1959)에서 동기부여에 대한 관점과 이론의 주요 내용을 소개했고,[1] 약 10여 년 후인 1968년 「다시 한번, 어떻게 직원들을 동기부여시킬 것인가」라는 제목의 논문을 ≪하버드 비즈니스 리뷰HBR≫ 1월호에 발표했다. 제목에서 알 수 있듯이, 자신의 동기부여 이론을 다시 한 번 강조하기 위해 쓴 짧은 논문이지만 20년 후인 1987년까지 이미 1200만 부가 팔릴 정도로 동기부여 분야에서 매우 중요하고 영향력 있는 고전이라고 할 수 있다.[2]

저서와 논문에서 허츠버그는 이전에 나왔던 에이브러햄 매슬로Abraham

---

[*] 이 장은 1959년 출간된 Frederick Herzberg, *The Motivation to Work* (Wiley)와 1968년 *Harvard Business Review*에 실린 논문 "One More Time: How Do You Motivate Employees?"의 주요 내용을 살펴보고, 그에 대한 평가와 현대 경영에의 시사점을 정리했다.

[1] F. Herzberg, B. Mausner, and B. B. Snyderman, *The motivation to work* (New York: Wiley, 1959).

[2] F. Herzberg, "One more time: How do you motivate employees?" *Harvard Business Review*, 46(1), 1968, pp. 53~62.

그림 2-1

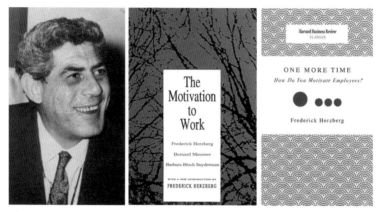

자료: J. Willard Marriott Library, University of Utah; Herzberg, Mausner, and Snyderman, *The motivation to work*; F. Herzberg, *One more time: How do you motivate employees?* (Harvard Business School Publishing, 2008)

Maslow의 욕구단계론과 같은 직관적 동기부여 이론, 또는 지나치게 분석적인 심리학적 접근과 달리 실무적으로 영향력이 큰 동기부여의 핵심을 이론화하고 있다. 허츠버그의 이전 저작인 『일과 인간의 본성Work and the Nature of Man』(1966)의 연장선에서 동기부여의 본질과 그 실무적 시사점을 압축적으로 제시하고 있다. 특히, 허츠버그를 직무충실화job enrichment의 아버지라고 부르고 있듯이, 이 논문은 이후 1970년대의 직무충실화와 직무재설계, 1980년대의 임파워먼트, 그리고 최근에 관심이 증대되고 있는 직무재창조(잡 크래프팅)로 이어지는 직무관리 분야 실무적 흐름의 뿌리라고 할 수 있다.

허츠버그는 1923년 미국 매사추세츠Massachusetts주에서 리투아니아계 이민자 가정에서 태어나 뉴욕 시립대학교City College of New York를 졸업하고, 피츠버그 대학교University of Pittsburgh에서 심리학과 정신 건강 분야로 박사학위를 받았다. 이후 오하이오Ohio주의 케이스웨스턴 대학교Case Western Reserve University를 거쳐 유타 대학교University of Utah에서 오래 재직한 후 은퇴했고,

2000년 1월 유타대 병원에서 사망했다. 이 논문은 그가 케이스웨스턴대 심리학과장으로 일하던 시절에 쓴 것이다.

허츠버그가 고전 논문을 쓴 1960년대 후반은 미국이 2차 세계대전 후 고속 성장을 달리다가 경기가 정체되기 시작하는 시기이다. 특히 산업 현장은 테일러주의가 완성된 이후 작업의 단순화, 전문화, 분업화가 지나치게 진전되어 근로자들의 근로의욕이 감소하고 노동생산성이 떨어지던 시기였다. 이러한 시기에 허츠버그는 잘못된 동기부여 방안들에 문제의식을 느끼고, 새로운 동기부여 이론을 제시하게 된 것이다. 허츠버그의 2요인two-factor 이론 즉, 위생요인-동기요인 이론은 테일러-포드주의의 문제점뿐만 아니라 이후에 나온 인간관계학파의 막연한 동기부여 방안들도 비판하면서 동기부여의 핵심은 직무 외부가 아니라 내부에 있다는 분명한 주장을 하고 있다.

최근 구글, 넷플릭스Netflix, 픽사Pixar와 같은 새로운 경영방식의 기업들이 나타나고 있는 상황에서, 미래의 직무설계와 동기부여는 어떻게 해야 할 것인지에 대해 많은 시사점을 줄 수 있을 것이다. 아래에서 고전의 내용을 2요인 이론과 이를 실무에 적용하는 직무충실화로 나누어서 살펴보겠다.

2. 내재적 동기부여 이론

2요인 이론과 동기부여

사람들이 어떤 일을 하면서 만들어내는 성과는 그가 가진 능력과 노력의 정도에 의해 결정된다. 여기에 기회라는 요인을 더해서 보통 A-M-O 프레임워크라고 부른다.[3] 여기서 노력의 수준을 결정하는 것이 바로 동기부여다.

---

3   M. Blumberg and C. D. Pringle, "The missing opportunity in organizational research: Some

동기부여는 사람들이 스스로 어떤 일을 수행하도록 하는 내적인 에너지라고 할 수 있다. 허츠버그는 동기부여란 "사람들의 마음속에 어떤 행동을 일으킬 수 있는 발전기를 만드는 것"이라고 보았다. 경영 측면에서는 관리자가 어떻게 하면 직원들로 하여금 자신이 원하는 바를 하도록 할 수 있을까라는 문제인데, 이것이야말로 조직관리의 근본 질문이라고 할 수 있다.

허츠버그는 지금까지 관리자들은 KITA를 통해서 사람들을 움직이려 했다고 강력히 비판했다. 그래서 이 논문은 한마디로 KITA에 반대하고, 그에 대한 대안을 내놓는 논문이라고 할 수 있다. KITA란 '엉덩이를 걷어차다kick in the ass'라는 말인데, 한마디로 외적인 강제력이나 위협, 또는 보상으로 사람들을 동기부여하려는 것을 말한다. 허츠버그는 이것은 절대 성공할 수 없다고 역설한다. 그 이유는 물리적 강제력이든, 심리적 위협이든, 보상, 승진과 같은 긍정적인 것이든 KITA를 쓰면 결국 동기부여되는 사람은 관리자이고, 직원들은 그저 KITA를 피하거나 얻기 위해 움직일 뿐이기 때문이다. 예를 들어, 기수가 말을 오른쪽으로 움직이려고 당근을 쓴다면, 오른쪽으로 가려고 동기부여된 것은 사실은 기수이고, 말은 그저 당근을 향해 움직인 것밖에 안 된다는 것이다.

KITA라는 외적인 자극이 동기부여가 안 되는 이유는 스스로 행동하려는 발전기를 만들 수 없기 때문이다. 많은 사람들이 처벌이나 강제력은 동기부여 수단이 안 된다고 말하면서도 그와 전혀 다를 바 없는 '긍정적 KITA'를 동기부여로 오해하고 있다. 대표적으로 근무시간 단축, 임금인상, 복리후생 증진과 같은 수단을 동기부여 방안으로 잘못 알고 있다는 것이다. 허츠버그는 인간관계학파가 강조하는 감수성 훈련, 쌍방향 의사소통, 종업원 상담 등도

implications for a theory of work performance," *Academy of Management Review*, 7(4), 1982, pp. 560~569.

역시 동기부여 수단이 안 된다고 강조하고 있다.

그렇다면 어떻게 해야 할까? 만약 내가 관리자인데, 직원들이 사기가 떨어져 있고, 근무 의욕이 낮고, 업무성과도 저조해서 관리자로서 뭔가 동기부여가 필요한 상황이라면 당장 무엇을 해야 하겠는가? 아마

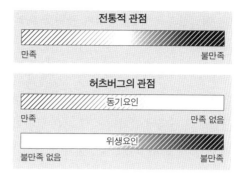

그림 2-2 만족과 불만족에 관한 관점

자료: S. P. Robbins and T. A. Judge, *Organizational behavior*, 19th Ed.(Pearson, 2024), p. 240.

머리에 쉽게 떠오르는 방안은 좋은 식당에서 회식하기, 볼링, 골프 같은 스포츠 함께 하기, 영화나 뮤지컬 감상, 등산이나 야유회, 아니면 특별 휴가나 인센티브 등이 생각날 것이다. 그러나 허츠버그에 따르면 이 중 어느 것도 동기부여 방안이 될 수 없다. 그 이유를 2요인 이론을 통해 알아보겠다.

허츠버그는 미국 펜실베이니아주 피츠버그 지역에서 약 200명의 엔지니어, 회계 담당자 등 다양한 직원들로부터 연구자료를 모았다. 구체적으로 인터뷰를 통해서 '일과 관련해서 가장 만족했던 순간과 가장 불만족했던 순간, 그리고 그 이유가 된 사건'을 물었다. 이를 주요사건법CIM이라고 한다. 이어서 인터뷰 자료를 토대로 당시로서는 상당히 흥미로운 주장을 했다. 그것은 만족과 불만족은 동일 연속선의 양극단이 아니라 서로 독립적이라는 것이다. 즉, 만족의 반대는 불만족이 아니라 만족이 없는 것, 불만족의 반대 역시 만족이 아니라 불만족이 없는 상태라는 주장이다. 이렇게 만족에 작용하는 요인과 불만족에 작용하는 요인이 별개로 존재한다는 의미에서 이를 2요인 이론이라 부르고 있다. 허츠버그는 이 두 가지 요인이 인간이 가진 동물로서의 본성과 인간으로서의 본성에 각각 대응하는 것이라고 했다.

먼저 불만족에 작용하는 요인들은 회사의 관리 방침, 감독, 근로조건, 급여, 대인관계 등 직무 환경과 관련된 요인들이었다. 이것은 직무 자체가 아니라 직무 이외의 요인 즉, 직무외재적 요인들이다. 이 요인들이 좋지 않으면 불만족이 증가해서 결국 결근이나 이직과 같은 부정적 결과를 초래한다. 그래서 이것을 위생요인hygiene factor이라고 한다. 마치 비위생적인 환경에서 생활하면 질병에 걸리는 것과 같은 원리이다. 그러나 중요한 점은 위생요인이 매우 양호하더라도 열심히 일하도록 동기부여되지는 않는다는 것이다. 그저 불만족이 없을 뿐이다.

다음으로 만족에 작용하는 요인들은 직무의 내용, 직무상의 책임, 성취와 인정, 성장과 같은 직무내재적 요인들이다. 이러한 요인들이 양호하면 만족이 증가하고 열심히 일하도록 동기부여가 된다. 그래서 이를 동기요인motivator라고 부른다. 그렇지만 동기요인이 좋지 않다고 해서 이직이나 퇴사를 하지는 않는다. 그냥 동기부여가 안 된 상태로 급여를 위해서 일할 뿐이다. 마찬가지로, 만약 동기요인은 좋은데 위생요인이 불량하다면 동기부여되어 일은 열심히 하지만 회사의 처우나 근무조건에 대해서는 계속 불만이 많은 그런 상태도 가능할 것이다.

허츠버그는 이와 같은 이론이 헝가리 등 당시 공산국가도 포함된 총 열여섯 번의 후속 연구에서도 입증되고 있다고 주장한다. 여러 연구에서 하급 관리직, 전문직 여성, 간호사, 경영진, 교사 등 1685명을 대상으로 연구한 결과를 정리한 〈그림 2-3〉을 보면, 위생요인의 69%가 불만족에 작용하고 있고, 반대로 동기요인의 81%가 만족을 설명하고 있음을 알 수 있다.

따라서 우리가 직원들의 동기부여를 위해 쉽게 생각할 수 있는 인센티브, 휴가 같은 방안들은 허츠버그식으로 말하면 모두 위생요인이기 때문에 결코 동기부여 방안이 될 수 없다는 것이다. 실제로 기업 현장에서 일어나는 일들을 생각해보면 전혀 무리한 주장이 아니라는 것을 알 수 있다. 예를 들어, 어

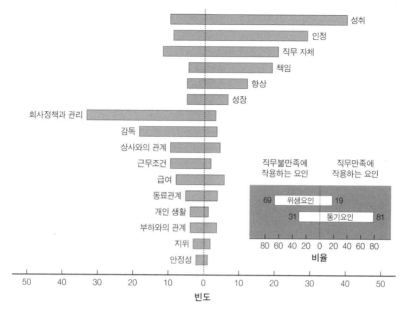

그림 2-3 위생요인과 동기요인　　　　　　　　　　　　　　　　　　　　(단위: %)

자료: Herzberg, "One more time," p. 57.

떤 회사가 파격적으로 근무환경을 개선하고, 양질의 식사를 무료로 제공하고, 놀이터와 같은 일터를 만들고, 환상적인 복리후생 정책을 쓴다면 어떻게 될까? 분명히 일시적으로는 만족도가 올라가고 성과도 향상될 수 있을 것이다. 그러나 머지않아 만족도는 원래 상태로 돌아가고, 일에 대한 근본적인 동기부여는 유지되기 어렵다. 이런 점에서, 언론에 자주 보도되는 구글의 환상적인 근무조건과 무료 식사가 뛰어난 성과의 비결이라고 보는 것은 피상적인 평가일 것이다. 구글 직원들의 동기부여가 양호한 비결은 세상에 유용한 정보를 조직한다는 업무의 의미감, 업무 담당자에게 결정권을 부여하는 업무 자율성, 자신이 맡은 프로젝트의 책임과 오너십 보장, 주요 경영정보의 평등한 공유, 경영과정에 참여하는 기회 등일 것이다.

　혼히 '충혈된 눈, 식은 피자red eye, cold pizza'라는 말로 대변되듯이, 좁고 열악한 사무실에서 충혈된 눈으로 밤을 새우며 차가운 피자나 라면으로 끼니를 때우면서도 세상을 바꾸겠다는 열정으로 일하는 스타트업의 직원들을 보면 위생요인보다는 동기요인이 우리들 마음속에 발전기를 만든다는 허츠버그의 주장에 동의할 수 있을 것이다. 물론, 이것을 장차 기업공개IPO 후에 생기는 금전적 이익이 근본적인 유인이 된 것이라고 해석하는 사람도 있을 수 있다. 하지만 기업에서 일하는 사람들은 물론 학생들조차도 아무리 강의실이 호화롭고 각종 첨단 기자재가 갖춰져 있더라도 강의 콘텐츠의 질이 낮고 유용성도 없고 지루하다면 계속 강의를 들을 동기부여는 유지되지 못할 것이다. 즉, 허츠버그는 동기부여를 원한다면 직무의 밖에서 원인을 찾지 말고 직무 자체를 바꾸라는 주장을 하고 있는데, 상당히 새겨들을 만한 메시지라고 생각된다.

직무충실화의 원리와 실천

다음으로, 위에서 설명한 2요인 이론을 실무에 적용하려는 허츠버그의 노력을 직무충실화 운동을 중심으로 살펴보겠다. 허츠버그는 이전 시기의 직무확대job enlargement를 비판하면서 직무충실화 운동을 주도하고, 그 확산을 위해 평생 동안 노력했기 때문에 '직무충실화의 아버지'로 불리고 있다.

직무확대는 당시 경영자들의 고민이었던 근로자들의 근로의욕 감퇴와 생산성 저하에 대처하기 위해 직무의 수와 범위를 확대한 것을 말한다. 이것은 테일러-포드주의가 작업장에 정착된 이후 극도로 진행되었던 분업화, 전문화, 단순화된 직무의 문제를 해결하기 위한 방안의 하나로 시도되었다. 조립 라인에서 하루 종일 특정 부품의 볼트만 조이는 근로자에게 여러 부품의 볼트 조이는 과업을 주거나 약간 종류가 다른 몇 가지 과업을 함께 수행하도록 하는 것을 예로 들 수 있다. 그러나 허츠버그는 이와 같은 수평적 직무확대는 명확한 한계가 있다고 비판한다. 그 이유는 직무내용의 변화 없이 무의미한 과업의 수를 늘리는 것은 더러운 일반 접시를 닦은 후에 은접시 닦기를 다시 하는 것과 다를 바가 없기 때문이라는 것이다. 실제로 당시 노동자들의 직무확대에 대한 반응을 보면, "나는 직무확대 이전에는 지루하고 의미 없는 일 한 가지를 했는데, 이제 직무확대라는 이름으로 세 가지의 의미 없는 일을 하고 있다"라는 반응이 나왔다.

허즈버그는 동기부여를 향상시키려면 수직적으로 직무를 더 풍요롭게 enrich 만드는 방법밖에 없다고 강력히 주장하는데, 이것은 곧 자신이 말한 동기요인을 직무 내부에서 강화시켜야 한다는 것을 의미한다. 허즈버그가 주장하는 직무충실화의 몇 가지 원리와 그 결과는 다음과 같다.

① 책임을 강화하고 통제를 제거함 → 책임과 성취 향상
② 근로자에게 완결적인 작업 단위(담당 분야)를 제공함 → 책임, 성취, 인정감
③ 근로자에게 추가적인 권한을 부여함 → 책임, 성취, 인정감
④ 예전에 하지 않던 새롭고 더 어려운 과업을 직무에 포함시킴 → 성장과 학습

허즈버그는 이러한 직무충실화의 원리를 실제로 한 대기업의 주주 관리 담당 직원의 업무에 적용해 그 효과를 측정하고 검증했다. 주주 담당 직원은 현대 기업의 IR부서 직무에 해당되며, 주주들의 전화와 서면 문의에 답하고, 회신 편지를 쓰는 것이 주요 과업이었다. 직무충실화는 총 8개월간 실행했는데, 직원들을 실험집단과 통제집단으로 나누어 실험집단에는 직무충실화를 적용했고, 위생요인은 두 집단 모두 변화가 없도록 통제했다. 실험이 개시된 후 처음 2개월간 매주 한 가지씩 일곱 가지의 동기요인을 도입했고, 이후 6개월간 직무성과, 직무태도, 결근 등 성과를 측정했다. 그 결과는 〈그림

그림 2-4 직무충실화와 성과 변화

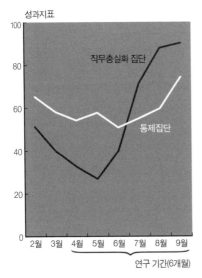

자료: Herzberg, "One more time," p. 60.

그림 2-5 직무충실화와 직무태도 변화

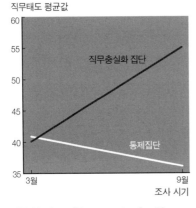

자료: Herzberg, "One more time," p. 60.

2-4〉와 같았다.

그림의 검정색 실선이 실험집단인데, 직무충실화가 도입되는 초기 2개월간은 성과가 약간 하락하다가 이후 6개월간 계속 상승해 통제집단을 추월하고 실험이 끝나는 9월에는 큰 격차로 앞서고 있음을 알 수 있다. 즉, 직무충실화로 동기부여가 향상되어 회신 편지의 질, 정보의 정확성, 주주 문의에 대한 대응 속도 면에서 훨씬 더 좋은 성과를 보인 것이다.

이와 함께 직무충실화에 따른 직무태도(만족도 등)의 변화를 알아보기 위해, 도입 초기와 종료 시점에서 동기부여에 관한 16개 문항을 5점 척도, 총 80점으로 두 차례 측정했다. 질문의 예는 "당신의 직무에서 의미 있는 기여를 할 수 있는 기회가 어느 정도라고 느끼는가?" 등이었다. 그 결과가 〈그림 2-5〉에 나타나 있다. 예상과 같이 직무태도의 변화는 실험집단에서 지속적으로 높아지고 있음을 확인할 수 있다.

이러한 실험결과를 기초로 허츠버그는 직무충실화의 단계적 실행을 다음

과 같이 제안하고 있다. 내용을 보면, 상당히 실무적이고 구체적인 실행가능
성까지 염두에 둔 제안임을 알 수 있다.

① 대상 직무를 선정한다. 특히, 작업자의 직무태도가 불량하고 위생요
   인 향상에 재원이 많이 소요되는 직무를 선정한다.
② 직무충실화 방안을 브레인스토밍을 통해 도출한다.
③ 도출된 방안 중 위생요인이거나 너무 일반적인 방안(예: 더 많은 책임을
   부여)을 제거한다.
④ 수평적 직무확대와 같은 방안을 제거한다.
⑤ 직무충실화의 대상이 되는 근로자의 직접 참여를 피한다. 이것은 참
   여의식과 같은 인간관계 측면의 위생요인을 피하기 위함이다. 참여의
   식은 단기적으로만 효과가 있기 때문이다.[4]
⑥ 일시적인 성과 하락을 예상하고 극복해야 하며 포기하면 안 된다.
⑦ 일선관리자나 감독자가 직무충실화 프로그램에 적대적이거나 불안해
   할 수 있음을 예상하고 대비해야 한다.

허츠버그의 직무충실화 운동은 1970~1980년대의 직무재설계 운동으로
그대로 계승된다. 그중 가장 널리 알려진 리처드 해크먼Richard Hackman과 그
레그 올덤Greg Oldham의 직무재설계 이론을 보면, 허츠버그의 주장을 따라서
직무특성 요인이 주요 심리 상태를 만들고, 다시 이것이 동기부여와 성과를
산출하는 과정을 제시하고 있다.[5] 즉, 직무에서 기술 다양성, 과업 정체성,

---

4 이 점에 대해서는 논란의 여지가 있지만 현대 기업의 제안제도도 일부 유사한 부작용이 나타
       난다.
5 J. R. Hackman and G. R. Oldham, "Motivation through the design of work: Test of a
       theory," *Organization Behavior and Human Performance*, 16(2), 1976, pp. 250~279.

그림 2-6 직무특성모형(JCM)

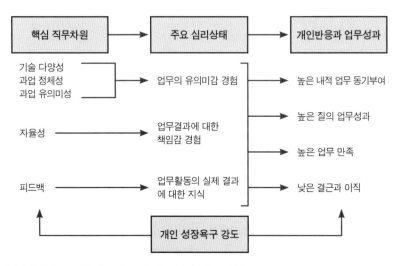

자료: Robbins and Judge, *Organizational behavior*, p. 272.

과업 유의미감, 자율성 등을 높이면 근로자가 업무상 책임감, 유의미감 등을 경험하고, 이것이 내적 동기부여를 향상시켜서 양질의 업무성과로 연결되는 것이다. 직무특성모형Job Characteristics Model: JCM은 이후 실무에서 직무설계 분야에 영향을 미쳤으며, 오늘날에도 직무분석과 직무설계의 기본 원리가 되고 있다.

3. 평가와 시사점

허츠버그가 2요인 이론을 내놓은 지 벌써 50년이 훌쩍 지났다. 과연 허츠버그의 이론은 오늘날에도 타당한 이론일까? 사실 허츠버그 이론의 타당성에 대해 적지 않은 논란이 있었는데, 그중 중요한 몇 가지를 살펴보면 다음과 같다.

2요인 이론에 대한 비판

먼저 만족과 불만족이 과연 명확하게 두 차원으로 분리될 수 있는가라는 문제가 있다. 다시 말해서, 위생요인과 동기요인은 확실히 상호 독립적으로 구분될 수 있는가에 대한 논란이다. 한 가지 예로, 허츠버그는 급여를 위생요인으로 분류했지만 현실에서는 많은 사람들이 연봉 인상이나 인센티브를 받은 후 동기부여의 상승을 경험한다. 허츠버그 자신의 연구결과에서도 애매한 요인들이 있는 것이 사실이다. 예를 들어, 위에서 살펴봤던 〈그림 2-2〉에서 급여 즉, 돈은 위생요인에 60%, 동기요인에 40% 정도 걸쳐 있다. 사실 급여는 위생요인의 성격과 함께 소속 직장에서 자신의 가치를 인정한다는 상징적인 성격이 있기 때문에 어느 정도 동기요인의 성격도 갖고 있는 것이 사실이다.

또, 연구방법 측면의 비판도 있다. 허츠버그는 직장 생활에서 만족스러웠던 일과 불만족스러웠던 일을 묻는 주요사건법을 썼는데, 귀인이론attribution theory에 따르면 사람들은 자신을 높이려는 자기고양 동기가 있기 때문에 좋은 일은 자신에게 귀인하고, 부정적 결과는 외부에 귀인하는 경향이 있다. 따라서 가장 만족스러웠던 일을 회상하라고 하면 세속적인 위생요인보다는 성취감, 인정, 자율성과 같이 자신의 정체성 향상에 도움이 되는 동기요인적 성격의 일들을 더 많이 보고하게 되는 것이다. 즉, 주요사건법으로 모은 연구자료에서는 동기요인이 실제보다 과장될 수 있다는 비판이다.

보다 근본적인 비판은 허츠버그가 만족이 높으면 동기부여가 높고, 직무성과도 높아진다는 단순한 가정을 하고 있다는 것이다. 그러나 이후의 연구결과들을 보면 구성원이 만족하면 성과가 좋아지는 방향도 맞지만 높은 성과를 낸 구성원이 높은 보상과 존경, 동료들의 인정을 받기 때문에 결과적으로 만족과 동기부여가 높아진다는 반대 방향의 인과관계도 충분히 가능성이 있기 때문에 '만족-동기부여-성과'는 생각보다 복잡한 관계이다.[6]

금전적 동기부여의 효과

사실 사람들을 만족하고 행복하게 만드는 요인들은 생각보다 복잡하다. 많은 사람들이 행복은 돈의 문제가 아니라고 말하지만 연구결과를 보면, 허츠버그의 생각과는 다르게 소득과 삶의 만족도는 상당히 일관된 정비례 관계를 보인다. 예를 들어, 2010년 갤럽Gallup 조사 결과를 보면, 1인당 GDP가 낮은 중국, 인도와 같은 나라보다는 미국, 덴마크 등이 높은 삶의 만족 정도를 나타낸다.[7]

그러나 소득이 높다고 무조건 만족도가 높아지는 것은 아니다. 노벨 경제학상 수상자인 대니얼 카너먼Daniel Kahneman 프린스턴 대학교Princeton University 교수와 동료가 함께 한 연구결과를 보면, 소득 수준이 높아짐에 따라 삶의 만족은 지속적으로 높아지지만 행복이나 스트레스와 같은 정서적 웰빙well-being은 연소득 7만 5000달러 수준까지는 높아졌다가 그 이상에서는 더 이상 증가하지 않는 일종의 '행복 정체happiness plateau' 현상이 나타나고 있다.[8] 이에 대해, 최근 펜실베이니아대 와튼 스쿨의 매튜 킬링스워스Matthew Killingsworth 교수는 연봉 7만 5000달러 이상에서도 카너먼 교수가 발견한 행복 정체는 나타나지 않으며, 대부분의 사람들은 소득이 증가하면 더 행복해지는데 고액 연봉을 받으면서도 불행한 일부 사람들 때문에 그런 현상이 나타난다는 반론을 제기하기도 했다.[9] 하지만 이러한 반박이 카너먼 교수 연구의

6 A. Davis-Blake and J. Pfeffer, "Just a mirage: The search for dispositional effects in organizational research," *Academy of Management Review*, 14(3), 1989, pp. 385~400.

7 https://media.economist.com/sites/default/files/imagecache/original-size/20101127_WOC 524.gif.

8 D. Kahneman and A. Deaton, "High income improves evaluation of life but not emotional well-being," *Proceedings of National Academy of Science (PNAS)*, 107(38), 2010, pp. 16489~16493. https://doi.org/10.1073/pnas.1011492107.

9 "Does money buy happiness? Here's what the research says," *Knowledge at Wharton*,

핵심적인 부분을 부정하는 것은 아니다. 다시 말해서, 연봉 5000만 원을 받던 사람이 1억 원을 받는다면 두 배로 행복해질 수 있지만 1억을 받던 사람이 2억을 받는다고 해서 그만큼 행복해지지는 않는다는 것이다.

　이러한 학술적 논쟁에 대해서, 대부분의 직장인들은 그야말로 학문적 논쟁일 뿐 실제 직장에서 내가 만약 두 배의 연봉을 받게 된다면 당연히 그만큼 동기부여가 되지 않을까라고 생각할 것이다. 이와 관련해서, 좀 더 현실적인 두 가지 사례를 살펴보기로 하자. 먼저 2016년 국내 직장인들을 대상으로 한 조사결과이다.[10] 조사내용 중 '가장 기쁜 순간이 언제인가'라는 질문에 대해 업무목표 달성, 칭찬과 같은 비금전적 보상보다는 연봉 인상을 1위로 답한 직장인이 가장 많았고(남성 38.6%, 여성 49.7%), 다른 요인과의 격차도 상당히 컸다. 물론 '기쁜 순간' 자체를 동기부여로 볼 수는 없겠지만 허즈버그가 위생요인으로 분류한 금전적 보상이 현실적으로 큰 효과가 있음을 보여주는 결과이다.

　그런데 같은 조사결과를 소득 구간별로 나눠보면 재미있는 경향이 나타난다. 〈그림 2-7〉에서 볼 수 있듯이, 월 소득 200만 원 미만의 직장인들은 절반 이상(51.9%)이 연봉 인상을 가장 기쁜 순간으로 답했고, 다른 요인들과의 격차도 컸지만 소득 수준이 높아질수록 격차는 점점 줄어들어서 월 소득 500만 원 이상의 직장인들은 37.8%만이 연봉 인상을 1위로 답했고, 만족에 대한 효과 면에서 업무목표 달성, 승진, 칭찬과 같은 요인이 보너스보다 더 크게 나타나고 있다. 이것은 금전적 요인에 의한 만족이 일종의 수확체감과 같은 감소 효과를 갖는다는 것을 보여주는 것이다. 만약 위에서 살펴본 카너

　March 28, 2023. https://knowledge.wharton.upenn.edu/article/does-money-buy-happiness-heres-what-the-research-says/.

10　김범준, 「대한민국 직장인은 워커홀릭」, 『대한민국 직장인 보고서』(NH투자증권, 2016).

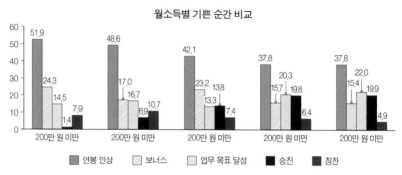

그림 2-7 소득수준별 만족 요인의 비교

월소득별 기쁜 순간 비교

범례: ■ 연봉 인상 ▨ 보너스 □ 업무 목표 달성 ■ 승진 ■ 칭찬

자료: 김범준, 「대한민국 직장인은 워커홀릭」, 23쪽.

먼 교수의 연구처럼 소득 구간을 연봉 7만 5000달러 수준까지 올린다면 만족이나 행복에 미치는 영향은 더 감소될 수도 있다.

그래비티사의 실험

그러나 이것 역시 단편적인 질문에 대한 답변일 뿐 직장의 현실을 제대로 반영하지 못한다고 생각하는 독자도 있을 것이다. 그래서 이번에는 현실 직장에서 실제로 벌어진 일종의 실험을 하나 살펴보겠다. 지난 2015년 4월 미국 시애틀Seattle에 있는 그래비티Gravity Payments사에서 있었던 일이다.

그래비티는 평범한 신용카드 결제 및 금융 서비스 기업이었는데, 당시 CEO였던 댄 프라이스Dan Price가 내린 놀라운 결정으로 전 세계의 주목을 받게 되었다. 당시 120여 명 정도였던 전 직원의 급여를 연봉 7만 달러로 똑같이 통일한 것이다. 이 조치로 7만 달러 이하를 받던 직원들은 급여가 대폭 인상되었고, 댄 프라이스 자신은 약 100만 달러에 달하던 연봉을 90% 이상 삭감해 직원들과 똑같이 7만 달러로 맞췄다. 이 조치 때문에 댄 프라이스는 노동계급의 영웅 혹은 사회주의자라는 별명을 얻으면서 수많은 기사의 주인공이 되었다. 그런데 왜 하필 7만 달러로 정했느냐는 기자들의 질문에 프라이

그림 2-8 그래비티사 직원 만족 수준

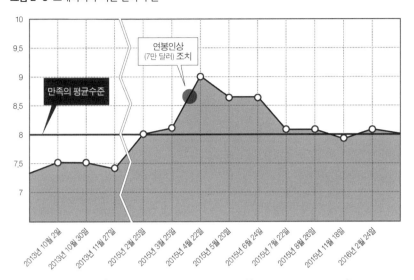

자료: "The Gravity of $70k," Gravity Payments. https://gravitypayments.com/the-gravity-70k-min/(접속일: 2024.5.22).

스는 7만 달러 정도까지는 급여가 만족을 올린다는 연구결과를 보고 이러한 결정을 내렸다고 답했다. 그가 의도했는지는 알 수 없지만 앞서 살펴봤던 카너먼 교수의 연구를 직접 실험한 것이라고 할 수 있다.

그렇다면 결과는 어땠을까? 직원 대부분의 급여가 올랐기 때문에 그래비티 직원들은 열광적으로 회사의 조치를 지지했고, 직원들의 만족 수준은 조치 시행 전에 비해 가파르게 향상되었다. 매출과 수익이 늘었고, 고객만족도 큰 폭으로 개선되었다. 심지어 높아진 연봉 덕분에 직원들의 출산도 증가했다. 그러나 이렇게 극적인 만족과 동기부여 효과는 오래가지 못했다. 〈그림 2-8〉에 나타나듯이, 불과 3개월여가 지나자 치솟았던 만족 수준은 7만 달러 조치 시행 이전 수준으로 돌아갔다. 그래비티의 성과가 지속될 수 있을지 많은 사람들이 기대를 갖고 지켜봤지만 금전적 보상을 통한 동기부여 효과는 단기간 동안만 유효하고 결국 감소한다는 것을 다시 한 번 확인해 준 것이다. 댄 프라이스 역시 최근 불미스러운 범죄에 연루되어 CEO직에서 물러났다.

이렇듯 허츠버그의 통찰은 현재에도 여전히 의미가 있다. 우리는 위생요인에 의한 만족과 성과 향상은 일시적이고, 지속적인 동기부여는 오직 내재적 요인에 의해서만 가능하다는 허츠버그의 주장을 다시 상기해야 한다. 물론 허츠버그 이론이 근무조건 개선을 회피하는 근거로 악용되거나 근무조건 향상에 많은 투자가 필요한 직무에 돈 안 들이고 성과를 높이는 방안으로 이용되면 안 될 것이다. 허츠버그 역시 위생요인이 동기부여와 고성과의 충분조건은 아니지만 필요조건임을 강조하고 있기 때문이다.

작은 성공의 힘

허츠버그가 주장하는 내재적 동기부여와 관련해 우리가 꼭 살펴보아야 할 중요한 연구결과가 있다. 이 연구는 창의성과 정서 연구의 세계적인 권위자인 하버드 대학교의 테리사 애머빌Teresa Amabile 교수가 배우자인 스티븐 크레이머Steven Kramer 교수와 함께 동기부여와 창의성의 근본 원인을 규명했던 야심 찬 프로젝트이다. 애머빌 교수는 사람들이 언제 창의적이 되는지, 그리고 무엇이 진정으로 사람들을 동기부여시키는지 알아보기 위해서 3개 산업, 7개 회사의 26개 프로젝트 팀 구성원 238명으로부터 무려 1만 2000일의 업무 일지와 매일의 감정 상태, 그리고 매일의 업무성과를 측정한 방대한 연구자료를 수집했다.[11] 그런 다음, 다양하고 정교한 분석을 통해 가장 효과적인 동기부여 요인 다섯 가지를 알아냈다. 업무성과 인정, 인센티브, 업무

11 애머빌·크레이머, 『전진의 법칙: 리더는 무엇을 해야만 하는가』, 윤제원 옮김(서울: 도서출판 정혜, 2013). 또는 T. Amabile and S. J. Kramer, *The progress principle* (Cambridge: Harvard University Press, 2011).

진전의 지원, 대인관계 지원, 명확한 목표 제시가 그것이다.

연구결과를 확인한 후, 세계 여러 나라에서 온 약 670명의 경영자들에게 설문조사를 통해 가장 강력한 동기부여 요인이 무엇인지 고르도록 했다. 만약 여러분이라면 무엇을 선택하겠는가? 경영자들이 가장 많이 선택한 1위 요인은 업무성과 인정이었다. 아마 '칭찬은 고래도 춤추게 한다' 같은 세계적인 베스트셀러의 영향도 있었을 것이다. 두 번째로 많은 선택을 받은 요인은 명확한 목표였다. 하지만 연구결과는 달랐다. 단지 5%의 경영자만이 가장 중요한 요인을 찾아냈는데, 그것은 예상과 달리 매일매일의 업무에서 전진 progress을 이루도록 돕는 것이었다. 자신의 업무에서 작지만 의미 있는 전진을 이루었던 직원들은 가장 크게 동기부여가 되었고, 업무성과도 가장 좋았다. 심지어 기분이 좋지 않거나 상사로부터 꾸중을 들었더라도 '작은 전진 small wins'의 효과는 변함이 없었다. 더구나 연구팀이 발견한 작은 전진은 그렇게 대단한 성취도 아니었다. 우리가 매일 하는 업무에서 어제와 다르게 무엇이라도 나아졌다는 경험을 하게 되면, 이렇게 작은 성취를 기반으로 앞으로 나아갈 힘을 얻는다는 것이다. 애머빌 교수는 이를 '작은 전진의 힘'이라고 말하며, 오늘날의 경영자들은 50년 전에 이미 허즈버그가 가르쳐준 교훈을 가슴 깊이 받아들이고 있지 않는 것 같다고 비판한다.[12] 그리고 사람들은 업무에서 성취를 이룰 때, 가장 만족하고 성과도 좋다는 허즈버그의 결론을 다시 한 번 강조하고 있다.

마지막으로 허즈버그 이론은 최근의 새로운 직무설계 흐름인 '잡 크래프팅(직무재창조)'과도 연결되어 있다. 최근 국내 기업들도 관심이 높은 잡 크래프팅은 사람들이 수동적으로 주어진 일을 수행하는 것이 아니라 자신의 가

---

12   T. Amabile and S. J. Kramer, "The power of small wins," *Harvard Business Review*, 89(5), 2011, pp. 70~80.

치와 동기, 역량, 선호도에 맞춰서 직무를 스스로 만들어나가는 최근의 추세를 말한다. 구체적으로, 자신의 직무를 여러 과업으로 구분해 각 과업 수행에 쓰고 있는 시간을 측정하고, 자신의 동기, 강점, 열정과 부합되는 과업의 비중을 늘리고, 그렇지 않은 과업의 비중은 줄이는 방향으로 업무를 스스로 재설계하는 것을 말한다.[13] 이것은 급격한 기술변화와 불확실성의 증가로 인해 기업이 직무수행자의 적응 능력과 적극적인 직무변화 능력을 더욱 필요로 하는 현재의 상황을 반영하고 있다. 2요인 이론과 잡 크래프팅은 다소 다르지만 모두 자율성을 부여해서 직무수행자가 자신의 직무, 과업, 역할을 자신의 특성에 맞도록 재조정해 나가는 미래 기업의 모습을 제시하고 있다.

결론적으로 지금까지 살펴본 여러 가지 흐름들은 결국 허츠버그가 제기한 내재적 동기부여intrinsic motivation 이론의 연장선이며, 이렇게 미래의 직무설계 방향까지 제시하고 있는 허츠버그의 이론은 역시 중요한 고전이라고 할 수 있겠다.

---

13 A. Wrzesniewski and J. Dutton, "Crafting a job: Revisioning employees as active crafters of their work," *Academy of Management Review*, 26(2), 2001, pp. 179~201.

3장 똑똑한 바보들,
어빙 재니스의 집단사고 이론[*]

1. 저자와 시대적 배경

기업경영은 의사결정의 연속이다. 작게는 팀 업무회의부터 최고경영진의 전략 회의까지 수많은 회의와 의사결정이 있다. 이 책을 읽는 독자들도 하루 업무 중 상당 시간을 회의에 쓰고 있을 것이다. 사람들은 흔히 '두 사람이 지혜를 모으면 한 사람보다 낫다two heads are better than one'라는 서양 속담처럼 집단 의사결정이 더 나은 결과를 만들 것이라고 생각한다. 그러나 현실을 보면, 우수하고 능력 있는 집단이 어처구니없는 잘못된 의사결정으로 조직을 망치는 일이 계속 일어나고 있다. 경영의 세계에서도 한때 전 세계 휴대폰 시장을 호령하던 노키아Nokia, 사진의 역사라고 부를 수 있는 코닥Kodak이 전략적 판단의 실수로 사라졌다. 또 잘못된 의사결정으로 고객들의 외면을 받거나 사회적 물의를 일으키는 사례는 셀 수도 없이 많다.

어빙 재니스가 쓴 이 책은 의사결정 분야의 고전이다. 1972년에 초판『집

---

*   이 장은 1972년 출간된 Irving L. Janis의 *The Victims of Groupthink* (Houghton Mifflin)와 1982년 출간된 개정판, *Groupthink: Psychological Studies of Policy Decisions and Fiascoes* (Cengage Learning)의 주요 내용을 살펴보고, 그에 대한 평가와 현대 경영에의 시사점을 정리했다.

그림 3-1

자료: Irving L. Janis, *Crucial decisions* (Free Press, 1989); Janis, *The victims of groupthink*; Janis, *Groupthink*.

단사고의 희생양』이 나왔고,[1] 이를 수정, 보완한 저서가 1982년에 출간되었다.[2] 집단사고는 방송이나 언론 칼럼 등에서 쉽게 접할 수 있는 용어이다. 또, 경영학의 조직학, 전략 분야는 물론이고 사회심리학, 정치학, 커뮤니케이션 등 수많은 사회과학 연구에서 널리 쓰이는 개념이다. 그럼에도 불구하고 그 정확한 뜻과 세부 내용을 잘 모르는 경우가 많다.

　예일 대학교Yale University 심리학 교수였던 어빙 재니스는 이 책에서 왜 능력 있는 집단이 어리석은 결정을 내리는가, 그리고 그 대안은 무엇인가를 분석하고 있다. 이 책은 1961년 쿠바의 카스트로Fidel Castro 정권 전복을 기도한 미국의 피그스Pigs만 침공 실패, 1941년 진주만 공습, 1974년 미국 닉슨Richard Nixon 대통령의 사임을 몰고 온 워터게이트 스캔들과 같이 역사상 비극적 실

1　I. L. Janis, *Victims of groupthink: A psychological study of foreign-policy decisions and fiascoes* (Boston: Houghton Mifflin, 1972).

2　I. L. Janis, *Groupthink: Psychological studies of policy decisions and fiascoes*, 2nd Ed. (Boston: Cengage Learning, 1982).

패와 재앙을 가져왔던 사건들의 원인이 바로 집단사고라고 지목하고 있다. 비단 정치적 사건뿐만 아니라 어떤 조직에서나 발생할 수 있는 의사결정 오류의 뿌리를 파헤친 고전이라고 할 수 있다.

2. 집단사고 이론

집단사고란 무엇인가

집단사고는 저자인 재니스가 만든 신조어이다. 재니스가 조지 오웰George Orwell의 소설 『1984』(1949)에 나오는 용어인 '이중사고doublethink'와 '범죄사고 crimethink'를 참고해 만들었다고 한다. 뭔가 불쾌한 어감을 주는 신조어이다. 집단사고는 응집성이 높은 집단이 합의에 대한 압력으로 인해서 비판적으로 대안을 탐색하는 능력을 잃어버리고, 결국 잘못된 의사결정을 하는 것을 말한다. 재니스가 이 책에서 집단사고를 설명하기 위해 소개한 대표적인 사례를 살펴보자.

냉전 시대였던 1959년 미국의 턱밑에 있는 쿠바에 카스트로 공산 정권이 들어서자 미국 정부는 비밀리에 정권 교체를 모색했다. 하지만 미국이 직접 쿠바를 공격하는 것은 확전을 불러오기 때문에 미국 CIA는 1400명의 쿠바 망명자로 구성된 여단급 민병대를 조직하고, 무기와 장비를 지원해 남미 모처에서 훈련시키며 쿠바 침공을 계획했다. 1961년 케네디John F. Kennedy 대통령이 취임한 후, 정부 핵심 요인들이 모여 CIA가 마련한 침공 계획을 승인했고, 마침내 4월 17일 쿠바의 피그스만에 상륙작전을 감행하게 된다. 당시 의사결정에 참여했던 사람들은 명석하기로 유명한 케네디 대통령을 비롯해 앨런 덜레스Allen Dulles CIA 국장, 딘 러스크Dean Rusk 국무장관, 로버트 맥나마라Robert McNamara 국방 장관 등 당시 미국 내 최고 엘리트들이었다. 이들

그림 3-2 케네디 대통령 내각(왼쪽)과 쿠바 미사일 위기 시(1962) 회의 모습

자료: © Nationaal Archief; Wikimedia Commons.

은 통계학자, 행정 전문가, 정보 분석가로 명성을 날렸으며, 뛰어난 지적 역량을 갖춘 사람들이었다.

당시 회의에 참석했던 사람들은 CIA가 주도하는 작전이 완벽한 침공 계획이라고 확신했다. 이러한 판단의 근거는 다음과 같다. 첫째, 이번 침공이 미국 정부가 주도한 공격으로 보이지 않을 것이다. 둘째, 쿠바 공군은 취약하기 때문에 상륙작전을 막지 못할 것이다. 셋째, 침공이 시작되면 쿠바 후방에서 무장봉기가 일어날 것이고, 취약한 카스트로 군대는 금방 괴멸될 것이다. 넷째, 만약 상륙작전이 실패하더라도 사기가 높은 쿠바인 민병대는 산악지대로 들어가 게릴라 활동을 할 수 있을 것이다. 만약 이런 가정들이 정말 사실이었다면 침공작전은 충분히 성공했을 것이다.

그러나 결과는 참혹한 실패로 돌아갔다. 상륙선 두 척이 쿠바 공군의 공격으로 격침되었고, 어렵사리 피그스만에 상륙한 민병대는 카스트로의 정예군에 포위되어 고전하다가 3일 만에 1200명이 무기력하게 쿠바군에 항복하고 말았다. 결국 미국 정부의 지원이 밝혀져서 국제 여론이 악화되고, 미국 정부는 민병대원들의 몸값으로 5300만 달러라는 막대한 원조를 쿠바 정부에

제공하는 것으로 사태를 수습할 수밖에 없었다.

그렇다면 왜 완벽하다는 침공작전이 실패했을까? 사실, CIA가 망명 쿠바인들의 군사작전을 지원한다는 것은 미국 언론에까지 보도될 정도로 공공연한 비밀이었다. 민병대원들을 훈련했던 남미의 과테말라를 포함해서 수많은 사람들이 관련된 비밀작전의 정보가 누설되지 않을 수 없었을 것이다. 또, CIA가 취약할 것이라고 장담했던 쿠바 공군의 신예 전투기들은 건재했으며, 상륙 지점에는 중무장한 쿠바 정예군이 기다리고 있었다. 게다가 퇴각해서 게릴라전을 벌이겠다던 산악지대는 상륙 지점에서 130km나 떨어져 있어 이동 자체가 거의 불가능한 먼 거리였다. 쿠바 지형만 철저히 검토했더라도 충분히 예측할 수 있는 사실이었다.

여기서 중요한 문제는 누구나 쉽게 발견할 수 있는 문제점들을 왜 당대 최고의 엘리트 집단이 찾아내지 못했는가, 아니면 왜 무시했는가라는 질문이다. 왜 아무도 침공작전의 무모함과 위험성을 지적하지 않았는가? 왜 누구도 CIA에 작전 실패 가능성을 묻는 적절한 질문을 하지 않았는가? 여기에 바로 집단사고의 메커니즘이 작용하고 있다.

우선 당시 의사결정자들은 모두 하버드 대학 동문이며, 케네디 대통령 대선 시절부터 오랫동안 팀워크를 다진 긴밀한 관계였다. 매우 응집력이 높은 소수의 자문 집단이 근거 없는 자신감을 갖고 있었고, 서로의 능력을 믿고 합의를 추구하는 규범을 발달시켰던 것이다. 잘 알려졌듯이, 집단에 소속된 사람들은 조화를 깨뜨리지 않고 집단 전체의 규범에 따르려는 강한 경향성을 보인다. 이것은 솔로몬 애시Solomon Asch의 유명한 동조conformity 실험에서 잘 나타난다. 누구나 알 수 있는 명확한 답이 존재하는 경우에도, 같은 집단에 속한 다른 사람(공모자)들이 잘못된 답을 선택했을 때, 70% 이상의 피험자가 그것이 분명히 잘못된 결정인 것을 알면서도 다수의 결정에 동조했다.[3] 즉, 집단 내에는 강한 동조 압력이 작용하기 때문에 무슨 일이 있어도 할 말은 하겠다는 사람들조차 실제로는 상황의 압력에 굴복하는 경우가 대부분이다. 개인적 능력이 탁월한 사람들이라도 집단의 암묵적 규범과 합의에 대한 강력한 압력 때문에 소수 의견을 내지 못하고 반대 견해를 무시함으로써 비판적인 평가 능력을 잃고, 결국 비합리적이고 어리석은 결정을 내리게 되는 것이다.

집단사고의 구체적인 과정을 살펴보자. 우선 집단사고의 핵심은 강력한 합의 추구 경향이다. 이것이 다음과 같은 몇 가지 증상을 만들어낸다. 첫째, 집단 자체에 대한 과대평가이다. 이에 따라 실패하지 않을 것이라는 환상을 갖게 되며, 자신들이 도덕적이라는 잘못된 신념으로 발전하게 된다. 둘째, 폐쇄적인 인식과 관점이다. 집단이 정한 결론을 합리화하고, 자신들과 다른 외집단 사람들을 편향된 관점으로 유형화한다. 정치적으로 양당이 대립할 경우, 상대 당 사람들을 악마화하는 것도 같은 원리이다. 셋째, 만장일치에 대한 압력이 강화된다. 만장일치가 가능하고 옳은 것이라는 환상을 갖게 됨에 따라 자기검열이 강화되고, 집단의 결정에 의문을 제기하는 사람들에게 압력을 가하며, 이의를 제기하지 않는 사람들의 침묵을 동의라고 판단하게 된다. 넷째, 결과적으로 의사결정의 결함이 나타난다. 대안을 불완전하게 탐색하기 때문에 위험성을 제대로 평가하지 못하고, 당연히 의사결정의 목표가 무엇인지를 성찰하지 못하게 된다. 이러한 일련의 과정을 거쳐서 집단사고에 빠진 집단은 남들이 쉽게 찾아낼 수 있는 문제점을 못 보거나 무시하게 되고, 자신들이 도덕적으로 우월하며, 자신들의 결론이 가장 합리적이라는 착각 때문에 이해하기 어려운 어리석은 결정을 하게 되는 것이다.

---

3   S. Asch, "Opinions and social pressure," *Scientific American*, 193(5), 1955, pp. 31~35.

집단사고의 조건

위에서 집단사고의 핵심요인과 집단사고가 전개되는 과정을 살펴봤지만 모든 집단이 집단사고에 빠지는 것은 아니다. 몇 가지 특정한 조건이 결합될 때 집단사고의 위험은 훨씬 커진다.

첫째, 가장 중요한 조건은 집단의 응집성이다. 응집성이란 집단 구성원들이 서로를 좋아하고 자신들이 한 집단이라는 정체성이 강한 것을 말한다. 따라서 집단의 성과가 높기 위해서는 일정 수준 이상의 응집성이 확보되어야 한다. 대부분의 집단이 구성원의 선발을 엄격하게 관리하고, 타 집단과 경쟁을 유도하는 것도 응집성을 높이기 위한 노력이라고 볼 수 있다. 그러나 응집성이 과도하게 높고, 구성원 간의 상호관계가 지나치게 긴밀하다면 집단사고의 가능성을 점검해야 한다. 둘째, 집단이 외부로부터 고립되어 있고, 구성원들이 소속집단에 대해 긍정적인 이미지를 갖고 있을 때이다. 예를 들어, 구성원들이 학력, 출신, 연령, 이념 등 여러 면에서 매우 비슷하고, 오랜 시간을 함께 보낸 집단일 경우에 집단사고의 압력은 강해질 수 있다. 특히, 사람들은 자신이 소속된 집단과 타 집단을 '내집단-외집단ingroup-outgroup'으로 구분하는 경향이 있고, 내집단은 우월하고 외집단을 열등하게 보는 편향을 형성한다.

1954년 사회심리학자 무자퍼 셰리프Muzafer Sherif는 아직도 논란이 되고 있는 유명한 실험을 했다. 미국 오클라호마Oklahoma주에서 학생 22명을 라버스 동굴Robbers Cave 주립공원에서 열리는 캠프에 참가하도록 했다. 먼저 10대 소년들을 무작위로 두 집단으로 나누고, 각각 방울뱀 팀과 독수리 팀이라고 이름 붙였다. 상대방을 자극하는 어떤 실험적 처치는 없었다. 그리고는 1주일 후 다시 모여서 몇 가지 게임으로 경쟁을 시켰을 뿐이다. 그러나 단지 두 집단을 나누고 몇 가지 게임을 한 것만으로도 두 집단의 관계는 매우 악화되었다. 방울뱀 팀이 깃발을 야구장에 걸자 독수리 팀이 깃발을 찢어버렸다.

그림 3-3 라버스 동굴 실험과 집단 편향

자료: Sherif, Harvey, White, Hood, and Sherif, *Intergroup conflict and cooperation*; Carolyn and Muzafer Sherif papers, Cummings Center for the History of Psychology, The University of Akron.

방울뱀 팀은 독수리 팀의 숙소를 기습해서 부수고 옷가지를 훔쳐 갔다. 그러자 독수리 팀은 다시 몽둥이로 무장하고 방울뱀 팀을 공격했다. 장난이나 위협이 아니라 실제로 양말에 돌멩이를 집어넣고 휘둘러서 상대편을 박살내겠다는 정도였다.[4]

그저 무작위로 만든 팀일 뿐인데도 사람들은 집단을 형성하며, 갈등을 일으킨다. 자신이 속한 집단은 선하고 다른 집단은 악하다고 인식한다. 뿐만 아니라, 자신이 속한 내집단은 한 사람, 한 사람을 각자의 특성에 따라 독립적으로 인식하지만 외집단 구성원들은 모두 똑같다는 식의 집단적 편향을 형성한다. 바로 유명한 내집단-외집단 편향이다. 이와 같은 강한 경향성 때문에 집단사고에 빠진 사람들이 자신이 속한 집단에 대해서 느끼는 긍정적 정체성은 더욱 강화될 수 있다.

셋째, 해당 집단이 외부의 위협에 직면해 높은 스트레스를 경험할 때이다.

---

4 M. Sherif, O. J. Harvey, B, J. White, W. R. Hood, and C. W. Sherif, *Intergroup conflict and cooperation: The Robbers Cave experiment* (Norman: University Book Exchange, 1961).

특히, 최근에 내린 의사결정이 실패했거나 매우 해결하기 어려운 문제에 직면했거나 도덕적 딜레마를 포함한 문제에 봉착했을 때, 집단사고는 더욱 강해지는 경향이 있다. 조직관리 분야의 고전인 위협-경직성threat-rigidity 이론에 따르면, 개인, 집단, 조직을 막론하고 위협적이고 스트레스를 유발하는 상황에 처하면, 창의적이고 다양한 해결책을 모색하기보다는 이미 잘 알려져 있는 경직된 대응을 함으로써 더욱 큰 위험에 빠지게 된다.[5] 같은 원리로, 어떤 집단이 위협에 직면하면 새로운 대안보다는 익숙한 대안을 선택하고, 다양한 의견보다는 합의를 강하게 추구하는 집단사고의 증상을 보이게 된다. 사람들은 실패에 대한 근본적인 공포가 있기 때문에 의사결정에 대한 개인의 책임을 회피하고 집단 책임으로 공유하기 위함이다.

집단사고의 대안

그렇다면 집단사고를 방지하기 위해서 어떻게 해야 하는가? 재니스는 이 책에서 집단사고와 대비되는 좋은 의사결정의 예를 함께 소개하고 있다. 대표적인 예가 1962년 쿠바 미사일 위기를 극복한 케네디 정부의 결정이다.

피그스만 침공이 실패하고 바로 이듬해, 당시 냉전의 상대국이었던 소련이 쿠바에 핵미사일 기지를 비밀리에 건설했다는 정보가 사실로 확인되었다. 미국 정부는 큰 충격에 빠졌다. 쿠바는 미국에 매우 근접한 거리였기 때문에 수도 워싱턴Washigton D.C.을 비롯한 동부 주요 도시들이 실제적인 핵 공격에 직면했던 긴박한 상황이었다. 당시 케네디 정부는 국가 안보 회의NSC에서 다음과 같은 3원칙을 제시했다.

첫째, CIA, 국방부 등 소속 부서의 관점이 아니라 국가 전체의 관점에서

---

5   B. M. Staw, L. E. Sandelands, and J. E. Dutton, "Threat rigidity effects in organizational behavior: A multilevel analysis," *Administrative Science Quarterly*, 26(4), 1981, pp. 501~524.

문제를 볼 것, 둘째, 공식적인 의제agenda나 리더 등 격식을 따지지 말 것, 셋째, 구성원을 소그룹으로 나눠 각자 대안을 모색할 것 등이다. 이에 따라 계급도 직책도 의장도 없고 참석자 모두가 동등하게 의견을 개진했으며, 대통령도 예외가 아니었다. 이러한 방식으로 대안들을 검토하고 논의를 한 결과, 당시 다수가 지지하던 미사일 기지 공중폭격이 아닌 창의적인 대안이 채택되었다. 핵전쟁으로 치달을 수 있었던 공중폭격안을 버리고, 쿠바 해안에 접근하는 선박을 봉쇄하는 해상봉쇄안을 도출해 위기를 극복할 수 있었다. 중요한 점은 당시 회의에 참여했던 각료, 보좌관, 참모들이 바로 1년 전 피그스만 침공 실패를 만들었던 동일한 인물들이라는 것이다. 새삼, 의사결정 방식과 조직관리의 중요성을 보여주는 사례라고 할 수 있다.

이러한 역사적 자료를 기반으로, 재니스는 집단사고를 극복할 수 있는 몇 가지 대안을 다음과 같이 제시하고 있다. 그러나 재니스는 어떤 대안도 완전하지는 않으며, 나름대로의 문제점을 갖고 있다는 점도 아울러 강조한다.

첫째, 리더가 구성원 각자에게 서로의 의견을 비판적으로 평가하는 역할을 부여하는 것이다. 예를 들어, 구성원 A는 B를, B는 C를, C는 D를, D는 A를 비판하는 방식이다. 이때 중요한 것은 리더 역시 자신에게 배정된 비판자의 의견을 수용한다는 것을 보여주는 것이다. 그러나 이 방식은 시간이 많이 소요되므로 긴급한 상황에서는 실행하기 어렵고, 상호 비판으로 구성원들의 감정이 악화될 수 있다.

둘째, 리더가 자신의 선호나 기대, 또는 특정 대안에 대한 지지 등을 일체 표현하지 않고 문제에 대해 편향되지 않도록 철저히 중립적으로 진행하는 것이다. 이것 역시 구성원 간 갈등이 격화될 수 있다.

셋째, 의사결정 집단을 몇 개의 독립적인 소집단으로 구성하고, 각 소집단이 각자 다른 리더의 주도하에 독자적인 심의를 하도록 하는 것이다. 그러나 이 방식은 의사결정에 참여하는 집단이 많아지므로 중요 정보가 유출되거나 사내 정치가 발생할 수 있고, 결정된 대안에 대한 책임 의식이 확보되지 않는 단점이 있다. 따라서 주기적으로 소집단 간 차이를 조정하는 절차가 필요하다.

넷째, 각 구성원이 각자 자신의 원소속 부서에 의사결정해야 할 의제를 논의할 자문 집단을 두거나 외부의 전문가, 혹은 의사결정 회의의 정규 멤버가 아닌 내부 구성원을 회의에 포함시켜 확증편향confirmation bias을 감소시키는 방식이다. 확증편향이란 어떤 의사결정을 내린 후에 이미 결정한 대안이 옳다는 것을 뒷받침하는 정보만을 선택적으로 찾고, 그에 반하는 정보는 무시하려는 의사결정상의 편향을 말한다.

다섯째, 상당히 효율적인 대안은 구성원 중 최소한 한 명을 '악마의 옹호자devil's advocate'로 지명하는 것이다. 악마의 옹호자는 원래 가톨릭교회에서 성인을 추대할 때 일종의 악역을 맡는 역할에서 유래했다. 성인으로 추대하기 위해서는 후보자의 생애에 사소한 흠결이라도 있으면 안 되기에 교회는 두 가지 역할로 나누어 추대를 논의한다. 하나는 신의 옹호자god's advocate이고 다른 하나는 악마의 옹호자이다. 전자는 후보 인물이 성인이 되어야 하는 이유를 피력하고, 후자는 후보자의 결함이나 문제를 찾아내는 역할이다. 이와 같이, 악마의 옹호자는 집단 다수의 의견에 맹목적으로 따르지 않고, 그것의 문제점을 의도적으로 찾아내서 주류 집단의 잘못된 결정을 견제하는 것을 자신의 임무로 삼는 것이다. 예를 들어, 친구들이 모두 야유회를 가자고 만장일치로 결정했을 때, 악마의 옹호자는 '비가 오면 어떻게 할까'라는 문제를 제기하는 것이다. 이때 중요한 것은 악마의 옹호자 역할을 맡은 사람에게 대안 제시를 요구하면 안 된다는 것이다. 솔로몬 애시의 동조 실험에서 확인했듯이, 어떤 구성원이 비판적으로 문제를 찾아냈더라도 대안 제시를 요구받으면 위축되어 자유롭게 그 의견을 말하지 못하고, 결국 집단의 압력에 굴복하게 될 것이기 때문이다.

3. 평가와 시사점

독일의 철학자 니체Friedrich W. Nietzsche는 "광기madness는 개인에게는 예외지만 집단에서는 규칙이다"라고 말했다. 미친 사람은 드물지만 미친 집단은 무수히 많다는 것이다. 집단사고 이론은 다른 의사결정 이론과 달리 어렵고 난해하지 않다. 이것은 집단사고가 매우 보편적이고 피하기 어려운 현상이라는 것을 말해 준다.

응집성을 관리하라

집단사고 이론은 동질적이고 정체성이 강한 집단이 자신들에 대해 필요 이상의 긍정적인 이미지를 갖고 있을 때, 그리고 외부의 위협에 직면했을 때, 잘못된 의사결정과 사고가 발생할 수 있음을 알려주고 있다. 그러므로 우리는 기업이나 조직을 운영할 때, 일부 집단이 폐쇄적이고 자신들만의 배타적인 영역을 만들거나 특정 학교나 특정 경력 출신자만을 임용해 지나치게 동질성이 높아질 수 있는 관리방식을 더 이상 용납해서는 안 될 것이다.

특히, 집단사고의 핵심 원인이 되는 집단 응집성 관리에 유의할 필요가 있다. 응집성은 구성원들이 서로를 좋아하고 집단에 계속 남아 있고 싶어 하는 긍정적 요소이기 때문에 사실 좋은 성과를 내기 위해서 꼭 필요한 것이다. 모래알 같은 팀이나 갈등이 많은 팀에서 좋은 결과가 나올 리 없기 때문에 대부분의 관리자들은 끈끈한 관계와 좋은 팀워크를 만들기 위해서 많은 노력을 한다. 사실, 누구라도 어떤 팀에 팀장으로 부임한다면 팀원들과 함께 많은 시간을 보내고, 회식을 하거나 워크숍을 갖는 등 비공식 관계를 강화하기 위해 다양한 시도를 할 것이다.

그러나 응집성이 지나치게 높아져서 그 대가가 집단사고로 돌아온다면 다시 생각해야 한다. 관리자들은 응집성에 대한 유혹에서 벗어나기 어렵겠지만 오히려 팀 혹은 조직 외부와의 관계 구축을 격려하거나 약간의 공식적인 관계를 유지함으로써 집단의 결정에 의문을 제기할 수 있는 분위기를 만들어야 한다. 특히 한국 기업들은 집단주의라는 문화적 요인 때문에 더 경계해야 한다. 이와 관련해서, 필자와 동료들이 국내 기업 80여 개 팀의 네트워크 특성과 팀 성과 간의 관계를 연구한 결과를 소개하고자 한다.[6]

필자의 연구팀은 팀 내부 및 외부 네트워크가 어떻게 구성되었을 때 팀 성과가 가장 좋은가를 연구했는데, 다음 그림에 몇 가지 유형으로 표시했다. 먼저 〈그림 3-4〉의 A유형은 팀 내부 네트워크가 매우 응집적이고 팀원 간의 관계도 좋다. 그래서 대부분의 시간을 팀 동료들과 보내며, 업무 외적인 친교관계 역시 좋기 때문에 응집성이 더욱 높아진다. 그러나 현대 조직에서 팀 성과는 그 팀 자체의 내부역량으로만 결정되는 것이 아니다. 팀 외부 어딘가에 그 팀이 필요로 하는 지식, 정보, 자원이 분명히 있다. 그런데 이렇게 폐쇄적인 내부 네트워크를 가진 팀은 외부와 연결되는 관계가 없기 때문에 팀원들이 외부의 유용한 정보나 자원을 얻을 수 없다. 또, 내부 네트워크가 매우 긴밀하기에 외부에 어떤 관계를 만들어보려는 동기 자체가 없고, 모든 시간을 같은 팀원들과 보내기 때문에 가능하지도 않다. 따라서 이러한 유형의 팀들은 성과가 좋지 않았다.

반대로 C유형의 팀을 보면, 팀 내부 네트워크가 없고 팀원들의 관계도 좋지 않다. 따라서 각자 자신의 이익을 위해서 외부에 다양한 연결관계를 갖고 있다. 친교관계 역시 외부의 다른 팀원들과 맺고 있어서 여러 가지 유용한 정보나 자원을 얻을 수 있다. 그렇지만 팀 내부 네트워크가 없기 때문에 외

---

6   H. Oh, M. Chung, and G. Labianca, "Group social capital and group effectiveness: The moderating role of informal socializing ties," *Academy of Management Journal*, 47(6), 2004, pp. 860~875.

그림 3-4 팀 네트워크의 유형

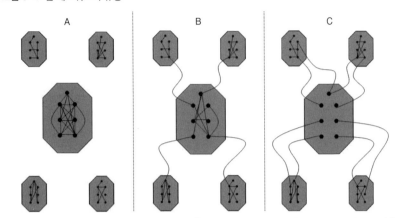

자료: H. Oh, G. Labianca, and M. Chung, "A multilevel model of group social capital," *Academy of Management Review*, 32(3), 2006, p. 578.

부에서 획득한 자원과 정보는 전혀 팀 내부역량으로 전환되지 않고, 각자 자신의 이익을 극대화하기 위한 수단으로만 사용된다. 그래서 이러한 팀 역시 성과가 좋을 수 없다.

성과가 가장 좋은 팀은 바로 B유형의 팀이다. 이런 팀은 팀 내부에 중간 정도의 적절한 응집적 네트워크를 가지면서 동시에 외부에 다양한 연결관계를 갖고 있다. 따라서 외부의 유용한 정보나 지식을 효과적으로 획득하고, 내부 네트워크를 통해 이를 확산하고 공유해 팀 내부역량이 향상되는 팀이다. 이 연구에서 필자와 동료들은 팀 내 네트워크의 연결 정도 즉, 응집성과 팀 성과가 역U자형의 관계를 가진다는 것을 발견했다. 즉, 팀 내 연결 정도가 아주 낮을 때는 성과가 낮다가 팀 내부 네트워크가 형성되어 응집성이 올라가면 성과도 함께 증가한다. 그러나 팀 네트워크 연결 정도가 과도하게 높아지면 팀 성과는 오히려 떨어지게 된다. 결론적으로, 팀 성과를 극대화하는 최적의 응집성 수준이 있다는 것이다.

대부분의 관리자는 팀을 이끄는 책임을 맡게 되면 성과 향상을 위해 강한 팀워크를 구축하고, 내부 의사소통을 활성화하고, 개별 팀원들의 좋은 관계를 만들기 위해 여러 가지 노력을 할 것이다. 그러나 사실 고성과의 열쇠는 내부관계와 외부관계의 조화에 있다는 사실을 알아야 한다. 특히, 한국 기업들은 문화적인 요인으로 인해 서구 기업들에 비해 팀 내 네트워크나 응집성이 평균적으로 높은 편이다. 회사생활에서 팀 동료는 업무상의 관계만이 아니라 때로는 친구, 선후배와 같은 가까운 관계를 유지하는 경우가 많다. 이러한 상황에서 팀 리더가 지나치게 내부 응집성을 강화하면 집단사고와 같은 부작용으로 인해서 오히려 팀 성과곡선이 감소하는 결과를 만들 수 있다는 것을 잊지 말아야 할 것이다.[7]

또한, 적절한 응집성 관리와 함께 위원회, 태스크포스팀TFT 등 임시 조직이 목적을 달성하고 나면 과감하게 해체할 필요가 있다. 사람들은 집단에 소속되려는 강한 욕구가 있기 때문에 집단이 한 번 만들어지면 그대로 유지하려는 경향이 강해지고, 집단을 지속하려는 합의 추구의 경향이 결국 집단사고를 만들게 된다. 재니스가 금연 클리닉 연구에서 발견한 재미있는 사실은 금연 모임의 마감일이 다가오자 회원들이 모임을 유지하기 위해 다시 흡연이 늘어나고, 이미 금연에 성공한 회원을 고립시키고 압력을 가해 다시 흡연을 하게 만드는 집단사고와 같은 현상을 발견했다. 그러므로 조직 자체를 위한 조직, 유지 자체가 목적인 위원회 등은 과감히 정리해야 한다.

보다 근본적인 대안으로는 조직 내 중요 정보를 구성원 모두에게 과감하게 공개하고, 의사결정 역시 공개적인 방식으로 바꿀 필요가 있다. 구글은 창사 이래 매주 금요일 오후 모든 직원이 모여서 경영진으로부터 경영 현안에 대한 설명을 듣고, 이에 대해 격의 없는 질의응답을 하는 TGIF를 운영하

---

7   정명호, "조직의 네트워크 관리, 외부 팀과 우연한 교류 늘려보라", 《동아비즈니스리뷰(DBR)》, 255호(2018), 48~57쪽.

고 있다. 또, 모든 정보는 공개를 기본으로 하는 원칙을 지켜오고 있다. 이에 따라 신입 직원이라도 주요 경영정보를 알 수 있으며, 거리낌 없이 자신의 의견을 말할 수 있다. 이것이 집단사고를 방지하고 구글의 창의적인 성과를 만들어내는 비결의 하나라고 볼 수 있다.

문제를 바라보는 새로운 시각과 관점도 중요하다. 집단사고는 주어진 문제를 해결해야 한다는 압박이 강할 때 더 부정적인 영향을 끼친다. 사실 정말 어려운 문제는 관성적으로 해답을 찾기보다는 문제 자체의 프레임을 바꿀 때 해결책이 보이는 경우가 많다. 최근 IMD 경영대학원의 줄리아 빈더Julia Binder 교수는 이렇게 다양한 프레임으로 문제를 재정의하기 위해서 해답만을 찾는 전통적인 브레인스토밍brainstorming 방식에서 프레임-스토밍frame-storming 방식으로 전환해야 한다고 주장하고 있다.[8]

정상사고 이론과 집단사고

위에서 살펴봤듯이, 집단사고는 각종 재난 사고와 밀접하게 관련되어 있다. 2014년 4월 16일에 발생한 세월호 참사는 온 국민을 슬픔과 충격에 빠뜨렸다. 그것은 세월호 참사가 부도덕한 기업의 탐욕, 무능한 정부의 대응, 잘못된 의사소통과 재난관리 등 모든 문제가 종합된 결정판이기 때문이다. 사람들은 이러한 사고를 인재人災라고 부른다. 사고의 원인이 자연재해나 기술적인 문제나 불가항력적 상황이 아니라 사고를 방지하고 관리해야 할 사람들의 잘못된 행동과 판단에서 비롯되었기 때문이다. 2022년 10월에 발생한 이태원 참사 역시 아직도 해결되지 않은 많은 문제를 안고 있다. 그렇다면 이러한 재난 사고의 진정한 원인은 무엇일까?

---

8   J. Binder and M. D. Watkins, "To solve tough problem, reframe it," *Harvard Business Review*, 102(1), 2024, pp. 80~89.

예일대의 사회학 교수인 찰스 페로Charles Perrow는 미국 펜실베이니아주 스리마일Three Mile섬에서 일어난 원자력 발전소 사고를 분석한 저서에서 '정상사고normal accident' 이론을 제시했다.[9] 이 이론의 핵심은 사고는 시스템 자체에서 유래하며, 우연이나 예외가 아니라 발생할 수밖에 없는 정

그림 3-5 스리마일섬 원전 사고 후의 모습

자료: United States Department of Energy(1979).

상적인 것이라는 생각이다. 따라서 정상사고는 위험성이 높은 복잡한 시스템의 작동 과정에서 발생하기 때문에 피하기 어렵다는 것이다.

스리마일섬 원전 사고는 1986년 구소련(현재 우크라이나)에서 발생한 체르노빌Chernobyl 원전 사고, 2011년 일본 후쿠시마福島 원전 사고와 함께 지금까지 발생한 가장 심각한 원전 사고 중 하나이며, 사고 발생 후 2주 동안 미국 전역이 불안에 떨었다고 한다. 사고 조사 위원회는 이 사고가 원전 운영 인력의 잘못으로 발생한 인재라고 결론을 내렸다. 그러나 이후 조사 과정에서 원전 운영 회사, 제작사, 감독 기관 등 관계자들이 결정적인 잘못이나 실수를 저지른 것은 아니었다는 것이 밝혀졌다. 사고의 원인은 냉각수 필터 고장, 냉각수를 제어하는 밸브의 고장, 표시등의 고장 등 다섯 가지 이상의 문제가 공교롭게 겹쳐서 일어났지만 사실 이 다섯 가지 문제는 개별적으로는 사소한 문제에 지나지 않았다. 스리마일 사고에 관련된 요인들은 다른 원전

---

9   C. Perrow, *Normal accidents: Living with high-risk technologies* (New York: Basic Books, 1984).

에서도 충분히 있을 수 있는 문제였다. 그런데 그 사소한 문제들이 예상치 못한 상호작용과 결합을 일으킴으로써 거대한 문제를 만들었다는 것이다.[10]

만약 사고의 원인이 복잡한 시스템에 내재되어 있다면, 사고의 발생은 단지 확률의 문제일 뿐이다. 시스템을 구성하는 사소한 문제들이 예상치 못한 상호작용을 통해 파국적인 결과를 만들어내기 때문이다. 원전과 같은 첨단 시스템은 모든 상호작용을 예측할 수 없는 수천 개 부분으로 구성된다. 시스템 내부에서 일어나는 부품과 구성원의 사소한 상호작용을 모두 알 수는 없고, 이 중 몇 가지 잘못된 조합이 우연히 함께 결합되면 파국을 초래할 가능성을 근본적으로 피하기는 불가능하다는 주장이다. 이런 점에서, 정상사고 이론은 사고의 원인을 특정 개인에게 돌리거나 안전 관리의 소홀을 문제 삼는 일반적인 생각에 비해 상당히 회의적인 관점이라고 할 수 있다. 정상사고 이론의 관점에서는 각 부품의 안전도를 높이는 것이나 구성원의 안전의식 고양 등은 사고 방지에 아무런 영향이 없게 된다. 재난은 확률의 문제이기 때문에 사전에 철저한 방지 조치를 해도 사고는 발생할 수 있으며, 아무런 조치를 하지 않아도 사고가 일어나지 않을 수도 있다는 것이다.[11] 만약 정상사고 이론이 사실이라면 우리가 할 수 있는 일은 원전이나 우주왕복선 같은 복잡한 시스템을 폐기하는 것 말고는 없다. 실제로 페로 교수는 핵무기나 원전처럼 합리적인 이익보다 불가피한 위험이 큰 시스템은 폐기해야 한다고 주장한다. 복잡성과 연계성이 너무 커서 사고를 예방할 수 없기 때문이며, 여기에는 원전, 화학 공장, 항공운송, 우주탐사 등이 포함된다. 실제로 스리마일 원전 사고 이후에도 체르노빌 원전 사고가 터졌고, 인도 보팔Bhopal의 화

---

10 찰스 페로, 『무엇이 재앙을 만드는가: '대형 사고'와 공존하는 현대인들에게 던지는 새로운 물음』, 김태훈 옮김(서울: 알에이치코리아, 2013), 1장.

11 말콤 글래드웰, 『그 개는 무엇을 보았는가: 참을 수 없이 궁금한 마음의 미스터리』, 김태훈 옮김(파주: 김영사, 2010).

학 공장에서는 대형 인명 피해까지 발생했다. 사실 정상사고 이론은 이론적인 주장이기 때문에 현실의 비극적인 사고를 막는 데는 분명한 한계가 있고, 복잡한 첨단기술 분야에 주로 적용될 수 있다고 생각된다.

챌린저호 폭발 사고의 교훈

하지만 위에서 살펴본 집단사고의 몇 가지 조건들이 실제 재난 사고가 일어나는 과정에서 중요한 원인이 되는 것 또한 분명한 사실이다. 이를 보여주는 또 다른 재난 사고의 대표적인 예로 우주왕복선 챌린저Challenger호 폭발 사고를 살펴보겠다. 1986년 1월 28일, 미국 플로리다Florida 우주기지에서 발사된 우주왕복선 챌린저호가 발사된 지 1분여 만에 지구 상공에서 폭발했고, 탑승했던 우주비행사 일곱 명 전원이 사망하는 비극적 사고가 발생했다. 몇 년에 걸친 면밀한 조사 결과, 사고의 결정적 원인은 복잡한 기계적 결함이나 궤도 분석의 오류가 아니라 로켓 추진체의 가스 누출을 막기 위한 오링O-ring 이라는 단순한 부품이었음이 드러나면서 세상을 또 한 번 충격에 빠뜨렸다. 〈그림 3-6〉에 나타나듯이, 오링은 고무로 만들어졌는데 지구 상공의 저온으로 손상되어 연소가스가 누출되었고, 이것이 연료탱크에 스파크를 일으켜서 우주왕복선이 공중에서 폭발하게 된 것이다. 즉, 사고의 원인은 복잡한 기계적 결함이 아니라 매우 단순한 부품이었다는 것이다.

그런데 조사 과정에서 미국 항공우주국NASA의 과학자들이 오링의 문제점을 오래전부터 인지하고 있었고, 발사 현장의 엔지니어들도 오링이 저온에서 문제를 일으킬 수 있다는 의견을 NASA에 여러 차례 보고한 것으로 밝혀졌다. 그러나 NASA의 우주과학자들은 오링의 결함은 수용 가능한 수준의 위험이라고 판단하고 발사를 진행시켰다. 매우 복잡한 기기와 부품으로 구성된 우주왕복선에서 그 정도의 위험은 오링 외에도 얼마든지 있고, 그러한 결함을 모두 완벽하게 해결하려면 발사 자체가 불가능하다는 판단을 한 것

그림 3-6 챌린저호 폭발 사고의 특별 조사 위원회에서 발표한 보고서에 실린 연료탱크의 구조 그림 및 사진과 오링 참고 사진(오른쪽 하단)

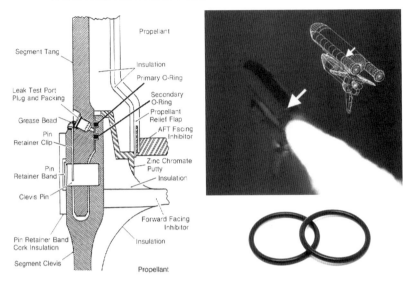

자료: NASA, Report of the presidential commission on the space shuttle Challenger accident, June 6th, 1986.

이다. 위에서 소개한 정상사고 이론과 같은 관점이다.

하지만 챌린저호 사고는 발사 현장의 기사들도 위험성을 직감하고 직접적인 경고를 했는데, 세계에서 가장 우수하다는 NASA의 과학자들이 이를 간과했다는 점이 중요하다. 세계 최고의 엘리트라는 NASA의 우주과학자들이 현장의 기사들도 위험을 감지했던 문제를 왜 무시했는가가 문제의 핵심이라고 할 수 있다. 사고 후 특별 조사 위원회는 NASA의 조직문화와 의사결정 시스템을 문제의 원인으로 지목했다. 즉, 집단사고라는 것이다. 위에서 말한 집단사고의 조건들에 비추어 살펴보면, 첫째, NASA의 우주과학자들은 우주개발 계획의 선구자라는 집단의 정체성과 강한 응집성을 갖고 있었다. 둘째, 자신들이 세계 최고의 우주과학자라는 자부심과 소속집단에 대한 긍정적인 이미지를 갖고 있었다. 셋째, 당시 NASA는 연이은 발사 연기로 국민과 여론의 비판을 받고 있었으며, 의회에서 장래 우주 관련 예산이 삭감될지도 모른다는 위협적인 상황에 직면해 있었다. 이러한 모든 조건들이 함께 작용해 챌린저호 폭발을 일으킨 집단사고의 원인이 된 것이다.

정상사고 관점에 따라 사고 예방이나 안전관리가 근본적으로 한계가 있다는 점을 받아들이더라도 우리는 지속적인 노력으로 사고의 위험성을 줄여야 하고, 사고가 난 이후에 어떻게 대처해야 하는가에 대해 진지하게 고민해야 할 것이다. 특히, 사고 발생 시에 특정 집단의 의사결정에만 의존하지 않고 미리 준비된 매뉴얼과 체크리스트에 따라 신속한 의사결정을 내린다면 피해의 상당 부분을 줄일 수 있기 때문이다. 이 점에 대해 위기관리의 모범으로 주목되는 하나의 사례를 살펴보고자 한다.

2009년 1월 15일, 뉴욕의 라과디아La Guardia 공항을 이륙한 US에어 1549편은 이륙 3분 만에 새 떼를 만나 새들이 엔진 속으로 빨려 들어가서 엔진 두 개가 모두 고장이 났다. 인구 밀집 지역으로 추락할 수밖에 없는 긴박한 위기 상황에서 조종사인 체슬리 설렌버거Chesley Sullenberger 기장은 과감하게 뉴욕시를 관통하는 허드슨Hudson강 수면 위로 비상착륙을 시도해 승객과 승무원 155명이 단 한 명의 희생자도 없이 구조되었다. 언론에서는 이를 '허드슨강의 기적'으로 불렀고 설렌버거 기장은 미국의 영웅으로 칭송되었다.[12]

그러나 이 사건은 기적이 아니라 미리 계획되고 준비된 위험관리 매뉴얼의 결과였다. 긴급 상황에서 부기장 제프리 스카일스Jeffrey Skiles는 비상시 사용되는 체크리스트를 펼치고 하나씩 실행해 나갔다. US에어는 사고 발생 3개월 전에 100쪽에 달하는 위기관리 매뉴얼을 15쪽으로 간소화했다. 위기 시에 불과 수십 초나 1~2분 사이에 참고할 수 있도록 행동 지침을 만든 것이

---

12 "US Airways Flight 1549," Wikipedia, https://en.wikipedia.org/wiki/US_Airways_Flight_1549.

다. 또한, 모든 조종사와 승무원들은 정기적으로 모의 위기관리 훈련을 실시했으며, 설렌버거 기장은 사고 한 달 전에 항공기 추락 상황에 대비한 시뮬레이션 훈련을 받았다고 한다. 이 모든 것들은 우연히 이루어진 기적이 아니라 항상 최악의 상황을 가정하고 준비했던 위기관리 매뉴얼과 훈련이 있었기 때문에 가능했다.[13]

어빙 재니스의 집단사고 이론은 동질적이고 정체성이 강한 집단이 필요 이상의 긍정적인 이미지를 갖고 있을 때, 그리고 외부의 위협에 직면했을 때, 집단사고에 의한 잘못된 의사결정과 사고가 발생할 수 있음을 알려주었다. 마지막으로, 재니스가 서문 말미에서 했던 다음과 같은 경고로 마무리하고자 한다. "어떤 집단이 구성원 간의 화합과 팀워크를 강조하면 할수록 집단사고가 구성원의 독립적이고 비판적 사고를 마비시킬 위험성은 커진다." 우리가 진지하게 생각해야 될 말이다.

---

13 유민영, "매뉴얼과 연습이 낳은 허드슨 강 기적: 최악 상황 훈련해 최선을 낳자", ≪동아비즈니스리뷰(DBR)≫, 153호(2014), 32~39쪽.

4장 마음의 소프트웨어, 호프스테드의 문화와 조직관리 이론*

1. 저자와 시대적 배경

이 장에서는 비교문화와 국제경영 분야의 고전을 살펴본다.[1] 저자인 기어 트 호프스테드 교수는 세계 각국의 문화적 차이와 조직관리를 연구한 세계적 학자이다. 네덜란드 출신이기 때문에 헤이르트 호프스테더라고 발음하는 것이 정확하겠지만 영미권에서 불리는 이름대로 적기로 한다.

필자는 호프스테드 교수와 약간의 개인적 인연이 있다. 1990년대 중반에 유럽 조직 학회European Group for Organizational Studies: EGOS에 참가했다가 기 조 연설자로 강연했던 호프스테드 교수를 만나서 국내 강연에 초청했던 적 이 있다. 당시 한국 방문이 처음이었던 호프스테드 교수와 함께 서울 시내를 돌아보면서 첫인상이 어떤지를 물었다. 세계적인 비교문화 연구의 대가로 부터 통찰력이 있는 대답을 기대했는데, 시내를 다니는 자동차들이 모두 비

---

* 이 장은 1980년 출간된 Geert Hofstede의 *Culture's Consequences* (Sage)와 1991년 출간된 *Cultures and Organizations: Software of the Mind* (McGraw-Hill)의 주요 내용을 살펴보고, 그에 대한 평가와 현대 경영에의 시사점을 정리했다.

1 G. Hofstede, *Culture's consequences: International differences in work-related values* (Beverly Hills: Sage, 1980).

그림 4-1

자료: Tallinn University; Hofstede, *Culture's consequences*; Hofstede, *Cultures and organizations*.

슷하다는 의외의 대답을 들은 기억이 난다. 당시만 해도 국내 자동차들은 차종도 비슷하고, 하나같이 검정색 아니면 흰색이 많았으니 평생 각국의 다양한 문화를 연구한 대가의 눈에는 서울의 획일적인 모습이 낯설게 느껴졌던 것 같다.

그로부터 30여 년이 지난 지금, 한국은 상당 수준의 글로벌 사회가 되었다. 필자가 근무하는 대학의 강의실에도 아시아는 물론 미국, 독일, 프랑스, 스웨덴, 모로코, 튀르키예 등 다양한 나라에서 온 외국 학생들이 수업을 듣고 있다. 그런데 이런 교환학생들이 우리 학생들과 팀 과제를 할 때 갈등이나 다툼이 생기는 경우도 상당히 있다. 아마 여러 나라 사람이 근무하는 기업이나 해외 현지 법인에서의 갈등과 다툼 문제는 더욱 심각할 것이다.

네덜란드의 사회심리학자 기어트 호프스테드는 이것이 사람들의 마음속에 있는 소프트웨어가 다르기 때문이라고 말한다. 문화는 정신의 프로그램mental program이기 때문에 소프트웨어가 다르면 달리 생각하고 행동할 수밖에 없는 것이다. 이 책은 세계 각국의 사람들이 사고, 감정, 행동 면에서 어떤 차이를 보이고, 이것이 조직관리에 어떠한 시사점이 있는지를 논의하는 흥미로운 고전이다.

호프스테드 교수는 네덜란드 태생으로 델프트 기술 대학교Delft University of Technology에서 기계공학 석사를 하고, 10여 년 동안 실무를 경험한 후, 그로닝겐(흐로닝언) 대학교University of Groningen에서 사회심리학 박사를 받았다. 이후 IBM에서 근무하며 인사 연구 부서를 이끌었다. 1980년대에는 틸버그 대학교Tilburg University의 국제 문화 협력 연구소Institute for Research on Intercultural Cooperation: IRIC의 소장으로 일했고, 1993년 은퇴한 이후로는 마스트리흐트 대학교Maastricht University에서 조직인류학 및 국제경영학 담당 명예교수로 재직하다가 2020년 네덜란드에서 작고했다. 호프스테드는 유럽 여러 대학의 방문 교수로 근무했고, 기계공학 기사, 공장 관리자 등 매우 다양한 경력으로 활동했으며, 2014년에는 그의 일과 생애를 다룬 영화도 만들어진 바 있다.

호프스테드의 핵심적인 연구주제는 국가 간 문화와 가치관의 차이가 조직관리에 어떤 영향을 미치는가라는 문제이다. 한 나라에서 태어나 같은 문화에서 자란 사람도 가치관의 차이가 큰데, 하물며 다른 나라, 다른 문화권에서 자라고 다른 언어를 쓰고, 다른 환경에서 자란 사람들의 차이를 알아내는 것 자체가 매우 힘든 작업일 것이다. 호프스테드는 방대한 연구자료를 통해 권력거리, 개인주의/집단주의, 남성성/여성성, 불확실성 회피, 장기/단기 지향성이라는 다섯 가지 문화 차원cultural dimension을 선정하고, 이것으로 세계 각국의 문화적 프로필을 기술했다. 이는 다섯 가지 차원으로 개인의 성격을 설명하는 Big 5 모형에 비견될 만하다.

2. 문화 차원 이론

호프스테드가 국가 간 문화 차이를 비교 연구하기 위해 수집한 연구자료는 매우 방대하다. 그는 조직 특성이 연구결과에 미치는 영향을 통제하기 위해

단일 기업을 선정하고, 1970년대 당시 전 세계에 지사를 두고 있던 기업인 IBM을 대상으로 6년 동안(1967~1973) 자료를 수집했다. 처음에는 표본이 큰 40개국에 초점을 맞추었고, 최종적으로 53개국에서 11만 6000명을 32개 설문 문항으로 조사한 방대한 연구자료이다. 지금으로부터 50여 년 전의 자료이기 때문에 당시 공산국가였던 중국 본토는 자료에 포함되지 않았다.

자료를 모은 후, 각 문화 차원의 설문 응답을 평균하고, 수식을 통해 100점으로 환산해 국가 간 비교를 쉽게 했다. 예를 들어, 권력거리 지수Power Distance Index: PDI는 직장 상사의 의사결정 스타일에 관한 세 문항의 응답을 얻은 다음, 각 문항의 비중을 같게 하고 공식을 적용해 100점으로 만들었다. 독자들도 구글 등 검색엔진에서 호프스테드의 문화 차원을 입력하면, 〈표 4-1〉과 같이 각국의 차원별 점수를 쉽게 찾아볼 수 있다. 그러면 호프스테드의 다섯 가지 차원을 하나씩 알아보기로 하자.

권력거리

권력거리는 한 문화권의 사람들이 불평등(위계질서)과 권위를 얼마나 당연하게 받아들이는가를 보여준다. 권력거리가 높은 사회는 계층이나 불평등을 당연하게 생각하고, 낮은 사회는 그 반대이다. 〈표 4-1〉에 나타나듯이, 말레이시아가 가장 높고, 남미, 동유럽 등이 높으며, 미국(38위)과 서유럽은 낮다. 예외적으로 프랑스(15위)는 권력거리가 높다. 한국은 27위로 높은 편이다.

권력거리가 높은 사회는 전제적·가부장적 상사를 선호하고, 가정이나 학교에서 복종과 존경을 강조하므로 교육도 교사 중심적이 되는 경향이 있다. 권력거리가 높은 경우, 부하 직원은 상사에게 의존하는 정도가 높지만 때로는 의존관계를 전적으로 거부하는 양면성이 나타나기도 한다. 따라서 권위주의 정권이 많고, 가끔은 체제를 바꾸는 혁명적 변화가 일어나기도 한다. 정치적으로는 양당 구도가 강하고 중도 노선이 약하다는 특성이 있다.

표 4-1 호프스테드의 국가별 문화 차원 비교(일부)

국가	권력거리 지수	권력거리 순위	개인주의/집단주의 지수	개인주의/집단주의 순위	남성성/여성성 지수	남성성/여성성 순위	불확실성 회피 지수	불확실성 회피 순위	장기/단기 지향성 지수	장기/단기 지향성 순위
그리스	60	27~28	35	30	57	18~19	112	1		
덴마크	18	51	74	9	16	50	23	51	46	10
말레이시아	104	1	26	36	50	25~26	36	46		
멕시코	81	5~6	30	32	69	6	82	18		
미국	40	38	91	1	62	15	46	43	29	27
벨기에	65	20	75	8	54	22	94	5~6	38	18
브라질	69	14	38	26~27	49	27	76	21~22	65	6
스웨덴	31	47~48	71	10~11	5	53	29	49~50	33	20
영국	35	42~44	89	3	66	9~10	35	47~48	25	28~29
오스트리아	11	53	55	18	79	2	70	24~25	31	22~24
인도	77	10~11	48	21	56	20~21	40	45	61	7
일본	54	33	46	22~23	95	1	92	7	80	4
콜롬비아	67	17	13	49	64	11~12	80	20		
태국	64	21~23	20	39~41	34	44	64	30	56	8
파키스탄	55	32	14	47~48	50	25~26	70	24~25	0	34
프랑스	68	15~16	71	10~11	43	35~36	86	10~15	39	17
핀란드	33	46	63	17	26	47	59	31~32	41	14
필리핀	94	4	32	31	64	11~12	44	44	19	31~32
한국	60	27~28	18	43	39	41	85	16~17	75	5

자료: Hofstede Insights Oy(https://www.hofstede-insights.com/country-comparison-tool).

그런데 중요한 것은 각국의 가치관이 단순히 차이가 있다는 것이 아니라 이것이 그 사회를 운영하는 제도를 다르게 만든다는 점이다. 예를 들어, 권력거리가 낮고 평등한 핀란드의 교통 범칙금 제도는 같은 위반을 했더라도 위반자의 소득에 따라 범칙금이 다르다. 즉, 소득이 높은 사람은 소득이 낮은 사람보다 더 많은 범칙금을 내야 한다. 한 예로, 2002년 핀란드의 고소득자 중 한 사람이 헬싱키Helsinki 시내에서 과속으로 적발되었는데, 이 한 번의 속도위반으로 약 2억 원의 범칙금을 낸 적이 있다고 한다.

이와 관련해 말콤 글래드웰Malcolm Gladwell은 베스트셀러 『아웃라이어Out-liers』(2008)에서 1990년대에 비행기 사고가 자주 발생했던 나라들이 모두 권력거리가 큰 나라들이었다는 점을 지적한다. 과연 권력거리와 비행기 사고가 어떤 관계가 있을까?

권력거리와 비행기 사고

1997년 8월 6일, 김포를 출발해 괌Guam 공항에 착륙 예정이던 대한항공 KAL 801편이 공항 앞쪽의 야산에 충돌해 승객 228명이 사망하는 참사가 발생했다. 사고 항공기의 기장은 괌 항로를 8회나 운항했으며, 거의 1만 시간에 달하는 비행경력을 가진 베테랑 조종사였다. 사고 후 블랙박스를 분석한 결과, 충돌의 원인은 비행기 자체의 결함이 아니고 기장이 공항 활주로의 위치를 착각했던 것으로 밝혀졌다. 그런데 당시 부기장과 항공기관사는 기장의 판단에 문제가 있다는 것을 알고 있었던 것으로 드러났다. 그럼에도 그들은 기장에게 뭔가 잘못되고 있으니 착륙을 포기하자는 말을 강력하게 하지 못했다.[2] 그렇다면 그 이유는 무엇이었을까?

보잉Boeing사 등 여러 기관에서 발표한 보고서에 따르면, 대부분의 비행기 추락 사고의 원인은 기체 결함이나 정비 불량이 아니라 조종실 내의 팀워크나 의사소통 문제였다. 즉, 직급이 낮은 부기장이나 항공기관사가 사고의 징후를 발견했더라도 직급이나 연배가 높은 기장에게 자신의 의견을 말하지 못하거나 우회적으로 표현하다가 사고를 막을 수 있는 결정적인 순간을 놓치게 된다는 것이다. 대한항공 사고 당시 블랙박스 분석 내용을 보면, 조종사들이 활주로 위치를 착각해 하강하다가 최저고도 경고를 들었는데, 기장

---

2   말콤 글래드웰, 『아웃라이어: 성공의 기회를 발견한 사람들』, 노정태 옮김(파주: 김영사, 2008), 209~254쪽.

그림 4-2 대한항공 KAL 801편 추락 사고 사진(왼쪽)과 항공기 조종석 내부 참고 사진

이나 부기장이 즉시 복행go around해 비행기를 상승시켜야 하는 상황인데도 그대로 더 하강하다가 공항 앞의 언덕에 충돌하고 만다. 마지막 순간에 부기장은 착륙 시도가 잘못되었음을 알고 기장에게 두 번이나 착륙을 포기하자고 했고, 기관사도 고도 문제를 이야기한다. 그러나 긴박한 순간 임에도 혼잣말처럼 활주로가 안 보인다고 하거나 고도 이상을 말할 뿐 기장에게 강력하게 자신의 의견을 전달하지 못하고 재상승 시점을 놓쳐서 충돌하게 되는 안타까운 상황이 드러난다.

그런데 이런 문제가 모든 조종사들에게 일어나는 것은 아니다. 항공기 조종사들은 기장의 명백한 잘못이 있을 때는 부기장이 조종권을 인수해 위기를 벗어나야 한다고 교육받는다. 그런데 호프스테드가 설명한 것처럼 권력거리가 큰 나라의 사람들은 직급이 높거나 나이가 많은 선임의 잘못을 발견하더라도 쉽게 자신의 생각을 드러내지 못한다. 괌 사고 당시 KAL 801편의 부기장과 항공기관사가 이러한 경우이다. 공교롭게도 1990년대에 국가별 비행기 사고 발생 순위는 권력거리가 큰 나라 순위와 매우 관련이 깊다. 권력거리가 큰 나라 순위는 브라질(1위), 한국(2위), 모로코(3위), 멕시코(4위), 필리핀(5위)순이다. 비행기 추락 사고 같은 재난이 한 나라의 문화적 특성과

관련이 깊다는 뜻이다.

또 다른 예로, 1990년 1월 콜롬비아 국영 항공사 아비앙카Avianca 52편이 뉴욕 공항 상공에서 선회하다가 연료가 떨어져서 추락하는 어처구니없는 사고가 있었다. 당시 나쁜 날씨 때문에 뉴욕 공항 상공에는 100여 대의 비행기가 착륙을 기다리며 선회하고 있었고, 아비앙카 52편도 이 과정에서 연료가 거의 바닥났다. 그런데 조종사들은 이렇게 긴박한 비상 상황에서도 관제탑에 빨리 착륙을 허가해 줄 것을 강력하게 요청하지 않았고, 연료가 부족한 비상 상황을 적극적으로 알리지도 않았다. 보통 대도시의 공항에는 각국에서 날아온 수많은 비행기들이 착륙을 기다리기 때문에 관제사들은 조종사들을 강력하게 통제하고, 때로는 권력을 행사해 명령한다고 한다. 위의 예에서 콜롬비아 역시 권력거리가 상당히 높은 나라이기 때문에 권력상 우위에 있는 관제사들에게 강력한 착륙 요청을 하지 못하고 우회적으로만 상황을 설명하다가 추락하고 만 것이다.[3]

권력거리가 낮은 평등한 문화권이라면 어땠을까? 똑같은 상황은 아니지만 이 질문에 대한 답을 예측해 볼 수 있는 최근의 보도가 있다. 지난 2022년 8월, 비행 중이던 미국 델타Delta항공의 한 여객기 내에서 부기장이 기장을 총기로 위협한 사건이 있었다. 2023년 11월, 미국 유타Utah주 연방법원은 델타항공 부기장이었던 조너선 던Jonathan Dunn을 업무방해 혐의로 기소했는데, 그는 비행 중 한 승객에게 의료 문제가 발생해 기장과 항로를 바꿀 것인지 논의하던 중 의견이 엇갈리자 기장에게 "방향을 바꾸면 총을 맞을 것"이라고 말했다고 한다.[4] 실제로 그는 미국 교통안전청TSA이 허가한 프로그램에 따라 총기를 휴대하고 있었다. 권력거리라는 문화적 요인이 사람들의 사

---

3   글래드웰, 『아웃라이어』, 241쪽.
4   "미국 델타항공 부기장, 총으로 기장 위협", 《동아일보》, 2023년 11월 2일 자.

고와 행동에 중요한 영향을 미치는 것을 보여주는 사례들이다.

개인주의/집단주의

자신과 가족을 중심으로 생각하는 개인주의individualism 문화와 자신을 집단의 일원으로 인식하고, 소속된 집단과 타 집단을 명확하게 구분하는 집단주의collectivism 문화를 말한다. 미국(1위)이 가장 개인주의적이며, 영국과 유럽 국가들도 개인주의 정도가 높다. 콜롬비아 등 남미 국가들과 태국을 비롯한 아시아 국가는 예상대로 집단주의가 높다. 호프스테드의 자료에 따르면 한국(43위)은 매우 집단주의적인 사회이다. 또, 대체로 권력거리가 크면 집단주의적인 경향이 있다.

집단주의는 체면을 중시한다. 가령, '체면을 차리다, 체면을 잃다save face, lose face'라는 말은 원래 영어에 있는 말이 아니라 중국어에서 영어로 들어온 표현이라고 한다. 집단주의가 강한 사회에서는 학교나 직장에서 자신의 의견을 잘 말하지 않고, 특히 외집단 구성원이 있을 때 더욱 그렇다. 또한, 집단주의 사회에서는 타인과 신뢰 관계가 확립되어야만 사업이 가능하다. 중국의 관계 문화Guanxi나 한국의 연줄 문화 역시 집단주의와 관련이 있을 것이다. 호프스테드는 지금까지 지배적인 경제학 사상이나 세계적인 경제학자, 주요 경영기법 등은 모두 개인주의가 강한 사회에서 발달했기 때문에 그것이 집단주의 사회에 그대로 적용될 수 있는지 살펴보아야 한다고 주장한다.

남성성/여성성

한 사회의 지배적인 가치가 자기주장과 공격성, 경쟁, 성취 등 남성적 가치를 중시한다면 남성성masculinity 문화이고, 겸손과 관계를 중시하고 여성과 남성의 역할 구분이 분명치 않다면 여성성femininity 문화이다. 일본(1위)이 가장 남성성이 높고, 오스트리아, 멕시코, 미국(15위) 역시 남성성 정도가 높다. 그러나 아시아의 태국과 유럽, 특히 스칸디나비아 나라들은 여성성이 높은 문화이다.

그런데 호프스테드의 자료에 따르면 한국(41위)도 여성성이 높은 나라로 분류되고 있다. 이 점은 논란의 여지가 있는데, 이러한 결과에는 설문 문항의 문제도 작용했을 수 있다. 호프스테드는 직장 생활의 주요 목표가 소득, 승진, 도전이면 남성성이 높은 문화, 상사와 좋은 관계 유지, 협동, 고용 안정성이면 여성성이 높은 문화로 분류했다. 그런데 이러한 요인들은 사실 집단주의와 관련이 높다고 볼 수 있다. 이후 1990년대에 개발된 국가 간 가치 비교 연구 프로젝트GLOBE에서는 한국은 남성성이 높은 나라로 확인되고 있다.[5]

여성성이 강한 사회에서는 우수한 성과나 성취에 대한 공개적인 칭찬과 인정이 잘 맞지 않는 면이 있다. 겸손이 미덕이 되는 문화이기 때문이다. 따라서 도전과 책임, 성취를 강조하는 허즈버그의 직무충실화는 남성성 사회에 적합하고, 관계를 중시하는 북유럽에서 자율적 작업 팀이 성공을 거둔 것도 여성성의 문화적 배경 때문이라고 보고 있다.

불확실성 회피

이 차원은 한 문화권의 사람들이 불확실하고 모호한 상황을 회피하려 하는가, 아니면 별문제 없이 잘 견디는가를 나타낸다. 영국과 독일은 권력거리나 남성성 정도는 거의 같지만 불확실성 회피uncertainty avoidance 차원에서는 상당히 다르다. 불확실성 회피가 높은 독일은 정확성을 강조하지만 영국은 불확실성 회피 정도가 낮기 때문에 헌법도 성문법이 아닌 불문법을 갖고 있다. 즉, 불확실성 회피가 높은 문화는 규칙과 제도를 발달시키는 경향이 있

5   R. L. Tung and A. Verbeke, "Beyond Hofstede and GLOBE: Improving the quality of cross-cultural research," *Journal of International Business Studies*, 41(8), 2010, pp. 1259~1274.

다. 그리스(1위), 벨기에, 남미, 일본, 한국(16위) 등이 높고, 미국(43위)과 덴마크, 스웨덴 등 북유럽 국가는 낮다.

불확실성 회피가 높은 문화는 한마디로 불안 수준이 높은 문화라고 할 수 있다. 따라서 해당 문화권의 사람들은 바쁘고 활동적이며, 차를 빨리 몰기 때문에 제한속도가 높은 편이다. 또, 공격적으로 목소리를 높이고 감정을 드러내 보이는 표현적 문화라고 할 수 있다. 가령, 근무시간 후 동료들과 어울려 상사에 대한 공격성을 표현하기도 한다. 술자리나 회식은 불안감을 해소하는 제도적 장치이기 때문이다. 불확실성 회피가 강한 나라 사람들은 평균적으로 덜 행복하게 느끼며, 대체로 자살률도 높은 편이다.

불확실성 회피가 강한 나라의 직장에서는 공식적·비공식적 규칙과 통제가 많고, 근면하게 일하는 것을 선호한다. 경영진은 중요한 전략적 문제뿐만 아니라 일상적인 업무에 더 많이 개입하는 경향이 있다. 당연한 결과로, 불확실성 회피가 낮은 나라들이 모험과 창의적인 사고를 더 많이 허용하지만 이를 실행하는 데 필요한 세부적 정확성은 부족할 수도 있다. 호프스테드는 영국이 일본보다 노벨상 수상 횟수는 더 많지만 세계적인 상품은 일본이 더 많이 개발하고 생산했다는 점을 지적한다.

장기/단기 지향성

이 차원은 최초 연구에는 포함되지 않았는데, 이후에 아시아적 가치체계를 반영하기 위해 23개국의 연구자료를 토대로 한 차원을 추가한 것이다. 따라서 중국 자료도 포함되어 있다. 장기지향성은 미래를 위해 절약하고 끈기 있게 목표를 추구하는 가치이고, 단기지향성은 현재를 중시하고 안정성을 추구하는 가치를 말한다. 중국(1위)이 가장 장기지향성이 높고, 인도, 태국 등 아시아 국가가 순위가 높으며, 유럽이 중간 정도이다. 미국(17위), 나이지리아, 파키스탄(23위)이 하위로 나타난다. 한국은 5위로 장기지향성이 높은 나라에 속한다. 그러나 이 차원은 초기 연구와는 연구방법과 측정 설문이 다르고 시기도 달라서 중요 차원이라고 보기에는 무리가 있다.

3. 평가와 시사점

호프스테드의 이론은 타당한가

호프스테드는 유럽에서 가장 잘 알려진 조직학자 중 한 사람이고, 그의 저서 역시 총 23개 언어로 번역된 세계적인 베스트셀러지만 비판도 적지 않다. 우선, 연구자료가 오래되었고, IBM이라는 한 회사에서 수집했다는 한계가 있다. 또한, 설문 문항을 자세히 살펴보면, 사실 가치관 차이에 대한 설문이 아닌 것들도 상당수 포함되어 있다. 예를 들어, 직원이 응답한 의사결정 스타일에 대한 선호도로 권력거리를 측정하고, 직장 생활의 목표로 남성성/여성성을, 규칙 지향성으로 불확실성 회피 정도를 측정하는 등 가치 자체에 대한 측정이 부족한 측면이 있다. 아울러, 각국의 가치 차이를 국가의 부, 소득 수준 등 경제적 여건이나 기후, 위도 등 자연적 조건과 관련 지어 설명하기도 해서 무엇이 문화적 차이의 진정한 원인인지 모호하기도 하다. 가령, 개인주의는 해당 국가의 경제적 부의 수준과 매우 밀접한 관계가 있어서 그 나라 사람들의 진정한 가치를 반영하는 것인지 의문이 있다.[6]

보다 근본적인 비판은 국가 간 문화 차이 못지않게 동일 문화권 내 개인 간 차이도 크다는 점이다. 한 국가의 국민을 문화적 특성을 공유하는 하나의 집단으로 보기에는 무리가 있다. 호프스테드가 말하는 전형적인 국가 문화는

---

6   김주엽, 「Geert Hofstede의 문화의 결과에 관한 이론」, 오석홍 외, 『조직학의 주요 이론(3판)』 (파주: 법문사, 2008), 423~430쪽.

존재하기 어렵다는 뜻이다. 실
제로 한 연구는 42개 문화의 특
성을 비교 분석한 결과, 동일 문
화 내 변이intra-culture variation가
문화 간 평균의 차이만큼이나
크다는 것을 밝히고 있다.[7]

즉, 같은 문화권에 있는 사
람들이라 하더라도 그 차이는

그림 4-3 문화 간 차이와 동일 문화 내 차이

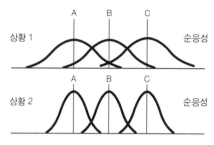

자료: Au, "Intra-cultural variation," p. 800.

다른 나라 사람들만큼 매우 클 수 있다는 것을 의미하며, 비교문화 연구에서
문화 간 차이를 다시 생각해보아야 한다는 것을 말해준다. 같은 한국인 중에
서도 미국인보다 더 미국적인 특성을 가진 사람들이 있을 수 있다는 말이
다.[8] 최근 글로벌화의 진전에 따라 국가 간 문화 차이보다 국가 내 차이가 점
점 커지는 경향 역시 고려해야 한다. 극단적으로, 호프스테드의 문화 프로필
차원이 개인 가치의 4%밖에 설명하지 못한다는 비판도 있다.[9]

그러나 이제 지난 수십 년간 '세계는 하나'라고 외치던 글로벌화의 시대가
저물고 지역분쟁, 테러 공격, 이민자 문제, 종교 간 갈등이 심화되면서 문화
간 충돌이 격화될 수 있는 경영환경이 다시 오고 있다. 시장과 문화를 개방하
던 국가들이 자국의 문을 단단하게 걸어 잠그는 '성벽과 해자castle and moats'
의 시대로 돌아가고 있고, 지난 수년간의 코로나19 팬데믹 시대를 겨우 빠져

---

7   K. Y. Au, "Intra-cultural variation: Evidence and implications for international business,"
     Journal of International Business Studies, 30(4), 1999, pp. 799~812.

8   정명호, 「노란 피부, 흰 가면: 포스트식민주의(Postcolonialism) 담론과 베트남 진출 한국기
     업의 인사관리」, ≪인사조직연구≫, 18권, 4호(2010), 105~151쪽.

9   O. Shenkar, "Cultural distance revisited: Towards a more rigorous conceptualization and
     measurement of cultural differences," *Journal of International Business Studies*, 32(3),
     2001, pp. 519~535.

나와서 다시 우크라이나 전쟁과 팔레스타인 전쟁을 겪고 있는 세계에서 이러한 추세는 더욱 강화되고 있다. 이제 우리는 호프스테드의 이론과 주장을 다시 생각해보아야 할 시점에 서 있다.

경영 실무에의 시사점

첫째, 경영관리에서 문화적 차이를 진지하게 고려해야 한다. 예를 들어, 프랑스는 기업조직을 위계가 있는 피라미드로, 독일은 규칙에 따라 돌아가는 기계로, 영국은 협상에 의해 문제를 해결하는 시장으로, 아시아는 확대된 가족이라고 보는 경향이 있다. 대부분의 경영이론과 실무가 미국과 유럽에서 만들어졌고, 해당 문화를 배경으로 하고 있기 때문에 다른 나라에 적용되기 어려울 수 있다. 예를 들어, 남성성이 높은 미국에서는 유력한 동기부여 방안이 직무충실화로 나타났지만 여성성이 강한 유럽에서는 자율 작업 집단 Semi-Autonomous Work Group: SAWG이 각광을 받았다. 권력거리가 높은 프랑스에서 미국식 참여적 경영이 별로 효과를 거두지 못하는 것 역시 같은 이유라고 할 수 있다.

특히, 대부분의 기업에서 쓰이고 있는 목표관리 제도Management by Objectives: MBO는 권력거리가 낮고 개인주의적이며, 불확실성과 위험부담을 개의치 않고, 목표 달성을 중시하는 남성성 문화의 미국에는 매우 적합하지만 프랑스에서는 잘 안 된다고 한다. 같은 이유로 매트릭스 조직은 단일한 명령체계를 선호하는 프랑스나 불확실성 회피가 미국보다 높은 독일에서는 어려움을 겪는다. 과거 국내에서 크게 유행했지만 눈에 띄는 효과를 거두지 못했던 임파워먼트 프로그램 역시 불확실성 회피가 높고 권력거리가 큰 문화에 잘 맞지 않을 수 있다는 점에서 하나의 이유를 찾을 수 있을 것이다.

둘째, 국내 기업의 경우 권력거리 차원을 진지하게 고려해야 할 것이다. 최근 국내 기업에서 혁신, 주도성, 창의성, 자유로운 제언 등이 강조되지만 회의 시간이면 상급자는 말하고 직원들은 듣기만 하는 답답한 장면이 계속되고 있다. 권력거리 이론은 직급이나 위계가 높은 사람들의 어리석은 결정을 알면서도 그것을 제대로 바로잡지 못하는 문화적 측면의 문제를 알려주었다. 이것은 오랜 세월 동안 지속되어 온 문화적인 영향이기 때문에 단 기간에 바뀌기는 어려울 것이다.

그러나 대응방법이 없지는 않다. 한 예로, 괌 사고에 이어서 1999년 KAL 8509편 추락 사고까지 연달아 터지자 대한항공은 델타항공에서 전문가를 영입해 조종사들의 의사소통과 권력 격차 문제를 해결하기 위한 방안을 마련했다. 그 내용은 기장·부기장 간 상하 관계와 권위주의적 분위기를 없애기 위해 최소한 조종실 내에서는 한국어를 금지하고, 영어로 의사소통을 하도록 의무화함으로써 불필요한 경어와 우회적인 어법을 줄이려는 것이었다. 이를 통해 잘못된 위계의식을 줄이려고 시도했고, 결과도 대체로 만족스러웠다고 한다.[10] 같은 이유로, 2002년 월드컵 당시 한국 국가대표팀을 맡았던 거스 히딩크Guus Hiddink 감독은 경기 중에 선수들이 원활하게 의사소통을 하고 팀플레이를 만들기 위해 선배 선수에게도 경어를 쓰지 말고 반말로 말하라고 주문했다고 한다. 이렇게 함으로써 수비진이 위기 상황에서 효과적으로 대처할 수 있었다고 한다. 2002년 월드컵에서 거둔 좋은 성적이 꼭 이것 때문은 아니겠지만 한 가지 이유가 되었을 수도 있다.

셋째, 권력 격차가 높은 경우, 권력에 대한 의존성과 반의존성의 양극화를 보인다는 점 역시 중요하게 생각해야 한다. 권력거리가 높은 문화에서는 권위적인 리더를 선호하는 경향이 있지만 권력남용이 도를 넘는 경우에는 여러 사람들이 단합해서 극단적인 반항과 저항이 나타날 수 있다. 최근 사회적으로 문제가 되고 있는 직장 내 갑질, 상사의 권력남용 등 권위주의적 직장

---

10   글래드웰, 『아웃라이어』, 251쪽.

분위기는 이미 관련 법규가 제정될 정도로 위험수위에 도달했다고 본다. 법적인 제도 외에도 각 조직이 권력남용에 대한 감사 등 선제적 조치를 취하지 않는다면 큰 대가를 치를 수 있을 것이다.

　마지막으로, 불확실성 회피가 높고 집단주의적인 특성이 강한 문화적 특성 때문에 지나치게 배타적 태도가 생길 수 있음에 유의해야 한다. 국내에서 심심찮게 문제가 되고 있는 인종차별이나 외국인 혐오 또는 공포xenophobia도 그러한 문제 중의 하나이다. 호프스테드는 2차 세계대전을 일으킨 독일, 일본, 이탈리아가 모두 불확실성 회피와 남성성이 높은 사회였음을 지적하고 있다. 그러므로 갈등 자체를 부인하거나 소수집단을 억압함으로써 갈등을 제거하려는 경향을 경계해야 한다. 한국 기업들의 다양성 관리에 큰 장애가 될 수 있기 때문이다.

　1991년에 출간된 호프스테드의 저서 『문화와 조직Cultures and Organizations』의 부제가 '마음의 소프트웨어software of the mind'인데, 공학도였고 IBM에서 근무했던 호프스테드는 인간 정신의 프로그램을 지나치게 강조하는 경향이 있는 것 같다. 현대 사회의 조직 현상은 국가 간 차이보다는 공통점이 점점 더 많아지고 있다. 사실 필자는 개인적으로 호프스테드식의 문화 이론에 동의하지 않는 부분이 많다. 문화적 요인의 중요성이 확인되더라도 우리가 할 수 있는 일이 별로 없기 때문이다. 호프스테드 이론이 분명히 변해야 할 경영과 조직관리의 문제를 정당화하는 수단으로 사용되거나 오해되면 안 될 것이다. 결론적으로, 호프스테드의 문화연구의 의미를 과장할 필요도 없고, 무시할 필요도 없다고 생각한다. 글로벌 경영환경에서 우리가 참고할 수 있는 길잡이 중의 하나로 고려하면 될 것이다.

5장 조직의 여덟 가지 이미지, 가레스 모건의 조직 은유 이론*

1. 저자와 시대적 배경

이번 장은 조직이론 분야의 고전이다. 흔히 조직이론 하면 딱딱하고 어려운 내용을 생각하게 되는데, 1986년에 출판된 이 책은 100여 년에 걸친 수많은 조직이론을 여덟 가지의 은유metaphor를 활용해 일반 독자들도 알기 쉽게 설명한 뛰어난 저작이다.[1] 특히, 각 은유마다 저자 특유의 재치 있는 해석과 풍부한 사례가 포함되어 있어 그동안 총 15개국의 언어로 번역된 세계적 베스트셀러가 되었다.

가레스 모건은 영국(웨일스) 출신으로 런던정경대London School of Economics and Political Science: LSE를 졸업하고, 미국으로 건너가 텍사스 오스틴 대학교 The University of Texas at Austin에서 행정학 석사학위를 받았다. 이후 영국으로 돌아와 랭커스터 대학교Lancaster University에서 박사학위를 받은 후, 랭커스터 대학과 미국 펜실베이니아 주립대학교Pennsylvania State University 조직행동

---

* 이 장은 1986년 출간된 Gareth Morgan의 *Images of Organization* (Sage)의 주요 내용을 살펴보고, 그에 대한 평가와 현대 경영에의 시사점을 정리했다.

1 G. Morgan, *Images of organization* (Beverly Hills: Sage, 1986).

그림 5-1

자료: The Schulich School of Business, York University;
Morgan, *Images of organization*.

학과 교수로 재직하다가 1981년 캐나다 요크 대학교York University 조직행동
학과 교수로 옮겨 현재까지 재직하고 있다. 모건은 여러 베스트셀러 저서의
작가, 대중 강연자, 컨설턴트 등 다양한 경력으로 활동하면서 이론과 실무를
통합하려고 노력했으며, 2000년에는 뉴마인드셋NewMindset, Inc.이라는 인터
넷 기술 관련 기업을 창업하기도 했다. 그동안 모건이 추구해 온 경제학, 행
정학, 조직행동 등 다양한 학문과 회계, 재무, 컨설팅 업무 등 풍부한 실무 경
험이 합쳐져서 이와 같은 다학제적 저작을 만들 수 있었다. 한마디로 학문과
실무 능력을 겸비한 다재다능한 학자라고 할 수 있다.

　이 책을 관통하는 핵심 개념은 은유이다. 모건은 조직과 경영 실무에 깔려
있는 기본 관점을 기계, 유기체, 두뇌, 문화, 정치체계, 심리적 감옥, 변환체계,
지배의 도구라는 여덟 가지 은유로 제시함으로써 어렵고 난해한 조직이론을
알기 쉽게 소개하고, 각 은유의 장점과 단점을 균형 있게 정리하고 있다. 여
덟 가지 은유는 실제로 지금까지 조직이 겪어왔던 환경 변화와 밀접하게 관
련이 되며, 학습조직learning organization, 네트워크 조직, 유연 팀제, 액션 러닝
등 주요 경영관리의 흐름과도 연관될 수 있다. 미래의 경영환경에서는 어떠

한 은유가 경영의 길잡이가 될 수 있을지 생각해보는 것도 홍미로울 것이다.

2. 조직 은유 이론

우리는 일상생활에서 은유를 자주 사용한다. 예를 들어, '구글은 회사가 아니라 놀이터다'라고 했을 때, 놀이터가 지닌 이미지가 생생하게 떠오르며 은유의 대상인 구글의 자유로운 분위기와 창의적 혁신을 쉽게 이해할 수 있다. 그러나 놀이터라는 은유는 구글의 치열한 노력과 엄격한 평가제도, 경영 정보를 유출했을 때 예외 없는 해고 등 냉정한 일면을 간과하게 만들기도 한다. 이와 같이, 은유는 현실을 이해하는 데 큰 도움을 주지만 현상의 일부만 보도록 하거나 은유에 맞춰 왜곡시킬 수도 있다.[2]

모건이 이 책에서 은유를 선택한 것은 은유가 실무적으로 큰 함의가 있기 때문이다. 예를 들어, 우리가 흔히 '직장은 전쟁터'라고 말하는데, 직장을 전쟁터라고 생각하는 사람은 동료의 선의와 충고도 정치적 계산이 깔려 있다고 볼 것이다. 그러나 직장을 '학습하는 배움터'로 보는 사람은 전혀 다르게 행동할 것이다. 또한 전쟁터 관점을 가진 경영진과 배움터 관점을 가진 경영진은 전혀 다른 인사제도나 관리방식을 선택하고 실행할 것이다.

조직(기업)을 설명하는 이론이나 경영방식도 일종의 은유이기 때문에 불완전하고 왜곡된 해석을 낳기도 한다. 따라서 이것을 다른 은유로 바라보고 종합적으로 접근함으로써 새로운 해결책을 찾을 수 있는 것이다. 모건은 이 책에 제시된 은유를 통해 우리가 당연하게 생각하는 전제에 도전하고 새로

---

2   김주엽, 「Gareth Morgan의 조직의 여덟 가지 이미지」, 오석홍 외, 『조직학의 주요 이론(3판)』
    (파주: 법문사, 2008), 567~578쪽.

운 사고방식과 관리방식을 찾으려고 했다. 독자 여러분도 현재 근무하는 회사를 생각할 때, 어떤 이미지가 떠오를 것이다. 지금부터 모건의 여덟 가지 은유를 하나씩 살펴보겠다.

기계 은유

조직은 기계와 같이 정해진 목적을 달성하기 위해 움직이는 도구라고 보는 것이다. 가장 보편화된 관점이라고 할 수 있다. 사실 조직이라는 단어 organization은 도구를 뜻하는 희랍어 organon에서 유래되었다.

기계적 조직의 원형은 프로이센의 군대로 거슬러 올라간다. 당시 프로이센의 군주였던 프리드리히Freidrich 대제(1740~1786년 통치)는 태엽을 감아서 움직이는 장난감 병정의 모습에서 아이디어를 얻어서 빈민, 범죄자, 외국 용병 등으로 구성된 오합지졸을 막강한 군대로 변신시켰다. 그 비결은 강력한 위계질서, 표준화된 제복과 장비, 지휘 용어의 통일과 체계적인 훈련 등이다. 이러한 기계적 사고가 조직관리에 그대로 확산된 것이 테일러의 과학적 관리, 패욜의 일반관리, 막스 베버Max Weber의 관료제 모형과 같은 고전적 조직이론들이다.

테일러는 과학적 관리에서 "기계를 돌리는 최선의 방법은 하나이듯이, 조직 역시 최선의 운영 방식이 있다"고 주장했다. 조직을 기계로 보는 관점은 분업, 전문화, 표준화된 작업과 훈련, 위계질서, 규칙과 절차를 중시한다. 조직운영의 최고 목표는 효율성, 신뢰성, 예측 가능성이며, 이를 위해 유일 최선의 방법과 명확하게 규정된 행위 체계를 만들었다. 이에 따라, 생산 현장은 물론 사무관리직 역시 거대한 사무실 공장office factory으로 변모했다. 극단적으로 맥도날드McDonald's 같은 패스트푸드 체인은 제품의 제조는 물론 직원들의 인사나 대화 등 서비스까지 정해진 매뉴얼을 그대로 따르고, 식사를 마친 고객들까지도 절차에 따라 식판과 음식을 치우는 기계의 부품과 같은 존재가 된다.

기계 관점은 목표관리, 기획 예산과 통제 시스템 등 현대 경영의 토대가 되었으며, 1990년대에 유행했던 리엔지니어링 역시 기능별 부문화 대신에 비즈니스 프로세스를 중심으로 조직을 재설계하려는 기계적 관점의 조직관리 시도라고 볼 수 있다.[3] 기계 관점은 20세기처럼 안정된 환경과 예측 가능한 상황, 그리고 조직 구성원들이 위계에 잘 순응하는 조건에서는 비교적 잘 작동했고 성과도 있었던 것이 사실이다. 그러나 기계 모형의 결정적 단점은 환경 변화에 대한 적응력이 낮다는 것이다. 기계의 작동에 변화가 있어서는 안 되므로 창의성 발휘가 어렵고, 구성원의 능력을 제한하게 된다. 또, 조직의 각 부문이 각자 목표를 갖고 움직이는 자율성이 있다는 점 또한 간과했다. 1990년대 리엔지니어링이 컨설턴트들의 아이디어로는 큰 각광을 받았지만 실제 현장에서는 부문 중심주의와 방관 등으로 성과를 거둔 조직이 별로 없었다는 것은 기계적 관점의 한계를 잘 보여주는 실례이다.

유기체 은유

조직은 욕구를 가진 생명체라고 보는 관점이다. 조직은 생존을 위해 환경에 적응해야 하므로 조직 유효성의 기준은 효율성이 아닌 생존 그 자체가 되는 것이다.

1950년대 일반 시스템 이론이 사회과학에 들어오면서 생물학적 개념과 용어들이 조직이론에 도입되기 시작했다. 생명체와 같은 시스템은 환경에 적응해야 하고, 적자가 생존하며, 항상성homeostasis을 유지해야 하고, 부의 엔트로피negentropy와 이인동과성equifinality 같은 공통된 특성을 지닌다.[4] 기

---

3   M. Hammer and J. Champy, *Reengineering the corporation: A manifesto for business revolution* (New York: HarperCollins, 1993).

업과 같은 조직체도 같은 원리에 따른다는 관점이다.

마침 실무에서도 호손Hawthorne 연구에서 비롯된 인간관계학파의 주도로 비공식조직, 의사소통, 직무충실화 등 구성원의 욕구와 조직목표를 조화시키려는 시도가 나타나기 시작한다. 이러한 배경에서 기계적 구조보다는 유기적 구조가 적합하고, 조직운영에 유일 최선의 방법은 없다고 믿는 상황 적합성 이론이 등장하게 된다. 조직은 각자 목표를 가진 하위 시스템으로 이루어진 개방 시스템이기 때문에 주어진 환경에 맞게 적절한 분화와 통합이 필요하다는 생각이 조직구조 설계의 기본 원리가 되었다. 이에 따라, 애드호크라시adhocracy, 네트워크 조직, 매트릭스 조직 등 특정 상황에 맞는 다양한 조직구조와 형태가 실험되기도 했다.

나아가서, 조직도 생명체이기 때문에 자원의 획득 가능성과 조직군 내부 혹은 조직군 간 경쟁에 따라 생존과 사멸이 결정된다는 관점도 등장했다. 다윈의 진화론적 사고에 영향을 받아, 마치 자연선택 이론처럼 기업군의 흥망성쇠를 적자생존과 경쟁으로 파악하는 조직군 생태학population ecology 이론이다. 이에 따르면, 기업의 성패와 사멸은 환경에 의해 결정되므로 환경이 바뀌면 기업의 노력은 별로 의미가 없다. 예를 들어, 최근 빅테크 기업들의 약진이나 플랫폼 기업들이 세계를 지배하는 것은 전통적인 제조 기업들이 경영을 잘못해서 도태되었다기보다는 새로운 경영환경에 적합한 새로운 종species이 등장했을 뿐이라는 관점이다.

그러나 급격한 환경 변화에도 불구하고 수백 년 이상을 지속하는 기업들이 있는 것도 사실이다. 즉, 유기체 관점은 조직과 환경 간의 관계를 지나치게 단순하게 이해하는 면이 있다. 조직이 환경에 적응하는 측면을 강조하든,

---

4   L. Von Bertalanffy, "The history and status of general system theory," *Academy of Management Journal*, 15(4), 1972, pp. 407~426.

아니면 환경에 의해 선택된다고 보든 변화의 원인은 항상 외부 환경에 있는 것이다. 결국 변화가 환경에서 비롯되는 것이라면 조직은 무엇을 할 수 있는가? 이러한 생물학적인 관점은 현대 기업의 역동적인 변화를 이해하기에는 분명히 부족한 점이 있다. 또, 조직과 구성원을 능동적 주체로 보지 못하고, 생명체처럼 조직의 각 부분이 생존을 목표로 각자의 기능을 수행하는 통일체라는 생각 때문에 구성원 간 갈등, 각 부문 간 갈등을 보지 못하고 정치적 관점이 결여된 점도 문제라고 할 수 있다.

두뇌 은유

조직을 두뇌와 같은 정보처리 시스템으로 보는 관점이다. 이 관점은 1990년대와 2000년대 초반에 국내에서 유행했던 학습조직, 지식경영knowledge management 등 경영혁신과 실무적 흐름의 토대가 되는 것이다. 조직은 정보 시스템이면서 동시에 의사결정 체계라고 볼 수 있다. 그렇다면 두뇌처럼 유연하고 탄력적이고 창의적인 학습 능력을 가진 조직을 설계하는 것이 가능할까?

하버드 대학의 크리스 아지리스Chris Argyris, MIT의 도날드 쇤Donald Schön과 피터 셍게Peter Senge 등이 주축이 된 학습조직 이론은 사이버네틱스cybernetics, 부정적 피드백, 이중고리 학습double-loop learning과 같은 개념을 통해서 이것을 이루려고 한다. 몇 가지 단순한 한계 조건과 규칙만으로 학습이 이루어지는 사이버네틱스 원리를 이용해서 비전, 규범, 가치를 공유하는 구성원들이 능동적으로 환경을 탐색하고, 하향식이 아닌 발현적으로 조직을 구성해 나가는 방식을 주장하는 것이다. 시스템 사고system thinking에 의한 일상적인 운영 규범과 기본 가정에 도전하는 이중고리 학습으로 이러한 조직 설계가 가능하다고 본다. 모건은 일본의 품질관리QC 분임조가 부정적 피드백 원리로 품질목표를 달성하는 사이버네틱스적 성격을 가졌다고 보고 있고, 기안이 여러 관리자를 회람하며 집단적으로 결정되는 품의제도를 이중고리 학습의 예로 들고 있다.

또한, 두뇌 은유는 상당 부분이 손상되더라도 제대로 기능하는 두뇌처럼 조직을 만들려는 시도라고도 볼 수 있다. 이것을 홀로그래픽 설계holographic design, 혹은 홀로그래피라고 한다. 홀로그래피는 우리 몸의 세포처럼 전체를 이루는 부분에 다시 전체가 담겨 있는 '부분 속의 전체'를 의미한다. 예를 들어, 국내에 많이 소개되었던 일본 교세라Kyocera의 '아메바 조직'을 생각해보자. 교세라의 각 사업부에는 적은 인원으로 구성된 수백 개의 아메바가 있고, 각 아메바는 인력이나 자금 사용 면에서 완전히 독립된 조직처럼 움직인다. 이런 독립적 활동을 가능하게 하는 것이 '1인당 시간 부가가치'라는 단순한 성과측정 기준이다. 교세라는 한 사람이 한 시간에 이익을 얼마나 내는가를 명확하게 측정하고 있으며, 청소부도 알 수 있을 만큼 계산 방법이 간단하다. 교세라 조직의 유전인자DNA인 것이다.[5]

즉, 홀로그래픽 조직은 공통의 비전과 문화를 갖고 전 조직에 DNA와 같은 단순한 원칙이 관철되도록 설계하는 것이다. 또, 시스템 내부 다양성이 외부 환경과 같은 수준의 다양성과 복잡성을 가져야 한다는 필요 다양성 requisite variety 원리도 적용된다. 이와 같이, 두뇌 은유는 기존 조직과 다른 혁신적 조직 설계와 관리방식을 주장하고 있지만 조직 내 권력구조와 갈등에 대한 인식이 부족한 면이 있다. 그리고 조직의 학습이 과연 '누구를 위한 학습인가'라는 근본적 질문이 부족하다고 볼 수 있다.

문화 은유

조직문화는 조직이론은 물론 경영 실무에서도 매우 중요한 주제이다.

---

[5] 랠프 W. 애들러, "아메바 경영, '따로 또 같이' 교세라의 지혜", ≪동아비즈니스리뷰(DBR)≫, 121호(2013), 106~113쪽.

1979년 하버드 대학의 에즈라 보겔Ezra Vogel 교수가 '일본 기업을 배우자'는 주장이 담긴 세계적인 베스트셀러를 출간한 이후, 국내에서도 1980~1990년대에 걸쳐 일본 기업문화에 대한 관심이 고조되었고, 기업문화와 조직문화에 대한 연구가 급증했다.[6] 조직문화는 전략이나 구조처럼 쉽게 만들거나 바꿀 수 있는 것이 아니기 때문에 실무적 노력 역시 조직문화 형성과 개발에 집중된 바 있다.

문화 은유는 조직이 문화를 가지는 것이 아니라 '조직 자체가 문화'라는 관점이다. 조직은 문화적 실체이며, 더 큰 사회문화 시스템과 연결되어 있다. 조직문화는 조직이 생존해 나가는 과정에서 고안해 낸 특유의 생존 방식이기 때문에 쉽게 바뀌기도 어렵다. 그래서 조직문화는 옳고 그름의 문제가 아니라 구성원에게 학습되고 공유되고 내면화된 실재이며, 조직이라는 실재도 구성원에 의해 지속적으로 재정의되는 사회적 구성물인 것이다.

이렇게 보면, 조직생활의 모든 것은 상징적 의미를 가진다. 예를 들어, 미국 기업들은 경영을 일종의 게임으로 보고, 이 게임에서 이기고 승리자가 되기 위한 열망이 강한 문화적 배경을 갖고 있다. 그렇기 때문에 업적 우수자를 표창하는 공식적인 의식이나 우수기업에 대한 관심이 매우 높다.[7] 이러한 관점에 따르면, 조직구조나 전략은 기술적인 문제가 아니라 조직의 핵심이념, 공유된 가치와 신념에 크게 영향을 받게 될 것이다. 예를 들어, 인간 중심의 혁신과 팀 정신이라는 전통이 강한 휴렛패커드HP에서 개인 간 경쟁으로 혁신을 이끌기는 어려울 것이다.

특히, 문화 은유 관점은 변화관리에 큰 시사점이 있다. 새로운 조직구조나

---

6   E. F. Vogel, *Japan as No. 1* (Cambridge: Harvard University Press, 1979).

7   대표적으로 톰 피터스(Tom J. Peters)와 로버트 워터맨(Robert H. Waterman Jr.)이 쓴 아래 책을 들 수 있다. T. J. Peters and R. H. Waterman, Jr., *In search of excellence: Lessons from America's best-run companies* (New York: Harper Business, 1982).

관리방식이 성공하려면 궁극적으로 문화를 바꿔야 하기 때문이다. 그런데 문화는 새로 온 CEO가 공표하는 가치나 슬로건, 혹은 기업문화 선포식 하나로 바뀌는 것이 아니라 구성원들이 공유하는 의미 체계, 또 일상적으로 사용하는 언어, 행사나 의식, 행동 규칙, 결재 방식 등 생활양식 전체가 바뀌어야하는 어려운 과제이다. 최근 국내 유명 기업들이 스타트업을 배우려는 노력도 이런 점을 고려해야 할 것이다.

정치체계 은유

조직은 구성원 각자가 개인의 이익을 추구하고 이를 극대화하기 위해 경쟁하고 갈등하는 싸움터라는 관점이다. 조직은 통치 시스템이고 경영진, 직원, 노조 등 여러 관계자가 희소한 자원과 권한을 놓고 경쟁하는 곳으로 보고있다. 조직의 질서와 협력은 주어진 것이 아니라 다양한 집단의 협상과 경쟁으로 균형을 이룬 상태라는 다원주의적 관점으로 현실을 파악하는 것이다. 조직은 합리성과 효율성을 추구하는 곳인데, 과연 누구를 위한 합리성과 효율성인가라는 중요한 질문이 필요함을 알려주고 있다.

심리적 감옥 은유

조직은 심리적 현상이다. 조직은 사람들이 만든 것이지만 일단 만들어지면 독자적인 힘을 갖고 조직을 만든 사람들에게 통제력을 행사한다는 것이다. 플라톤Platon의 동굴 우화에 나오는 것처럼 사람들은 실재가 아니라 조직이 만든 외부 세계의 그림자를 보고 있다고 비유할 수 있다. 구성원은 조직이 구축한 현실의 해석 방식과 사고방식에 갇혀 있는 것이다.

1970년대 에너지 위기(이른바, 석유파동) 이후 저연비의 소형차가 가진 잠재력을 무시하고 소형차 시장을 일본에 쉽게 내준 미국 자동차 업계를 예로들 수 있다. 미국의 대표적인 자동차 회사인 GM과 포드 자동차 등은 자동차는 모름지기 크고 튼튼하고 성능이 좋아야 한다는 잘못된 고정관념에 갇혀서 현실을 직시하지 못했기 때문이다. 결과적으로 조직은 특정한 사고와 관념을 만드는 심리적 감옥psychic prison이기 때문에 조직변화는 구성원들이 과거에 소중하게 지켜왔던 것을 포기할 수 있을 때 비로소 가능할 것이다.

변환체계 은유

조직은 끊임없이 변하는 존재라는 관점이다. 모건은 기원전 500년경 그리스의 철학자 헤라클레이토스Heracleitos가 했던 다음과 같은 말로 이 관점을 함축적으로 설명하고 있다. "당신은 걸어서 같은 강을 두 번 건널 수 없다. 왜냐하면 그 강물은 끊임없이 흐르고 있기 때문이다… 모든 것은 움직이며, 머무는 것은 아무것도 없다. 모든 것은 흐르고, 아무것도 고정되어 있지 않다."[8] 이러한 관점은 카오스chaos 이론, 복잡성complexity 이론을 기반으로 조직이 자기조직화되는 과정에 주목한다. 자기조직화self-organization는 외부의 개입 없이 무질서로부터 스스로 질서가 생겨나는 현상을 말한다. 즉, 무질서를 질서의 근원으로 보는 것이다.

자기조직화 원리에 입각해서 기업을 생각하면 지금까지와는 전혀 다른 경영이 가능할 수도 있다. 많은 시간과 자원을 소모하던 조직 설계가 불필요할 수도 있고, 질서와 안정을 해친다고 생각되던 것들이 오히려 조직을 발전시키는 자원으로 재평가될 수 있다. 그러므로 자기조직화 원리는 반관료제 조직이나 조직 창의성 제고에 새로운 시각을 제공할 것이다.

지배의 도구 은유

마지막으로 조직의 추악한 얼굴을 드러내는 은유이다. 조직은 지배계층

---

8   가레스 모건, 『조직이론: 조직의 8가지 이미지』, 박상언·김주엽 옮김(서울: 경문사, 2012).

이 피지배계층을 억압하고 착취하기 위한 도구라는 관점이다. 역사를 통틀어서 조직은 특정 개인이나 집단이 그들의 의지를 다른 사람에게 강제하는 사회적 지배 과정과 밀접한 연관성을 보여 준다. 아서 밀러Arthur Miller의 희곡 『세일즈맨의 죽음Death of a Salesman』(1949)은 조직이 구성원을 착취하는 방식을 보여주는 좋은 본보기이다. 지배 은유는 주로 자본주의 성장과정과 관련되지만 최근 들어 다국적기업들의 제국주의적 횡포와 스트레스, 일중독을 유발하는 조직의 모습 등 여러 가지 조직 병폐를 설명하고 있다.

지배 은유는 우리가 조직의 합리성에 대해서 이야기할 때 항상 '누구를 위한 합리성인가'를 되물어야 한다는 교훈을 강조하고 있다. 그리고 조직이론과 실무가 구조적인 불평등을 겪으며 직업병, 산업재해에 노출된 구성원들과 착취와 고통에 시달리는 제3세계 노동자들을 항상 고려하지 않으면 안 된다는 사실을 상기시킨다. 하지만 지배와 조직을 지나치게 동일시함으로써 사실을 제대로 인식하지 못하게 만드는 위험성을 내포하고 있는 것 또한 사실이다.

3. 평가와 시사점

은유가 왜 중요한가

유능한 경영자는 상황을 빨리, 그리고 제대로 읽어내는 능력이 있어야 한다. 조직을 성공적으로 관리하려면 현상과 문제를 여러 각도에서 바라보는 능력이 있어야 할 것이다. 모건의 말처럼 조직은 여러 개의 얼굴을 갖고 있다. 우리가 일하는 직장은 지금까지 살펴본 여덟 가지 이미지 중 어느 하나가 아니라 모든 은유의 특성을 포함하고 있을 것이다. 그러므로 관리자들은 다양한 조직 은유를 활용해 창의적인 문제해결 방법을 찾아내야 할 것이다.

특히, 어려운 조직변화와 혁신을 실행할 때, 은유와 스토리의 힘은 생각보다 훨씬 강력하다. 최근 하버드 경영대학의 프랜시스 프레이Frances Frei 교수는 대담한 조직변화를 추진하고 성공하기 위해서는 그것을 이끄는 스토리텔링이 필요하다고 강조하고 있다.[9] 조직이 어려운 문제에 직면했을 때, 변화를 성공시키려면 구성원 모두의 에너지를 끌어모으고 변화에 집중시킬 수 있는 분명하고 강력한 스토리를 먼저 만들어야 한다는 것이다. 그러려면 조직의 영예로웠던 과거에서 장점을 발견하고, 문제 있는 부분을 담담하게 들여다보는 깊은 이해가 필요하며, 이를 토대로 변화의 필요성을 단순하면서도 강력하게 전달해야 한다.

예를 들어, 도미노 피자Domino Pizza의 경우를 보자. 2010년경 도미노 피자는 신속한 배달로 유명했지만 정작 가장 중요한 피자의 맛에서 고객들의 혹평을 받으면서 매출이 하락하고 주가가 급락하는 위기를 맞았다. 이때, CEO였던 패트릭 도일Patrick Doyle은 문제를 회피하지 않고, 뉴욕 타임스스퀘어Times Square의 광고판에 고객들의 신랄한 코멘트를 그대로 게시했다. 다시는 과거로 돌아가지 않겠다는 진정성 있는 반성을 공개적으로 한 것이다. 이어서 도미노가 배달만이 아니라 맛도 좋은 피자를 만들겠다는 의지를 '피자의 전환Pizza Turnaround'이라는 단순명료한 슬로건으로 마케팅 캠페인을 시작하며 혁신을 이끈 결과, 1년 이내에 매출이 10% 이상 증가하고 주가도 제자리를 찾았다.

미래의 조직 은유

20세기의 경영은 기계와 유기체 은유가 지배했다. 이후 경영환경이 복잡

---

9   F. Frei and A. Morris, "Story-telling that drives bold change," *Harvard Business Review*, 101(6), 2023, pp. 62~71.

해지면서 두뇌, 정치체계와 같은 은유들이 더 적합해진 면이 있다. 그러나 로봇과 인공지능이 대거 직장에 들어오게 될 미래는 다시 기계적 관점의 경영이 필요하다고 생각할지도 모르겠다. 하지만 새로운 기술과 조직 형태를 '새롭고 성능 좋은 기계' 정도로 취급한다면 과거의 관료적·권위적 조직과 다를 바가 없을 것이다. 새로운 경영은 학습 능력을 지닌 개별 구성원들의 자율적인 네트워크를 요구한다. 변환체계 은유에서 언급한 자기조직적 질서가 뛰어난 경영자의 통제와 관리를 대체할 시대가 다가오고 있는지도 모른다.

또한 모건의 은유가 우리에게 주는 교훈은 새로운 경영 유행business fad이나 흐름을 좇아가느라 조급할 필요가 없다는 것이다. 특히, 한국 기업들은 그동안 강박적으로 서구의 경영 유행을 추종했다고 볼 수 있다. 생각나는 것만 보더라도 6시그마, TQM, 임파워먼트, 학습조직, 리엔지니어링, 기업문화 운동, 지식경영, 복잡계 이론 등 너무나 많다. 수년 전의 스타트업 배우기 열풍도 그중의 하나라고 할 수 있다. 그렇다면 왜 이런 노력들이 모두 실패했는가를 생각해보아야 할 것이다. 그 이유 중의 하나는 일면적 사고와 관점으로 중요한 요인을 놓쳤기 때문이다. 경영혁신을 추진하면서 다양한 집단의 이해관계 충돌을 조정하지 못했거나 혁신을 중앙집권적으로 관리하려 했거나 무엇을 위한 학습이고 지식경영인지를 묻지 않았던 것이 아닌가 생각해보아야 할 것이다.

마지막으로 모건이 이 책에서 하고 싶었던 가장 중요한 말은 그 어떤 이론이나 경영방식도 완벽하거나 만능이 아니라는 점일 것이다. 경영자들은 기업이 성장하고 성공을 거두면 자신감이 생겨서 경영을 획일적 관점으로 추진하는 경우가 있다. 예를 들어, 과거에 빌 게이츠Bill Gates는 마이크로소프트Microsoft(MS)를 '디지털 신경망 조직Digital Nervous System'으로 만들려고 했었다. 각 부서가 외부 환경을 스스로 탐색하고, 이 정보가 최고경영진에게 '생각의 속도'로 전달되고, 각 단위가 자율적으로 감각-반응하는 두뇌와 같은 조직을 만들겠다는 포부였다.[10] 그렇지만 우리가 잘 알다시피, 마이크로소프트는 관료화된 조직의 부작용으로 많은 어려움을 겪은 바 있고, 직원들의 내부 비판도 많았다. 최근 들어, 사티아 나델라Satya Nadella CEO의 주도로 클라우드 컴퓨팅과 인공지능 중심 기업으로 전환하고 나서야 경쟁력을 회복했다. 가장 혁신적인 서비스 기업 중의 하나인 재포스Zappos 역시 어떠한 직급도, 부서 구분도 없이 각 팀이 자율적으로 자기조직해 나가는 홀라크라시holacracy 를 선포하고 추진했으나 이 과정에서 많은 유능한 직원들이 회사를 떠났고, 홀라크라시의 성공 여부는 여전히 불확실한 상태로 남아 있다.

기업이 우리 몸처럼 각 부분을 마음먹은 대로 움직일 수 있고, 분화와 통합의 문제도 없고, 활동할수록 지능은 점점 발달하고, 위험하면 스스로 필요한 조치를 취하는 그런 조직이 된다면 조직의 성과는 말할 필요도 없이 확보될 것이다. 그러나 이것을 실행하려면 우리가 살펴본 조직의 여러 이미지를 종합적으로 고려하고, 그에 맞는 창의적인 경영방식을 만들어 나가야 할 것이다.

---

10 B. Gates and C. Hemingway, *Business@the speed of thought: Using a digital nervous system* (New York: Warner Books, 1999).

6장 팀 성공의 비밀,
카첸바크와 스미스의 고성과 팀 이론[*]

1. 저자와 시대적 배경

현대 사회에서 대부분의 조직은 팀을 기본 단위로 운영되고 있다. 기업도
기획팀, 영업팀, 재무팀, 마케팅팀 등으로 구성되며, 대부분의 독자들도 어
느 팀에 속해서 일하고 있을 것이다. 과거에 국내 기업들은 부, 과, 계와 같은
관료적 조직 편제를 갖고 있었으나 이제 팀은 조직구조의 기본 단위가 되어
있다. 이제 공공 기관, 학교, 종교 단체 등 거의 모든 조직이 팀제로 조직을
재편했다. 그러나 팀제 도입 이후 조직성과가 획기적으로 향상되었다기보
다는 그저 일상적인 조직 편제로 인식되고 있는 것도 사실이다. 이 책은 존
카첸바크와 더글러스 스미스가 성공적인 팀의 핵심요인과 운영 원리를 밝힌
고전이다.[1] 부제에서 알 수 있듯이, 그 내용은 성공적인 팀 관리를 통해 고성
과 조직을 만드는 것이다.

---

[*] 이 장은 1992년 출간된 Jon R. Katzenbach와 Douglas K. Smith의 *The Wisdom of Teams: Creating the High-Performance Organization* (HBS Press)의 주요 내용을 살펴보고, 그에 대한 평가와 현대 경영에의 시사점을 정리했다.

[1] J. R. Katzenbach and D. K. Smith, *The wisdom of teams: Creating the high-performance organization* (Boston: Harvard Business School Press, 1992).

그림 6-1

자료: X @jon_katzenbach; Next Step Network, Inc.; Katzenbach and Smith, *The wisdom of teams*.

　카첸바크와 스미스는 많은 팀들이 기대하는 고성과를 달성하지 못하는 현실에 근본적인 질문을 제기하고, 팀 성과를 결정하는 요인들은 무엇인가, 최선의 팀 성과를 창출하기 위해 최고경영진은 무엇을 해야 하는가를 설득력 있는 이론과 사례로 제시하고 있다. 전 세계 15개국에서 번역서가 나온 베스트셀러이며, 국내에서도 1990년대 팀제가 확산되면서 관리자들의 필독서가 될 만큼 큰 영향을 끼쳤던 저작이다.

　존 카첸바크와 더글러스 스미스는 맥킨지McKinsey 컨설팅의 파트너로 오랫동안 근무했다. 존 카첸바크는 1954년 스탠퍼드 대학교Stanford University 경제학과를 졸업하고, 하버드대에서 MBA를 취득했다. 이후 35년간 맥킨지 컨설팅에서 근무하면서 샌프란시스코San Francisco 및 뉴욕 지사를 이끌었다. 컨설턴트로 근무하면서 여러 기업의 경영진과 컬럼비아 경영대학원Columbia Business School 자문 위원회에 참여했다. 맥킨지 외에도 PwC, 스트래티지앤드Strategy& 등 컨설팅 기업의 책임자로 일했으며, 한국 전쟁 때 해군으로 참전한 독특한 경력이 있다. 공저자인 더글러스 스미스 역시 맥킨지의 파트너 출신으로 세계적인 경영 사상가이자 컨설턴트로 활동하며, 수많은 기업의 경영에 참여하고 자문했다.

저자들이 제시하고 있는 고성과 팀의 근본 원리를 다시 살펴보고, 팀원들의 주도성이 날로 커지고 있는 미래의 경영환경에서는 어떠한 원리가 팀 성공의 열쇠가 될 것인지 생각해보는 것도 흥미로운 주제가 될 것이다.

2. 고성과 팀 이론

팀과 작업집단의 본질적 차이

저자들은 팀 성공의 비밀을 알아내기 위해 여러 종류의 조직에서 약 50여 개 팀, 100여 명을 인터뷰했다. 인터뷰 대상 기업들은 모토롤라Motorola, 휴렛패커드 등 최우수기업들은 물론 걸프Gulf전 당시 '사막의 폭풍' 작전을 주도했던 팀 등 매우 다양한 조직이 포함되었다. 이러한 풍부한 자료를 바탕으로, 카첸바크와 스미스는 어떻게 고성과 팀이 되는가를 말하기 전에 '무엇이 팀이고, 팀이 아닌가'를 먼저 살펴보고 있다.

일반적으로 경영자들은 팀의 가장 중요한 요인을 팀워크라고 생각하는 경향이 있다. 구성원이 서로 지지하고 건설적으로 소통하게 만들 수 있는 팀워크는 분명 긍정적인 요인이지만 팀에만 있는 요인은 아니다. 동호회나 작업집단work group도 좋은 팀워크를 가질 수 있다. 그리고 팀워크가 좋다고 팀 성과가 반드시 좋은 것도 아니다. 또, 위원회, 태스크포스팀처럼 함께 일하는 집단이라고 해서 모두 팀은 아니다. 경영자들이 회사 직원 전체에게 '우리는 한 팀'이라고 말해도 구성원 모두가 팀이 되는 것도 아니다.

그렇다면 팀의 핵심요인은 무엇인가? 작업집단은 아무리 팀워크가 좋더라도 그 성과는 개인 성과의 합일 뿐이다. 따라서 작업집단에서는 개인 책임이 가장 중요하다. 최상의 작업집단은 정보공유, 원활한 의사소통, 구성원 간 협조 등 좋은 팀이 되기 위해서 필요한 요소들을 갖고 있다. 그러나 궁극적 목표는 각자 자기 일을 잘하는 것이다. 어떤 경우에도 다른 사람의 성과에 책임을 지지 않는다.

하지만 팀이 되기 위해서는 개인 성과와 함께 다른 동료와 함께 만드는 '공동 수행collective performance'이 있어야 한다. 이것은 두 사람 이상이 함께 수행해야만 이룰 수 있는 '결합된 노력'을 의미한다. 예를 들어, 축구팀에서는 아무리 스타플레이어라도 혼자서 득점할 수는 없다. 동료의 패스, 크로스 등 합작 즉, 공동 수행이 필요하다. 아무리 선수들의 사이가 좋지 않은 최악의 팀이라도 이와 같은 공동 수행이 있다. 예를 들어, 손흥민 선수가 어느 경기에서 모든 득점을 다했더라도 '오늘 내가 이겼다'라고 말하지 않는다. 대신에 오늘 '우리가 이겼다'고 말한다. 손흥민 선수뿐만 아니라 어떤 선수라도 그렇게 말할 것이다. 혼자 할 수 있는 일이 아니라는 것을 알고 있기 때문이다. 좋은 팀이 되기 위해서 집단토론과 의사결정이 필요한 이유는 일의 결과에 대해 상호 책임을 지기 때문이다. 그래서 팀 성과는 부분의 합 이상이 되는 것이다.

카첸바크와 스미스는 팀을 '공동의 목적과 성과목표와 상호 책임에 몰입되어 있는 보완적인 기술(역량)을 가진 소수의 구성원'이라고 정의한다. 가장 중요한 부분은 공동의 목적과 상호 책임이다.

공동 목표와 팀 몰입

팀의 본질이 공동 수행이기 때문에 고성과 팀이 되기 위한 핵심요인은 팀 구성원들이 팀의 공동 목표를 알고, 그것에 대한 팀 몰입team commitment을 확보하는 것이다. 팀 몰입은 팀원들이 공동의 목표에 대해 목적의식을 공유하고, 팀이 목표를 달성할 능력이 있다는 것을 믿으며, 공동 수행에 헌신하는 것을 말한다.[2] 그래서 좋은 팀이 되려면 팀 구성원들이 믿을 수 있고, 가

---

2   J. W. Bishop and K. D. Scott, "An examination of organizational and team commitment in

그림 6-2 팀 목표에 대한 몰입

치를 부여할 수 있는 진정한 목적이 필요하다. 이것은 자율 관리 팀처럼 팀 목표를 스스로 결정해야 한다는 말이 아니다. 경영진이 일방적으로 부여한 목표라도 의미 있는 팀 목적으로 전환될 수 있다면 공동 몰입이 가능하다.

사실 어떤 팀이라도 공동의 목표가 있다. 가령, 어느 기업에서 TF팀에 '신제품 개발'이라는 목표를 부여하고, 팀 성과에 따라 승진과 보상이 결정된다고 하자. 이때, 팀원들은 '신제품 개발에 성공하고 우리 모두 승진하자'는 표면적인 목표를 세울 수 있다. 하지만 이것이 진정한 목표이고, 팀 몰입을 이끌어 낼 수 있을까? 승진과 보상은 일의 결과이지 목표가 아니다. 사실 팀원들의 마음속에는 이번 프로젝트로 승진 가능성이 높은 사람은 누구누구이기 때문에 나는 어느 정도의 노력만 해야겠다는 계산이 세워져 있을지 모른다. 경영진이 신제품 개발이라는 목표를 부여했더라도 그 목표가 각자의 경력에 어떤 의미가 있고 진정으로 몰입할 수 있을지는 사람마다 다를 것이다. 따라서 '진짜 목표'에 대한 팀원들의 많은 논의가 필요하다.

즉, 팀의 본질인 공동 수행을 해야 하는 분명한 이유가 필요하다. 스포츠 팀은 공동 수행의 이유가 명확하다. 게임에서 이기는 것이다. 그래서 아무리 사이가 좋지 않은 선수들이라도 일단 경기가 시작되면 공동 수행을 위해 최선의 노력을 다한다. 게임에서 이겨야만 연봉도 오르고, 각종 기록도 좋아지

---

a self-directed team environment," *Journal of Applied Psychology*, 85(3), 2000, pp. 439~450.

고, 승률에 따라 선수로서의 가치가 커지는 것을 누구나 알기 때문이다. 그러나 경영의 세계에서는 이러한 이유가 명확하지 않다. 내가 왜 바쁜 시간에 동료의 업무를 도와야 하는가, 내가 더 많이 일했는데 왜 같은 평가를 받는가라는 질문에 대한 명확한 답이 필요한 것이다. 따라서 성공적인 팀은 '공동의 목적 만들기'에 많은 시간과 노력을 써야 한다.

하지만 실제 현실은 다르다. 대부분의 팀은 매우 빠듯한 업무 일정하에서 일한다. 예를 들어, 중요한 TF팀들은 몇 개월 후 CEO에게 보고하는 것처럼 시간 여유가 별로 없다. 이렇게 업무 일정이 빠듯하고, 목표 달성이 어렵기 때문에 대부분의 팀장은 팀 목표가 주어지면 즉시 업무와 역할을 나누어 업무수행에 돌입하고 진도 관리에 몰두한다. 그렇기 때문에 업무진행 과정에서 특정 팀원이 "내가 왜 더 희생해야 하는가, 왜 나는 성과에 대한 기여도를 더 인정받지 못하는가"와 같은 의문을 갖게 되는 상황이 반드시 발생한다. 따라서 초기에 팀의 진짜 목적에 대한 합의, 공감대와 몰입을 반드시 만들어야 한다. 시간이 상당히 걸려도 상관없다. 이후의 진행은 더 빠를 수 있기 때문이다. 가령, 위의 예에서도 신제품 개발이라는 명목상의 목표를 '우리 회사의 이념에 부합되고, 고객에게 새로운 경험을 주는 제품 만들기'라는 식으로 팀 목적을 다시 정의할 수 있다.

일단 공동의 목적이 만들어지면, 이것을 구체적이고 측정 가능한 성과목표로 전환해야 한다. 가능하면 구체적인 수치로 표현될 수 있으면 좋다. 예를 들면, '모든 고객 요청을 24시간 내에 처리한다' 같은 형식을 말한다. 그 이유는 몇 가지가 있다. 첫째, 전사적 사명이나 개인의 업무목표와 구분되는 공동의 업무성과를 정의할 수 있기 때문이다. 둘째, 구체적 성과목표는 팀 내 명확한 의사소통과 건설적 갈등을 만들 수 있다. 셋째, 항상 목표 달성에 집중할 수 있다. 넷째, 구체화된 목표를 통해 더 큰 목표를 위한 작은 성공 small wins을 경험할 수 있다. 다섯째, 설정된 성과목표의 동기부여 효과는 강력하기 때문이다.

적정 규모와 보완적 역량

다음으로 중요한 요인은 팀의 규모이다. 대부분의 성공적인 팀은 10명 이하의 팀원을 가진 것으로 나타난다. 그보다 큰 규모의 팀은 다시 몇 개의 소그룹으로 나뉘는 경향이 있기 때문이다. 대규모 팀은 구성원 간 상호작용이나 관점을 공유하는 데 어려움을 겪고, 피상적인 사명을 만들게 된다.

저자들이 언급하지 않았지만 더 중요한 것은, 규모가 큰 팀은 '책임의 분산(무임승차)' 현상을 피할 수 없다는 점이다. 프랑스의 농학 기사였던 막스 링겔만Max Ringelmann, 1861~1931은 줄다리기에 참여하는 사람들의 숫자가 늘어날수록 한 사람이 줄을 끌어당기는 힘이 줄어드는 현상을 발견했다. 성인 한 사람이 평균 63kg을 끌었는데, 세 사람이 줄을 당겼을 때는 1인당 53kg으로 줄어들었다. 다시 다섯 명 이상이 줄다리기를 했을 때는 1인당 31kg으로 줄어들었다.[3] 보통 줄다리기 시합을 보면 양쪽이 안간힘을 쓰는 것처럼 보이지만 사실은 자기 힘의 반 정도밖에 쓰지 않는다는 의미이다. 이렇게 팀원 수가 증가할수록 팀 성과에 대한 개인의 공헌이 줄어드는 현상을 '사회적 태만social loafing'이라고 한다.

그렇다면 몇 명 정도가 가장 적당할까? 물론 팀의 적정규모는 상황과 과업의 종류에 따라 다를 것이다. 하버드 대학의 인지심리학자 조지 밀러George Miller는 인간의 단기기억 용량이 7 ± 2 정도라는 것을 발견하고 이를 '마법의 숫자 7magic number 7'이라고 불렀다.[4] 이와 유사하게, 일반적으로 팀원 수가

---

3   D. R. Forsyth, *Group dynamics*, 5th Ed. (Pacific Grove: Brooks/Cole, 2009).

4   G. A. Miller, "The magical number seven, plus or minus two: Some limits on our capacity for process information," *Psychological Review*, 63(2), 1956, pp. 81~97.

증가함에 따라 팀 성과는 감소하기 때문에 다양한 종류의 과업에서 다섯 명에서 아홉 명 정도의 규모가 적합한 것으로 알려져 있다. 그리고 여섯 명이나 여덟 명이 아닌 이유는 의사결정상의 효율성 때문에 짝수보다 홀수가 유리하기 때문이다. 그런데 굳이 이론적인 논의를 빌려올 것도 없이, 실무에서는 이미 이러한 원리를 실천하고 있다. 예를 들어, 구글에서는 한 관리자하에 직속 팀원은 최대 일곱 명까지로 제한하는 '7의 규칙rule of 7'에 따라 조직을 운영하고 있고, 아마존에서는 부서 규모는 '피자 두 판two pizza rule'의 법칙을 따른다는 불문율이 있다고 한다. CEO인 제프 베이조스Jeff Bezos는 "피자 두 판으로 팀원 모두가 먹을 수 없다면, 그 팀은 너무 큰 것이다"라고 말했는데,[5] 책임의 분산 효과를 고려한 팀 운영이라고 할 수 있다.

아울러 저자들이 강조하는 요인은 상호보완적 역량 믹스skill mix이다. 성공적인 팀이 되기 위해서는 최소한 세 가지 서로 다른 역량이 필요하다는 것이다. 먼저, 팀이 목표를 달성하기 위해서는 주어진 과업을 수행하기 위해서 필요한 기술적(기능적) 역량이 있어야 할 것이다. 다음으로, 아무리 기술적 역량이 우수한 팀이라도 어려운 상황에 처하거나 어떤 대안을 택해야 할지 결정해야 할 순간이 있을 것이다. 이런 경우에 필요한 문제해결(의사결정) 역량이 필요하다. 문제와 기회를 파악하고 가능한 대안을 평가 및 결정하는 능력을 말한다. 마지막으로, 어떤 팀이라도 구성원 간 갈등이나 의견 대립이 일어날 수 있다. 이때 팀을 묶어주는 접착제 역할을 할 수 있는 대인관계 역량이다. 구체적으로는 적극적인 상대방 의견 청취, 도움을 주는 비판, 선의의 이해, 상대방에 대한 인정 등을 말한다. 대부분의 팀들이 당장 업무목표 달성을 위해서 기술적 역량에만 집중하게 되지만 어느 한 역량이 완전히 결여된 상태로는 고성과 팀이 되기 어렵다는 사실이다. 더구나 팀원 어느 한

---

5   R. Karlgaard, "Think (really!) small," *Forbes*, April 13, 2015, p. 32.

사람이 여러 종류의 역량을 갖기도 어렵다. 따라서 팀원 선발 시부터 역량 믹스를 고려해야 하고, 각 역량 개발에 노력해야 한다.

공유 정신모형

저자들이 언급하지는 않았지만 성공적인 팀은 일하는 방식에 대한 강한 몰입이 필요하다. 이를 위해서는, 누가 어떤 일을 하고, 일정은 어떻게 정하고, 의사결정은 어떻게 하는가에 대해서 팀원들이 공통된 인식을 갖고 있어야 한다. 이것은 조직연구에서 공유 정신모형Shared Mental Model: SMM이라고 부르는 요인이다. 공유 정신모형은 팀원들이 일하는 방식에 대해서 공유된 지식 구조를 갖고 있는 것을 말한다. 특히, 공유 정신모형은 팀원 간 의사소통이 어렵거나 불가능할 때, 또는 팬데믹 때와 같이 원격근무remote work나 비대면 근무 상황에서 더 큰 효과를 발휘한다.[6]

공유 정신모형이 형성되지 않은 팀의 구성원들은 무엇을 할 것인가가 아니라 어떻게 할 것인가 방법을 놓고 다투게 되고, 많은 시간을 낭비하게 된다. 예를 들어, 팀원들이 함께 등산을 간다고 할 때, 가장 중요한 문제인 어느 산을 갈 것인가가 아니라, 차를 타고 갈 것인지 걸어갈 것인지를 놓고 다투게 된다는 것이다. 하지만 공유 정신모형이 발달된 팀에서는 특별히 회의나 논쟁을 하지 않더라도 각자 해야 할 일을 정해진 방식으로 수행하게 되므로 팀 성과는 당연히 향상된다. 가령, 유명한 맛집의 주방을 보면, 셰프가 특별한 지시를 하지 않아도 주방 근무자들이 각자의 일을 물 흐르듯 수행해 내는 것도 같은 원리이다. 고성과 팀은 리더를 포함해서 팀원 모두가 각자의 몫을

6   J. E. Mathieu, T. S. Heffner, G. F. Goodwin, E. S. Cannon-Bowers, and J. A. Cannon-Bowers, "The influence of shared mental models on team process and performance," *Journal of Applied Psychology*, 85(2), 2000, pp. 273~283.

해야 한다는 일종의 사회적 계약을 갖고 있는 것이다.

이와 밀접하게 관련된 것이 팀 책임team accountability 의식이다. 팀의 모든 문제를 개인의 책임과 성과로 인식하지 않고, 공동 책임이라고 생각하는 인식을 말한다. 이를 위해서는 팀원의 몰입과 신뢰도 필요하지만 역시 가장 중요한 것은 팀 공동의 목적이다. 공동 목적의 달성을 위해 함께 노력하는 과정에서 팀 책임 의식이 생기는 것이다. 예를 들어, 팀 기반의 고성과로 유명한 미국의 저가 항공사 사우스웨스트Southwest 항공은 팀 책임 의식을 강화하기 위해 '팀 지연team delay'이라는 제도를 운영하고 있다.[7] 출발이나 도착 지연은 항공사로서는 많은 비용을 발생시키는 큰 문제이기 때문에 항공사마다 지연의 종류와 대응 매뉴얼을 상세히 갖추고 있으며, 지연의 책임이 어디에 있었는지 정확하게 규명하는 제도를 갖고 있다. 그러나 사우스웨스트는 지연을 특정 개인의 책임으로 묻지 않고 해당 팀 전체의 책임으로 간주하는 팀 지연 제도를 도입함으로써 팀 성과를 향상시킬 수 있었다고 한다.

지금까지 살펴본 고성과 팀의 성공요인들은 물론 팀의 유형에 따라 강조점에 차이가 있을 것이다. TF팀이나 프로젝트 팀과 같이 종료 시점이 정해져 있고, 특정한 계획이나 제안을 성과물로 만들어야 하는 경우에는 팀원 구성이 상대적으로 중요할 것이다. 따라서 역량 믹스를 고려해야 하고, 도출된 방안을 실행할 수 있는 구성원을 초기부터 참여시키고 활동을 공유할 필요가 있다. 한편, 생산, 운영, 영업, 마케팅 등 영속적인 팀들에게는 납기 시점이 더 중요할 수 있다. 예를 들어, 새로운 고객서비스가 개시된다면 이 시점에 맞춰 다양한 역량, 관점, 의사결정을 결합할 수 있는 조치가 요구된다. 중요한 것은 팀 유지 자체를 위한 팀 활동은 안 된다는 것이다. 결국 고성과 팀이 되기 위해서는 성과에 대한 끊임없는 강조가 필요할 것이다.

---

7   J. H. Gittell, *The Southwest Airlines way* (New York: McGraw-Hill, 2003).

경영진의 역할

카첸바크와 스미스는 최고경영진의 근본 역할은 팀을 만드는 것이 아니라 조직이 성과를 내도록 이끄는 것이라고 강조한다. 경영진은 팀이 만병통치약은 아니고, 더 큰 위험을 포함한다는 사실을 직시해야 한다는 것이다. 사람들은 막연히 팀은 팀워크가 좋을 것이라고 생각하지만 사실은 팀 목표를 핑계로 개인 성과를 등한시하거나 심각한 반목과 갈등이 생기기도 한다. 오히려 우수한 작업집단은 각자 자신의 일만 잘하면 되므로 훨씬 위험이 적다. 팀 목적을 만드는 데 시간을 덜 써도 되고, 개인 목표 달성에도 더 유리하며, 운영 과정에서 예상치 못한 차질도 적다.

저자들은 〈그림 6-3〉과 같은 팀 성과곡선을 제시하면서 팀 만능주의를 경계하고 있다. 그리고 한 화장품 회사의 사례를 통해 일반적인 작업집단이 고성과 팀으로 진화하는 과정을 설명하고 있다.

첫째 단계의 작업집단은 팀이 되기 위한 필요조건이다. 개인 책임의 범위 내에서만 구성원 간 협력과 성과 창출이 가능하다. 다음 단계는 유사 팀 혹은 사이비 팀이다. 팀 목표와 공동 수행 없이 이름만 팀으로 전환되었기 때문에 오히려 개인의 업무를 방해하게 되고, 기존의 작업집단보다 성과가 낮아진다.

그림 6-3 팀 성과곡선

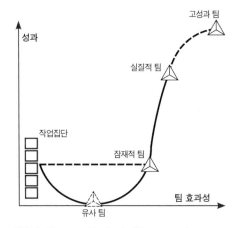

자료: A. Contu and L. Pecis, "Groups and teams at work," In D. Knights and H. Willmott (Ed.), *Introducing Organizational Behaviour and Management* (Thomson Learning, 2017), https://www.researchgate.net/publication/312188434_Groups_and_teams_at_work.

과거 국내 기업에서 유행했던 팀제가 이 단계가 아니었는지 반성이 필요할 것 같다. 세 번째 단계는 잠재적 팀이다. 일부 공동 수행은 시작되었으나 아직 확실한 팀 목표가 없고, 팀 업무방식 확립을 위해 지속적인 노력이 필요하다. 그러나 성과가 향상되고 있어 가능성과 잠재력이 있다. 다음은 실질적인 팀 단계이다. 지금까지 설명한 팀의 모습들이 나타난다. 마지막으로 고성과 팀 단계이다. 정상 팀이 발전해 팀원 상호 간의 성장과 성공에 깊이 몰입한 진정한 팀이라고 할 수 있다.

이어서 저자들은 성공적인 팀 성과를 만들기 위해 필요한 실제적인 방법 몇 가지를 제시하고 있다. 일부는 상식적이지만 관리자들이 유의할 필요가 있는 실질적 교훈이라고 생각된다.

① 긴급하고 꼭 필요한 성과목표와 방향성을 확립해야 한다. 긴급하고 절실한 상황일수록 성공 가능성이 높다.

② 팀원은 성격이나 인성보다는 보유 역량과 잠재적 역량 중심으로 선발해야 한다.

③ 첫 번째 미팅과 활동에 특별히 주의를 기울여야 한다. 특히, 팀 리더의 행동은 결정적인 영향을 미친다. 팀원들에게 중요한 팀 회의라고 해놓고, 킥오프 미팅에서 상사의 전화를 받고 자리를 떠나서 돌아오지 않는다면 이미 실패한 팀이나 다름없다.

④ 명확한 행동 규칙을 설정해야 한다. 이른바 '기본 원칙ground rule'을 말한다. 가령, 팀 미팅에는 반드시 참석한다, 팀 회의 중에는 전화를 받지 않는다, 토론에 성역은 없다, 보안 사항은 꼭 지킨다, 타 팀원의 잘못을 지적하지 않는다 등 팀 상황에 맞게 정하면 된다.

⑤ 소수의 핵심 성과목표와 활동을 설정해야 한다. 특히, 도전적인 목표를 조기에 달성할 수 있도록 설계할 필요가 있다.

⑥ 정기적으로 팀원들에게 새로운 정보를 제공해 자극을 줘야 한다. 팀원들이 팀 목표를 새로운 관점에서 보고, 이에 대응해 팀 공동의 업무 방식을 향상시킬 수 있도록 해야 한다.

⑦ 가능한 많은 시간을 함께 보내야 한다. 특히, 초기에는 팀원들의 상호 이해를 증진시킬 수 있기 때문에 더욱 중요하다. 개인 간 결속과 창의성 향상은 계획된 것이 아닌 즉흥적인 협력과 비공식적인 상호작용이 필요하다. 공유 정신모형 형성에도 효과적이다.

⑧ 긍정적 피드백, 인정, 보상을 적극적으로 활용해야 한다. 작은 성과라도 공유하고 긍정적으로 강화할 필요가 있다. 앞서 살펴본 작은 성공의 동기부여 효과를 강화하라는 것이다. 궁극적으로는 팀 성과 달성을 함께 축하하고 만족을 공유하는 것이 가장 강력하다.

마지막으로 저자들은 최근에 자율관리 팀이 주목받고 있지만 팀은 공식 조직이나 위계를 대체하는 것이 아님을 명심해야 한다고 강조한다. 팀이 오히려 기존 구조를 강화하는 역할을 할 수도 있다. 따라서 기능적 효율성은 조직 위계를 통해 달성하고, 유연성은 팀을 통해 획득하면 된다. 예를 들어, 보잉 777 프로젝트는 200여 개의 생산팀, 중간운영팀, 최고경영자팀이 위계구조를 이루고, 다시 이들을 연결하는 통합조정팀을 둠으로써 성공할 수 있었다.

3. 평가와 시사점

1990년대 국내에 팀제가 확산하던 시기에 '무늬만 팀제'라는 냉소적 표현이 많았다. 과거의 부과제에서 명칭만 팀제로 바뀌고 내용은 그대로라는 의미였다. 이 책에서 카첸바크와 스미스는 성공적인 팀이 되기 위해서 정말 필요한 요인은 팀의 본질과 관련되어 있음을 주장하고 있다.

첫째, 많은 사람들이 잘못 알고 있지만 팀과 팀워크는 다르다. 공동의 목표 달성을 위해 공동 수행을 하는 과정에서 팀워크가 생기는 것이지 막연히 좋은 관계를 갖고 팀워크가 좋다고 해서 저절로 좋은 팀이 되는 것은 아니라는 사실이다. 팀이 아니라도 구성원들이 좋은 관계를 유지하는 집단은 많다. 좋은 팀은 분명히 구성원들에게 팀워크와 즐거움을 주지만 이것은 파티나 축하 모임을 자주 가져서가 아니라 팀의 업무수행과 관련되는 즐거움을 공유하기 때문이다. 그래서 성공적인 팀은 업무수행에 관련된 고도의 유머 감각을 공유한다. 단순히 인간관계가 좋은 것이 아니다.

둘째, 공동 수행에 의한 팀 목적 달성과 공동 수행을 통해 고성과 팀을 만들 수 있음을 역설하고 있다. 특히, 상호보완적 역량 믹스로 팀의 사회적 측면을 균형 있게 강조한 점이 중요하다. 즉, 고성과 팀은 기술적 측면과 사회적 측면이라는 양 날개를 동시에 가져야 한다는 것이다. 흔히 중요한 프로젝트팀을 만들 때, 사내에서 최고의 역량과 업적을 가진 구성원을 선발하게 된다. 이런 팀들을 보통 '드림 팀'이라고 말한다. 하지만 스포츠 경기에서 드림 팀은 종종 충격적인 패배를 당하고 만다. 팀 성과의 한쪽 날개인 기술적 측면만을 고려했기 때문이다. 기술적 역량은 조금 부족하더라도 의사결정 능력, 대인관계 능력이 강한 팀원의 역량이 조화되어야만 고성과 창출이 가능하다. 소설이지만 『해리포터Harry Potter』가 어떻게 20년 동안(1997~2016) 전 세계의 독자를 사로잡았는가? 조앤 K. 롤링Joanne K. Rowling이 창조한 세 사람의 주인공이 완벽하게 서로 보완적이었기 때문이다. 마법사로서 최고의 기술적 역량을 가진 해리Harry, 위기의 순간마다 명석하게 돌파구를 찾아내는 헤르미온느Hermione, 그리고 마법 능력은 부족하지만 갈등의 순간에 세 사람을 이어주는 끈끈한 접착제 같은 론Ron의 역량이 조화를 이룬 팀이 성공의 비결이다.

그러나 카첸바크와 스미스의 고성과 팀 이론도 몇 가지 한계가 있다. 예를 들어, 팀원들의 공동 수행과 공동 목표에 대한 몰입을 어떻게 만들 수 있는가라는 질문에 구체적으로 답할 수 있어야 한다. 이런 점에서 최근 '최고의 팀은 무엇이 다른가'를 분석한 대니얼 코일Daniel Coyle의 저작은 팀 내부 프로세스를 더욱 구체적으로 접근하고 있다. 그는 구글, 픽사와 같은 기업은 물론 프로 스포츠 팀, 특수부대 등 가장 성공적인 팀들을 분석해 성공의 비결은 심리적 안전과 소속 신호, 자신의 취약성을 드러낼 수 있는 신뢰와 협동, 공동의 목표를 세우는 스토리라고 정리하고 있다.[8]

보다 근본적인 문제로, 저자들이 팀 내부관계에만 치중했다는 점을 지적할 수 있다. 지금까지 조직연구 분야에서는 고성과 팀의 요소로 팀원 구성, 팀워크 구축, 효과적 커뮤니케이션과 갈등관리 등 팀 내부 관리에 주로 관심을 가져왔다. 그런데 MIT의 데보라 앤코나Deborah Ancona 교수는 80여 개의 신제품 개발 프로젝트팀을 연구한 결과, 팀 성과는 내부관계만이 아니라 팀이 어떠한 외부관계를 갖는가에 달려 있다는 연구결과를 발표했다. 이것은 지금까지 내부 지향적인 팀 관리의 관점을 팀 외부로 돌려놓은 획기적인 연구이다. 앤코나 교수의 중요한 결론은 타 팀과 얼마나 많은 관계를 갖고 있는가, 의사소통을 얼마나 자주 하는가의 문제가 아니라 어떤 내용의 외부 활동인가가 팀 성과를 좌우한다는 것이다. 초기에는 CEO나 핵심 임원진의 수직적인 지원을 얻는 것이 중요하지만 결국에는 다른 팀과의 수평적 관계를 어떻게 조정할 수 있느냐가 팀 성과를 결정한다고 강조했다. 앤코나 교수의 X-팀 이론은 팀 성공을 위해서는 팀 내부 및 외부, 그리고 조직 내 네트워크의 종합적인 관리가 필요함을 보여주고 있다.[9]

8　D. Coyle, *The culture code: The secrets of highly successful groups* (New York: Bantam Books, 2018).

저명한 조직학자 에드워드 롤러Edward Lawler III는 "팀은 페라리Ferrari 승용차와 같다"고 말했다. 슈퍼 카라고 불리는 페라리는 성능이 좋고 멋있지만 그만큼 비싸고 유지비용도 매우 크다. 팀도 일단 제대로 만들어지면 큰 성과를 내지만, 유지하기 어렵고 잘못 운영되면 많은 비용을 지불해야 한다는 의미이다. 경영진은 이러한 상충관계를 이해하고 냉정한 판단을 내려야 한다. 일률적으로 모든 부서와 작업 단위를 팀으로 만들려고 하거나 팀 시너지의 환상에 현혹되어 값비싼 대가를 치를 필요는 없다. 가장 중요한 점은 역시 해당 부서나 작업 단위에 특유한 공동의 목적이 필요한가, 이것을 만들 수 있는가의 문제이다. 이것을 판단하기 위해서는, 수행해야 할 목표가 다양한 관점을 요구하는가, 팀원들의 업무가 상호의존적인가를 따져봐야 할 것이다.

9   D. Ancona and H. Bresman, *X-teams: How to build teams lead, innovate and succeed* (Boston: Harvard Business School Press, 2007).

7장 사람을 통한 경쟁,
제프리 페퍼의 고몰입 인사시스템 이론[*]

1. 저자와 시대적 배경

이번 장에서 살펴볼 고전은 고몰입 인적자원관리high-commitment HRM 이론 또는 고성과작업시스템High Performance Work System: HPWS 이론의 기초를 형성한 저서이다.[1] 저자인 제프리 페퍼 교수는 자원의존 이론을 비롯해 워낙 다양한 분야에서 우수한 연구를 내놓은 선도적인 학자이기 때문에 패러다임 paradigm이라는 용어에 빗대어 페퍼다임Pfefferdigm이라는 별명으로 부를 정도로 조직과 인적자원관리 분야의 세계적 학자이다.

제프리 페퍼 교수는 1946년 미주리주 세인트루이스Saint Louis, Missouri에서 태어나 카네기 멜런 대학교Carnegie Mellon University에서 학사 및 석사를 졸업하고, 스탠퍼드 대학에서 경영학 박사를 받았다. 이후 일리노이 대학교University of Illinois와 UC 버클리University of California, Berkeley를 거쳐 현재 스탠퍼

---

[*] 이 장은 1994년 출간된Jeffrey Pfeffer의 *Competitive Advantage Through People: Unleashing the Power of the Workforce* (HBS Press)의 주요 내용을 살펴보고, 그에 대한 평가와 현대 경영에의 시사점을 정리했다.

[1] J. Pfeffer, *Competitive advantage through people: Unleashing the power of the workforce* (Boston: Harvard Business School Press, 1994).

136 제1부 경영 고전의 이해

그림 7-1

자료: Stanford Graduate School of Business; Pfeffer, *Com-petitive advantage through people.*

드 경영대 교수로 재직 중이다. 세계 40여 개국의 학회, 세미나, 경영자 교육 프로그램에 초청된 바 있으며, 경영 사상가 50인 중 17위에 선정될 정도로 매우 영향력 있는 경영학자 중의 한 사람이다. 학문적 관심과 연구주제 역시 권력, 자원의존 이론, 리더십, 인적자원관리와 노사관계 등 매우 방대하고, 150편의 논문과 열여섯 권의 저서를 출간했다. 초기에는 조직구조, 조직 간 관계, 자원의존 등 거시적인 주제를 주로 연구했지만 나중에는 인적자원의 중요성과 관리, 조직 내 권력관계의 연구에 관심을 기울이고 있다. 이 장에서 살펴볼 고전 이외의 대표 저서로는 『조직과 조직이론Organizations and Organization Theory』(1982), 『인간 방정식Human Equation』(1998), 『권력Power』(2010) 등이 있다.

이 책에서 페퍼 교수는 기업이 인적자원을 통해서 경쟁우위와 고성과를 창출할 수 있다는 것을 다양한 사례와 증거를 통해 설득력 있게 주장하고, 고몰입 인적자원관리의 원리를 열여섯 개의 구체적인 인사제도 및 방안으로 제시하고 있다. 페퍼는 기업의 경쟁우위가 기업이 보유한 각종 자원에서 나온다고 보는 자원기반관점RBV에 근거해서 어느 기업에나 존재하는 인적자원관리HRM 시스템이 특정한 방식으로 구성되고, 시스템을 구성하는 인사제도들이 서로 강화한다면 기술, 재무 등 다른 어떤 자원보다 중요한 경쟁우위의 원천이 된다는 점을 강조하고 있다. 결론적으로, 자신이 주장하는 고몰입 공동체형community 인사시스템이 경쟁 중심의 시장형market 인사시스템을 능가한다고 역설하고, 이것이 조직관리 전반에 어떠한 시사점이 있는지를 논의하는 흥미롭고도 중요한 저서이다.

2. 고몰입 인사시스템 이론

사람을 통한 경쟁의 중요성

페퍼 교수는 다음과 같은 질문으로 시작한다. 만약 당신이 1972년 시점에서 20년 후 가장 투자수익률이 높을 기업 5개사를 선정한다면 어느 회사를 뽑겠는가? 사실 이 질문은 경쟁전략의 핵심 질문이다. 즉, 시장에 존재하는 수많은 기업들 중 어느 기업이 경쟁우위를 갖고, 시장 평균 수익률을 상회하는 장기적인 수익을 올릴 것인가라는 질문이다. 이 질문에 대한 답변을 산업조직론에 근거한 마이클 포터Michael Porter식 관점으로 말한다면 진입장벽이 높고, 경쟁자와 대체재가 적고, 고객과 공급자의 힘이 약한 기업이라고 답할 것이다.[2] 〈그림 7-2〉가 유명한 5요인5-force 분석이다.

그러나 실제로 1972~1992년간 가장 수익률이 높았던 기업은 사우스웨스트 항공, 월마트Walmart, 노드스트롬Nordstrom, 링컨 일렉트릭Lincoln Electric, 그리고 도요타Toyota와 GM의 합작사인 NUMMI 등이었다. 특히, 상위 5개사의 수익률은 사우스웨스트 2만 1775%, 월마트 1만 9807% 등으로 놀라운 수준이었다. 그런데 이 기업들이 속한 산업은 저가 항공, 유통, 백화점 등 경쟁이 매

---

2   M. E. Porter, *Competitive strategy* (New York: Free Press, 1980).

우 치열하고, 이익률이 낮고, 시
장 성장률이 그다지 좋지 않은 업
종이었다. 요즘과 같이 핵심기술
이나 영업 기밀이 보호될 수 있는
혁신기업이 아니라 경쟁자를 포
함한 그 누구나 쉽게 접근하고 관
찰할 수 있는 기업들이었다. 5요
인 분석의 관점으로는 산업 환경
이 그다지 좋지 않은 기업들이었
다는 사실이다. 그렇다면 이러한
기업들이 어떻게 열악한 환경에
서도 경이적인 수익률을 올릴 수

그림 7-2 마이클 포터의 5요인 분석 모형

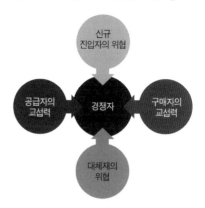

자료: Michael E. Porter, "How competitive
forces shapes strategy," *Harvard Busi-
ness Review*, July–August, 1979.

있었는가? 페퍼 교수는 바로 경쟁사와 차별화되는 인적자원을 관리하는 독
특한 방식에 있었다고 본 것이다.

　기업경영의 목표는 지속가능한 경쟁우위의 창출과 유지에 있다. 그리고
기업을 다양한 자원의 묶음bundle으로 보고, 기업 내 다양한 자원이 모두 경
쟁우위의 원천이 될 수 있다고 보는 것이 자원기반관점이다.[3] 그런데 지속가
능한 경쟁우위가 되기 위해서는 해당 자원이 가치 있고, 희소해서 쉽게 구할
수 없고, 경쟁자가 모방이 어렵거나 불가능해야 한다. 다시 모방 불가능성이
높은 자원이 되기 위해서는 이른바 인과적 모호성causal ambiguity이 높아야
한다. 즉, 어떤 자원이 경쟁우위를 창출하는 과정이 모호해서 경쟁자는 물
론 당사자 기업조차도 명확하게 알 수 없는 자원이 진정한 경쟁우위를 가져

3　　J. B. Barney, "Firm resources and sustained competitive advantage," *Journal of Manage-
　　ment*, 17(1), 1991, pp. 99~120.

오는 자원이라는 것이다. 그렇다면 이러한 조건을 충족하는 자원은 과연 무엇인가?

예를 들어, 중요한 자원 중의 하나인 신기술은 의외로 지속가능성이 낮다. 1959년 제록스Xerox가 일반용지 복사기를 개발한 후, 1973년까지 전 세계 시장점유율의 거의 90%를 차지했지만 이러한 독점에 가까운 상황은 오늘날에는 불가능하다. 대부분의 기술특허가 1~2년 내에 모방당한다. 휴대전화 특허 경쟁에서 보듯이, 기술 경쟁이 치열한 현재는 더욱 그럴 것이다. 프로세스 혁신 역시 희소성을 지속하기 어렵다. 1980년대 미국의 자동차 회사 GM은 공정 자동화에 400억 달러를 투자했다. 이것은 당시 혼다Honda와 닛산Nissan을 모두 인수할 수 있는 정도의 큰 금액이었다. 하지만 GM의 프로세스 혁신은 큰 효과를 발휘하지 못했다. 공정 자동화의 핵심이 되는 로봇, CNC 등을 만드는 일본의 화낙FANUC과 같은 벤더들이 GM뿐만 아니라 여러 기업에 납품을 하기 때문에 희소한 자원이라고 볼 수 없기 때문이다. 또한, 자본 자유화로 재무자원의 우위도 유지하기 어렵고, 글로벌화의 진전으로 각종 규제와 보호에서 오는 경쟁우위도 더 이상 오래 지속되기 어렵게 되었다.

그렇다면 유일하게 남은 경쟁우위의 원천은 바로 한 기업이 보유한 인적자원과 이들이 일하는 독특한 방식이다. 이것은 그 기업의 인적자원에 체화되어 있기 때문에 모방하기 어렵다. 사우스웨스트 항공을 모방하려던 피플익스프레스People Express나 국내 저가 항공사들이 실패한 이유가 바로 이것이다. 사우스웨스트 항공 구성원들의 높은 동기부여, 팀워크, 유머러스한 조직문화 등은 자사조차도 경쟁우위의 이유를 명확하게 알지 못하는(인과적 모호성이 높은) 자원이기 때문에 만들기 어렵지만 일단 창출되면 모방하기가 극도로 어려워진다. 이것을 모방하는 유일한 방법은 해당 기업을 통째로 인수하는 방법밖에 없다. 최근 구글, 아마존 등 혁신기업이 기술 중심 스타트업들을 인수하는 것 역시 기업 자체가 아니라 인적자원의 확보가 주목적이다.

고몰입 인사시스템의 구성요인

그러면 사람을 통한 경쟁우위를 만드는 인적자원 시스템의 특성은 무엇인가? 저자는 여러 고성과 기업에서 발견되는 인사제도와 원리를 귀납적 방법으로 찾아내고 이를 열여섯 가지로 소개하고 있다.

1) 고용 안정성 보장

고성과 기업들은 최근의 고용 유동성 강화 추세와는 달리 장기 고용을 보장한다. 이를 통해 구성원의 장기적 몰입을 확보할 수 있기 때문이다. 상시적인 해고에 대한 두려움을 갖고 일한다면 고성과는 불가능하다. 고용 안정성을 보장하면 구성원의 나태와 방만을 걱정할 수도 있지만 인간의 행동은 호혜성 원리와 사회적 교환의 원리에 근거한다는 사실을 인식해야 한다. 경영진이 먼저 고용을 보장하고 믿으면, 구성원은 이를 고생산성으로 돌려주게 된다. 동료 간 감시와 압력도 작용하기 때문에 장기 고용의 부작용은 생각처럼 크지 않다.

2) 엄격한 선발제도

구성원을 장기 고용하려면 당연히 신중하게 선발해야 한다. 하지만 까다롭게 선발한다는 것은 지원자의 기술 및 역량 측정이나 과거 업적을 엄격하게 평가한다는 의미가 아니다. 자사의 특성에 맞는 올바른 사람을 뽑기 위해 노력한다는 말이다. 즉, 개인-조직 적합성P-O fit을 높이기 위해 노력한다. 고성과 기업들은 대체로 기술이나 숙련 수준보다는 잠재적 역량과 태도를 더욱 중시한다. 대표적으로, 사우스웨스트 항공의 창업자 허브 켈러허Herb Kelleher는 "태도를 보고 선발하고, 기술은 가르친다Hire for attitude, train for skill"는 유명한 슬로건을 제시했다. 이를 실천하기 위해 사우스웨스트 항공, 링컨 일렉트릭 등은 함께 일할 동료, 혹은 고객까지 선발 과정에 직접 참여한다.[4] 시간과 비용이 많이 들지만 이렇게 엄격한 선발은 채용 후 직원들의 자긍심과 자부심을 고양시키는 효과도 있다.

3) 고임금 지급

고성과 기업들은 직원들에게 시장 평균을 상회하는 높은 임금을 지급한다. 고임금을 통해 우수한 인재를 유인하며, 고임금은 기업이 구성원의 가치를 인정한다는 신호signal의 역할도 한다. 이에 대해 직원들은 고생산성으로 보답하는 선순환이 일어난다. 노드스트롬 백화점 직원은 시장 평균임금의 두 배를 받지만 단위면적당 매출액은 업계 최고 수준이다. 과학적 관리를 완성한 헨리 포드는 1914년에 이미 자사의 자동차 공장 임금으로 일당 5달러라는 파격적인 고임금을 제공했다. 당시 자동차 업종의 평균 임금은 2.3달러, 철강 업종은 1.75달러에 불과했다.

사람들은 보통 인건비가 전체 원가에서 차지하는 비중이 매우 높기 때문에, 경쟁력을 가지려면 임금을 적정 수준에서 통제해야 한다고 생각한다. 페퍼 교수는 이러한 발상이 임률labor rate과 노무비labor cost를 혼동한 데서 오는 오해라고 강조한다. 고임금 즉, 시간당 임금, 월간 급여 등을 많이 주는 것이 반드시 고노무비를 의미하는 것은 아니라는 것이다. 노무비는 임률과 노동생산성의 함수이기 때문이다.[5] 예를 들어, 동일한 제품을 만드는 두 기업이 있는데, A기업이 시간당 1만 원의 임금을 지급하고, B기업이 5000원의 임금을 지급한다면 시간당 임률은 A기업이 두 배 높다. 하지만 A기업의 직원들이 해당 제품을 시간당 다섯 개 만들고, B기업 직원들이 같은 제품을 시간당

---

4   Gittell, *The Southwest Airlines way.*

5   J. Pfeffer, "Six dangerous myth about pay," *Harvard Business Review,* 76(3), 1998, pp. 109~119.

두 개 만든다면 단위당 노무비는 A기업 2000원이고, B기업은 2500원이 되기 때문에 B기업이 더 높게 된다. 즉, 시간당 임금을 상회하는 생산성 증가만 있다면 '고임금, 저노무비'라는 이상적인 보상제도도 가능하다는 것이다. 아울러 저자는 총원가에서 차지하는 임금의 비율 역시 생각만큼 크지 않다고 덧붙인다.

4) 인센티브 제공

고성과 기업들은 직원에게 경영성과와 연동된 적극적인 인센티브를 제공한다. 주주 자본주의 제도에서 기업의 주인은 주주이다. 따라서 경영의 성과는 주주에게 배당으로 돌아가든지 아니면 미래의 더 큰 성장을 위해 사용되어야 한다. 경영활동의 결과에 대해 무한책임을 지는 주주들은 큰 위험을 감수하기 때문에 이익을 돌려받는 것이 당연하겠지만 해당 기업의 구성원들은 주주가 아니라면 경영성과를 공유할 권리가 보장되지 않는다. 하지만 경영성과가 최고경영진과 주주에게만 돌아간다면 직원의 공정성 의식은 크게 훼손될 것이다. 최근 국내 기업들에서 이익 분배 성격의 성과급에 대한 논란이 커지고 있는 것도 같은 이유이다. 경영성과와 연동된 보상과 인센티브는 직원들의 회사에 대한 소속감을 제고시켜 고성과로 연결된다. 직원을 고용인이 아니라 이해관계자로 생각하는 것이다. 인센티브 제도가 경영성과를 악화시킨다는 견해도 있지만

그림 7-3 1914년 1월 7일 자 신문에 실린 포드 자동차의 일당 5달러 구인 광고

자료: The collections of The Henry Ford, Dearborn, Michigan.

팀 단위 인센티브, 조직 전체 차원의 이익 분배제 등 다양한 옵션이 있다.

5) 종업원지주제

위에서 살펴본 인센티브에 대한 논란을 피하기 위해서는 직원들이 주주가 되면 된다. 이것이 종업원지주제Employee Stock Ownership Plan: ESOP이다. 또, 주식 인수를 위한 자금을 회사에서 지원하는 경우가 많다. 직원들이 주주가 되면 노사 갈등을 줄이고 직원과 주주의 이익을 일치시킬 수 있다. 직원들이 경영 책임을 자각하게 되기 때문이다. 또한, 재무적 위기 상황에서 적대적 인수에 대한 방어가 가능하며, 단기 성과에 집중하는 인센티브의 폐해도 보완할 수 있다. 저자는 1972~1992년 동안 주주 배당을 가장 많이 한 5개사가 모두 주식의 4% 이상을 직원들이 보유한 회사였음을 강조한다.

6) 정보의 공유

구성원에게 경영상의 주요 정보를 공개하는 것이다. 이것은 직원에 대한 존중을 나타내는 것인 동시에 기업이 성공하기 위해서는 주요 정보를 직원들이 알고 있어야 한다. 반도체 회사 AMD사는 모든 직원이 수율과 같은 생산공정의 민감한 정보를 공장 내 컴퓨터 단말기로 확인할 수 있다. 용접장비 업체인 링컨 일렉트릭도 재정 상태와 마케팅에 관한 모든 정보를 직원들에게 공개하고 있다. 일부 회사는 정보공유에 반대하기도 하지만 경쟁자들은 어떤 방법으로든 정보를 얻을 수 있고, 직원들이 다른 경로로 자사에 관한 정보에 접했을 때 부정적 효과는 더 클 수밖에 없다. 최근 구글, 메타Meta 등 혁신기업들이 주요 경영정보와 회사의 전략적 방향 등 정보에 대해 '공개를 기본값'으로 하는 정책을 갖고 있는 것도 같은 맥락이다.

7) 구성원 참여와 임파워먼트

고성과 기업들은 하위 직원에게도 실질적인 의사결정 권한을 부여함으로써 자발적 참여와 몰입을 유도한다. 노드스트롬 백화점의 직원 규정집에는 단 하나의 규칙만 있는 것으로 유명하다. "어떤 상황에서든 고객을 위해 현명하게 판단하라. 그 외의 다른 규칙은 없다Rule #1: Use best judgement in all situations. There will be no additional rules"라는 단순한 규칙이다. 고객과 만나는 일선에 있는 직원들이 모든 것을 알아서 결정하라는 것이다. 이러한 강력한 임파워먼트 제도에 힘입어 노드스트롬은 창의적인 고객 서비스와 수많은 고객감동 사례를 창출해 고객만족 경영의 모델이 되었다. 조직도 역시 고객과 현장 직원을 맨 위로, 이사회를 맨 밑으로 뒤집어놓은 거꾸로 된 피라미드 모양이다. 임파워먼트는 의사결정의 효율성을 높이고, 복잡한 절차를 간소화함으로써 고성과를 창출한다. 또한, 리바이 스트라우스Levi Strauss사는 지게차를 구매할 때, 본사의 구매팀 직원이 결정하는 것이 아니라 공장의 지게차 기사들이 직접 지게차 사양을 결정하고 공급사와 협상해 구매비용을 절감할 수 있었다. 지게차에 대해 가장 잘 알고 실제 사용하는 사람들이 결정해야 한다는 경영진의 신념 때문에 가능한 일이다.

8) 자율관리 팀 운영

고성과 기업들은 자율적인 팀 운영을 통해 탁월한 성과를 산출하고 있다. 단순히 팀에 재량권을 조금 더 부여하는 정도가 아니다. 자율관리 팀은 작업 목표 설정과 일정 결정은 물론 예산 수립과 집행, 원자재 구매, 팀원 선발, 팀 성과평가까지 자율적으로 수행한다. 심지어 팀 리더 선정까지 가능한 경우도 있다. 화학 기업 몬산토Monsanto사는 직원 채용, 생산방법, 생산량까지 모두 결정하는 자율적 작업 팀제로 성공을 거둔 바 있다. 이러한 제도의 바탕에는 사람들은 근본적으로 자율성을 추구하는 존재라는 믿음이 있다. 자율관리 팀이 혹시 방만하게 운영되지 않을까 하는 우려는 기우에 불과하다고 한다. 오히려 동료들의 집단 압력에 의해 팀 성과가 극대화될 수 있다는 것이다. 페퍼 교수는 자율 팀의 문제는 팀 성과가 나빠지는 것이 아니라 팀이 너무 잘된다는 것이라고 말한다. 자기 팀에만 집중하는 팀 이기주의가 문제이지 성과가 저하될 걱정은 불필요하다는 것이다.[6]

9) 교육훈련 및 숙련 향상

고성과 기업들은 경영환경이 어려워졌을 때, 직원들의 고용 안정을 보장함과 함께 기존 인력을 훈련과 기술 개발을 통해 새로운 환경에 적응시킴으로써 고성과를 획득한다. 사우스웨스트는 최근까지 불황기에도 구조조정을 하지 않는 정책을 유지했고, 자동차 부품업체인 콜린스 앤 에이크먼Collins & Aikman사는 조지아Geogia주의 자사 카펫 공장 직원의 1/3이 고교 중퇴자였지만 컴퓨터 생산시스템을 도입한 후, 이들을 신규 인력으로 대체하지 않고 재교육시켜 기술 수준을 향상시켰다. 교육훈련비로 인당 1200달러가 들었지만 생산량은 오히려 10% 이상 증가한 사례가 있다. 재교육과 숙련 향상은 시간이 오래 걸리고 교육훈련비가 소요되지만 직원을 신뢰한다는 강력한 신호가 된다.

10) 부문 간 업무 전환 및 다기능화

직원들이 한 업무에만 전문화하지 않고 부문 간 업무 전환cross-utilization을 하는 것은 여러 가지 이점이 있다. 다양한 업무수행으로 직원들의 업무의욕이 향상되며, 업무 프로세스 및 업무의 단순화가 가능해진다. 아울러, 기존 담당자가 인식하지 못했던 문제를 발견함으로써 업무재설계 및 혁신이 촉진

6　　Pfeffer, "Six dangerous myth about pay."

되는 효과가 있다. 여기서 말하는 업무 전환이란 단순히 팀 혹은 부서 내 업무 교체가 아니라 직종이나 부문 간 순환을 의미한다. 예를 들어, 일본의 자동차 회사 마즈다Mazda사는 경영 악화로 생산직 인력을 줄여야 하는 상황에서 생산 직원들을 해고하지 않고 영업직으로 전환했다. 영업 경험이 없는 생산직 직원들이 과연 잘해낼 수 있을지 우려가 있었지만 막상 결과는 가장 영업실적이 뛰어난 열 명 모두 생산직 출신이었다. 생산직 출신 영업사원들이 비록 영업 기술과 노하우는 부족하더라도 차에 대해서 잘 알고 있는 풍부한 지식을 기반으로 고객들을 설득할 수 있었던 것이다. 이러한 다기능화 제도를 뒷받침하기 위해서는 급여제도 역시 업적급이나 연공급이 아닌 직능급 pay-for-skill이 적합할 것이다.

11) 상징적 평등주의

직원들의 고몰입을 유도하기 위해서는 경영진과 직원 모두가 평등하다고 느낄 수 있는 상징이 필요하다. GM과 도요타가 합작한 NUMMI사는 출범 후 가장 먼저 경영진 전용 식당과 주차장을 폐지했고, 경영진도 일반 직원과 같은 작업복을 입도록 했다. 사장이나 현장 작업자나 같은 근무복을 입는 일본식 경영을 도입한 것이다. 사실 근무복은 사소한 문제가 아니다. 작업복을 입는 생산직과 정장 슈트 차림의 경영진은 한 기업의 구성원이라는 일체감을 갖기 어렵다. 근무복 통일은 '우리 대 그들us vs. them' 사고를 없앰으로써 임원진과 일반 직원 간의 분리를 막고 직급 간 의사소통을 크게 향상시켰다. 마찬가지로, 임원실을 축소하거나 임원 전용 엘리베이터를 없애는 것 등도 상징적 평등주의에 기여할 수 있다.

12) 임금격차의 축소

고성과 기업들은 직급 간 임금격차뿐만 아니라 수평적 임금격차도 축소하는 경향이 있다. 그렇다고 인센티브의 장점을 포기하는 것이 아니고, 인센티브로 인한 과도한 격차를 축소한다는 것이다. 과도한 보상 격차는 협력을 훼손하고, 일 자체에서 생기는 내재적 동기부여를 해친다. 최근 국내 기업들에서도 일반 직원과 임원들의 급여 격차가 수십 배에 이르고 있고, 미국은 말단 직원과 CEO의 격차가 400배에 달하기도 한다. 하지만 유기농 아이스크림 제조사로 현재 유니레버Unilever의 일원이 된 벤앤제리Ben & Jerry사는 사내 누구도 직원 평균 임금의 일곱 배 이상을 받지 못하도록 규정하고 있다고 한다.

13) 내부승진 제도

내부승진은 고용 보장의 신호가 되며, 직장 내 공정성을 제고하는 효과가 있다. 외부 영입 인재가 고위직을 차지했을 때, 내부 인력들은 소외감을 느낄 수밖에 없다. 고성과 기업들은 내부노동시장 육성을 통해 장기적 숙련 향상을 확보할 수 있다. 특히, 경영진이 기초 업무부터 시작해서 내부승진을 통해 관리자가 된 경우, 핵심 사업에 대한 깊은 이해와 기업 특유의 지식을 획득할 수 있다. 그래서 노드스트롬은 명문대 출신이라도 전 직원이 매장 영업사원으로 근무해야 한다는 규칙을 지키고 있다. 당시 월마트의 리 스콧Lee Scott 회장 역시 운송 부문 관리자로 경력을 시작했으며, 대부분의 관리자들 역시 매장 직원이었다.

지금까지 살펴본 제도들 외에도 장기적 관점, 성과에 대한 측정과 피드백, 전략을 포괄할 수 있는 경영철학 등이 필요하다.

장애요인과 성공 조건

앞서 살펴본 NUMMI사는 도요타와 합작하기 전에는 캘리포니아주 프리몬트Fremont에 있는 GM 산하의 공장이었다. 하지만 생산 성과가 부진해 여러 가지 어려움을 겪고 있었다. 그런데 새로운 합작사로 재출범한 이후에 공장을 이전하거나, 신기술을 도입하거나, 신규 인력의 채용 없이 인사시스템 변화만으로 생산성이 거의 100% 증가했다. 그러나 이렇게 효과가 분명한데도 한 기업의 인적자원관리를 바꾸는 것은 결코 쉽지 않다. 왜 잘 안되는가? 페퍼 교수는 변화를 가로막는 장애요인들이 많기 때문이라고 말한다.

가장 주된 이유는 잘못된 영웅, 잘못된 이론, 잘못된 언어의 문제이다. 사람들은 노조나 노동자에 대해 적대적이고, 재무성과를 목표로 고용을 축소하는 인물들을 이상적인 경영자, 기업 영웅으로 평가하고 칭송한다. 경영자들 역시 그런 사람들을 역할모델로 생각하기 때문에 비슷한 행동을 반복한다. 인간 행동에 대한 이론에도 문제가 있다. 대부분의 경영진이 직원들은 외적인 통제나 인센티브 없이는 열심히 일하지 않는다고 믿고 있다. 대학과 MBA에서 배운 대리인 이론이나 거래비용 이론을 굳게 믿고, 직원들은 항상 이기적이고 기회주의적 행동을 하기 때문에 감시가 필요하다고 가정한다. 이런 관점에 따라 인사제도를 설계하기 때문에 직원들은 다시 이러한 감시나 통제 시스템에 적응해 수동적이고 타율적으로 행동하게 된다. 마치 자기 실현적 예언과 같은 효과인 것이다. 시어스 로벅Sears Roebuck 백화점의 자동차 수리 센터 직원들이 성과급을 더 많이 받기 위해 고객들에게 불필요한 수리를 권유하는 비윤리적 행동을 했던 사례에서 보듯이, 통제 시스템과 인센티브 제도는 결국 실패로 돌아갈 수밖에 없다.

경영 세계에서 사용하는 언어도 문제다. 언어나 용어를 바꾸면 행동도 바꿀 수 있다. 잘 알려진 예로, 디즈니Disney사는 모든 직원을 종업원employee이 아닌 '캐스트cast'라고 부른다. 고객을 위해 무대에 서는 배우와 같다는 의미이다. 인사부라는 용어도 쓰지 않는다. 대신 중앙 캐스팅 부서central casting department라고 한다. 종업원, 인사부 등 통제 지향적 용어를 쓰는 것과 자신들을 배우로 생각하는 회사의 직원들이 다르게 행동하는 것은 당연하다. 저자는 경영과 경제이론이 신뢰와 협력을 어렵게 만드는 언어로 가득 차 있다고 비판한다. 대부분의 이론이 갈등, 불신, 감시, 통제 등의 용어로 설명된다. 이런 언어가 결국 우리들의 사고방식과 행동을 규정하게 되는 것이다. 저자가 소개하듯이, 경제학자들이 평균적으로 덜 협력적이라는 연구결과도 있다.

하지만 페퍼 교수는 이 책의 원리들이 유일한 방법이나 비법이 아님을 강조한다. 이 모든 것을 반드시 해야 하는 것도 아니라고 말한다. 그러나 열여섯 가지 인사제도 중 몇 가지만 뽑아서 실행한다면 좋은 결과를 얻기 어려울 것이라고 예상한다. 중요한 것은 인사제도 간의 내적 적합성 혹은 일관성이다. 각 인사제도가 서로를 보완하고 강화해야 더 효과가 커질 것이다. 예를 들어, 장기 고용을 하기 위해서는 선발을 까다롭게 해야 하고, 교육훈련에 더 투자해야 하고, 내부승진이 필요하게 될 것이다.

이것은 최근 전략적 인적자원관리SHRM에서 중요하게 강조하는 외적 적합성과 내적 적합성의 문제이다. 즉, 기업은 우선 자사가 처한 경영환경에 적합한 전략과 구조를 가져야 하고, 전략과 목표를 실행하기 위한 인사시스템 역시 외적 환경에 적합해야 한다(외적 적합성). 이에 따라 구성원들이 어떤 역량, 태도, 행동이 필요한가를 정의한 다음, 인사제도의 각 부분들이 내적 일관성을 갖고 이를 강화해야 한다(내적 적합성). 전략과 인사시스템의 내적·외적 적합성이 맞지 않으면 기업의 성과는 저조할 수밖에 없다. 한 예로, 샌프란시스코의 포트먼Portman 호텔은 '고객별 전담직원 담당제'라는 프리미엄 서비스를 지향하는 전략을 세워놓고, 직원들에게 시급 7.5달러의 저임금을 지급했다. 당연한 결과로 고객전담 직원 전략은 실패하고 말았다. 외적·내적 적합성이 어긋났기 때문이다. 결과적으로 이 호텔은 직원 이직률이 80% 이상으로 증가해 결국 매각되고 말았다. 또, 피플 익스프레스 항공이 고속성장 전략을 추구하면서 이와 맞지 않는 엄격한 채용과 충실한 교육을 고수하다가 결국 도산한 것도 같은 이유이다.

3. 평가와 시사점

저자는 이 책에서 소개된 원리들이 일시적인 유행이 아니고, 고도로 복잡하고 이해하기 어려운 것도 아니고, 특정 환경과 전략에만 적합한 것도 아니라고 강조한다. 종합적으로 고몰입 시스템high-commitment system이라고 부를 수 있는 이 원리들의 의미를 몇 가지 살펴보겠다.

고몰입 시스템의 작동 원리

페퍼 교수는 고몰입 인사시스템을 일종의 보편적 원리로 강조하고 있다. 이러한 시스템이 인간 본성에 더 잘 맞기 때문에 성과가 좋을 수밖에 없다고 주장하는 것이다. 실제로 열여섯 가지 원리는 각각 호혜성, 사회적 교환, 공정성, 신뢰와 존중, 자율성과 협력, 사회적 범주화 등 다양한 인간 행동의 원리에 기초를 두고 있다. 예를 들어, 사람들은 누구나 호혜성의 원리에 따라 행동한다. 고몰입 시스템에서 태도와 잠재력, 팀워크를 중심으로 엄격하게 선발해 장기 고용을 보장하면, 구성원은 동료를 존중하고 업무에 몰입함으로써 자신이 받은 것만큼 조직에 헌신하려고 한다. 집단 단위의 평가와 보상을 실시하면 무임승차하려는 구성원보다는 동료의 압력과 규범을 의식해 더 열심히 일하려는 구성원들이 많아진다. 여러 부문의 지식과 숙련을 교육하고, 문제해결을 공동으로 해나가면 귀찮게 느끼기보다는 다양한 업무를 수행하면서 자신의 숨겨진 능력을 발휘하는 것 또한 사람들의 본성이다. 즉, 기존의 통제와 감시 중심의 인사제도처럼 잘못된 경영 시스템에 사람을 맞추지 말고, 사람의 본성에 경영 시스템을 맞추라는 것이다.

또한, 언어와 사고방식에 대한 문제 제기 역시 중요하다. 단적으로, 지난 30년간 학계와 실무에서 보편적으로 사용되던 인적자원관리라는 말도 이제 수명을 다해 가고 있다. 근본적으로 사람을 하나의 자원, 즉 활용 수단으로 보는 관점이기 때문이다. 이러한 배경에서 구글 등 혁신기업들이 인적자원관리를 사람관리people management 또는 people operation라는 용어로 바꿔 부르고, HR팀 역시 피플팀people team으로 변경하는 기업들이 확산되고 있는 것은 주목할 만한 변화이다.[7]

한편으로, 고몰입 인사시스템은 앞서 소개한 자원기반관점의 이론이기 때문에 경영환경에 대한 강조가 다소 부족한 점이 있다. 실제로 이 저서에서 고성과 기업으로 소개되었던 전자 양판점 서킷시티Circuit City는 베스트바이 Bestbuy에 인수되었고, 플레넘Plenum 출판사는 도산했다. 또, 고몰입 시스템과 정반대로 경쟁과 차별화, 고용 유연성, 핵심인재 중심의 강력한 성과평가와 보상 격차 확대를 주된 내용으로 하는 전혀 다른 시장형 인사시스템도 역시 고성과를 거두고 있다. GE, 마이크로소프트 등을 대표적인 예로 들 수 있다. 인사시스템의 효과는 거시 경영환경 변화와 전반적인 경기, 수익성 악화 등 외부 요인에 따라 다를 수 있기 때문이다. 저자도 인정하듯이, 고몰입 시스템은 경쟁우위의 '유일한' 요인은 아니고 고성과의 한 가지 요인이라고 봐야 한다. 그러나 현재도 사우스웨스트 항공은 양호한 성과를 내고 있고, 재포스, 멘스웨어하우스Men's Warehouse 등 새로운 고몰입 기업들이 성공하고 있다. 국내에서도 마이다스아이티, 제니퍼소프트 등 유사한 기업들이 등장하고 있다는 점도 눈여겨봐야 한다.

고몰입 시스템과 네트워크

고몰입 시스템은 최근 인사 및 조직관리 분야에서 가장 각광받는 주제 중의 하나이다. 앞서 살펴봤듯이, 그 핵심은 선발, 교육훈련, 보상 등에 걸쳐 특

---

7   슈미트·로젠버그·이글, 『구글은 어떻게 일하는가: 에릭 슈미트가 직접 공개하는 구글 방식의 모든 것』, 박병화 옮김(파주: 김영사, 2014).

정한 인사제도나 관행들을 하나의 묶음으로 결합해 실행하면 고생산성, 고품질, 재무성과와 사기 향상 등 여러 가지 우수한 성과를 산출하게 된다는 것이다. 지난 수십 년간 고몰입 시스템 이론은 제조업, 하이테크 산업은 물론 항공 산업, 콜센터 등 서비스 업종에 이르기까지 다양한 성공 사례로 타당성을 입증했고, 국내에도 다양한 명칭으로 소개되거나 도입되고 있다. 그렇다면 고몰입 시스템을 만들고 유지할 수 있는 가장 중요한 열쇠는 무엇인가? 이 질문은 인사 담당자는 물론 무형의 경쟁우위를 창출하고자 하는 최고경영진의 지대한 관심거리라고 할 수 있다.

지금까지 고몰입 시스템이 고성과를 산출할 수 있는 원인은 구성원의 인적자본과 숙련 향상, 그리고 동기부여와 몰입 수준이 높아지기 때문이라는 이론이 지지를 받아왔다. 그런데 최근 브랜다이스 대학교Brandeis University 조디 지텔Jody H. Gittell 교수 연구팀은 고성과의 근본 원인은 고몰입 시스템을 통해 구성원 간의 관계와 조정 방식이 발전되고, 의사소통과 작업 통합이 강화되기 때문이라는 새로운 이론을 내놓았다.[8] 연구팀은 아홉 개 병원의 임상 분야에서 모은 자료를 통해 이를 검증했다. 병원은 의사, 간호사, 원무원 등 이질적인 구성원들이 각자 전문 분야를 중심으로 운영되는 전형적인 사일로silo형 조직인 동시에 부문 간의 협조와 조정이 성과를 좌우하는 조직이라는 점에서 구성원 간 관계 변화가 갖는 효과를 검증하기에 매우 적합한 연구대상이라고 볼 수 있다.

연구결과는 연구팀의 예상과 일치했다. 고몰입 시스템의 실행에 따라 공동 목표 및 지식 보유 정도, 상호 존중 정도, 의사소통의 빈도와 적시성 등 구성원 간 관계가 증가했고, 그 정도도 높게 나타났다. 다만, 직종별 분석에서

---

8   J. H. Gittell, R. Seidner, and J. Wimbush, "A relational model of how high-performance work system works," *Organization Science*, 21(2), 2010, pp. 490~506.

의사 집단은 다른 집단에 비해 관계 변화 정도가 낮은 것으로 나타났다. 다음으로, 고몰입 시스템 지수가 높아질수록 환자들이 평가한 치료의 질(즉, 성과)은 증가했는데, 그 주된 요인은 구성원 간 관계 조정의 증가였음이 밝혀졌다. 이것은 고몰입 시스템의 인사제도나 관행이 고성과를 만들 수 있는 원인은 결국 눈에 보이지 않는 구성원들의 사회적 네트워크를 통해서였다는 점을 입증한 결과이다. 즉, 구성원 간 관계 변화가 동반되지 않는다면 고몰입 시스템의 효과는 제한적일 수 있다는 것이다

이러한 사실은 한국 기업에게 중요한 시사점을 주고 있다. 최근 고몰입 시스템의 우수성이 인사 부문을 중심으로 확산되면서 일종의 유행이 되고 있지만 이를 단순한 유행처럼 받아들여서는 안 된다. 고몰입 시스템에서 열거된 인사제도의 가짓수를 많이 도입하고 실행한다고 해서 자동적으로 고성과를 산출하는 것은 아니다. 문제는 그것이 여러 부서 구성원들의 상호관계에 영향을 미칠만한 강도로 폭넓은 범위에 걸쳐 시행되고 있는가의 여부라고 할 수 있다. 따라서 경영진은 고몰입 시스템 도입 이후에 구성원 간의 의사소통 정도, 문제해결 방식의 변화, 공동 목표 의식의 형성, 부서 간 상호 존중의 향상 정도 등 필요한 관리 지표를 만들어 지속적으로 점검해 나갈 필요가 있을 것이다.[9]

HR 번들의 중요성

이 책이 시사하고 있는 또 하나의 중요한 개념은 '인사제도 묶음HR bundle'이다. 인사시스템에서 각각의 부분이 우수한가보다는 〈그림 7-4〉처럼 서로 조화된 구성을 이루고 있는가가 더 중요하다는 의미이다. 어떤 기업이든 채용,

---

9   정명호, "인간본성에 맞는 조직이 고성과를 낸다", 《동아비즈니스리뷰(DBR)》, 124호(2013), 26~32쪽.

승진, 평가, 보상 등 각각의 인사제도는 자연발생적으로 생겨난다. 중요한 것은 각각의 인사제도 조각들이 잘 어울리는 내적 일관성을 가져야 한다는 것이다. 예를 들어, 다기능화, 공동 의사결정, 정보공유, 직무 순환 등을 실행하면서 동시에 강력한 개인별 성과평가와 성과급제를 섞어놓는다면 고몰입 시스템이 지향하는 고성과는 결코 얻지 못할 것이다. 마치, PC를 조립할 때, CPU, 보드, RAM, 그래픽, 사운드 카드 등 각 부품이 조화를 이룰 때 오류 없이 잘 작동하는 것과 같다. 특정 제도는 최첨단인데 다른 부분이 이를 뒷받침하지 않는다면 전체 묶음의 성과는 저조할 것이다.

그림 7-4 HR 번들

- 직무분석과 설계
- 모집
- 선발
- 교육훈련
- 성과관리
- 보상
- 구성원 관계
- 조직전략 지원

전략적 인적자원관리

기업 성과

자료: S. A. Snell and S. S. Morris, *Managing human resources*, 18th Ed. (Boston: Cengage, 2019), p. 71.

현대 기업들이 활용하고 있는 인사제도는 경쟁과 차별화, 고용-유연성, 엄격한 성과평가, 개인 중심의 보상 격차 확대를 특징으로 하는 '시장형' 번들과 신뢰와 헌신, 고용 안정, 내부 노동시장, 집단 중심의 보상을 특징으로 하는 '공동체형' 번들로 나누어 생각할 수 있다. 실제로, 공동체형·고몰입형 번들과 시장형 번들이 모두 성과가 높았지만 이를 뒤섞은 중간 형태는 그렇지 않았다. 이런 점에서, 국내 기업들이 새로 등장하는 인사제도를 제각각 벤치마킹하는 방식은 상당한 주의가 필요하다고 할 수 있다.

성과주의와 고몰입 시스템

성과주의와 시장형 인사관리의 본산인 미국에서 고몰입 시스템이 주목받고 있는 것은 중요한 변화라고 생각할 수 있다. 역사적으로 보면, 앞서 말한 공동체 유형과 시장형 번들이 순환적으로 나타나고 특정 시기에 우세한 경우를 볼 수 있다. 1980년대 이후 성과주의의 피로가 누적된 미국에서 고몰입 시스템이 나타났다면 현재 우리는 어떠한가?

1990년대 말 이후 국내에 성과주의가 본격적으로 도입되기 시작해 이제 기업은 물론 정부 기관, 병원, 학교 등 거의 모든 조직에서 인사제도의 기조로 자리 잡았다. 그동안 성과주의의 공과에 대한 논쟁이 없지는 않았지만 대체로 긍정적인 평가가 우세한 것 같다. 예를 들어, 2000년대 들어서서 국내 주요 대학들이 아시아 및 세계 대학평가 순위에서 괄목할 만한 도약을 할 수 있었던 배경으로 각 대학의 성과평가 강화가 거론되고 있다. 그렇다면 성과주의와 성과 압력이 앞으로도 좋은 성과를 거둘 수 있을까? 새로운 지식과 창의성이 요구되는 미래의 경영환경에서 더 이상 추종할 대상이 없어지고 이제 스스로의 역사를 써 나가야 할 국내 기업들이 계속 성과 압력을 강화해야 할 것인가?

하버드 대학의 하이디 가드너Heidi K. Gardner 교수는 집단 내 성과 압력이 구성원들의 지식공유와 활용에 미치는 메커니즘을 규명하는 연구를 발표했다.[10] 특히, 지금까지 성과주의 관련 연구에서 성과 압력이 긍정적 혹은 부정적인 상반된 결과를 산출하는 구체적인 이유가 무엇인지 규명하려는 시도였다. 여기서 성과 압력이란 우수한 성과를 산출하기 위해서 결과에 대한 책

10　H. K. Gardner, "Performance pressure as a double-edged sword: Enhancing team motivation but undermining the use of team knowledge," *Administrative Science Quarterly*, 57(1), 2012, pp. 1~46.

임, 평가와 감독의 강화, 성과와 연동된 보상을 증가시키는 것을 말한다. 가드너 교수는 한 유명 회계법인의 72개 회계감사팀과 컨설팅팀을 대상으로 자료를 수집했는데, 연구의 초점은 각 팀원들이 보유하고 있는 일반적 지식general knowledge과 영역 특수적 지식domain-specific knowledge의 사용이 성과 압력에 따라 어떤 영향을 받는지 알아보는 것이었다.

연구결과는 예상대로 성과 압력이 증가함에 따라 팀 성과도 증가했는데, 그 이유는 업무기획, 사기 진작 등 팀 내 조정 활동이 강화되었기 때문이다. 그런데, 성과 압력이 두 유형의 지식 사용에 미치는 효과는 흥미로운 결과가 발견되었다. 성과 압력이 높아지면 일반적 지식 사용은 증가하는 반면, 영역 특수적 전문지식의 사용은 오히려 감소했다. 즉, 성과 압력은 한 종류의 지식 사용은 희생시키면서 특정 유형의 지식만을 사용하도록 만든다는 것이 밝혀졌다. 그렇다면, 성과 압력은 왜 구성원들로 하여금 성과향상에 더 유용한 영역 특수적 지식은 사용하지 않으면서 일반적인 지식만을 사용하도록 만들까? 결론은 구성원들이 성과 압력에 직면하면 합의를 이루려는 동기가 증대되어 누구나 아는 공통의 지식에만 초점을 맞추게 되고, 업무 완수에 몰입해 팀 내 위계에 쉽게 순응하기 때문에 위험부담이 있는 영역 특수적 지식보다는 안전하고 누구에게나 상식적인 일반지식을 사용하게 된다는 것이다.

이 연구결과는 성과주의와 성과 압력이 갖고 있는 양면성을 잘 보여주고 있다. 사람들은 강한 성과 압력을 느끼면 잘해내야겠다는 동기부여가 증가해 업무몰입job engagement이 높아지고, 구성원 간의 업무조정이 촉진됨으로써 성과가 향상된다. 그러나 다른 한편으로, 성과 압력을 느끼면 구성원 누구나 최적의 성과를 만드는 데 필요한 전문적인 지식을 사용하기보다는 공식 교육이나 회사의 업무 데이터베이스에서 쉽게 찾을 수 있는 일반적인 지식을 사용함으로써 그저 그런 성과만을 생산하게 된다는 것이다. 많은 기업들이 막대한 예산을 들여서 의뢰한 컨설팅 프로젝트가 종료된 후, 결국 너무나 상식적인 제안이 담긴 보고서를 손에 들고 실망하게 되는 것도 바로 이런 이유이다.

결론적으로, 이 연구는 성과주의가 '양날의 검'이라는 것을 보여주었다. 그렇다면 지금 우리가 처한 상황에서 어느 쪽 날이 더 중요한가를 고민해봐야 할 것이다. 우리 기업들이 게임의 규칙이 주어진 상황에서 효율성과 생산성 경쟁을 해야 한다면, 구성원의 노력을 극대화시킬 수 있는 성과주의의 날을 사용하면 될 것이다. 그러나 이미 국내 기업들이 직면하고 있는 것처럼, 지금까지와는 전혀 다른 새로운 게임을 해야 한다면, 창의적인 지식 생산과 최고의 성과를 방해하는 칼을 써서는 안 될 것이다. 최근 성과주의의 본산이라 할 수 있는 북미에서, 시장 원리에 기초한 성과주의를 포기하고 장기 고용과 연공 중시, 보상 격차의 축소, 집단 단위 평가와 자율관리 등을 중심으로 하는 공동체형 인사시스템으로 우수한 성과를 거두고 있는 기업들이 늘어나고 있는 것은 우연한 일이 아닐 것이다. 무엇이든 지나쳐서 좋은 것은 없기 때문이다. 지금까지 국내 기업들은 시장형 인사제도를 강화하기 위해 노력해왔다. 그러나 이제 우리 기업들도 인사제도의 장기적인 방향성을 근본적으로 고민해야 하는 시점에 와 있는 듯하다.[11]

마지막으로 저자는 일본에서 경영의 신이라고 불리는 마쓰시타 고노스케 松下幸之助가 미국과 일본 기업의 경쟁에 대해서 했던 다음과 같은 말을 소개하면서 마무리하고 있다.

"우리는 승리할 것이고 당신들은 패배할 것이다. 그 이유는 당신들은 테일러주의를 따라서 관리자는 생각하고 근로자는 일만 하는 것을 건전한 경영이라고 생각한다. 그러나 우리는 회사에 대해 전 근로자의 헌신을 유도하는 것이 경영이라고 생각한다. 당신들은 우리가 한 번도 채택한 적이 없는 테일

---

11   정명호, "성과주의는 '양날의 칼'", 《동아비즈니스리뷰(DBR)》, 114호(2012), 16~18쪽.

러주의를 버리지 못하기 때문에 결코 우리를 이길 수 없다."

서구 기업을 배우고 추종하려고 노력하는 우리들이 숙고해 보아야 할 말인 것 같다.

8장 불멸의 조직 만들기,
콜린스와 포라스의 비전기업 이론[*]

1. 저자와 시대적 배경

이 책『비전기업의 성공 원칙』은 우수기업 연구 분야의 고전이다.[1] 저자 짐 콜린스Jim Collins는 이 책 외에도『좋은 기업을 넘어 위대한 기업으로Good to Great』(2001), 『위대한 기업의 선택Great by Choice』(2011) 등 세계적인 경영 베스트셀러를 집필한 경영전략 및 조직관리 분야의 경영 컨설턴트이며 경영 사상가이다.

짐 콜린스는 1980년 스탠퍼드대를 수학 전공으로 졸업하고, 명문 컨설팅 기업 맥킨지에서 근무했다. 이때 맥킨지에 근무하고 있던 톰 피터스Tom Peters 와 로버트 워터맨Robert Waterman이 이끄는 프로젝트에 참여했는데, 그 결과 물은 나중에 우수기업 연구의 바이블이라 할 수 있는『초우량 기업의 조건In Search of Excellence』(1982)으로 출간되었다. 두 사람에게 강력한 영향을 받은

---

[*] 이 장은 1994년 출간된 James Collins와 Jerry I. Porras의 *Built to Last: Successful Habits of Visionary Companies* (HarperBusiness)의 주요 내용을 살펴보고, 그에 대한 평가와 현대 경영에의 시사점을 정리했다.

[1] J. Collins and J. I. Porras, *Built to last: Successful habits of visionary companies* (New York: HarperBusiness, 1994).

그림 8-1

자료: The National Institute of Standards and Technology(NIST); Thinkers 50; Collins and Porras, *Built to last.*

콜린스가 우수기업 연구에 정진한 것은 자연스러운 결과라고 할 수 있다. 이후 스탠퍼드 경영대학원에서 MBA를 받고 휴렛패커드에서 잠시 근무했으며, 모교에서 연구와 강의를 했다. 1995년부터는 콜로라도주 볼더Boulder, Colorado에서 자신의 경영연구소를 운영하며 경영 컨설턴트로서 명성을 날리고 있다. 세계 각국의 강연과 세미나에 초청되고 있으며, 2017년 '경영 사상가 50인Thinkers 50' 중 31위에 선정된 바 있다.

제리 포라스Jerry I. Porras는 텍사스 웨스턴 대학Texas Western College을 졸업하고 코넬 대학교Cornell University에서 MBA를 취득한 후 1974년 UCLA에서 경영학 박사학위를 받았다. 이후 스탠퍼드 경영대학원에 재직하다가 2001년 은퇴하고, 현재는 조직행동 분야의 명예교수로 있다. 주로 조직변화와 개발에 관한 연구를 수행해 왔고, 1994년 제임스 콜린스와 함께 세계적인 베스트셀러를 출간한 이후로도 통찰력 있는 논문과 저서를 발표하고 있다.

1980년대 세계경제가 침체하면서 우수한 경쟁력을 가진 일본 기업과 미국 기업에 대한 관심이 증가했다. 윌리엄 오우치William Ouchi의 『Z이론Theory Z』(1981)과 위에서 언급한 피터스와 워터맨의 저서가 세계적인 베스트셀러가 되면서 우수기업 연구가 각광을 받았다. 이러한 우수성에 대한 관심은 개인 차원으로까지 이어져서 1989년에 출간된 스티븐 커비Stephen Covey 박사의『성공하는 사람들의 7가지 습관The 7 Habits of Highly Effective People』은 공전의 베스트셀러가 되었다.

그런데 저자들은 서문에서 "전 세계의 모든 최고경영자, 관리자, 컨설턴트, 경영학도가 반드시 이 책을 읽어야 한다"고 주장한다. 이 책이 이전에 누구도 한 적이 없는 연구의 결과물이기 때문이라고 자신 있게 말하고 있다. 두 저자는 6년간의 연구결과를 집대성해서 짧게는 50년에서 길게는 100년 이상을 성공적으로 지속하고 하는 3M, GE, 보잉, 존슨앤존슨Johnson & Johnson 등 열여덟 개 최우수기업의 성공 원칙을 밝히고 있다. 저자들은 최우수기업들을 '비전기업visionary companies'이라고 부르고, 비전기업들의 성공은 히트제품이나 뛰어난 아이디어가 아니라 뛰어난 조직 만들기에 성공했기 때문이라고 강조한다. 즉, 최상의 조직이 최상의 성과를 만들었다는 것을 다양한 사례와 설득력 있는 자료를 통해 주장하고 있다. 이론적으로는 조직의 내부역량을 경쟁력의 원천으로 보는 자원기반관점과 모순적인 요소의 공존에 주목하는 패러독스 경영paradox management 관점으로 우수기업의 조직관리와 실무적인 시사점을 논의하는 흥미로운 저서이다.

2. 비전기업 선정과 연구방법

저자들이 연구대상으로 선정한 비전기업들은 한마디로 '최고 중의 최고'라고 할 수 있다. 특정 시점에서 성공적이었거나 단순히 오래 지속한 기업들이 아니라 최상의 상태를 적어도 50년 이상 지속해 온 기업들이다. 경제적인 성과로 따진다면, 1926년 연초에 한 투자가가 1달러를 주식시장에 투자했다면 1990년 말에 일반 기업의 투자수익이 415달러일 때 비전기업의 수익은

6356달러(약 15배)에 달한다. 또한, 비전기업들은 극심한 위기 상황에서도 자신들의 위치를 회복할 수 있는 저력을 보여주었으며, 무엇보다도 사회에 끼친 영향력이 지대한 기업들이다. 저자들은 3M의 포스트잇Post-it이 없는 사무실을 상상해 보라고 말하고 있다.

이 고전의 장점은 상당히 탄탄한 연구결과에 기초하고 있다는 점이다. 예를 들어, 피터스와 워터맨의 저서는 특정 시점에서 재무성과를 기준으로 우수기업들을 분류했고, 그들이 제시한 여덟 가지 특성 역시 주로 경영 잡지와 같은 2차 자료에 의존해서 도출했다는 비판을 받고 있다. 그런 이유인지 몰라도 피터스와 워터맨의 책에서 우수기업으로 분류되었던 43개 기업들 중약 1/3에 해당하는 14개사가 책이 나온 지 3년도 못 되어 쇠퇴의 길을 걸은 것으로 나타났다. 이와 비교해서 이 책은 연구방법 면에서 아래와 같은 몇 가지 특징을 갖고 있다.

첫째, 약 700개 기업의 CEO들을 대상으로 광범위한 설문조사를 실시해 총 18개의 비전기업을 선정하고, 이 기업들과 설립 시기 및 역사가 유사한 동일 업종의 비교 기업들을 비교하는 방식으로 서술했다. 〈표 8-1〉에서 보듯이 3M과 노턴Norton, 포드와 GM, 메리엇Merriott과 하워드존슨Howard Johnson을 비교하는 방식이다. 특기할 만한 점은 비교 기업들 역시 열등한 기업이 아니라 모두 우수한 기업들이라는 것이다. 저자들은 비전기업을 금메달, 비교 기업을 은메달에 비유하고 있다. 이렇게 함으로써 진정으로 우수한 기업들의 특성이 무엇인지 자연스럽게 밝혀지는 것이다.

둘째, 각 기업의 설립일로부터 1991년까지를 추적하면서 역사적인 분석을 시도했다. 특히 재무성과에만 국한하지 않고, 총 아홉 가지 주요 항목에 대해 면밀한 연구를 수행했다. 이 항목들은 조직구조, 제도, 절차, 전략, 소유 구조 등 기업의 하드웨어적 측면과 조직문화, 풍토 등 질적인 측면을 모두 포함한다. 이외에도 기술, 리더십, 제품과 서비스, 비전, 재무분석, 환경 분

표 8-1 비전기업과 비교 기업 목록

비전기업(Visionary Companies)	비교 기업(Comparison Companies)
3M	노턴(Norton)
아멕스(American Express)	웰스파고(Wells Fargo)
보잉(Boeing)	맥도넬더글라스(McDonnell Douglas)
씨티코프(Citicorp)	체이스맨해튼(Chase Manhattan)
포드(Ford)	GM
제너럴일렉트릭(General Electric)	웨스팅하우스(Westinghouse)
휴렛패커드(Hewlett-Packard)	텍사스인스트루먼트(Texas Instruments)
IBM	버로스(Burroughs)
존슨앤존슨(Johnson & Johnson)	브리스톨마이어스스큅(BMS)
메리엇(Marriott)	하워드존슨(Howard Johnson)
머크(Merck)	화이자(Pfizer)
모토롤라(Motorola)	제니스(Zenith)
노드스트롬(Nordstorm)	멜빌(Melville)
필립모리스(Philip Morris)	RJR나비스코(RJR Nabisco)
프록터앤갬블(Proctor & Gamble)	콜게이트(Colgate)
소니(Sony)	켄우드(Kenwood)
월마트(WalMart)	에임스(Ames)
월트디즈니(Walt Disney)	컬럼비아(Columbia)

자료: 필자 작성.

석 등을 광범위하게 조사했다.

셋째, 연구자료의 원천 역시 역사적 자료, 서적, 기사는 물론 해당 기업의 연차 보고서와 재무제표, 하버드 및 스탠퍼드 대학의 사례연구, 재무 데이터베이스, 주요 인물에 대한 인터뷰 등으로 대단히 광범위하다. 약 100여 권의 책, 3000여 건의 문건, 수십 년간의 재무제표, 인터뷰 결과 등 모든 연구결과들을 가능한 한 계량화해 최대한의 객관성을 확보하고 있다.

3. 비전기업의 경영원리

이러한 연구결과들을 토대로 비전기업의 경영원리와 특성을 정리하고 있는데 아래에서 하나씩 살펴보기로 한다.

시간만 알려주지 말고, 시계를 만들라

비전기업들은 몇 가지 뛰어난 아이디어나 몇 사람의 카리스마적 리더에
힘입어서 이루어진 것이 아니다. 중요한 것은 영속적인 조직의 특성과 특유
한 방식을 만들어내는 것이다. 예를 들어 HP의 창업자인 윌리엄 휴렛William
R. Hewlett과 데이비드 패커드David Packard가 만든 것은 오실로스코프 같은 제
품이 아니라 HP라는 회사와 '휴렛패커드 방식HP Way'으로 불리는 특유의 경
영방식과 문화이다. 한 예로 HP는 리더가 사무실에서 보고를 기다리지 않고
항상 현장을 순회하면서 문제를 파악하고, 구성원들과 비공식적 소통을 통
해 해결책을 찾아내는 현장경영Management By Wandering Around: MBWA의 전통
을 갖고 있다. 또, 3M의 경우 잭 웰치Jack Welch처럼 명성을 날리는 카리스마
적 리더가 없지만 저자들은 이 책에서 가장 우수한 기업 중 하나로 평가하고
있다. 심지어 대부분의 사람들은 3M의 현직 CEO가 누구인지도 모른다는 것
이다. 아무리 카리스마적인 리더라도 결국 시간이 지나면 사라지기 때문이다.

선택을 벗어나서 공존을 추구하라

평범한 기업들은 항상 선택을 해야 하는 상황에서 어느 쪽을 선택할 것인
지를 놓고 고민한다. 변화와 안정, 원가절감과 품질 향상, 장기와 단기 등 경
영에는 수많은 선택의 순간들이 있다. 저자들은 이를 '선택의 독재Tyranny of
the OR'라 이름 붙이고, 비전기업이 되기 위해서는 선택을 넘어서는 '공존의
천재Genius of the AND'가 되어야 한다고 주장한다. 즉, 이것이냐 저것이냐가
아니라 모순되는 두 가지 목표를 동시에 추구하는 것이다. 공존의 경영은 다
음과 같이 여러 방향에서 가능하다.

이윤을 초월하는 목적 AND 이윤의 실용적 추구

고정된 핵심이념 AND 활발한 변화와 운동

명확한 비전과 방향 제시 AND 우연적인 탐사와 실험

크고 달성하기 어려운 목표 AND 점진적인 진보

이념적 통제 AND 운영상의 자율성

극도로 강한 문화 AND 변화와 적응 능력

장기 투자 AND 단기 업적

핵심이념에 따르는 조직 AND 환경에 적응하는 조직

이윤을 뛰어넘는 이념을 따르라

비전기업들은 이윤추구나 경쟁을 최우선으로 하지 않았다. 물론 이윤은 기업에게는 공기나 물과 같아서 그것이 없이는 생존할 수 없다. 그러나 공기나 물을 마시는 것이 우리들 생존의 목표가 아닌 것처럼 비전기업들은 여러 목표를 추구하며, 이윤은 그것들 중 작은 하나일 뿐이다. 대신에 비전기업들은 특유한 핵심가치와 이념에 의해서 운영된다. 중요한 점은 이념의 내용이 얼마나 대단한가가 아니라 그것이 구성원들에게 얼마나 깊이 신념화되어 있고, 기업이 그 핵심이념에 일관되도록 운영되느냐는 것이다.

예를 들어, 의약품 제조회사인 머크Merck사는 "약은 환자를 위한 것이지 이윤을 위한 것이 아니다. 이윤은 따라오는 것이다"라는 경영이념을 1920년대부터 고수해 왔다. 그런데 1980년대에 자사의 동물용 구충제인 이버멕틴 Ivermectin이 아프리카 원주민 사회에 만연한 회선사상충 질병river blindness 치료에 효과가 있다는 것을 알게 되었다. 회선사상충병이란 정화되지 않은 물에 사는 해충에게 감염되어 결국 실명하게 되는 무서운 병인데, 당시 아프리카 여러 지역의 주민들이 고통받고 있었다. 문제는 동물용 구충제를 인체용 치료제로 개발하려면 막대한 비용이 들어가지만 막상 신약 개발에 성공하더

라도 아프리카 주민들은 구매력이 없기 때문에 개발비를 회수할 수 없다는
것이다. 그러나 머크사는 자사의 경영이념에 따라 신약을 개발했고, 심지어
환자들에게 무상으로 기부하는 어려운 결정을 내렸다.[2]

또 다른 예로, 1982년 존슨앤존슨이 타이레놀에 독극물을 주입한 사건으
로 타이레놀 파동에 직면했을 때, 역시 자사의 유명한 경영 신조J&J's Credo에
따라 즉각 타이레놀 전량을 회수해 폐기하고, 막대한 비용을 들어 알약의 형
태와 포장 방식을 바꾸는 조치를 신속하게 실행했다. 두 사례 모두 당시로서
는 회사를 재정적 위험에 빠뜨릴 수 있는 파격적인 조치였지만 회사의 이념에
따라 그대로 실천한 것이다. 당시 존슨앤존슨의 CEO였던 제임스 버크James
Burke 사장은 임원들이 해당 조치를 망설이자 '우리의 제품은 의사와 환자를
위한 것'이라는 자사의 크레도를 지키지 않을 거라면 대대로 물려받은 양피
지로 만든 회사의 신조를 당장 찢어버리자고 했을 정도로 자사의 가치를 지
키기 위해 노력했다고 한다. 결과적으로, 이러한 대응은 돈으로 환산할 수
없는 명성과 고객의 신뢰를 얻고, 강력한 무형의 자산이 됨으로써 오히려 발
전의 계기가 될 수 있었다.

핵심을 보존하고, 변화를 자극하라

이 책의 가장 중요한 메시지이다. 로마의 신 야누스Janus는 앞과 뒤를 보는
두 쌍의 눈을 갖고 있었다. 이와 유사하게, 비전기업들은 모두 핵심을 보존
하면서 동시에 변화와 발전을 자극하는 독특한 방법들을 갖고 있다. 조직학
습 분야의 석학 제임스 마치James March가 강조하는 활용exploitation과 탐색
exploration의 균형이라고 할 수 있다. 조직의 성장과 경쟁우위를 유지하기 위
해서는 현재의 확실한 대안을 충분히 활용하는 동시에 미래의 가능성을 탐

---

2   마누엘 G. 벨라스케즈, 『기업윤리』, 한국기업윤리경영연구원 옮김(서울: 매일경제신문사, 2002).

색하는 데 자원을 적절히 배분해야 한다는 것이다.[3] 또, 조직이론과 전략 분야에서 말하는 '양면조직ambidextrous organization'을 실천하는 것이라고 할 수 있다. 즉, 현재의 환경에서 효율적으로 수익을 극대화하면서 동시에 미래의 환경 변화에 적응할 수 있는 능력을 갖추고 있는 것이다.[4] 비전기업들은 전략과 혁신 분야는 물론 비전과 경영 목표, 조직문화 등 모든 면에서 핵심을 보존하고 변화를 자극하는 독특한 방법을 실천하고 있다. 이렇게 일견 모순되어 보이는 두 가지 목표를 달성하는 구체적인 방법들을 이 책에서는 비전기업의 성공 원칙이라고 명명하고 다음과 같이 다섯 가지로 요약하고 있다.

4. 비전기업의 성공 원칙

크고 달성하기 어렵고 대담한 목표

먼저 비전기업들은 크고 매우 달성하기 어렵고 담대한 목표Big Hairy Audacious Goals를 갖고 있다. 저자들은 이를 BHAGs라고 줄여 부르고 있다. 비전기업들은 예외 없이 '큰 산에 오르기'나 '달 정복'과 같은 크고 대담한 목표들을 설정하고, 그것에 구성원들의 정력을 쏟아붓도록 하고 있다. 구글의 CEO 순다르 피차이Sundar Pichai가 말하는 '문샷 사고moonshot thinking'와 유사한 개념이다. 달을 연구하기 위해 망원경의 성능을 향상시키기보다는 직접 탐사선을 달에 보내는 해결책을 찾는 것이다. 비전기업들은 문제를 개선하는 것이 아니라 근본적으로 바꿀 수 있는 방법을 고민했다. 예를 들어, 품질

---

3   J. March, "Exploration and exploitation in organizational learning," *Organization Science*, 2(1), 1991, pp. 71~87.

4   C. A. O'Reilly and M. L. Tushman, "The ambidextrous organization," *Harvard Business Review*, 82(2), 2004, pp. 74~81.

우선과 같은 목표는 경영환경이 품질 이외의 다른 것을 요구하는 것으로 바뀔 수 있기 때문에 BHAGs에 해당되지 않고, 단지 현재의 경영전략일 뿐이다. 반면에 '최첨단의 혁신을 유지하는 것'은 이러한 목표가 될 수 있다. 중요한 것은 1960년대 케네디 대통령이 달 탐사 계획으로 우주기술 개발과 역량을 크게 발전시켰던 것처럼 설정된 목표가 끊임없이 발전을 자극할 수 있는가의 여부인 것이다.

사교 같은 문화

비전기업들은 오늘날 사람들이 말하는 '일하고 싶은 직장GWP'과는 거리가 있다. 오히려 마치 사교cult 집단 같은 강한 문화를 가지고 있어서 핵심이념에 동의하는 적합한 사람들에게는 행복한 일터가 되겠지만 그렇지 않은 사람들은 마치 인체에 들어온 바이러스처럼 축출당한다. 즉, 이것도 저것도 아닌 중간 지대는 없고 양극단의 선택만이 존재하는 것이다.

노드스트롬의 예를 보자. 노드스트롬은 시애틀의 신발 가게로 시작해서 북미 최고의 백화점 중 하나가 되었다. 노드스트롬의 특징은 한마디로 강력한 영업문화이다. 영업과 판매에 대한 큰 열정이 있는 사람들이 입사하고, 명문대를 나왔더라도 누구나 일선 매장에서 판매사원으로 근무해야 한다. 관리직 역시 판매사원들 중 실적이 좋은 사람들에게만 기회가 있다. 평가제도라고는 '시간당 매출SPH'이라는 단순명료한 지표 말고는 없다. 앞서 소개한 강력한 임파워먼트 제도도 최고의 자율성을 보장하는 대신 최고

그림 8-2 노드스트롬 백화점

자료: Wikimedia Commons.

수준의 실적을 내라는 암묵적인 약속이다. 이렇게 강한 영업문화를 견디지 못하는 사람들은 보통 6개월 내에 회사를 떠난다. 하지만 이런 경영이념과 문화에 맞는 사람들은 정식 사원Nordie이 되어 놀라운 성과를 만든다. 노드 스트롬은 단위 면적당 매출액이 동종 업계의 두 배 이상이며, 영업 커미션과 성과급도 커서 높은 연봉 수준을 자랑한다.

다른 비전기업들도 이와 유사한 '컬트주의' 문화를 갖고 있다. 그리고 강한 문화는 보통 열렬히 옹호되는 경영이념, 강한 교육, 적합성의 강조, 엘리트 주의 등의 특성으로 나타나며, 이는 비전기업이 갖고 있는 핵심의 보존에 기여한다. 조직심리학자 벤저민 슈나이더Benjamin Schneider 교수는 ASA 이론이 라는 유명한 프레임워크로 조직과 구성원의 적합성을 설명한 바 있다. 우리가 보고 느끼는 기업문화는 결국 기업에서 일하는 구성원들이 만드는 것인데, 그 기업에 적합한 특성을 갖는 사람이 해당 기업에 이끌려서Attraction 더 많이 지원하고, 채용 과정에서 더 잘 선발Selection되며, 혹시 맞지 않는 사람은 금방 퇴출Attrition되는 과정이 반복되면서 한 기업의 문화적 특성이 형성된 다는 것이다.[5] 아마도 비전기업들은 ASA이론이 가장 잘 맞는 곳일 것이다.

많은 것을 시도하고 잘되는 것을 지킨다

비전기업들은 계획적으로 경영전략을 실행했다기보다는 대개 우연적인 실험과 시행착오, 무계획적 행동이 만든 예상치 않았던 성공 때문에 발전했다. 이것은 찰스 다윈이 말하는 어떤 종의 진화 과정과 같은 것이다. 자연 세계에서 진화가 계획적이지 않은 무작위적인 현상인 것처럼 비전기업의 성공역시 치밀한 계획에서 비롯된 것이 아니다. 존슨앤존슨은 우연한 기회에 소비재 상품 영역에 뛰어들었고, 아멕스American Express가 여행자 서비스 영역

---

5   B. Schneider, "The people make the place," *Personnel Psychology*, 40, 1987, pp. 437~453.

에 진출한 것도 의도하지 않은 것이었다. 저자들은 이와 같은 진화론적 발전을 '가지 내기와 가지치기'에 비유하고 있다. 나무를 잘 기르려면 일단 많은 가지를 내게 하고, 그중에서 좋은 가지만 남기고 나머지를 잘라내면 결국 환경에 잘 적응하는 건강한 나무로 자라게 된다는 것이다.[6] 이런 점에서 피터스와 워터맨이 우수기업의 특성으로 '본업에 충실하기stick to the knitting'를 지적한 것은 다소 부적절하다. 비전기업들은 자신들의 핵심 능력을 지키는 상태에서 끊임없이 다양한 시도를 하고, 그것으로부터 변화를 이끌어 내는 것에 능하다.

내부승진 제도

연구대상이었던 18개 비전기업의 존속 기간을 모두 합친 총 1700년의 역사 동안 외부에서 CEO가 영입된 것은 단지 두 기업에서 총 네 번밖에 없었다. 비전기업들은 자사의 핵심이념에 투철하고, 오랜 기간 동안 조직을 위해 봉사한 사람들을 최고경영진에 임명함으로써 핵심을 보존했다. 비전기업들은 뛰어난 경영자 승계 계획과 리더십 양성 제도를 보유하고 있었다. 예를 들어, 오늘날의 GE를 만든 것은 잭 웰치 개인의 카리스마적 리더십이 아니라 바로 이러한 제도들이었다. 월마트의 CEO도 내부 운송부서 직원으로 시작해서 회장에 올랐고, 3M 역시 내부승진 제도가 강하다. 반면에 비교 기업들은 경영자 양성과 승계가 부족해서 외부 영입을 했고, 영입 경영자가 핵심이념에서 벗어난 경영을 함으로써 초점을 잃게 된 경우가 많았다.

---

6   김희천, 「James C. Collins와 Jerry I. Porras의 비전기업에 관한 이론」, 오석홍 외, 『조직학의 주요 이론(3판)』(파주: 법문사, 2008), 453~461쪽.

끊임없이 쇄신하라

비전기업들은 미래를 위해 끊임없이 자신을 쇄신하려는 강한 특성을 가졌다. 비전기업의 성공에는 특별한 비법이나 월등한 통찰력이 있었던 것이 아니고, 스스로 끊임없이 변화를 시도했다는 점이 가장 중요한 요인이었다. 이런 점에서 비전기업들은 다른 기업들과 경쟁했다기보다는 자기 자신과 경쟁했고, 최상의 지위는 그것의 결과일 뿐이다.

5. 평가와 시사점

비전기업 연구의 의의와 한계

이 책은 우수기업을 특정 시점의 정태적 분석이 아닌 동태적 관점에서 분석하고, 50년 이상의 기술변화, 시장의 변화, 리더십 교체에도 불구하고 우수성을 유지한 요인을 밝히려 했다는 점에서 특별한 의의가 있다. 특히, 비교 기업군과 단일 시점에서 비교한 것이 아니라 기업의 창업, 성장과정, 경영승계, 환경 변화에 대한 대응 등을 역사적으로 분석했다는 점은 다른 연구에서 찾아보기 어려운 장점이다.

특히, 기존의 우수기업 연구들이 대니 밀러Danny Miller의 『이카루스 역설 The Icarus Paradox』(1990)과 같이 성공의 역설이나 성공의 함정을 보여준 데 반해서 저자들은 성공의 역설을 극복할 수 있는 영속 기업의 경영원칙을 제시했다는 점이 중요하다. 비전기업의 목록을 보면, 모토롤라, 소니Sony 등 부침이 있었던 기업도 있었지만 많은 기업들이 지금도 여전히 우수한 기업들로 남아 있다. 하지만 근본적으로 저자들이 조직이나 문화 자체를 경쟁력의 원천으로 보는 자원기반관점에 근거하고 있기 때문에 환경의 중요성을 다소 간과했을 가능성도 있다. 이 책의 비전기업들이 최근의 플랫폼 혹은 혁신 기술 중심의 경쟁환경에서 과거와 같은 성과를 보여주지 못하는 경우도 있기 때문이다. 과연 이 비전기업들이 코로나 팬데믹을 넘어서 다시 AI 열풍이 불어오는 미래의 경영환경에서도 우수기업으로 남을 수 있을지는 흥미로운 문제이다.

비전기업과 패러독스 경영

종합적으로, 이 책에서 주장하는 비전기업들의 가장 핵심적인 특성은 '핵심의 보존, 변화의 자극'이라는 문구로 요약될 수 있다. 상당히 모순되고 역설적으로 보이는 이 문구가 바로 저자들의 마지막 결론인 셈이다. 그런데 저자들이 강조하듯이 단순히 두 요소를 반반씩 균형 있게 조화시키는 것은 아무 것도 아니다. 비전기업이 되기 위해서는 양자 모두를 최고 수준으로 달성해야 한다. 즉, 음과 양을 섞어서 회색을 만드는 것이 아니라 뚜렷한 음과 뚜렷한 양을 동시에 가지는 것이다. 어렵고 심오하게 들리지만 비전기업의 핵심은 바로 여기에 있다. 저자들은 이러한 생각을 드러내기 위해서 동양의 음양陰陽의 상징인 태극을 책 전체에서 의도적으로 사용하고 있다.[7]

결국 이 책은 1990년대 선구적인 경영학자들의 주된 관심사 중의 하나였던 패러독스 경영의 원리를 말하고 있다. 피터스와 워터맨의 우수기업 연구도 통제와 방임의 공존 등 패러독스 관리능력을 강조하고 있다.[8] 이러한 관점을 발전시켜서 구체적이고 탄탄한 근거를 마련해준 것이 무엇보다도 큰 공헌이라고 할 수 있다. 태극이 상징하듯이 모순과 패러독스를 부정적으로 보지 않고, 경영에 적극적으로 활용할 수 있다면 경영성과는 높아질 수 있

---

[7] 정명호, 『패러독스와 경영: 합리성의 위기와 경영의 새로운 패러다임』(서울: 삼성경제연구소, 1997).

[8] Peters and Waterman, *In search of excellence*.

그림 8-3 음양의 원리가 담긴 태극

다. 음양의 공존이 자연의 원리라면 자연의 원리를 따르는 경영이 효과적일 것임을 더 말할 것도 없다. 이러한 점에서 서구 기업들에 비해서 음양과 같은 자연의 원리에 문화적으로 친숙한 한국 기업들은 앞으로 비전기업으로 발전할 수 있는 가능성과 자산을 더 많이 갖고 있다고 할 수도 있다. 예를 들어, 1990년대 중반에 필자가 동료와 함께 삼성의 신경영을 전통과 근대성의 담론적 모순discursive contradiction으로 분석하고, 이것이 향후 경영환경에서 합리적 경영을 넘어설 수 있는 가능성을 모색했었는데, 해외 학회 발표와 이를 출판한 저서, 그리고 이후에 집필한 패러독스 경영을 주제로 한 책 등이 당시에 많은 관심을 받은 바 있다.[9] 앞으로 한국 기업들이 이러한 가능성을 더욱 진지하게 검토해 볼 필요가 있을 것 같다.

마지막으로 저자 제임스 콜린스는 한 인터뷰에서 이렇게 말했다. "어떤 기업도 갑작스럽게 성공을 거두지 않는다. 한 번의 탁월한 선택으로 성공을 거둔 것처럼 보이더라도, 그것은 현명한 선택이 서서히 축적되어 만들어진 결과물이다." 다시 한 번 영속하는 조직 만들기의 중요성을 강조한 말이다.

---

9   S. Jang and M. Chung, "Discursive contradiction of tradition and modernity in Korean management practices: A case study of Samsung's New Management," In Sonja A. Sackman (Ed.), *Cultural complexity in organizations: Inherent contrasts and contradictions* (Thousand Oaks: Sage, 1995), pp. 51~71.

9장 지식을 만드는 기업, 노나카와 다케우치의 지식창조 이론[*]

1. 저자와 시대적 배경

1990년대 들어 경영이론과 실무를 막론하고 지식에 대한 관심이 폭발적으로 증가했다. 제조업 중심의 1980년대가 저물고 기술혁신과 조직혁신이 새로운 경쟁우위의 원천으로 떠오르게 된 것이다. 이러한 변화에 발맞춰서 학계에서도 경영전략, 조직이론, 경영정보시스템, 회계학 등 경영학의 전 분야에서 지식에 관한 연구들이 활발하게 생산되었다.[1] 실무에서도 지식경영과 학습조직이 하나의 유행이라고 할 만큼 큰 관심을 불러일으키며 국내 기업들에도 큰 영향을 끼친 바 있다. 그러한 지식 연구와 지식경영 실무에 바탕을 제공한 것이 바로 노나카 이쿠지로野中郁次郎 교수의 지식창조 이론이

---

[*] 이 장은 1995년 출간된 Ikujiro Nonaka와 Hirotaka Takeuchi의 *The Knowledge-Creating Company* (Oxford University Press)의 주요 내용을 살펴보고, 그에 대한 평가와 현대 경영에의 시사점을 정리했다. 전반부는 정명호, 「Ikujiro Nonaka의 지식창조이론」, 오석홍 외, 『조직학의 주요 이론』(파주: 법문사, 2008), 462~471쪽을 수정 및 보완했다.

[1] 당시 선도적인 학술지들이 지식 관련 특집호들을 발간했는데, 대표적으로 '지식기반 관점'의 연구들을 특별주제로 다룬 *Organization Science*의 1996년 특집호, '지식과 기업'을 특별 주제로 한 *Strategic Management Journal*의 1996년 특집호, *California Management Review*의 1998년 특집호 등을 들 수 있다.

그림 9-1

THE KNOWLEDGE-
CREATING COMPANY

How Japanese
Companies
Create the
Dynamics of
Innovation

IKUJIRO NONAKA
HIROTAKA TAKEUCHI

자료: School of International Corporate Strategy(ICS), Hitotsubashi University Business
School; International Christian University; Nonaka and Takeuchi, *The Knowledge-
Creating Company.*

다.[2] 노나카 교수는 동서양을 통틀어 가장 영향력 있는 지식학자라고 할 수
있으며, 수많은 학회와 세미나에 기조연설자로 초청되는 등 활발한 활동을
벌였던 일본 출신의 세계적인 조직학자이다.

노나카는 1935년 도쿄東京에서 출생해 어린 시절 2차 세계대전을 겪었다.
이후 와세다무稻田 대학교를 졸업하고 후지전기富士電機에서 근무했으며, 미국
UC 버클리에서 MBA와 박사학위를 받고, 히토쓰바시一橋 대학교, JAIST, 그
리고 UC 버클리 경영대 등에서 가르친 바 있다. 현재는 은퇴해 히토쓰바시
대 국제 경영전략 대학원의 명예교수로 있다. 공저자인 다케우치 히로타카竹
內弘高 역시 일본에서 대학을 졸업한 후, UC 버클리에서 MBA와 박사학위를
받았으며, 히토쓰바시 대학에서 노나카 교수와 함께 근무했다.

박사학위를 받은 이후 10년 이상을 현장 연구에 몰두한 노나카는 1985년

---

2   I. Nonaka and H. Takeuchi, *The knowledge-creating company: How Japanese companies
create the dynamics of innovation* (New York: Oxford University Press, 1995).

미국과 일본 기업의 전략과 조직을 비교 연구한 『기업진화론An Evolutionary Theory of the Firm』을 발표했고, 1986년 일본 기업의 신제품 개발 과정을 주제로 ≪하버드 비즈니스 리뷰≫에 논문을 발표해 지식과 기업혁신에 관한 문제의식을 심화시켰다. 이어서 1991년 ≪HBR≫에 「지식창조 기업The Knowledge-Creating Company」이라는 논문을 발표해 자신의 지식창조 이론을 본격적으로 소개했고,[3] 1995년 다케우치와 함께 집필한 이 책에서 독창적인 지식창조 이론을 완성함으로써 세계적인 학자로 부상하게 되었다.

노나카 교수는 한마디로 '지식창조의 일반 이론'을 확립하려고 했다. 노나카 교수는 일본 기업들의 성공과 지속적인 혁신이 다른 요소가 아닌 조직적인 지식창조 능력에서 비롯되었다고 보았다. 당시 대부분의 지식 연구들은 이미 존재하는 지식을 어떻게 활용할 것인가에 관심이 있었고, 지식창조를 논의하더라도 주로 개인 차원의 지식창조에 국한되었다. 그러나 노나카의 지식 이론은 기업 수준의 조직적 지식창조에 주목함으로써 독자적인 영역을 구축하고 있다. 지식창조의 내용에 있어서도 주관적이고 암묵적인 지식의 중요성을 인식하고, 이것이 서구적 의미의 전통적인 지식으로 전환되어 발전해 나가는 과정을 독창적으로 이론화했다. 또한, 자신의 이론을 혼다, 캐논Canon, 마쓰시타, 3M 등 여러 기업의 풍부한 사례와 예증으로 뒷받침하고 있다.

노나카 교수는 새로운 지식을 창조하는 것은 기업을 재창조하는 것이고, 개인과 조직이 자기혁신을 이루는 과정이라고 주장한다. 그러므로 지식창조 이론은 새로운 기업(조직)이론이라고 볼 수 있다. 궁극적으로 지식을 통해서 기업을 보는 새로운 관점을 제시하고 있는 것이다.

---

3   I. Nonaka, "The knowledge-creating company," *Harvard Business Review*, 69(6), 1991, pp. 96~104.

2. 지식창조 이론

지식의 유형, 암묵지와 형식지

노나카 교수의 지식창조 이론은 서양 철학과 일본 철학, 지식과 관련된 경제학, 조직이론 및 혁신이론들을 살펴보는 것으로 출발한다. 플라톤이 지식을 '정당화된 참된 신념'으로 생각한 이래 서구 학문에서는 지식의 한 측면만을 강조해 왔다. 그것은 객관적이고, 개인의 경험과 분리된 지식이다. 이러한 지식은 누구에게나 보편적이고, 문자나 기호를 통해 형식화하기 쉽다. 그러므로 저장하거나 전달하기에 용이한 지식이다. 노나카 교수는 이것을 '형식지'라고 불렀다. 서구 학문에서 형식지만이 지식으로 인정되어 온 것은 데카르트René Descartes 이래 서양 철학의 이분법적 사고와 관련이 깊다. 즉, 정신(이성)과 육체(경험), 주관과 객관, 자신(인식주체)과 타자(인식 대상)를 분명히 구분하고, 한 쪽이 다른 쪽보다 우월하다는 의식이 서구 학문의 역사를 지배해 왔다. 따라서 이성에 근거한 객관적 지식인 형식지가 모든 학문의 중심이 되었다.

그렇지만 우리에게는 다른 종류의 지식도 있다. 자전거 타기나 숙련된 기술처럼 말로 표현할 수 없지만 몸에 배어 있는 지식도 있고, 자신만의 경험에 근거한 사상이나 관점도 있다. 이러한 지식은 형식화되기 어렵고, 쉽게 전달될 수도 없다. 이것이 '암묵지'이다. 암묵지는 노나카 교수의 지식창조 이론에서 가장 중요한 개념으로서 헝가리의 철학자 마이클 폴라니Michael Polanyi와 일본의 근대 철학자 니시다 기타로西田幾多郎, 1870~1945의 지식관에 깊이 영향을 받은 것이다. 폴라니는 "우리는 말로 표현할 수 있는 것보다 더 많이 알고 있다"는 유명한 명제로 암묵적인 지식이 과학적 지식의 중요한 일부분임을 강조했다.[4] 즉, 암묵지는 하나의 사물, 즉 '결과로서의 지식knowledge'이 아니라 개인의 주관적 경험과 분리될 수 없는 '과정으로서의 지식knowing'을 말하는 것으로써 지금까지 간과되어 왔던 지식의 중요한 측면을 새롭게 바라보는 관점이라고 할 수 있다.

그러나 암묵지가 중요하기는 하지만 그것만으로 지식창조가 가능한 것은 아니다. 지식창조는 암묵지가 형식지로, 형식지가 암묵지로 전환될 때 일어난다. 즉, 어느 한 유형의 지식이 절대적으로 중요한 것이 아니라 두 종류의 지식이 통합될 때, 지식의 창조가 가능하다는 것이다. 이러한 관점은 자연과 인간, 육체와 정신, 자신과 타자를 하나로 파악하는 동양의 인식론에 바탕을 두고 있다. 이렇게 볼 때, 지식은 수치나 자료로 나타나는 객관적 사실이 아니라 '개인적인 신념을 옳은 것으로 정당화하는 역동적인 과정'이 되는 것이다.

노나카 교수는 지금까지 경제학, 경영학, 조직이론 등 서구 학문은 이러한 통합적 관점을 갖지 못하고, 이분법적 사고에 사로잡혀 있었기 때문에 한계를 갖고 있다고 비판한다. 한마디로 지식의 창조를 중요하게 생각하지 않았고, 지식창조를 통한 기업의 능동적인 변화와 혁신을 소홀히 했다는 것이다. 이러한 한계를 극복하려는 시도가 노나카 교수의 지식창조 이론이다.

지식창조 이론, SECI 모형

노나카 교수의 지식창조 이론은 크게 인식론적 차원과 존재론적 차원에서 전개된다. 인식론 차원은 앞서 살펴본 암묵지와 형식지의 차원이며, 존재론적 차원은 개인으로부터 집단, 조직, 기업 간 관계로 확산되는 차원을 말한다. 지식의 창조는 암묵지가 형식지로, 형식지가 암묵지로 전환되는 '지식전환' 과정을 통해 일어난다. 지식전환은 한 번에 완료되는 것이 아니고, 개인 차원의 지식창조가 집단, 조직, 조직 간 관계로 증폭되는 '지식 나선know-ledge spiral'으로 발전하게 된다. 따라서 지식의 창조는 지식의 전환이 연속적

---

4   M. Polanyi, *The tacit dimension* (London: Routledge & Kegan Paul, 1966).

인 나선을 그리며 증폭되는 과정이라고 할 수 있다.

노나카의 지식창조 모형을 보통 SECI 모형이라고 부르는데, 이것은 지식 전환의 네 가지 방식인 사회화socialization, 외부화externalization, 결합화combination, 내면화internalization의 첫 글자를 조합한 것이다. SECI 모형은 아래 〈표 9-1〉과 같이 네 가지로 나누어 볼 수 있다.

첫째, 암묵지가 암묵지로 전환되는 사회화이다. 사회화는 암묵지를 가진 개인들이 경험을 공유함으로써 기술이나 사고방식을 체득하는 것을 말한다. 일본 기업들의 '브레인스토밍 캠프'는 암묵지의 교류를 목표로 하고 있다. 또, 마쓰시타에서 제빵기를 개발할 때, 개발팀원이 오사카大阪 유명 호텔의 일류 제빵 셰프에게 직접 도제 수업을 받은 것을 예로 들 수 있다. 팀원이 셰프와 함께 생활하면서 반죽을 꼬고 잡아당기는 암묵적 기술을 제빵기에 적용할 수 있었던 것이다. 이렇게 사회화는 공감적 지식을 만드는 것이기 때문에 사람들이 접촉을 할 수 있는 공동 경험의 장을 마련하는 것이 중요하다. 구글과 같은 지식기업이 구성원 간 자연스러운 교류의 기회를 만드는 것도 암묵지 사회화의 한 과정이라고 볼 수 있다.

둘째, 암묵지가 형식지로 전환되는 외부화이다. 이것은 기존 지식 이론들이 거의 주목하지 않았던 것으로서 노나카 교수가 지식창조에서 가장 중요한 과정이라고 강조하고 있다. 외부화는 특정 개인이 보유한 암묵지가 표현 가능한 구체적인 개념으로 전환되어야 하기 때문에 은유나 유추가 중요한 역할을 한다. 또, 집단적 사고 활동과 대화가 필수적으로 요구된다. 예를 들어, 1970년대 말 혼다 자동차에서 신차 시티City를 개발할 때, 개발팀원들은 '자동차의 진화'라는 슬로건을 중심으로 활발한 교류와 소통을 해 내부 공간은 최대화하고 차체는 짧은 신차에 대한 암묵지를 형성한 후에 '키 큰 소년tall boy'이라는 개념적 지식을 창조함으로써 성공한 사례가 있다. 캐논이 교체 가능한 1회용 카트리지를 사용하는 소형 복사기를 개발할 때, '알루미늄 맥주

표 9-1 지식창조의 SECI 모형

사회화(Socialization)	외부화(Externalization)
▪ 암묵지 → 암묵지 ▪ 생성지식: 공감적 지식 ▪ 관련 이론: 조직문화 이론 ▪ 관련 학자: 샤인(E. Schein), 와이크(K. Weick)	▪ 암묵지 → 형식지 ▪ 생성지식: 개념적 지식 ▪ 관련 이론 및 학자: 거의 없음
내면화(Internalization)	결합화(Combination)
▪ 형식지 → 암묵지 ▪ 생성지식: 운영적 지식 ▪ 관련 이론: 학습조직 이론 ▪ 관련 학자: 센게(P. Senge)	▪ 형식지 → 형식지 ▪ 생성지식: 체계적 지식 ▪ 관련 이론: 정보처리 이론 ▪ 관련 학자: 사이먼(H. Simon), 갤브레이스(K. Galbraith)

자료: 필자 작성.

캔과 같은 카트리지'라는 개념을 창조함으로써 개발에 성공한 것도 같은 과정이라고 볼 수 있다. 즉, 외부화 과정을 통해 은유와 개념적 지식이 창조된다.

셋째, 형식지가 형식지로 전환되는 결합화이다. 이것은 기존의 형식지를 결합하거나 분류, 추가함으로써 새로운 형식지를 만드는 것으로써 일반적인 지식창조 방식이라고 할 수 있다. 문서나 회의, 정보기술 등이 중요한 역할을 할 수 있으며, 공식 교육이나 MBA 과정이 대표적인 예가 된다. 기업에서 지식의 결합화는 주로 중간관리자가 기업의 이념과 제품의 개념을 연결하는 과정에서 이루어진다. 아사히Asahi 맥주에서 '활력 있는 아사히'라는 기업 이념을 '풍부하고 짜릿한 맛'이라는 제품 개념과 결합해 수퍼드라이 맥주를 개발해 성공한 것이 좋은 예가 된다. 결합화를 통해 체계적 지식이 창조된다.

넷째, 형식지가 암묵지로 전환되는 내면화이다. 작업자가 업무 매뉴얼을 보고 작업을 하면서 자신만의 새로운 암묵지를 만들어내는 것을 예로 들 수 있다. 내면화가 일어나기 위해서는 '실행을 통한 학습'이 요구되며, 1990년대에 크게 유행했던 피터 센게의 학습조직 이론도 내면화 방식의 지식창조를 강조한 것이라고 볼 수 있다.[5] 내면화는 운영적 지식을 생성한다.

그러나 지식창조는 사회화에서 내면화로 진행되는 직선적 과정이 아니라 나선형의 반복적인 과정이다. 즉, 내면화를 통해 새로운 암묵지를 체득한 개인들이 다시 사회화부터 시작되는 지식창조의 과정을 시작하게 된다. 그리고 개인에서 팀으로, 팀에서 부서로, 부서에서 기업으로, 기업에서 기업 간 관계로 증폭되어 가는 것이다. 이러한 증폭 과정은 암묵지의 공유 → 개념의 창조 → 개념의 정당화 → 원형archetype의 창조 → 조직 내외 지식 확산이라는 단계를 밟아나가게 된다.

3. 지식창조의 실천

지식창조의 조건

노나카 교수의 지식창조 이론이 기업 현장에서 효과적으로 실천되기 위해서는 몇 가지 조건들이 갖추어져야 한다.

먼저, 기업의 의도intention이다. 혹은 기업의 전략이라고 할 수도 있다. 지식창조를 위해서는 당연히 창조하려는 지식과 관련되는 기업의 장기적인 비전과 전략적 의도가 필요하다.

둘째, 자율성autonomy이다. 지식창조를 위해 기업의 모든 구성원이 최대한 자율적으로 행동할 수 있어야 한다. 그래야만 지식창조의 동기가 생기고, 예상치 못한 기회를 더 많이 얻을 수 있다. 지식창조 기업의 개인과 조직은 유기체의 세포와 기관처럼 주종 관계도 아니고, 전체-부분 관계도 아닌 자기생산 시스템이 되어야 함을 강조하고 있다. 일본 기업의 다기능 프로젝트

---

5 P. M. Senge, *The fifth discipline: The art and practice of the learning organization* (New York: Currency, 1990).

팀이 스스로 임무와 작업 범위를 정해서 기업의 전략적 의도를 실현시켜 나가는 것이 좋은 예이다.

셋째, 요동fluctuation과 창조적 혼돈creative chaos이다. 기업과 외부환경의 상호작용을 자극하는 요동이 필요하다. 이는 카오스로부터 자발적으로 질서가 생성됨을 주장하는 복잡성 이론, 자기조직화 이론과 연결되며, 노나카 교수의 기업관을 잘 보여주는 것이다. 즉, 지식의 창조는 완전한 무질서나 혼란이 없는 안정된 상태가 아니라 모호하거나 혼돈스러운 상황에서 더 잘 일어날 수가 있다는 것이다. 따라서 최고경영진은 의도적으로 혼돈을 만들고, 때로는 애매모호한 비전을 통해 기업 내 요동을 일으켜야 한다.

넷째, 중복성redundancy이다. 이것은 전문화의 반대개념이다. 조직 구성원들에게 당장 필요한 것 이상의 정보를 중복적으로 제공함으로써 지식창조의 가능성을 높일 수 있다는 것이다. 특히 개념 개발 단계에서는 정보의 중복성이 매우 효과적일 수 있다. 앞서 예로 든 혼다의 시티 개발팀은 개발공정의 각 단계를 순차적으로 진행하는 릴레이 방식이 아니라 모두 함께 달리면서 볼을 좌우로 패스하는 럭비식 개발이었다는 점이 특징적이었다. 이렇게 함으로써 개발 과정에서 떠오르는 여러 암묵지가 팀원 간에 순조롭게 공유될 수 있었다. 또, 직무나 보직을 전공 분야에 구애받지 않고 전략적으로 순환시키는 것도 이에 해당된다.

다섯째, 필요 다양성requisite variety이다. 사이버네틱스 이론가 윌리엄 애슈비William R. Ashby는 어떤 시스템이 외부환경에 대응하기 위해서는 그만큼의 복잡성을 갖추어야 한다고 했다.[6] 지식창조 역시 다양성을 극대화하고, 모든 구성원이 정보에 최대한 빠르고 평등하게 접근할 수 있는 구조가 필요하다. 일본의 생활용품 및 뷰티 기업 카오KAO가 지식창조를 위해 계층구조

---

6   W. L. Ashby, *An introduction to cybernetics* (New York: Wiley, 1956).

를 버리고, 모든 구성원이 정보에 평등하게 접근할 수 있는 바이오 기능형 조직구조로 바꾼 것이 그 예가 된다.

지식창조의 실행

위와 같은 지식창조의 조건들은 기업을 하나의 유기체로 보는 노나카 교수의 생각을 반영하고 있다. 이렇게 기업을 유기체로 보고, 대립적인 요소를 통합함으로써 새로운 것을 창조하려는 노나카의 생각은 경영방식이나 조직구조에서도 그대로 이어진다.

지식창조에 적합한 경영 스타일은 한마디로 '미들업다운middle-up-down' 즉, 중간층 주도 방식이다. 이것은 프로젝트 팀장과 같은 중간관리자가 지식에 대한 비전을 정립하는 경영자와 지식을 실천하는 일선 구성원을 연결하는 주도적인 역할을 하는 것을 말한다. 서구의 경영이론은 중간관리자를 수천 명씩 해고하고, 변화의 장애물로 보지만 노나카는 중간관리자가 변화의 핵심 세력이라고 생각했다. 예컨대, 미국 기업 중 GE식의 일사불란한 하향식 경영과 신제품 연구개발로 유명한 3M의 상향식 경영은 지식창조 면에서 모두 한계를 가진다. 형식지와 주로 관련되는 결합화와 내면화에는 하향식 경영이 효과적이고, 암묵지와 관련되는 사회화와 외부화에는 상향식 경영이 효과적이기 때문이다. 그래서 네 가지 지식전환 방식을 모두 효과적으로 뒷받침하기 위해서는 상향식 접근과 하향식 접근을 통합한 중간층 주도 방식이 요구된다.

조직구조 역시 일반적인 계층구조와 팀 조직의 통합을 제시하고 있다. 전통적인 관료제는 결합화와 내면화에서 효과를 발휘한다. 그러나 사회화와 외부화에는 팀 단위의 태스크포스가 더 효과적이다. 따라서 지식창조의 전과정을 지원하려면 관료제의 효율성과 태스크포스의 유연성을 결합한 새로운 형태의 조직이 요구된다는 것이다. 노나카 교수는 이것을 2차 세계대전

그림 9-2 하이퍼텍스트형 조직구조

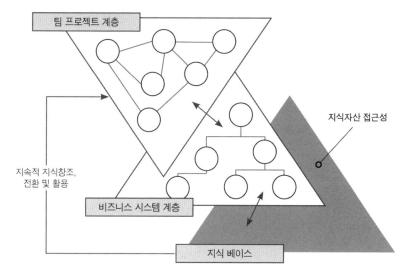

자료: Nonaka and Takeuchi, *The knowledge-creating company.*

때 일본군의 사례로 설명하고 있다. 당시 일본군은 육군과 해군의 운용 원칙이 명확히 다르고 별도로 작전을 수행했던 반면, 미군은 육군, 해군, 공군이 유기적으로 결합해(즉, 수륙양용작전) 과달카날Guadalcanal 전투에서 승리를 거뒀고 결국 일본이 패배하게 되었다.

노나카는 이와 같은 형태를 '하이퍼텍스트형 조직hypertext organization'이라고 불렀다. 이것은 〈그림 9-2〉처럼 일반 기업의 계층적 구조와 TFT와 같은 자율적 구조가 조화를 이루는 것을 말한다. 하이퍼텍스트가 글, 동영상, 음향 등 여러 층의 독립적 파일로 구성된 텍스트인 것처럼 하이퍼텍스트 조직은 일상적인 계층구조, 프로젝트 팀, 그리고 두 계층에서 생성된 지식이 기업 비전과 문화 등으로 저장되는 지식 베이스 등 세 개의 계층으로 이루어진다. 구성원은 한 시점에서는 한 계층에만 소속되지만 세 개의 계층을 자유롭게 이동할 수 있다. 특정 부서에 소속되어 있던 직원이 전사적 제품개발 TF

팀으로 이동해 일하다가 그때 습득한 지식을 기업의 문화로 정착시키고, 다시 계층조직으로 복귀하는 것이 하나의 예이다. 이것은 서구 기업의 경영에서 말하는 매트릭스 조직과는 다르다. 노나카는 매트릭스 조직은 구성원이 두 조직에 동시에 소속되고 이중적으로 보고를 함으로써 여러 가지 문제점이 발생한다고 지적하고 있다.

4. 평가와 시사점

지식창조 이론의 특성

피터 드러커는 지식이 자본주의 이후post-capitalist 사회에서 중요성을 갖는 유일한 요소가 될 것이라고 전망했다. 이런 점에서, 모호하고 분석이 어려운 지식창조의 과정을 명확하게 이론화하고, 실천의 조건들을 제시한 노나카의 업적은 중요한 공헌임에 틀림없다. 특히 노나카의 지식창조 이론은 다음과 같은 점에서 기존의 지식 이론들과 구별된다.

첫째, 지식의 활용이 아닌 창조를 본격적으로 연구했으며, 지식창조의 과정을 규명했다는 점이다. 경제학 분야의 연구들은 지식의 중요성은 인정했지만 능동적이고 주체적인, 그래서 애매모호한 지식창조 과정을 소홀히 다루었고, 경영학에서도 과학적 관리에 이어 조직을 '정보처리 기계'로 보는 관점이 주류를 이루면서 조직의 능동적인 지식창조는 주목을 받지 못했다. 지식경영이 한참 유행할 당시 국내 기업들도 고가의 지식관리시스템KMS을 모두 구축했지만 정작 지식창조 과정에 대한 고민은 별로 없었던 것 같다. 따라서 노나카 교수가 지식창조가 기업의 가장 중요한 활동이라고 주장한 것은 지식경영에 대한 관점을 바꿔놓았다고 할 수 있다.

둘째, 1990년대에 크게 유행하던 조직학습 이론과 핵심역량 이론을 보완,

발전시킨 점이다. 조직학습 이론은 대부분 성과 피드백에 의한 적응적인 조직변화를 연구하거나 경로의존적인 과거의 경험에 의한 학습을 주로 다루고 있는데,[7] 노나카는 조직 스스로가 지속적인 지식창조의 주체임을 보여준 것이다. 당시 큰 각광을 받던 게리 하멜Gary Hamel과 C. K. 프라할라드C. K. Prahalad의 핵심역량 이론 역시 '어떻게 핵심역량이 만들어지는가'에 대한 설명이 별로 없었다.[8] 지식창조 이론은 이러한 공백을 채워줄 수 있다.

셋째, 가장 중요한 것은 서구의 인식론이 아닌 동양적 인식론에 바탕을 두고 있다는 점일 것이다. 노나카의 지식창조는 결과가 아닌 과정이며, 그 핵심은 대립적(이분법적)인 것의 통합에 있다. 지식창조는 정신과 육체, 혼돈과 질서, 미시와 거시, 형식지와 암묵지의 통합을 통해 달성된다. 지식창조의 실천 방식도 역시 미들업다운, 하이퍼텍스트 조직 등 양자택일either/or이 아닌 양자 통합both/and의 관점에 근거하고 있다. 노나카는 이러한 방식을 통해 일본식 경영과 서구식 경영을 통합하는 새로운 경영이론의 개발을 시도하고 있다.

지식창조 이론의 한계와 전망

노나카 교수는 자신의 지식창조 이론이 동서양을 초월하는 보편적인 경영이론이 될 것으로 믿고 있다. 그러나 이 책에 제시된 많은 사례가 일본 기업 특유의 상황에 기초하고 있는 것도 사실이다. 예를 들어, 중간관리층을 변화의 촉진자로 중시하는 미들업다운 경영은 상당히 독특한 관점이다. 이는 대부분의 학자들이 지식사회의 진전에 따라 중간층의 역할이 대폭 축소될 것

---

7   B. Levitt and J. G. March, "Organizational learning," *Annual Review of Sociology*, 14, 1988, pp. 319~340.

8   G. Hamel and C. K. Prahalad, *Competing for the future* (Boston: Harvard Business School Press, 1994).

이라고 전망하고 있는 것과 분명히 구별되는 점이다. 하이퍼텍스트형 조직 역시 상당 부분 일본식 경영의 현실이 반영되어 있는 점 또한 사실이다.

나아가서 노나카가 말하는 암묵지와 개념적 지식을 강조하게 되면, 최근의 인공지능과 머신 러닝 같은 혁신적 기술 발전의 영향력을 과소평가할 수 있는 것도 한계점이 될 수 있다. 최근 LLM 기반의 생성형 AI는 눈부신 발전을 했으며, 기술 분야 외에도 헬스케어, 유통, 화장품 등 거의 대부분의 산업에 적용되고 있다. 예를 들어, 프랑스의 뷰티 기업 로레알L'Oreal은 신체 활동이 자유롭지 않은 사람들도 원하는 방식으로 메이크업을 받을 수 있도록 지원하는 자동 메이크업 로봇 'HAPTA'를 선보였는데, 이것 역시 인공지능 기술이 적용된 것이다.[9] 수조 개 이상의 문서를 학습하고, 수천억 개의 매개변수로 결과를 예측하는 AI가 지속적으로 학습해 나간다면 과연 어떤 지식을, 어떻게 만들게 될 것인가? 이것은 앞으로 지식을 연구하는 후대 학자들이 답해야 할 과제일 것이다.

실제로, 필자가 챗GPT에게 노나카 교수의 지식창조 이론을 어떻게 평가하느냐는 질문을 했을 때, AI는 아래와 같이 답했다. 노나카 교수의 지식창조 이론은 지식의 역동적이고 사회적 측면을 강조한 점에서 큰 의미가 있다. 하지만 AI, 빅데이터 분석, 원격근무 등 지식창조의 지형이 큰 변화를 겪고 있다. 노나카는 지식창조 이론의 토대를 제공했지만 향후 기술 발전 등 요인을 통합할 필요가 있다는 것이다.

다음으로, AI가 만드는 지식과 인간의 지식이 어떻게 다른지, 그리고 AI가 지식창조 면에서 인간을 능가할 수 있는지를 직접적으로 물었다. AI는 다음과 같이 다소 원론적인 답변을 내놓았다. AI는 자료처리와 패턴 인식, 일관성과 정확성, 스피드와 효율성, 재생산 가능성 측면에서 우수하지만 인간의

---

9   "모든 산업에 스며든 AI", 《연합뉴스》, 2024년 1월 7일 자.

그림 9-3 노나카의 지식 이론에 대한 AI의 평가

자료: Caption written with ChatGPT.

지식은 콘텍스트를 이해하고 직관과 창의성을 통해 더 나은 지식을 만들어 내며 도덕적인 판단을 할 수 있다. 따라서 궁극적으로 인간과 AI의 협업이 최고의 결과를 만들 수 있고 그렇게 해야 한다는 것이다.

　우리는 이미 일상적으로 쓰고 있는 챗봇 등을 통해서 AI와 협업을 하고 있다. 이미 선도기업들은 인간과 AI가 함께 팀이 되어 더 큰 성과를 내고 있다. 앞으로 우리가 살아갈 시대에는 지식창조의 내용과 과정이 과연 어떻게 달라질지 흥미로운 문제가 아닐 수 없다.

10장 보이지 않는 경영,
로빈슨과 스턴의 기업 창의성 이론[*]

1. 저자와 시대적 배경

창의성 경제 시대가 도래함에 따라 어떻게 하면 창의적 성과를 얻을 수 있을 것인가에 많은 관심이 집중되고 있다. 세계시장을 선도하고 있는 국내 기업들 역시 창의성과 창조경영을 미래의 화두로 내걸고 있다. 과연 창의적인 기업이 되려면 어떻게 해야 할까?

이 장에서 살펴볼 저서는 창의성 경영과 기업 창의성 분야의 고전이다.[1] 21세기 경영 패러다임을 특징짓는 창의성 경영을 새로운 관점에서 바라보고, 창의성 경영의 핵심요인과 실천 방법론을 제시한 저작이라고 할 수 있다. 이 책이 출간된 1990년대 후반은 양적 효율성을 추구하던 생산성 경영의 시대와 질적 효율성을 추구하던 품질경영의 시대를 지나서 창의성과 혁신의 시대로 돌입하는 전환점이라고 할 수 있다. 당시까지 창의성에 대한 연구들

---

* 이 장은 1997년 출간된 Alan G. Robinson과 Sam Stern의 *Corporate Creativity: How Innovation and Improvement Actually Happen* (Berrett-Koehler)의 주요 내용을 살펴보고, 그에 대한 평가와 현대 경영에의 시사점을 정리했다.

1 A. G. Robinson and S. Stern, *Corporate creativity: How innovation and improvement actually happen* (San Francisco: Berrett-Koehler, 1997).

그림 10-1

자료: Isenberg School of Management, University of Massachusetts Amherst; OSU Press, Oregon State University; Robinson and Stern, *Corporate creativity*.

을 보면, 심리학에서는 주로 개인 창의성을 중심으로 논의해 왔고, 경제학에서는 창조적 파괴를 이론화한 조지프 슘페터Joseph Schumpeter의 혁신이론을 중심으로 발전해 왔다. 경영학에서는 지식경영과 학습조직 이론에서 일부 논의되었지만 기업이 어떻게 창의적인 성과를 지속적으로 생산할 수 있는가에 관한 통합적이고 실제적인 연구는 미흡했다.

저자들은 "왜 대부분의 기업이 자사가 보유한 잠재적인 능력보다 창의적인 성과를 내지 못하는가, 기업 창의성은 어떻게 극대화될 수 있는가?"라는 질문을 던지고, 영국항공British Airways(BA), 동일본철도JR, IBM, 휴렛패커드, 3M, 듀폰DuPont, 후지쓰Fujitsu 등 전 세계 다양한 기업의 창의성과 혁신 사례를 통해 개선과 혁신이 실제로 어떻게 발생하는지 규명하고 있다. 그리고 그 실체를 기업 창의성의 여섯 가지 핵심요인으로 정리하고 있다.

저자인 앨런 로빈슨Alan G. Robinson은 미국 매사추세츠 대학교University of Massachusetts Amherst 경영과학과 명예교수이다. 1980년 케임브리지 대학교 University of Cambridge를 졸업하고, 존스홉킨스 대학교Johns Hopkins University에서 박사학위를 받았다. 미국 맬컴 볼드리지 국가품질대상Malcolm Baldrige National Quality Award: MBNQA 심사위원을 역임했으며, 미국, 영국, 인도, 브라질,

러시아 등 세계 25개국 150여 개 기업의 창의성 경영을 연구 및 자문했다. 공저자인 샘 스턴Sam Stern은 오리건 주립대학교Oregon State University 교육학 교수로서 템플 대학교Temple University에서 박사를 받고, 세계 200여 개 회사의 창의성 사례 연구를 수행했으며, 일본능률협회JMA의 창의성 개발 교수를 역임한 세계적인 창의성 학자이다.

저자들은 제조업과 서비스 기업을 포함한 동서양의 다양한 기업 사례를 통해 창의성 경영의 실제적인 지침을 제공하고 있다. 다른 고전에 비해 대중적으로 널리 알려지지 않았지만 미국 인사관리학회에서 '올해의 책'으로 선정되었으며, 학술적 측면과 실용적 측면 모두에서 우수한 저작이다. 향후 국내 기업들의 창의성 경영에 좋은 참고가 될 수 있을 것이다.

2. 기업 창의성의 개념

창의성에 대한 오해

창의성creativity은 새롭고 유용한 아이디어의 창조를 말한다. 그리고 혁신innovation은 창의적 아이디어를 제품과 서비스로 연결하는 것이다. 창의성 연구의 세계적인 권위자인 하버드 대학의 테리사 애머빌 교수에 따르면, 개인 창의성을 위한 3대 조건은 첫째, 관련 분야의 폭넓은 지식을 통해 형성된 전문성, 둘째, 확산적 사고와 같은 창의성 기술, 셋째, 내재적 동기부여이다. 여기에 더한다면 긍정적 정서도 도움이 된다.[2] 트리즈TRIZ, 마인드맵 같은 창의성 훈련기법도 마찬가지이다.

---

2   T. M. Amabile, "A model of creativity and innovation in organizations," *Research in Organizational Behavior* (JAI Press), 10, 1988, pp. 123~167.

누구나 창의성이 중요하다고 말하지만 지금까지 창의성에 대한 잘못된 믿음과 오해가 만연해 있다. 창의성 신화라고도 할 수 있다. 창의적 성과는 특별하고 괴상한 사람들이 만들어낸다, 창의성은 혼자서 해내는 고독한 작업의 산물이다, 지능지수IQ가 창의성을 결정한다, 즉 창의성은 타고난다, 창의성은 예술가나 스타트업에서 찾을 수 있다, 창의성은 경영의 대상이 아니다 등의 생각이다.

이렇게 특별한 사람이 창의성을 갖고 있다고 믿기 때문에 기업들 역시 창의성이 필요한 부서에 창의적인 사람을 채용하면 된다고 생각한다. 그래서 창의적인 사람들을 선발하고, 창의성 개발과 훈련에 많은 노력을 한다. 그리고 외로운 영웅적 발명가가 창의적 성과를 만든다고 믿기 때문에 이런 사람들에게 많은 자원을 제공하고 권한을 부여하고 있다.

그러나 실제 사례들을 보면, 기업에서 창의성은 대부분 미리 계획되지 않았고, 전혀 기대하지 않았던 곳에서, 기대하지 않았던 평범한 사람들에 의해서 일어났다. 한마디로 창의적 성과는 계획된 것이 아니라 매우 의외적인 결과였다는 것이다. 다음 두 가지 사례를 살펴보자.

기업 창의성의 본질

동일본철도회사는 도쿄 부근의 다니가와산谷川岳을 관통하는 터널 공사를 하다가 전혀 새로운 사업에 뛰어들게 된다. 보통 터널 공사에서는 지하수가 나오게 되는데, 공사 중에 나온 물의 맛을 본 한 작업자가 이렇게 좋은 물을 배수시설로 흘려보내지 말고, 고급 미네랄워터로 상품화하자는 아이디어를 낸 것이다. 이 아이디어는 받아들여져서 그 물은 '오시미즈大清水'라는 상품명으로 제품화되어 동일본철도회사가 운영하는 모든 역에서 판매되기 시작했다. 이것이 좋은 반응을 얻어서 일반 가정에까지 배달되었고, 결과적으로 냉차, 커피, 주스를 포함하는 종합 음료 사업으로 발전하게 되었다. 1994년 오

그림 10-2 수하물 컨베이어

시미즈의 판매고는 4700만 달러에 달했다.

런던 히스로Heathrow 공항에서 영국항공BA의 화물 처리를 담당하던 한 작업자는 노랗고 검은 꼬리표가 달린 가방들이 수하물 컨베이어에서 가장 먼저 나오는 것을 발견했다. 그는 곧 그것이 대기자 승객의 수하물 표시라는 것을 알게 되었다. 대기자들은 비행기에 늦게 탑승하기 때문에 수하물을 화물 컨테이너에 넣지 않고 따로 실어서 먼저 나오는 것이다. 그는 일등석 승객이 대기자보다 늦게 수하물을 찾는 것이 불합리하다고 생각했다. 그래서 일등객 승객의 수하물을 컨테이너에 넣지 말고 대기자들의 수하물처럼 출발 직전에 그냥 화물칸에 실을 것을 제안했고, 이 아이디어는 영국항공이 새롭게 도입한 'First & Fast' 방식으로 실현되었다. 결과적으로 일등석 수하물의 처리시간은 평균 20분에서 7분으로 감소하는 성과를 거두었다. 아이디어를 낸 작업자는 올해의 회장상과 포상금을 받았다.

여기서 아이디어를 낸 두 작업자는 회사의 아무런 지시 없이도 자발적으로 뭔가 새롭고 유용한 것을 만들어냈다. 기업 창의성의 비밀은 바로 여기에 있다. 창의적인 행위를 누가, 언제, 어떻게 할지 아무도 예측할 수 없다는 것이 기업 창의성의 본질이다.

그렇다면 우리는 어떤 기업의 창의성을 높이기 위해 아무것도 할 수 없는가? 그저 누군가가 창의적인 행위를 하는 것을 막연히 기다릴 수밖에 없는가? 그렇지 않다. 기업 창의성의 본질은 의외성이지만 그럼에도 불구하고 3M, 아이디오IDEO, 픽사 같은 기업은 다른 기업에 비해 항상 높은 창의성을 보여준다. 이것은 기업 창의성이 어떤 의외성이나 창의적인 개인에만 의존하지 않는 기업 특유의 경영 특성에서 나온다는 것을 말해준다. 기업 창의성은 제품을 만들어내듯이 계획하는 것이 아니라 토양과 수질을 관리하듯이 창의성의 조건을 관리해야 하는 것이다.

다시 말해서, 창의성 경영은 '관리 불가능한 것을 관리하는 것managing the unmanageable'이라고 할 수 있다. 창의성을 직접 경영하는 것이 아니라 창의성의 촉진 요소와 저해 요소를 관리하는 보이지 않는 과정이다. 이렇게 함으로써 창의적인 사람은 물론 평범한 사람들도 창의적인 행위를 하도록 유인하고, 집단과 조직 차원에서 창의적인 문제해결이 이루어지도록 모든 경영 활동과 시스템을 관리하는 것을 말한다. 보통 창의성 경영에서 아이디어를 후원하는 챔피언의 중요성을 말하는데, 저자들은 아이디어 창안자를 위해 기존 시스템과 싸우고 장애를 무너뜨리는 챔피언이 필요하다면 그 기업은 이미 창의성 경영에서 실패한 것이라고 말한다. 즉, 창의성의 가능성을 높이는 경영시스템이 필요하다는 것이다. 그렇다면 창의성 경영의 구체적인 내용은 무엇인가?

3. 기업 창의성의 여섯 가지 핵심요인

정렬과 방향 일치

모든 직원의 관심과 행동을 회사의 주요 목표와 정렬시키는 것이다. 강력한 방향 일치 없이는 우연한 창의적 행동은 가능해도 일관된 창의성은 불가능하다. 최악의 사례는 구소련에서 70년 동안 지속되었던 합리화 제안 시스템을 들 수 있다. 당시 소련은 과학기술 진보와 집단 창의성 촉진을 위해 강제로 모든 기업에 제안 할당량을 부과했다. 결과는 제안 할당량을 채우기 위해 말도 안 되는 아이디어와 형식적인 실행으로 창의적 성과가 오히려 떨어지고 말았다.

진정한 정렬은 회사의 핵심목표를 모든 직원이 이해하고 지지하는 것이다. 예를 들어, 1960년대 아메리칸항공AA은 전 직원이 원가절감이라는 목표를 공유하면서 노력한 끝에 IBM과 함께 당시로서는 획기적인 전자 예약 시스템SABRE을 개발해 생산성을 높일 수 있었다. 그러나 정렬과 방향 일치가 '양날의 칼'인 측면도 있다. 지나치게 강한 정렬은 기업의 창의성을 제한할 수도 있기 때문이다. 창의성의 대명사인 3M은 유명한 '30% 룰'로 총매출액의 30%가 최근 4년 이내 신상품에서 나와야 한다는 정책을 시행했다. 그러나 이후 30% 룰을 채우기 위해 기존 제품을 형식적으로 개선하거나 조급한 개발로 생산과정상의 문제가 발생하는 등 부작용이 생기기도 했다.

자발적 활동

창의성은 지시에 의해서가 아니라 스스로 결정한 자발적 활동에서 나온다. 오늘날 일상적으로 쓰이는 바코드는 1952년 필라델피아 드렉셀 대학교Drexel University 강사였던 조지프 우들런드Joseph Woodland와 밥 실버Bob Silver가 학장과 슈퍼마켓 체인 사장의 대화를 우연히 듣고, 3년 동안 자발적인 노력 끝에 개발해 특허를 획득했다. 이로부터 20년 후 IBM은 바코드의 상용화에 성공하게 된다. 따라서 개인의 자발적 활동을 적극적으로 보호하고, 강력한 후속 작업으로 지원함은 물론 자율성을 훼손시키는 요소가 없는지 주의를 기울여야 한다. 예를 들어, 사람들은 성과에 따른 보상제도가 조직의 창의성을 높여줄 것이라고 생각하지만 주의해야 한다. 이미 허츠버그가 밝혔듯이, 외재적 보상은 자율성을 해치기 때문에 과학자, 예술가, 학생 등 여러 집단에서 오히려 창의성을 저하시킨다. 창의적 행위의 결과가 아니라 보상 자체가 행위의 목적이 되어버리기 때문이다.

비공식 활동

공식적인 지원이 없는 상태에서 직원들의 비공식적 활동이 창의적 결과를 만든 사례는 매우 많다. 소규모의 구성원들이 높은 수준의 자율성을 갖고 창의적 혁신을 위한 연구개발 활동을 하는 것을 보통 '스컹크워크skunkworks 프로젝트'라고 한다. 2차 세계대전 당시 미국의 항공기 제조회사였던 록히드 Lockheed사의 프로젝트 명에서 유래했다고 하는데, 창의성 경영을 위해서 이러한 비공식적 프로젝트를 허용하고 간접적으로 지원할 필요가 있다. 예를 들어, 3M에서는 직원들의 비공식 활동을 지원하기 위해서 공식적인 승인을 받지 않은 자발적인 연구개발 활동을 '밀주bootlegging'라고 부르고 보호하는 관행이 있다. 3M의 유명한 히트 상품 포스트잇 역시 개발자인 아서 프라이Arthur Fry가 밀주 프로젝트로 진행해 성공시킨 것이다.[3] 비공식 활동은 창의적 아이디어가 저항을 극복할 수 있을 만큼 강력해질 때까지 개발될 수 있는 피난처 역할을 할 수 있다. 따라서 기업은 비공식 활동을 공식화하려고 하지 말고, 이를 느슨한 형태로 조장하고 격려해야 한다. 비공식 활동을 고취시키기 위해서는 구성원 스스로가 무슨 일을 할 것인지 결정하도록 권한을 부여하는 것이 중요하다. 비공식 프로젝트에 업무 시간 중 일정 부분을 쓸 수 있거나 실험 장비를 자유롭게 사용할 수 있는 환경을 부여하는 것이 하나의 방안이 될 수 있다. 가령, 혁신기업인 휴렛패커드는 업무 시간의 10%, 3M은 15%, 구글은 20%를 자신이 관심 있는 프로젝트에 쓸 수 있도록 허용하고 있다.[4]

우연한 발견

대부분의 창의적 성과는 우연한 발견serendipity에서 비롯된다. 그러나 단

---

3   H. Petroski, *The evolution of useful things* (New York: Alfred A. Knopf, 1992).

4   슈미트·로젠버그·이글, 『구글은 어떻게 일하는가』.

순한 우연성이 아니라 현명하고 통찰력 있는 발견이 꼭 동반된다. 1938년 듀폰의 한 연구원이 부식되지 않고 높은 내구성을 가진 테플론Teflon을 발견했고, 이후 관련된 발견들이 이어져서 결국 듀폰의 연구원이었던 빌 고어Bill Gore가 테플론막으로 방수 처리된 직물인 고어텍스를 만드는 고어사W. L. Gore & Associate, Ltd.를 설립하기에 이른다. 이렇듯 창의성은 겉보기에 아무런 관련이 없어 보이는 것 사이에 우연한 연결을 만들거나 재조합함으로써 만들어진다. 특히, 그 관계가 멀고 지적인 거리가 클수록 창의성의 효과는 더 커진다.

하나하나의 우연한 발견은 기업이 예측할 수 없지만 그 발생 확률을 관리할 수는 있다. 마치 특정 교통체계에서 사고가 더 일어나거나 덜 일어나는 것과 같은 원리이다. 어떤 문제에 깊이 몰두할수록 현명한 발견이 증가한다. 기업은 구성원들에게 이러한 여유를 부여하고, 현재 업무와 직접 관련이 없는 강의나 세미나, 학회 참석 등을 허용하고 격려해야 한다. 직무순환이나 고객과 직접 접촉하는 것도 당연히 도움이 될 것이다.

다양한 자극

창의적 아이디어를 촉발시키는 근원은 다양한 자극이다. 이런 점에서 회사가 직원들에게 외부 강연 참가 등 다양한 자극을 제공하기 위해 노력해야겠지만 그 영향력은 제한적일 수 있다. 대부분의 자극은 일상적인 업무 자체에서 생겨난다. 따라서 직원에게 직접 의도한 자극을 주려고 하지 말고, 직원이 자극을 스스로 얻도록 돕는 것이 필요하다. 순환근무를 실시하거나 업무에서 새로운 자극을 얻을 수 있는 기회를 제공하는 것이 중요하다.

세계적인 카드회사 홀마크Hallmark사는 화가와 작가들로 구성된 700명 이상의 창작 부서 직원들을 대상으로 안식년 프로그램을 운영했다. 그것도 개인적인 재충전이 아니라 순전히 창의성의 재충전을 하도록 프로그램을 구성했다. 직원들이 자신의 정규 업무에서 벗어나 홀마크 혁신센터에 있는 여러 스튜디오 중 한 곳에서 일할 수 있도록 재배치한 것이다. 또 연간 서너 명의 직원을 창의성 자문 그룹에 배치해서 미래의 사회적·기술적 트렌드에 관한 프로젝트를 수행하도록 했다. 이러한 기업의 제품이 일상적인 업무를 쳇바퀴 돌 듯 수행하는 기업들과 다를 것은 자명한 이치이다.

사내 커뮤니케이션

기업의 규모가 커지면 창의성에 필요한 요소는 어딘가에 산재해 있을 것이다. 중요한 것은 그것들을 서로 소통하고 결합시키는 것이다. 기업 내의 다양한 정보가 비공식 커뮤니케이션을 통해 기대하지 않은 방식으로 교환되는 시스템을 갖추지 못하면 이런 잠재력은 실현될 수 없다. 일본 기업들의 창의성 역시 이들이 사내 커뮤니케이션의 촉진에 투여하는 노력 때문이다.

3M의 가장 성공적인 히트 제품 중의 하나인 표면 보호제 스카치가드Scotchgard는 직원들 간의 비공식적 커뮤니케이션이 없었다면 불가능했다. 코닥의 새로운 3차원 기술 역시 보통 때는 거의 만나지 않는 세 명의 직원들을 혁신 센터에 함께 모은 것에서 탄생하게 되었다. 그러므로 창의성을 높이기 위해서는 우선 조직 내 구성원들의 교류가 활발하도록 제도적·물리적 환경을 조성해야 한다. 조직 외부와의 연결에도 노력을 아끼지 않아야 할 것이다.

이 책에서 저자가 창의성의 요인으로 언급하지는 않았지만 잉여성redundancy 역시 중요할 것이다. 잉여성이란 여유와 중복을 의미하며, 우연한 발견과 직접 관련된다. 나일Nile강의 범람이 이집트 문명을 만들었듯이 자원과 인력, 시간상의 여유는 창의성의 좋은 토양이 될 수 있다. 진화심리학자 스티븐 제이 굴드Stephen Jay Gould는 만약 생물체들이 각자의 환경에 최적 상태로 적응했다면 오늘날과 같은 고도의 진화는 불가능했을 것이라고 강조한다. 유기체들이 변화를 위해 아직 사용되지 않은 잠재력이 충만한 상태로, 다시 말해서 불완전한 상태로 남아 있었기 때문에 다양한 종으로 진화가 가능했다. 진화의 원동력이 무작위성과 잉여성이었듯이, 기업도 잉여성이 전혀 없다면 현재 환경에 최적화되어 계획한 일들만 하게 될 것이다. 창의적 결과를 얻으려면 문제를 새로운 관점에서 탐구해 볼 만한 최소한의 여유 시간이 있어야 할 것이다.

자원의 여유도 마찬가지이다. 연구결과에 따르면 자원이 극도로 희소해지면 혁신은 위축된다. 궁핍한 가정에서는 하루하루 살아가는 문제 때문에 창의적인 발상을 할 여유가 없는 것과 같은 원리이다. 중복성 역시 필요하다. 여러 부서에서 같은 문제를 고민하면 창의적 결과를 얻을 확률은 훨씬 높아진다. 인텔Intel이 CPU 분야에서 세계를 석권한 것은 중복된 신제품 개발 방식에 그 원인이 있었다. 따라서 중복을 낭비나 비효율로 볼 것이 아니라 창의성의 토대로 보는 발상의 전환이 필요하다.

4. 평가와 시사점

피터 드러커의 말처럼 미래에 지속가능한 유일한 경쟁우위는 지식창조 능력이다. 실무적으로도 혁신의 원천인 창의성은 기업 경쟁력의 핵심요인임에 틀림없다. 근본적으로 관리할 수 없는 창의성을 어떻게 관리할 것인가를 제시한 이 책의 핵심 메시지를 몇 가지 요인으로 정리해서 다시 생각해보겠다.

연결과 창의성

기업 창의성은 문학 혹은 예술적 창의성과는 다르다. 대부분의 기업 창의성은 이미 존재하는 요소로 새로운 결합을 만드는 것이다. 작고한 애플Apple의 스티브 잡스Steve Jobs는 1996년 ≪와이어드Wired≫와의 인터뷰에서 창의성에 대한 자신의 생각을 다음과 같이 밝혔다.[5] "창의성이란 단지 사물을 연결하는 것이다. 창의적인 사람들에게 어떻게 그런 일을 했는지 묻는다면 그들은 약간 죄책감을 느낄 것이다. 왜냐하면 그들은 진정 창조적인 일을 한 것이 아니라 단지 무엇인가를 봤을 뿐이기 때문이다." 실제로 스티브 잡스가 창조했던 아이팟iPod, 아이폰iPhone 등의 혁신적인 신제품들 역시 당시 이미 존재했던 기술들을 연결해서 구현한 것이었다.

저명한 사회적 네트워크 이론가인 로널드 버트Ronald Burt 역시 창의성은 타고난 재능이나 영웅적 행위가 아님을 강조한다. 창의성은 무엇인가를 창조하는 게임이 아니라 아이디어를 수입하고 수출하는(교환하는) 게임이라는 것이다. 기업 내 경직된 부서 구분, 부서 간 경쟁과 지나친 응집성은 창의성을 감소시킨다. 평소 잘 만나지 않는 부서 간 혹은 직원 간의 우연한 충돌과 비공식적 교류가 창의성의 모태가 된다. 픽사가 회의실과 식당을 건물 중앙에 배치해서 구성원들의 비공식적 교류를 촉진한 것은 잘 알려진 예이다. 오랫동안 픽사 스튜디오의 CEO를 지냈던 에드 캣멀Ed Catmull은 『창의성 주식회사Creativity, Inc.』(2014)라는 저서에서 15에이커(약 6만 m² 또는 약 1만 8000평)에 달하는 픽사 스튜디오 캠퍼스는 스티브 잡스가 직접 설계하고 구석구석 신경을 썼다고 회고한다. 스튜디오 내부는 사람들이 만나고 서로 교류하고 소통하기에 최적화된 구조이고, 외부 역시 축구장, 배구장, 수영장 등 교류를 위한 시설들이 있다. 방문객들은 사옥이 멋지고 호화롭다고만 생각하지만 이 사옥은 사치품이 아닌 커뮤니티를 지향한 것이라고 말한다. 스티브 잡스가 목표로 했던 것은 직원들의 협업을 향상시킬 수 있는 공간이었다고 강조한다.[6]

구글의 창의성 역시 우연한 연결과 충돌을 통해서 이루어진다. 구글이 평

5   Gary Wolf, "Steve Jobs: The next insanely great thing," *Wired*, February 1, 1996.

6   E. Catmull, *Creativity, Inc.* (New York: Random House, 2014).

소 잘 만나지 않는 타 팀 직원들과 교류를 촉진하기 위해 점심시간을 활용한 랜덤 런치Random Lunch 제도나 각종 비공식 클럽ERGs을 운영하고 있는 것은 잘 알려져 있다. 하지만 이것 이외에도 연결을 촉진하기 위한 노력은 곳곳에 숨어 있다. 예를 들어, 재능 있는 직원들이 주도하는 강좌나 교육을 구글 탤런트gTalent라는 프로그램으로 지원하고 있는데, 이것 역시 교육 자체가 목적이라기보다는 여러 부서의 직원들이 선호하는 프로그램에 참여하면서 자연스럽게 어울리도록 하는 데 목적이 있다. 심지어 구글의 유명한 사내 복지 제도인 무료 식사나 간단한 스낵을 먹을 수 있는 마이크로 키친micro kitchen 역시 교류와 관련이 있다. 많은 사람들이 이런 복지제도를 창업자의 경영철학으로만 알고 있지만 사실 대부분의 마이크로 키친은 의도적으로 팀과 팀의 경계 지점에 위치하도록 만들었다. 간단한 요기를 하면서 타 팀 사람들과 자유로운 아이디어 교환이 일어나도록 한 것이다.[7]

다양성과 유연성

이와 함께, 하버드 대학의 도로시 레너드Dorothy Leonard 교수는 창의성을 위해서는 '창조적 마찰creative abrasion'이 있어야 한다고 역설한다. 동질적이고 응집적인 집단이 갖는 폐해는 앞서 소개한 집단사고 이론을 통해 잘 알려져 있다. 창의성은 지식, 문화, 사고방식이 다른 사람들이 각자의 생각을 제시하고, 아이디어의 충돌을 통해 각자 갖지 못했던 새로운 아이디어를 만들어낼 수 있을 때 가능하다. 중요한 것은 스파크가 일어나듯이, 다른 아이디어와 생각이 충돌해야 한다는 것이다.[8] 재미있는 예로, 앞서 살펴본 픽사 스

---

7 Laszlo Bock, *Work rules!: Insights from inside Google that will transform how you live and lead* (New York: Twelve, 2015).

8 D. Leonard, *When sparks fly: Igniting creativity in groups* (Boston: Harvard Business School Press, 1999).

튜디오의 사명이 Pixar가 된 것 역시 아이디어의 충돌과 통합의 결과이다. 창업자 중 한 사람이 스페인어 어감을 선호해서 '사진을 만든다'는 의미와 유사한 Pixer를 사명으로 제시했는데, 다른 사람은 좀 더 첨단기술 느낌의 Radar를 주장하다가 Pixer + radar = Pixar가 된 것이다.[9]

미시간 대학교University of Michigan의 미하이 칙센트미하이Mihaly Csikszent-mihaly, 1934~2021 교수는 인간의 사고는 본질적으로 사회성을 갖고 있으므로 대부분의 사람들은 다른 사람과 대화할 때 몰입flow을 경험하고, 이때 창의적 아이디어가 만들어진다고 말한다. 일부 기업들이 몇 명의 천재 직원을 채용해 다른 직원들과 분리된 밀실에서 극도의 보안 속에 연구개발 작업을 진행하는 것은 인간 창의성의 본질을 제대로 이해하지 못하고 있는 것이다. 이렇듯, 창의적인 조직을 만들려면 먼저 성별, 인종, 출신 학교, 경력 등이 다양한 사람들을 채용하는 것이 기본 전제가 될 것이다. 조직운영 면에서도 생산, 영업, 연구개발 등 다양한 인력이 혼합된 교차기능 팀cross-functional team을 적극 활용해야 한다.

유연성 역시 중요하다. 경직성과 형식주의가 창의성을 억압한다는 것은 다시 말할 필요가 없다. 우리는 과거의 관료제가 여러 조직의 창의성을 얼마나 질식시켰는지 잘 알고 있다. 따라서 규정을 핑계로 창의적인 제안을 묵살한다든가 기존의 절차를 관행적으로 답습하는 방식으로는 절대로 창의성을 얻을 수 없다. 나아가서 과거에 성공적이던 방식도 과감하게 바꿀 수 있는 유연성이 필요하다. 이와 관련해서 과도한 성과주의 기반의 보상제도에 유의할 필요가 있다. 보상에 대한 기대가 높으면 사람들은 그것을 얻기 위해 가장 빠르고 확실한 경로를 선택한다. 하버드 대학의 하이디 가드너 교수는 앞서 살펴본 영국 컨설팅 기업에 대한 연구에서 성과 압력이 높아지면 팀원

---

9   Catmull, *Creativity, Inc.*

의 위험회피 성향 증가, 합의 추구 동기 증가, 공통의 지식과 업무 완수에 몰입함에 따라 상식적인 일반적 지식 사용이 증가하고 창의적 지식 사용은 감소함을 발견한 바 있다.[10] 한마디로 과도한 성과주의와 보상은 창의성을 감소시킨다는 점을 유념해야 한다.

저자들은 한 경영자의 말을 인용해서 회사를 '수백 개의 머리를 가진 뇌'에 비유했다. 이 뇌를 잘 활용하기 위해 필요한 여러 가지 방안을 제시했다. 그러나 한 가지, 기업 외부와의 연결은 고려하지 않았다는 한계가 있다. 최근 위키피디아Wikipedia에서 볼 수 있듯이, 개방형 혁신open innovation이 점점 중요해지고 있다. 혁신기업이 되기 위해서 유망한 기술 스타트업을 인수한 후 연구개발에 박차를 가하는 '인수 후 개발A&D' 모형은 이미 광범위하게 활용되고 있는데, P&G는 '연결 후 개발Connect & Development: C&D'이라는 새로운 용어를 만들 정도로 개방형 혁신에 집중하고 있다. 심지어 구글과 P&G는 자사 직원을 교차 근무swapping시킬 정도로 외부 연결이 점점 중요해지고 있다. 이 밖에도 P&G, 일라이 릴리Eli Lilly 등이 주도하는 개방형 지식시장 혹은 지식공유 기업, 킥스타터Kickstarter, 인디고고Indiegogo와 같은 크라우드 펀딩 기업들과 협업형, 플랫폼형 비즈니스 모델이 성장하면서 창의성의 계기가 외부와의 협업에서 시작되는 경우가 점점 많아지고 있다. 제2부에서 자세히 살펴보겠지만, 앞으로 이러한 변화가 기업 창의성의 토양을 만드는 데 주춧돌이 될 수 있을 것으로 기대된다.

---

10   H. K. Gardner, "Performance pressure as a double-edged sword: Enhancing team motivation but undermining the use of team knowledge," *Administrative Science Quarterly*, 57(1), 2012, pp. 1~46.

제2부

경영의 미래

11장 자율성의 마법,
   몰입관리

1. 경영환경 변화와 몰입

일은 우리들 삶에서 매우 중요한 의미를 갖고 있다. 기업의 입장에서는 목표 달성을 위해 제품이나 서비스를 생산하는 과정이겠지만 일하는 사람들에게는 삶의 목표를 실현하고, 자신의 정체성을 형성하고, 다른 사람들과 관계를 맺는 사회적 맥락이 된다.[1] 따라서 어떻게 일을 하는가는 구성원의 삶은 물론 조직의 성과와 경쟁력을 결정하게 된다.

지난 몇 년간 코로나19 팬데믹을 거치면서 직장의 모습은 크게 달라졌다. 장소에 상관없이 일하는 재택근무와 원격근무가 광범위하게 확산되고, 대면과 비대면 근무를 절충한 하이브리드 근무, 유연근무 등 다양한 근무 방식이 실행되었다. 여기에 주4일 근무제까지 논의되었다. 이러한 상황에서 국내 기업들도 전반적인 근로시간 단축과 노동생산성의 정체라는 이중의 도전을

---

[1] G. A. Okhuysen, D. Lepak, K. L. Ashcraft, G. Labianca, V. Smith, and H. K. Steensma, "Theories of work and working today," *Academy of Management Review*, 38(4), 2013, pp. 491~502.

극복하기 위해 구성원의 몰입 증대에 많은 관심과 노력을 경주하고 있다. 그렇다면 현재 조직 구성원들은 자신의 일에 몰입하고 있는가?

몰입의 위기, 조용한 사직

코로나 팬데믹 3년간을 흔히 대사직Great Resignation의 시대라고들 한다. 많은 직장이 문을 닫으면서 자연스럽게 사직이 발생한 경우도 있지만 자발적인 사직과 이직도 크게 증가했다. 이직은 글로벌 기업만의 현상이 아니고 국내에서도 사정은 비슷했다. 직장인 소셜 플랫폼 사람인의 조사에 따르면, 지난 2022년 조사대상 기업의 약 85%가 조기 퇴사한 직원이 있다고 응답했으며,[2] 최근 잡코리아 조사에서도 올해 이직할 계획이 있는 직장인이 92%에 달한다고 한다.[3] 여러 가지로 어려운 상황에서 왜 이직이 늘어나고 있을까?

이직 현상을 잘 설명하는 직무 배태성job embeddedness 이론에 의하면, 사람들이 조직에 머물거나 이직을 결정하는 요인은 동료들과의 연결link, 업무 및 조직의 적합성fit, 이직으로 발생하는 희생sacrifice의 크기이다.[4] 팬데믹은 세 요인 모두에서 이직하기에 최적의 조건을 만들었다. 비대면 원격근무로 연결을 상실했고, 이직 후 기대 연봉의 상승으로 희생은 최소화되었다. 또, 코로나라는 강력한 외부 충격은 일과 직장에 대한 생각을 근본적으로 바꿔놓았다. 삶과 건강이 최우선 관심사가 되면서 일에 대한 열정은 식었고, 대신 세계적인 유동성 증가로 자산 증식의 기회는 넘쳐나는 것처럼 보였다. 단기에 고위험 투자로 큰 자산을 만들고 조기 은퇴해 가족과 안락한 삶을 사는 것

---

2   "조용한 퇴사에 이은 리젠티즘", 《아시아경제》, 2023년 2월 20일 자.

3   "직장인 90% '올해 이직 원해'", 《서울경제》, 2024년 1월 25일 자.

4   T. R. Mitchell, B. C. Holtom, T. W. Lee, C. J. Sablynski, and M. Erez, "When people stay: Using job embeddedness to predict voluntary turnover," *Academy of Management Journal*, 44(6), 2001, pp. 1102~1121.

이 직장인들의 로망이 되었다. 자신과 잘 맞는 직장에서 적성에 맞는 일을 하면서 느꼈던 만족과 성취감은 부차적인 것이 된 것이다.

이러한 대사직 러시에 대응하기 위한 기업들의 인재유지 전략은 연봉 인상과 근무형태 유연화였다. 실제로 팬데믹 기간 동안 많은 이직자들이 연봉 상승과 더 좋은 근무조건의 혜택을 누렸고, 잔류자들은 상대적 박탈감을 경험했다. 이것이 최근 대두되는 '조용한 사직quiet quitting' 현상의 심리적 원인 중 하나이다. 그러나 이제 노동시장 상황은 서서히 냉각되고 있다. 빅테크 기업들에서 시작된 대규모 감원은 서비스, 유통 등 산업 전반으로 확대되고 있다. 사람들은 보통 현재 상황이 계속될 것이라는 기대에 근거해서 행동하기 때문에 자신이 원하면 언제든 더 좋은 조건에 취업할 수 있다고 생각하겠지만 이것은 착각이다. 이제 높은 보상으로 인재를 유인하거나 유지하려는 전략은 더 이상 가능하지 않다.[5]

원격근무를 비롯한 유연근무제 역시 경영환경 변화와 무관하게 지속될 수는 없다. 한때 유연근무를 적극 옹호했던 빅테크 기업의 경영자들까지도 최근 들어 이 문제에 대한 입장이 미묘하게 바뀌고 있다. "일은 하러 가는 것이 아니라 어디서든 어떻게 하느냐"가 중요하다던 메타의 마크 저커버그Mark Zuckerberg는 대면 근무하는 직원이 더 성과가 좋다고 강조한 바 있고, 여러 기업에서 비대면 근무와 주4일 근무의 생산성 문제까지 다시 거론되고 있다.[6] 국내외 기업들은 전면 사무실 근무로 전환하거나 비대면 근무와 절충한 하이브리드 근무를 병행하고 있지만 애플이나 아마존의 사례에서 볼 수 있듯이, 팬데믹 기간 동안 근무시간 단축, 비대면 근무, 워케이션work-from-anywhere 등 높은 수준의 자율성과 근무형태 결정권을 누렸던 구성원들은 사무실 출

---

5   정명호, "매일의 일을 통해 전진의 힘을 얻게 하라", ≪HR Insight≫, 5월호(2023), 10~11쪽.
6   마크 저커버그, "재택하는 직원은 일 못해", ≪문화일보≫, 2023년 3월 16일 자.

근에 반대하고 있다.

이러한 환경의 변화는 구성원의 몰입 수준에 그대로 반영되고 있다. 단적으로, 2000년부터 미국 직장인을 대상으로 업무몰입 정도를 조사해 온 갤럽의 조사 결과를 보면, '적극적 몰입actively engaged'으로 응답한 구성원의 비중은 2017년 18%에서 2020년 36%로 증가했다가 2021년 34%, 2022년 32%로 계속 하락하고 있다.[7] '적극적 비몰입'으로 응답한 구성원도 18%에 달한다. 미국의 경우 최소한의 업무만 하며, 심리적으로 직장과 자신을 분리하는 '조용한 사직' 상태의 구성원 비중이 50% 이상으로 증가했다. 특히 35세 이하 구성원의 몰입 비중은 2019년 대비 6% 하락했고, 대면과 원격근무를 병행하는 직원의 몰입이 더 감소한 것으로 나타났다.[8] 국가별 종업원 몰입 지수 Employee Engagement Index를 비교하는 퀄트릭스Qualtrics의 2020년 조사 결과를 보더라도 전체 평균 53점에 비해 영국 50점, 독일 41점, 싱가포르 47점, 한국 35점 등 낮은 몰입 수준을 나타내고 있다.[9] 이외에도 점수로 표시되지는 않지만 실제 조직 구성원들이 소속 회사를 평가하는 글래스도어Glassdoor, 국내의 블라인드Blind 등 기업 리뷰 사이트들을 방문해도 구성원들의 몰입 수준이 과거에 비해 하락하고 있음을 어렵지 않게 알 수 있다.

구성원의 변화, MZ세대론의 허구

현대의 조직 구성원들은 과거와 달리 한 직장이 아닌 여러 직장에서 더 짧

---

7   Gallup Employee Engagement Survey, https://www.gallup.com/workplace/356063/gallup-q12-employee-engagement-survey.aspx.

8   "미 직장인 절반은 조용한 사직자", 《아시아경제》, 2022년 9월 9일 자.

9   https://www.qualtrics.com/people/engage/employee-engagement/. Qualtrics Global Study (2020)의 경우, 몰입 수준을 직접 반영하지 않는 경험과 기대(experience vs. expectations), 잔류의사(intent to stay), 포용성(inclusion), 웰빙(well-being) 등도 포함되어 있다.

은 기간 동안 일하며 고용 안정성도 낮다. 양호한 조건의 정규직 일자리는 줄어드는 대신 임시직, 계약직, 비정기 고용 등 다양한 형태의 일자리가 점점 많아지고 있다. 이에 따라 일과 경력에 대한 사람들의 생각 역시 급격하게 달라지고 있다. 이제 구성원들은 경력성공보다는 일과 삶의 균형WLB을 더 중요하게 생각한다. 특히, 최근 입사하고 있는 구성원들은 이전 세대와는 상당히 다르다. 성취보다는 안정적인 일자리와 일과 삶의 균형을 추구하고 쉽게 이직하며, 장래 희망을 물으면 서슴없이 건물주라고 대답하기도 한다.

그런가 하면, 유명 대기업을 그만두고 스타트업으로 향하는 젊은이들이나 안정적인 정규직을 스스로 포기하고, 계약직이나 프리랜서로 활동하는 사람들 역시 어렵지 않게 찾아볼 수 있다. 이제 일은 더 이상 생계 수단이나 사회적 지위의 상징이 아니라 자신의 가치를 실현하고 욕구를 만족시키는 수단으로 변하고 있다. 또한 구성원들은 스스로 조직의 일원이라기보다는 독립된 계약주체로 인식하고, 각자 나름의 방식으로 불확실성에 대응하기 위해 노력하고 있다.

이러한 다양성에도 불구하고, 많은 관리자들이 이른바 MZ세대 구성원을 제대로 이해하지 못하고 있다. MZ세대는 인내심이 부족하고 권리만 주장하며 이기적이라고 생각한다. 심지어 이들을 외국인이나 외계인 같다고 생각하는 관리자도 있다. 실제로 MZ세대는 과거에 비해 다른 특성을 보이고 있다. 사람들은 이들의 특성을 여러 가지로 말한다. 자기중심적 세대look-at-me generation를 비롯해서 자기과시적·자아도취적이고, 인정 욕구가 강하고, 욕구를 즉시 표출하고, 항상 피드백을 추구한다고 한다. 지극히 현실적이고, 디지털에 능하며, 초개인화hyper-custom 성향이 있고, DIY 세대라는 등 끝이 없다.[10]

10　D. Stillman and J. Stillman, *Gen Z@work: How the next generation is transforming the workplace* (New York: HarperBusiness, 2017).

그러나 필자는 MZ세대라는 용어는 학술적으로나 실무적으로 큰 의미가 없는 '이름 붙이기 게임name game'이라고 생각한다. 가령, 밀레니얼 세대와 Z세대를 합친 범위설정만 해도 너무 자의적이다. 이른바 밀레니얼 세대라는 1985년생과 2000년대생 Z세대의 차이는 너무나 크다. 물론 세대마다 유사한 가치관을 공유하는 것은 분명하다. 가치관은 특정한 시기를 살면서 획득한 공동 경험과 문화의 산물이기 때문이다. 하지만 그것을 과장할 필요는 없다. 누구나 자신에게 주어진 시간을 살 뿐이다. 그렇기 때문에 다른 세대의 가치관이나 특성을 완전히 이해하는 것은 불가능하다. 더구나 세대 간 차이는 내집단-외집단 편향에 의해 실제보다 훨씬 증폭된다. 각자 자기가 속한 세대의 가치관이 더 옳다고 믿는다는 뜻이다. 다른 세대의 특성을 이해하는 유일한 방법은 그저 다르다는 것을 인정하는 것밖에 없다.

더 중요한 것은 특정 세대가 어떤 가치관이나 특성을 가졌든 직장에서 일을 하면서 겪게 되는 경험과 정서는 본질적으로 크게 다르지 않다는 것이다. 예를 들어, 직장에서 업무에 관련된 의사결정이나 보상 등 자원배분을 결정하는 권력의 차이는 세대별 특성 차이보다 훨씬 강할 것이다. 사람들이 막연히 MZ세대라고 부르지만 직장에서 이미 밀레니얼 세대와 Z세대의 보이지 않는 갈등이 커지고 있다. 중간관리자급 이상이 된 밀레니얼 세대와 일선 직원들 간의 갈등이다. 이것을 '젊은 꼰대'의 등장 같은 새로운 현상으로 만들려는 것은 무책임한 언론의 욕심이다. 즉, MZ세대는 그들 나름의 방식으로 현재 조직 생활의 불확실성에 대응하고 있는 것이다. 수십 년 전에 베이비부머나 X세대가 그들 나름의 대응 방법을 찾았던 것과 본질적으로 동일하다. 한 예로, 팬데믹 동안 원격근무나 유연근무가 MZ세대의 새로운 가치에 부합되기 때문에 앞으로 표준적 근무방식으로 정착될 것이라는 예측이 많았다. 그러나 유연근무 때문에 승진이나 평가에서 불이익을 받고, 근무시간 단축이 보상의 축소로 연결된다면 MZ세대라고 해서 막연히 그것을 지지하지는 않을 것이다.

같은 이유로, 밀레니얼 세대나 Z세대라고 해서 자신의 일에 대한 헌신과 열정이 없고, 몰입이 불가능한 것은 결코 아니다. 유명 대기업을 그만두고 장래가 불투명한 스타트업에서 휴일도 없이 일하는 젊은이들은 무엇인가? 비싼 돈을 지불하고서라도 친환경 의류 파타고니아Patagonia를 입고 탐스 슈즈TOMS shoes를 신는 그들의 생각을 들어봐야 한다. 돈이 되지 않아도 사회적으로 의미 있는 일, 위험하지만 권위에 저항하는 일에 함께 나서는 그들의 열정을 다시 생각해봐야 한다. 동기부여나 몰입은 개인의 타고난 기질이나 특성이 아니다. 개인과 환경의 상호작용의 산물이다. 몰입이 되지 않도록 태어난 사람은 없다. 단지 무엇인가가 그들의 몰입을 방해하고 있을 뿐이다. MZ세대를 이해할 수 없다고 동기부여를 포기하는 관리자는 스스로 무능한 관리자라고 고백하는 것과 같다.[11]

몰입이란 무엇인가

그렇다면 몰입이란 무엇인가? 먼저, 몰입이라는 용어의 혼란부터 정리할 필요가 있다. 현재 학계나 실무에서 사용되는 몰입이라는 개념은 그 뿌리가 다른 여러 가지 개념들이 섞여 있다. 그 이유는 서구에서 형성된 개념들이 국내에 들어오면서 모두 '몰입'이라고 번역되었기 때문이다.

우선, 우리가 잘 알고 있는 조직몰입organizational commitment이 있다. 구성원이 자신이 속한 조직을 좋아하고, 계속 다니고 싶어 하고, 조직을 위해 더 많은 노력을 할 용의가 있는 상태를 말한다. 굳이 다른 말로 바꾼다면 조직헌신이라고 할 수도 있다. 다음으로 직무몰입job involvement이 있다. 이는 구성원이 자신이 하고 있는 일과 심리적으로 동일시하는 상태를 말한다. 자신

---

11   정명호, "밀레니얼 세대의 조직몰입과 일 몰입", ≪월간 HRD≫, 9월호(2019), 90~91쪽.

의 일이 삶에서 매우 중요하고, 일이 자신의 정체성과 분리될 수 없는 상태이다.[12] 예전에 〈나는 가수다〉라는 방송 프로그램에서 가수들이 자존심을 걸고 열창하던 모습을 직무몰입의 예로 들 수 있다.

또, 어떤 일을 하면서 완전히 일에 집중하느라고 시간가는 줄도 모르고 식사 시간이 지난 것도 모르는 '전념 상태flow' 역시 몰입이라고 하고 있다. 몇 년 전 작고한 몰입 이론의 창시자 미하이 칙센트미하이 교수는 '고도의 집중을 유지하면서 하고 있는 일을 충분히 즐기는 상태'라고 정의했다.[13] 즉, 시간의 흐름을 못 느낄 정도의 무아지경 상태를 말하는데, 아마 누구라도 일하는 중에 몰입을 느꼈던 순간이 있을 것이다.

그런데 최근 학계와 실무에서 관심이 집중되고 있는 몰입은 '인게이지먼트engagement'를 말한다. 국내 인사조직 분야 논문에서는 보통 '직무열의'로 번역되고 있는데, 이것은 인게이지먼트의 핵심 내용을 제대로 표현하지 못하는 용어이다. 사실 인게이지먼트에 가장 가까운 우리말은 몰입인데, 같은 용어로 이미 여러 개념들이 쓰이고 있기 때문에 부득이 새로운 용어를 만든 것 같다. 하지만 그 의미가 정확하게 전달되지 않기 때문에 역시 몰입이라는 용어가 가장 적합하다고 본다.

사람들이 일하면서 자신에 일(역할)에 투입하는 노력과 에너지의 정도는 각각 다르다. 일을 하기 싫은 노동의 대상으로 보고, 자신과 일을 분리시키는 상태disengagement가 있다. 앞서 논의한 '조용한 사직'이 바로 이런 상태이다. 이와 정반대로 일과 자신이 분리되지 않고 하나가 되는 상태가 있다. 인게이지먼트가 '약혼'을 의미하듯이 몰입은 후자를 말한다. 다시 말해서, 자

---

12   Robbins and Judge, *Organizational behavior*.

13   M. Csikszentmihalyi, *Flow: The psychology of optimal experience* (New York: Harper and Row, 1990).

신의 일에 육체적·정신적·정서적 에너지를 모두 쏟아부어서 일과 하나가 되는 상태인 것이다.

몰입을 학술적 개념으로 정립한 보스턴 대학교Boston University의 윌리엄 칸William Kahn 교수는 사회학자 어빙 고프먼Erving Goffman이 사람들의 역할 수행에 대해서 들었던 은유를 다음과 같이 설명하고 있다. 아들을 회전목마에 태워 놓고 하품을 하면서 얼굴을 찡그리고 지루하게 돌보고 있는 남자는 아버지의 역할과 자신이 분리된 상태이다. 반면에 바쁜 출퇴근 시간에 무아의 상태에서 춤을 추듯 수신호를 보내며 교통정리를 하고 있는 경관은 역할과 자신이 하나가 된 몰입의 상태이다.[14] 즉, 몰입은 자신의 일이나 역할수행에 스스로를 온전히 투입하는 상태self-in-role를 말한다. 이것은 자신의 일에 "손hand과 머리head와 마음heart"을 모두 투입하고, 일 속에서 스스로의 정체성, 사고와 감정을 표현하는 것이다.[15]

러시아의 문호 레프 톨스토이Lev Tolstoy의 소설 『안나 카레니나Anna Karenina』 (1878)에는 주인공 안나 오빠의 친구인 레빈의 이야기가 나온다. 지주인 레빈은 어느 날 농부들과 함께 직접 풀베기를 한다. 진심으로 그들과 함께 일을 하고 싶었기 때문이다. 그런데 풀을 베는 과정에서 그는 자신의 일에 완전히 몰입하게 된다. 그리고 풀베기에 몰입하면 할수록 자아가 해방되는 경험을 한다. 레빈은 시간이 얼마나 흘렀는지 느끼지 못했고, 자신이 일하고 있다는 사실조차 잊어버렸다. 심지어 낫이 저절로 풀을 베고 있다고 느꼈다.

이것이 몰입 상태이다. 자신의 일을 감정적으로 좋아하고, 머릿속은 항상 일 생각을 하면서 집중하고, 일 자체에 의미를 느끼고 동기부여되기 때문에

---

14 W. A. Kahn, "Psychological conditions of personal engagement and disengagement at work," *Academy of Management Journal*, 33(4), 1990, pp. 692~724.

15 B. L. Rich, J. A. Lepine, and E. R. Crawford, "Job engagement: Antecedents and effects on job performance," *Academy of Management Journal*, 53(3), 2010, pp. 617~635.

오랫동안 일해도 피곤한 줄 모르는 상태를 말한다. 그래서 조직관리 분야에서 긍정적인 직무태도로 연구되는 직무만족, 직무몰입, 내재적 동기부여의 효과와 유사하다. 그렇다면 몰입은 기존의 긍정적인 요인들을 단순히 합쳐 놓은 것인가? 한 연구는 몰입을 구성하는 세 가지 요인인 일에 대한 인지적 몰입(직무몰입), 정서적 만족(직무만족), 신체적 노력을 이끄는 내재적 동기부여를 몰입과 함께 연구모형에 포함시켜 직무성과와의 관계를 분석한 결과, 세 가지 구성 요인의 효과는 나타나지 않았고, 몰입만이 유일하게 성과에 영향을 미친다는 것을 발견했다. 이것은 몰입이 신체적·인지적·정서적 측면의 긍정적 요인을 단순히 합친 것이 아니라 세 요인이 연결된 형태로 결합된 새로운 다차원적 개념임을 의미하는 것이다.[16]

이렇게 자신의 일에 완전히 몰입한 구성원이 좋은 성과를 거두는 것은 당연하다. 이미 실무 기업에서는 조직관리의 초점이 기존의 만족satisfaction 모형에서 몰입engagement 모형으로 전환되었다. 과거에 직원들의 만족을 최우선으로 하고, 정기적으로 '임직원 만족도 조사ESI'를 실시해 왔으나 성과 예측력과 조직진단 면에서 그다지 신뢰성이 높지 않다는 결과에 따라 최근에는 많은 기업들이 몰입도 조사engagement survey로 방향을 전환하고 있다. 문제는 몰입을 이끌어내기가 쉽지 않다는 점이다. 위에서 소개한 갤럽 몰입도 조사에 따르면, 우량기업들에서도 단지 17~29%의 구성원만이 몰입하고 있음을 알 수 있다. 앞으로 급변하는 경영환경에서 어떻게 구성원의 몰입을 확보하는가가 기업들의 가장 중요한 과제가 되었다.

조직몰입과 업무몰입

다른 문제는 조직몰입과의 관계이다. 조직몰입은 조직이라는 대상에 대한

---

16   Rich, Lepine, and Crawford, 같은 글, p. 619.

태도지만 몰입은 주로 직원 몰입employee engagement 혹은 업무몰입job engage-ment으로 사용되고 있다. 즉, 몰입은 조직 전체가 아니고 특정한 일이나 역할에 대한 몰입을 의미한다. 따라서 조직몰입과 업무몰입을 발생시키고 유지하는 메커니즘은 다르다. 조직몰입은 조직과 구성원의 교환관계에서 형성된다. 구성원의 노력에 비해 조직의 보상과 후원이 더 큰가 작은가, 소속 조직에 심리적 소유감을 느끼는가 등의 요인이 작용한다. 그러나 업무몰입은 구성원이 업무수행 과정에서 어떤 경험을 하느냐에 따라 결정된다. 그리고 몰입은 하나의 상태이기 때문에 하루 근무시간 중 몰입할 때와 그렇지 않을 때가 자주 바뀔 수 있다. 따라서 조직몰입과 업무몰입 확보를 위한 실무적인 대안은 달라져야 한다.

그렇다면 조직몰입과 업무몰입 중 더 중요한 것은 무엇일까? 전통적으로 조직 실무에서 직무만족이 높고 조직몰입이 낮은 직원보다 직무만족이 낮더라도 조직몰입이 높은 직원이 업무성과와 잔류의사가 더 높았다.[17] 하지만 글로벌 컨설팅 기업 머서Mercer의 최근 조사를 보면, 그 격차는 매우 작아졌다. 오히려 젊은 세대에서는 조직몰입보다 자신의 일에 대한 만족이 높은 직원이 더 성과가 좋았다.[18] 즉, 구성원의 주류가 된 밀레니얼 세대와 Z세대에서는 조직몰입보다 업무몰입의 중요성이 증가하는 것이 세계적인 추세이다. 최근 고용 유동성 증대, 비대면 근무, 구성원의 주도성 및 성장욕구 증가 등 가치의 변화에 따라 업무몰입의 중요성은 더욱 높아질 것이다.

이와 관련해서, 최근 구성원들의 전반적인 충성심과 애사심 저하로 조직몰입 무용론이 나오고 있다. 그러나 팀 외부와의 업무협조, 조직 외부의 새

---

17 Robbins and Judge, *Organizational behavior.*

18 "Mercer's 2017 Global Talent Trends report," https://www.oliverwyman.com/media-center/2017/oct/mercer-and-oliver-wyman-join-forces-to-prepare-workforces-for-the-digital-era.html.

로운 파트너와의 협업이 강조되는 경영환경에서 소속 조직에 대한 애착은 매우 중요하며, 조직몰입의 확보 없이는 의미 있는 성과를 거둘 수 없다. 또한 업무몰입은 특정 인사제도로 확보되는 것이 아니고, 직무내용과 직무관계의 변화가 동반되어야 한다. 권위적인 업무환경에서 단조롭고 반복적인 업무를 수행하는 구성원들이 집중근무 시간제가 도입되었다고 해서 갑자기 일에 집중하고 몰입하는 것을 기대하기는 어렵다.[19]

이런 점에서 볼 때, 조직몰입과 업무몰입은 양자택일의 문제가 아니고 반드시 함께 추구해야 할 목표라고 할 수 있다. 또한, 조직몰입과 업무몰입의 메커니즘이 다른 것은 사실이지만 실무적인 관점에서 본다면 양자 모두를 만드는 공통의 조건들이 있을 것이다. 여기에는 조직 내 소통관리, 구성원 참여, 더 나아가서 조직 민주주의의 진전과 같은 근본적인 요인들이 포함된다. 이러한 기반 위에 직무내용의 변화, 상사-직원, 고객-직원 간 관계 등 직무관계의 변화와 조직 수준의 제도 변화가 통합적으로 실행될 때, 두 가지 몰입에서 의미 있는 진전이 가능할 것이다. 아래에서 먼저 조직몰입의 확보와 관련된 요인들을 살펴보기로 한다.

조직-구성원 관계와 조직몰입

조직과 구성원의 관계는 고용계약에 의한 공식적인 관계이다. 그리고 조직은 살아 있는 생물체가 아닌 법인이다. 하지만 사람들은 일상 대화 중에 "내가 젊음을 바친 A사가 나를 버렸다", "B사가 나를 이렇게 대하면 안 된다"라는 식으로 말한다. 마치 다른 사람과의 관계처럼 말하는 것이다. 말은 우리의 생각을 반영한다. 현대 조직연구는 구성원들이 자신과 조직의 관계를 마치 다른 사람과의 관계처럼 의인화한다는 것을 밝히고 있다.[20] 이렇게 조

---

19   정명호, "밀레니얼 세대의 조직몰입과 일 몰입", 91쪽.

직-구성원의 관계가 단순한 근로계약 관계가 아니기 때문에 구성원의 몰입 확보는 결코 쉬운 일이 아니다. 특히 조직에 대한 생각이 기성세대와 상당히 다른 이른바 MZ세대의 조직몰입 관리는 더욱 어려운 과제이다.

조직몰입은 세 가지 구성요소로 이루어져 있다. 첫째는 명확한 이유는 설명하기 어렵지만 조직에 심리적 애착을 느끼는 정서적affective 몰입이 있다. 둘째, 합리적인 판단에서 나오는 몰입이다. 예를 들어, 자신의 조건이나 스펙에 비추어 현재 근무하는 조직을 떠나는 것보다 그대로 잔류하는 것이 더 이익이라고 생각하는 경우, 또 지금 당장 구직시장에 나가더라도 현재 회사만큼 좋은 곳은 찾기 어렵다는 판단에서 오는 지속적continuance 몰입이 있다. 마지막으로, 조직의 가치를 수용하고 도덕적 의무감을 느끼는 규범적normative 몰입이 그것이다.[21] 그런데 이중 구성원의 행동과 직무성과에 가장 큰 영향을 미치는 것은 예상외로 합리적 판단에 의한 몰입이 아니라 막연히 조직을 좋아하는 것 즉, 정서적 몰입이다. 이것은 구성원이 조직을 무생물인 법인이 아니라 인격적 존재로 본다는 것을 다시 말해준다.

사회적 교환이론에 따르면, 다른 사람들과의 사회적 관계에서 사람들의 사고와 행동을 지배하는 가장 강력한 원리는 '내가 받은 만큼 돌려주겠다'는 호혜성(또는, 상호성)의 원칙이다. 그래서 구성원들은 조직으로부터 자신의 노력보다 더 큰 무엇인가를 받았다고 생각하면, 조직에 몰입하고 자발적으로 추가적인 노력을 기울이지만 노력보다 적게 받았을 때는, 몰입이 떨어지고 조직에 해가 되는 행동을 하기도 한다.[22] 특히, 성장기에 국가적 경제위

---

20 L. Rhoades and R. Eisenberger, "Perceived organizational support: A review of the literature," *Journal of Applied Psychology*, 87(4), 2002, pp. 698~714.

21 J. P. Meyer and N. J. Allen, "A three-component conceptualization of organizational commitment," *Human Resource Management Review*, 1(1), 1991, pp. 61~98.

22 R. Cropanzano and M. S. Mitchell, "Social exchange theory: An interdisciplinary review,"

기 상황에서 대규모 구조조정을 지켜보고, 현재도 임시직, 계약직 등 고용 불안정에 시달리거나 양호한 조건의 정규직 일자리를 어렵게 얻은 젊은 구성원들은 조직과의 교환관계에 더욱 민감할 수밖에 없다.

그렇다면 구성원이 원하는 고용 안정과 경제적 보상, 휴가를 충분히 주면 조직몰입은 확보될 수 있을까? 그렇게 할 수 있는 조직도 많지 않을뿐더러 그것만으로 충분치 않다. 몰입에는 정서적 요인이 강하게 작용하기 때문이다. 마치 사람들이 종종 부유한 사람보다 가난하지만 매력적인 상대에게 끌리는 것과 같은 원리이다.[23]

조직후원 이론organizational support theory에 따르면, 구성원들은 조직이 자신의 공헌을 인정하고, 자신의 안녕과 행복을 배려하고, 우호적인 대우를 한다고 느끼면 이를 되갚으려는 동기부여가 일어나서 몰입과 업무성과가 향상되고, 주어진 역할 외의 추가적인 노력도 하게 된다.[24] 마치 우리가 누군가로부터 선의의 선물과 배려를 많이 받으면 언젠가 그중 일부라도 되돌려주고 싶은 마음이 생기는 것과 같은 원리이다. 즉, 보상의 양이 문제가 아니라 조직이 자신을 후원한다고 인식하느냐가 관건이다. 이것을 '조직후원인식 Perceived Organizational Support: POS'이라고 한다.

그렇다면 다음 질문은 구성원들의 조직후원인식POS을 증가시키는 요인은 무엇인지가 될 것이다. 지금까지 알려진 선행요인으로는 단순히 많은 보상이 아닌 공정한 보상, 조직의 운영과 의사결정에 참여해 자신의 목소리를 내는 것, 그리고 상사의 후원이 중요한 것으로 밝혀지고 있다. 예를 들어, 고위 관리자가 아닌 일선 담당자의 의견이라도 경청하는 것, 가정에 어려운 일

Journal of Organizational Behavior, 31(6), 2005, pp. 874~900.

23   정명호, "조직-구성원 관계와 조직몰입", ≪월간 HRD≫, 10월호(2019), 90~91쪽.

24   Rhoades and Eisenberger, "Perceived organizational support."

이 생겼을 때 근무시간을 조정해 주는 것, 업무 중 저지른 선의의 실수를 용납하고 격려하는 것이 최고 수준의 보상을 주는 것보다 조직몰입에 더 효과적일 수 있다는 것이다. 특히, 중요한 것은 조직의 후원이 재량적인가discretionary 여부이다. 다시 말해서, 회사가 의무적으로, 혹은 법규에 따라서 구성원을 후원하는 것은 별 효과가 없지만 굳이 하지 않아도 되는 상황에서 진정한 후원을 보내면 조직후원인식에 의한 조직몰입 효과가 강력해진다. 실제로 지난 코로나 팬데믹 상황에서 구성원의 건강을 위해 법규로 요구되는 것 이상의 사회적 거리두기social distancing를 시행한 경우, 구성원의 조직몰입이 더욱 높아지는 효과가 확인되었다.[25]

조직의 진정한 후원은 절차공정성에 민감하고 참여와 인정욕구가 강한 주니어 구성원들의 조직몰입을 더욱 높일 수 있을 것이다. 세계에서 가장 일하고 싶은 직장 중의 하나로 꼽히는 소프트웨어 개발 기업 SAS의 제임스 굿나잇James H. Goodnight 회장은 좋은 직장이 되려면 '무엇을 하느냐가 아니라 어떻게 하느냐'가 문제라고 강조한다. 무엇을 더 주느냐가 아니라 조직이 구성원을 진정으로 위하고 신뢰한다는 마음이 전달되어야 한다는 것이다.[26]

다음으로, 애사심과 몰입은 조직에 대한 소유감과 밀접하게 관련되어 있다. 흔히 경영진은 구성원에게 주인의식을 갖고 열심히 일하라고 하고, 구성원들은 주인이 아닌데 어떻게 주인이 되라고 하느냐고 반문한다. 기업의 소유권은 주주에게 있는데 주주가 아닌 구성원이 주인의식을 가질 수 있을까?

25   K. Y. Kim, J. G. Messersmith, and R. Eisenberger, "Social distancing initiatives and perceived organizational support: It's the intended beneficiary that counts," *Group & Organization Management*, September 29, 2020 (online), https://doi.org/10.1177/10596011221129007.

26   M. Burchell and J. Robin, *The great workplace: How to build it, how to keep it, and why it matters* (San Francisco: Jossey-Bass, 2011).

쉽지는 않지만 가능하다. 법적으로나 공식적으로는 자신의 소유물이 아니지만 마치 자신의 소유물처럼 느끼는 심리 상태를 '심리적 소유감psychological ownership'이라고 한다. 예를 들어, 업무용 PC는 분명 회사의 자산이지만 직원은 자신의 것이라고 느낀다. 타인에게 고용된 정원사가 오랫동안 가꿔온 정원을 자신의 것이라고 느끼는 것도 마찬가지다.[27] 소속 조직에 대한 심리적 소유감을 경험할 때, 구성원은 조직을 '자아의 일부분'으로 여기게 되므로 소유 대상인 조직에 대한 긍정적인 태도와 책임감을 일으켜서 조직몰입으로 연결된다.

그렇다면 심리적 소유감과 주인의식은 어떻게 생기는가? 일부에서는 조직의 사명과 목적에 공감하면 주인의식이 생긴다고 말한다. 그러나 주인의식이란 관념적인 공감으로 생기는 것이 아니다. 지금까지 연구결과를 보면, 소유 대상에 대한 통제, 대상에 관한 지식, 그리고 대상에 자신의 시간과 노력을 투자하는 것 등이 심리적 소유감을 만드는 요인으로 밝혀졌다. 사람들은 어떤 대상을 자신이 통제할 수 있다고 느낄 때는 자신의 일부로 여기지만 그 대상이 다른 사람에 의해 통제된다고 느낀다면 자신의 소유물로 생각하지 않는다. 또, 어느 회사에 오랫동안 근무해 회사 사정을 속속들이 알고 있는 사람은 심리적 소유감을 가질 것이다. 마지막으로, 회사에 자신의 시간과 노력을 더 많이 투자할수록 심리적 소유감은 강해질 것이다.[28]

그러므로 조직-구성원 관계에서 심리적 소유감을 높이고 조직몰입을 향상시키는 데 있어서 가장 중요한 요인은 구성원이 경험하고 느끼는 통제의

27　J. L. Pierce, T. Kostova, and K. T. Dirks, "Toward a theory of psychological ownership in organizations," *Academy of Management Review*, 26(2), 2001, pp. 298~310.

28　J. B. Avey, B. J. Avolio, C. D. Crossley, and F. Luthans, "Psychological ownership: Theoretical extensions, measurement and relation to work outcomes," *Journal of Organizational Behavior*, 30, 2009, pp. 173~191.

양과 수준이다. 조직 내 주요 문제에 대한 의사결정 권한을 특정 계층이나 집단이 독점한다면 일반 구성원의 소유감과 몰입은 높아질 수 없다. 어떤 방식으로든 일반 구성원의 참여가 보장될 때, 심리적 소유감과 조직몰입이 확대될 수 있을 것이다. 또한 일반 구성원이라도 조직의 목표와 성과, 운영과정에 관한 상세한 정보를 갖게 될 때, 주인의식과 애사심이 커질 것이다. 어린 시절부터 정보공유와 결과에 대한 피드백에 익숙한 세대에게는 이것은 매우 중요한 요인이다. 아울러, 일에서 의미와 열정을 추구하고, 자신의 적성과 능력에 대한 인정을 희구하는 구성원들이 마음껏 시간과 노력을 투자할 수 있는 업무환경을 조성해야 한다. 처우가 좋더라도 업무수행 과정에서 '내 회사'라는 생각이 들지 않는다면 구성원의 조직몰입을 얻기는 어려울 것이다.

2. 몰입의 관리, 자율성과 자기결정

앞서 일과 분리되지 않고 자신의 모든 에너지를 투입하는 몰입은 쉽게 얻을 수 있는 것이 아님을 살펴보았다. 그렇다면 현대 경영환경에서 더욱 중요해진 일에 대한 몰입은 어떻게 확보할 수 있을까? 몰입 이론의 선구자인 윌리엄 칸은 몰입을 이끌 수 있는 선행요인으로 자신이 하고 있는 일이 의미 있다고 느끼고meaningfulness, 일과 관련된 관계가 안전하고safety, 일을 해낼 수 있다는 효능감availability이 필요하다는 세 가지 조건을 제시했다.[29] 물론 이 외에도 다른 요인들이 있을 것이다. 가령, 다른 사람과 의미 있는 관계로 연결되는 것이나 소속감도 몰입에 긍정적인 요인이 될 것이다. 단순하게 말한다면, 몰입을 만드는 핵심적인 요인은 두 가지로 집약된다. 첫째, 자신이 '하

---

29   Kahn, "Psychological conditions of personal engagement and disengagement at work."

고 싶은 일을 원하는 방식으로' 할 때 몰입이 가능하다. 둘째, 자신이 결정할 수 있고, 결과를 책임진다는 인식이 몰입을 촉진한다.

내재적 동기부여와 몰입

최근에 일을 하면서 몰입을 느낀 적이 있다면 언제였는지 생각해보자. 아마도 스스로 흥미를 느끼고 하고 싶은 일을 할 때였을 것이다. 그렇다면 사람들이 '하고 싶은 일'은 무엇일까? 사람마다 다르겠지만 한마디로 의미 있는 일, 사회적 영향력social impact이 큰일이다.

요즘은 식당에 가더라도 별점이나 리뷰를 확인한다. 고객의 한 사람으로 기업을 방문해 간단한 서비스를 받더라도 금방 결과에 대한 피드백을 문자로 받을 수 있다. 거기에 더해 서비스한 직원에 대한 평가를 요청받기도 한다. 이제 기업의 구성원들은 과거에 비해 자신의 일에 영향을 받는 다른 사람들을 구체적으로 인식하고, 그 효과를 가시적으로 확인할 수 있게 되었다. 그리고 일이 잘되었는지는 물론 자신의 직무수행이 고객의 기대를 충족했는지에 많은 관심을 갖고 있다. 사람들은 자신이 다른 누군가를 위해서 무엇을 하고 있다고 느낄 때, 직무에 대한 헌신, 도움 행위, 업무상의 혁신 등 긍정적 성과를 만든다. 또한 사람들은 다른 사람들과 연결되어 있다고 느낄 때 더 보람과 행복을 느끼며, 자신이 한 일이 다른 사람들에게 어떤 영향을 끼쳤는지 알고 싶어 한다.[30]

현대 조직 구성원들은 이전 세대들에 비해 사회적으로 의미 있는 일, 세상에 좋은 영향을 주는 일에 관심이 많고, 자신을 적극적으로 표현하려는 욕구도 크다.[31] '아이스 버킷 챌린지ice bucket challenge'를 생각해보자. 몇 년 전 루

---

30 정명호, 「관계적 직무설계와 직무 관계 이론의 비판적 검토」, ≪인사조직연구≫, 27권, 1호 (2019), 73~106쪽.

게릭병 환자에 대한 지원과 기부를 위해 시작된 이 사회운동은 소셜 미디어를 타고 전 세계로 급속하게 확산되었다. 몇 사람이 시작한 작은 운동에 유명 정치인, 기업가, 연예인 등 전 세계의 수많은 사람들이 얼음물을 뒤집어쓰는 대열에 합류했으며, 국내에서도 큰 성공을 거두었다.

이제 조직 구성원들은 자신이 한 일이 다른 동료들에게 어떤 영향을 미치고, 사회적으로 좋거나 나쁜 결과를 만드는지 알고 싶어 한다. 사실 현대 조직의 모든 직무는 어떤 방식으로든 다른 직무와 연결되어 있고, 겉으로 보기에 완전히 독립적인 직무일지라도 그 수행 결과에 영향을 받는 다른 구성원이나 고객이 있다. 그래서 자신이 수행한 일의 수혜자와 접촉하게 된다면 일에 대한 내재적 동기부여는 커질 것이다. 특히 접촉 빈도, 지속 기간, 깊이와 폭에 따라 접촉의 의미감이 더 증가할 수 있다. 따라서 일하는 과정에서 수혜자들과 직접 만나거나 접촉할 수 있도록 직무가 설계된다면 직무수행자의 친사회적prosocial 동기와 사회적 영향력에 대한 관심은 매우 커질 수 있다. 이러한 효과는 직무수행자의 개인적 특성이 이기적인가 이타적인가에 상관없이 작용한다. 직무수행자가 자기 일의 수혜자가 누구인지 알고 만날 수도 있다면, 그들의 처지에 공감하고, 그들과 동일시하고, 그들의 관점으로 업무상의 문제를 인식함으로써 강한 정서적 애착을 느끼게 된다. 아울러 사회적 영향력을 실감함으로써 자신의 일에 더 많은 노력을 기울이게 된다.[32] 이러한 내재적 동기부여는 허츠버그가 말한 '마음속의 발전기'가 되어 몰입으로 연결되는 것이다.

예를 들어, 방사선과 의사들이 CT 검사 결과를 판독할 때, 익명의 환자 번

---

31   A. M. Grant and S. K. Parker, "Redesigning work design theories: The rise of relational and proactive perspective," *Academy of Management Annals*, 3(1), 2009, pp. 317~375.

32   A. M. Grant, "Relational job design and the motivation to make a prosocial difference," *Academy of Management Review*, 32(2), 2007, pp. 393~417.

그림 11-1 CT 판독 업무와 친사회적 동기

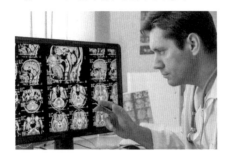

호만 쓰지 않고 환자의 사진을 함께 보여줬더니 판독의 정확성이 46%나 향상되었다. 대학에서 기부금을 모금하는 콜센터 직원들은 단조롭고 자주 거절을 당하는 별로 재미없는 일이지만 그들의 노력으로 장학금을 받아서 학교를 다니는 수혜 학생을 실제로 만났을 경우, 모금 노력과 모금액이 훨씬 증가했다. 소방관들이 재난 상황의 사람들과 신체적·정서적 접촉을 하면서 그들의 생명을 구하는 일에 위험을 무릅쓰고 몰입하는 것도 같은 원리이다.[33]

이러한 동기부여와 몰입의 원리는 이미 실무에도 적용되고 있다. 한 예로, 웰스파고Wells Fargo 은행은 어려운 처지에 있는 고객들이 자사의 저금리대출을 받아서 불필요한 빚을 갚은 것에 감사하는 영상을 직원들에게 보여준 후, 업무몰입과 성과가 크게 향상되는 결과를 얻었다. 의료기기 회사인 메드트로닉Medtronic사는 영업사원은 물론 엔지니어들까지 정기적으로 병원을 방문해서 자사의 제품이 실제 환자들을 위해 어떻게 쓰이고 있는지를 살펴보도록 하고 있다. 환자를 만날 기회가 없는 직원들에게 자신이 하는 일이 환자들에게 미치는 영향을 직접 확인하도록 하는 것이다. 주로 전문의약품을 의료기관에 판매하기 때문에 직접 환자를 만나기 어려운 브리스톨마이어스스큅Bristol Myers Squibb(BMS)사 역시 환자를 위한 캠페인을 벌이고, 환자들을 초청해 투병 생활에 대한 이야기를 직접 듣는 행사를 갖고 있다. 환자들이

33　A. M. Grant, *Give and take: Why helping others drives our success* (New York: Penguin Books, 2013).

자사 제품으로 어떠한 도움을 받고 있는지 깨닫게 함으로써 직원들의 업무 몰입을 촉진하고 있는 것이다.[34]

몰입의 핵심 원리, 자율성

미국 로체스터 대학교University of Rochester의 교육심리학자 리처드 라이언 Richard M. Ryan과 에드워드 드시Edward L. Deci는 동기부여의 핵심 원리에 관한 새로운 주장을 담은 '자기결정 이론self-determination theory'을 발표했다. 사람들은 누구나 세 가지 심리적 욕구를 갖고 있는데, 그것은 자율성autonomy, 능력과 역량competence, 그리고 타인과의 연결관계relatedness이다. 그중에서도 가장 중요한 것은 자율성이다. 아무리 수동적인 사람도 무엇을 먹고, 무슨 옷을 입을지까지 남에게 맡기는 사람은 없을 것이다. 그래서 누구나 자신이 하는 일에 통제권을 행사하고자 한다.[35]

흥미로운 사실은 누군가가 스스로 재미를 느끼고 일에 열중하고 있는데, 더 잘하라고 돈을 준다면 오히려 동기부여 수준과 성과가 떨어진다는 것이다. 왜냐하면 지금까지 스스로 선택해서 자신의 능력으로 해오던 일에 외재적 보상이 주어지면, 내가 재미있어서 그 일을 하는지 아니면 더 많은 돈을 받으려고 하는지 생각하게 되고(인지적 평가과정), 그 결과 자신의 행동에 대한 통제권을 잃었다고 느끼게 되기 때문이다. 이것은 당시까지 동기부여를 설명해 왔던 보상과 강화의 원리를 근본적으로 비판하는 것이다. 사람들은 누구나 자율성과 자기결정에 대한 근본적인 희구가 있기 때문에 본인의 행동을 스스로 통제하지 못한다고 느끼면 그 일에 몰입할 수가 없게 된다. 가

---

34   정명호, 「관계적 직무설계와 직무 관계 이론의 비판적 검토」.

35   E. L. Deci and R. M. Ryan, *Intrinsic motivation and self-determination in human behavior* (New York: Plenum, 1985).

령, 컴퓨터 게임에 깊이 빠진 아이들이라도 매일 게임을 하는 대가로 일정한 돈을 지급하게 되면, 자기 행동에 대한 자율성이 손상되어 흥미를 잃게 된다는 것이다. 결론적으로, 자율성과 자기결정에 대한 인지적 평가cognitive evaluation에 따라 동기부여와 몰입의 수준이 정해진다는 것이다.

같은 원리로, 구성원이 자신의 일에 몰입하기 위해서는 무슨 일을 어떻게 할 것인가를 스스로 선택하고 결정했다는 느낌이 필요하다. 앞서 소개한 칙센트미하이 교수 역시 몰입을 하려면 다음과 같은 세 가지 조건이 필요하다고 말한다. 명확한 목표, 적절한 수준의 난이도, 그리고 결과에 대한 피드백이 그것이다. 특히, 자신의 능력보다 5~10% 정도 어려운 일을 할 때 몰입 상태에 가장 잘 빠져들 수 있다고 말한다. 그런데 자신이 흥미를 느끼지 못하는 지루한 일을 하면서도 몰입에 빠져들 수 있는데, 그 조건은 스스로 도전 과제를 정하고 난이도를 높여나가야 한다는 것이다. 가령, 단순 조립 작업을 하는 생산 라인의 노동자라도 보통 2분 걸리던 작업을 1분 이하로 줄이기 위해 노력하는 과정에서 몰입을 경험할 수 있다는 것이다.[36] 즉, 몰입을 일으키는 핵심요인은 바로 자율성이다.

많은 사람들이 지난 팬데믹 기간 동안 재택근무나 원격근무를 했는데도 생산성이 떨어지지 않았거나 오히려 증가한 것에 대해 이런저런 이유를 말한다. 하지만 지난 팬데믹 동안 생산성이 유지되거나 향상되었던 근본적인 이유는 출퇴근 시간 절약이나 협업 툴의 확대와 같은 표면적인 요인이 아니다. 그것은 비대면 상황에서 업무일정과 업무방식을 일일이 지시받거나 협의하지 않고 스스로 결정했기 때문이다. 즉, 유연근무제나 업무방식 자체가 문제가 아니라 자율성과 통제의 증대가 동기부여와 몰입 수준을 높인 것이다.

팬데믹 기간 크게 성장한 기업 슬랙Slack이 실시한 슬랙 리서치의 조사에

---

36   "충분히 즐기고 있나, 몰입의 마술", ≪조선일보 Weekly Biz≫, 2015년 1월 17일 자.

그림 11-2 퓨처 포럼 펄스의 업무만족도 조사(2022)

스트레스와 불안에 대한 긍정적 감정	근무환경에 대한 만족	일-생활 균형	유연성
9.0	21.6	17.1	18.1
13.4	28.3	25.1	30.3
21.7	35.4	33.2	39.0

■ 완전 대면근무 ▨ 하이브리드 근무 ☐ 완전 원격근무

자료: Summer 2022 Future Forum Pulse, https://futureforum.com/pulse-survey/.

따르면, 팬데믹 기간 중 유연근무는 직원들이 더 생산적으로 일하고, 팀에 연결되어 있다고 느끼는 데 중요한 역할을 한 것으로 나타났다. 근무시간을 조정할 수 있는 유연성을 가졌던 근로자는 그렇지 못한 근로자와 비교했을 때 생산성이 39% 더 높고, 집중 능력도 64% 이상 높다고 밝혔다.[37] 이와 관련된 퓨처 포럼 펄스Future Forum Pulse 2022년 조사에서도 대면이나 하이브리드 근무보다는 완전 원격근무가 유연성, WLB, 업무 스트레스, 그리고 만족도 면에서 가장 좋은 결과를 보였는데, 이것 역시 자율성과 자기결정의 효과라고 볼 수 있다.[38]

결론적으로, 몰입관리의 가장 중요한 열쇠는 구성원의 자율성과 업무 통제권 증가, 그리고 그와 연결된 주도성의 확대이다. 따라서 직원들이 자신의 업무일정을 스스로 설계하고, 상사나 동료들과 주요 이슈를 실시간으로 공유하면서 피드백을 받고, 업무 관련 의사결정 권한을 더 가질 수 있도록 확대해야 한다. 핵심은 업무내용과 방식을 누가, 어떻게 결정할 것인가에 달려있기 때문에 의사결정 권한을 조직 내 하위 수준의 직원들에게도 부여하고,

---

37 "유연근무가 기업 생산성에 효과적, 알지만 도입 꺼리는 경영진들", 《한경비즈니스》, 2023년 4월 3일 자.

38 "Future Forum Pulse Summer Snapshot Report," July 2022.

계획과 실행, 결과에 대한 평가까지 책임을 부여하는 임파워먼트 프로그램을 진지하게 검토해야 한다.

아울러, 급속하게 발전하는 기술변화에 압도되어 업무과정을 과도한 엔지니어링 관점으로 관리하지 않도록 유의할 필요가 있다. 물론 팬데믹 동안 크게 확대된 각종 화상회의 플랫폼, 모바일 기반의 협업 툴, 데이터 기반의 HR 의사결정과 AI가 지원하는 인사 및 조직관리 기법들은 분명 불합리한 업무관행을 개선하고 효율성을 증진하는 효과가 있다. 하지만 와튼 스쿨의 피터 카펠리 교수는 이러한 최적화optimization 모델이 지나칠 경우, 구성원의 자율성을 위축시킬 수 있음을 경고하고 있다. 직원들이 업무수행에 관해 고민하지 않고 인공지능이 설계한 알고리즘을 그대로 수행하는 기계와 같은 존재가 된다면 머지않아 큰 대가를 치를 것이라는 예측이다.[39] 또, 원격근무가 확대되면서 기업들은 직원 위치 파악, 안면 인식, 메타버스 기반의 근태관리 등 감시 시스템에 많은 투자를 했는데, 이것 역시 사생활 침해 논란을 차치하더라도 몰입 관점에서 보면 상당히 위험할 수 있다. 이제 일반 기업들에게까지 보편화된 감시용 소프트웨어는 원격 접속한 직원의 키보드 입력, 마우스 움직임, 화상회의 참여도, 업무용 메신저 회신 속도, 화면이 꺼져 있는 시간 등을 일일이 측정하고 있는데, 이런 감시 도구를 활용하면서 몰입 향상을 목표로 하는 것은 모순적인 정책일 뿐이다. 결국 몰입관리의 핵심은 일하는 사람의 자율성과 통제, 그리고 주도성이 확대되는 것이라는 점을 잊지 말아야 한다.

---

39 P. Cappelli, "Stop overengineering people management," *Harvard Business Review*, 98(5), 2020, pp. 56~63.

벨리곰의 성공

몇 년 전 국내 한 유명 백화점 앞의 광장에 거대한 크기의 곰이 등장했다. 키가 15m에 달하는 초대형 곰 캐릭터를 전시했는데, 300만 명 이상이 관람했고, 소셜 미디어에서는 이미 120만 명의 팬덤을 보유하고 있다고 한다. 바로 젊은이들에게 큰 인기를 끌고 있는 벨리곰이다. 필자도 얼마 전 공항 방문 길에 항공사 카운터 앞에 있는 벨리곰을 볼 수 있었다. 벨리곰은 국내 L사에서 자체 지식재산권 개발을 목표로 한 프로젝트에서 시작되었는데 기대 이상의 큰 성공을 거뒀다. 다수의 기업과 협업해 이미 수십억 원이 넘는 굿즈가 판매되었고, 두바이Dubai, 뉴욕 등 해외에서도 공공 전시를 여는 등 글로벌 시장에도 진출했다. 벨리곰 공식 유튜브YouTube 채널의 누적 콘텐츠 조회 수는 3억 7000만 회를 돌파했는데, 해외 시청자 비율은 약 40%에 달한다고 한다. 향후에는 애니메이션 제작, 유명 글로벌 IP 협업 등을 통해 해외시장 진출도 계획하고 있다.[40]

그런데 여기서 벨리곰의 성공요인에 주목할 필요가 있다. 벨리곰은 원래 MZ세대 직원들을 대상으로 한 L사의 사내 벤처 프로그램을 통해 탄생한 캐릭터라고 한다. 입사 2년 차 직원이 '일상 속에 웃음을 주는 곰'이라는 아이디어를 냈으며, 담당 팀장은 무려 4년 동안 그 성공 가능성을 믿고 기다려주었고, 프로젝트의 세부 사항에도 관여하지 않았다고 한다. 덕분에 해당 직원의 생각대로 팬들과의 소통을 강화하고, 피드백을 수용하면서 300건 이상의 영상을 철저히 비상업적 영상으로만 제작했으며, 기업명을 절대 노출하지 않도록 주의했다고 한다. 만약 처음부터 회사의 공식 프로젝트로 선정해 진행 상황을 평가하고, 세부적인 지시를 내렸다면 지금과 다른 결과가 나왔을 수도 있다. 한마디로, 자율성과 구성원의 자기결정이 좋은 결과를 만든 것이라

40　"120만 팬덤, 벨리곰", 《헤럴드경제》, 2022년 12월 15일 자.

고 볼 수 있다.

과거에 국내 기업들의 임파워먼트 성과가 부진했던 이유 역시 실질적인 의사결정과 통제권은 상층부에 그대로 두고, 하위 관리자들에게만 권한위임을 강요하는 선별적인 방식으로 이루어졌기 때문이다. 그래서 '해도 그만, 안 해도 그만'인 정도의 제한적인 범위 내에서만 권한위임이 진행되었고, 이것은 결국 하위 관리자들이 가졌던 권한의 일부를 아래로 넘겨주고, 자신들은 위로부터 권한을 넘겨받지 못한 '선별적 임파워먼트'였다.[41] 벨리곰의 사례처럼 임파워먼트는 의미 있고 중요한 업무에 대해 스스로 결정할 수 있는 통제권을 줄 때만이 효과를 발휘한다. 물론 직원들이 의사결정을 할 만한 충분한 역량을 동시에 육성해 가는 것도 병행해야 한다. 자기결정 이론이 알려주는 것처럼 자신이 실질적인 능력을 갖고 업무의 내용과 과정을 통제할 수 있을 때, 동기부여와 몰입이 가능해질 것이다.

주도성과 몰입

다음으로 구성원이 어떤 일에 몰입하기 위해서는 자신이 원하는 방식으로 일하고 있다는 경험이 있어야 한다. 이와 함께, 급격한 기술변화와 불확실성의 증가로 인해 이제 조직은 직무수행자의 적응 능력과 적극적인 직무변화 능력에 더욱 의존하게 되었다. 또한 직장 이동이 증가함에 따라 경영진은 능력 있는 직원들을 계속 보유하기 위해 보다 유연한 직무수행을 허용할 수밖에 없게 되었다.[42]

이런 관점에서 최근 주목받고 있는 것이 '잡 크래프팅' 즉, 직무재창조이

---

41 정명호, 「한국기업의 권력구조」, 강혜련 외, 『지속가능한 혁신공동체를 향한 실천전략』(서울: 클라우드 나인, 2016), 133~160쪽.

42 정명호, 「관계적 직무설계와 직무 관계 이론의 비판적 검토」.

다. 구체적으로, 직무재창조는 주어진 직무를 그대로 수행하는 것이 아니라 직무수행자가 주도적으로 과업의 범위를 바꾸고, 과업의 의미와 관계를 다시 설정하고, 다른 사람과의 직무관계를 변화시키는 것을 의미한다.[43] 따라서 직무재창조가 일어나면 직무(과업), 일의 의미, 그리고 직무수행자의 정체성이 모두 변하게 된다.

예를 들어, 어떤 마케팅 관리자가 자신이 수행하는 주요 과업을 과업당 소요시간을 중심으로 열거해 보니, 자신의 열정과 맞지 않는 팀원 성과평가와 시장조사에 가장 많은 시간을 쓰고 있었다. 이 관리자는 개인적 성장과 다른 사람과의 의미 있는 관계를 추구하려는 뚜렷한 동기motive를 갖고 있고, 정보기술과 일대일 의사소통에 강점strength이 있으며, 다른 사람을 가르치는 일에 열정passion이 있다. 이에 따라 그는 팀원 평가와 시장조사에 쓰는 시간을 줄이고, 자신에게 맞도록 마케팅 전략을 설계하고, 동료들에게 소셜 미디어를 가르치는 업무의 비중을 늘리는 방향으로 자신의 직무를 재창조할 수 있다.[44]

같은 원리로, 병원의 청소 업무 담당자는 자신의 일을 환자에게 제공하는 의료의 일환으로 재정의할 수 있다. 직무재창조는 자신의 일에 통제권을 갖고, 일하는 과정에서 긍정적인 자기 이미지를 만들고, 다른 사람과 연결되려는 사람들의 근본적인 욕구에서 비롯된다. 사실, 동일한 업무라도 모든 직무수행자가 완전히 같은 방식으로 수행할 수는 없기 때문에 누구나 어느 정도는 자신의 일을 만들어간다crafting고 할 수 있지만 최근 주목을 받고 있는 직무재창조는 구성원의 주도성을 훨씬 강조하는 것이다. 이런 점에서, 최근 국내 기업들이 근무시간 단축에 대응하기 위한 업무집중도 향상 방안으로 직

43   Wrzesniewski and Dutton, "Crafting a job."

44   A. Wrzesniewski, J. Berg, and J. E. Dutton, "Turn the job you have into the job you want," *Harvard Business Review*, 88(6), 2010, pp. 114~117.

무재창조에 관심을 갖는 것은 문제가 있다. 직무재창조가 결과적으로 몰입과 집중도를 향상시킬 수는 있지만 구성원에게 직무수행의 자율성을 보장하는 것이 우선되어야 하기 때문이다.

지금까지 말한 '하고 싶은 일을 원하는 방식으로' 수행함으로써 얻을 수 있는 몰입은 사실 경영환경 변화에 대응하기 위한 최근 직무설계의 두 가지 흐름에 대응하는 것이다. 일의 관계적 성격이 증대되는 추세에 대응하는 관계적 직무혁신과 일하는 사람들의 주도적 태도와 역할을 강조하는 주도적 직무혁신이 그것이다. 에이미 레즈뉴스키Amy Wrzesniewski와 제인 더튼Jane E. Dutton이 소개해 잘 알려진 직무재창조와 데니스 루소Denise M. Rousseau, 바이얼릿 호Violet T. Ho, 제럴드 그린버그Gerald Greenberg가 이론화한 '독특한 계약Idiosyncratic-deals: I-deals' 개념도 있다. 내용상의 차이는 있지만 두 이론 모두 자율성을 부여해 직무수행자가 자신의 역할을 넓게 인식하도록 함으로써 직무, 과업, 역할을 자신의 가치, 역량, 선호에 맞도록 수정하거나 재조정하는 것을 목표로 하고 있다.

몰입은 구성원의 능력을 개발하고 자존감을 높이며 성장 경험을 제공한다. 이 모두가 구성원들이 직장에서 가장 바라는 요소들이다. 일에서 경험하는 몰입은 집중근무제, 스트레스 관리, 사명에 대한 공감을 강조하는 리더십과 같은 요소에서 생기는 것이 아니라 결국 업무 자율성과 주도성을 제공해 직무의 사회적 영향력을 향상시키고, 이를 직접 경험하게 하는 직무혁신을 통해야 할 것이다.[45]

몰입을 방해하는 요인들

조직 구성원들은 직장 생활에서 전문적 역량 개발과 성장 경험을 기대한

---

45   정명호, "직무혁신과 일 몰입", ≪월간 HRD≫, 11월호(2019), 90~91쪽.

다. 또 사회적으로 의미 있는 일을 스스로 선택한 방식으로 수행해 나가기를 원한다. 그러나 현재의 조직은 과거에 비해 고용 안정성은 낮아졌고, 업무수행 방식은 큰 변화가 없다. 팬데믹을 지나고 직장으로 돌아온 구성원들이라고 조직과 업무에 대한 열정이 낮은 것은 아닌데, 몰입 확보가 어려운 것은 조직 내에 그들의 몰입을 방해하고 가로막는 요인들이 있기 때문이다. 이러한 요인들을 제거하고 몰입을 촉진하는 요인들을 강화해야만 몰입을 확보할 수 있을 것이다. 그렇다면 구성원의 몰입을 저해하는 요인들은 무엇일까?

먼저 몰입을 방해하는 요인들은 분명하다. 갑질로 대변되는 권위적 조직 문화, 맹목적인 충성심 강요, 공정한 보상이 없는 과도한 근로, 일과 삶의 균형 파괴, 소통이 실종된 일방적 통제와 관리 등이다. 그 부정적 효과는 자유로운 의견 표명과 수평적 관계에 익숙한 현재의 조직 구성원들에게는 더욱 증폭될 수 있다. 특히, 몰입을 차치하더라도 구성원의 영혼을 파괴하는 괴롭힘과 비인격적 관리는 반드시 근절되어야 한다.

우리가 쉽게 인식하지 못하는 문제도 있다. 마치 부모 자식 관계와 같은 고용관계와 조직문화이다. 지금은 많이 달라졌지만 국내 기업의 경영진이나 관리자들은 동등한 고용계약을 맺고, 직장에서 함께 일하는 직원들을 양육과 훈육의 대상 혹은 미성숙한 자녀처럼 대하는 경우가 있다. 이러한 부모-자식모형을 잘 나타내는 말들이 직장에서 널리 쓰이고 있다. 대표적인 것이 상사에 대해서는 '모시는 분', 부하 직원을 말할 때는 '데리고 있는 애'라는 표현이다. 상사와 부하 모두 형식적으로는 피고용인이고, 급여와 처우가 크게 차이 나지 않지만 직급 차이에 따라 이렇게 불리고 있으며, 이러한 표현이 사회 전체의 언어 관행으로 퍼져 있다.[46] 서서히 바뀌어가고 있지만 이러한 경향은 권력거리가 크고, 직장 동료를 형, 언니와 같은 가족 간 호칭으로 부르는

---

46   정명호, 「한국기업의 권력구조」.

그림 11-3 넷플릭스의 자유와 책임

Netflix Culture:
Freedom & Responsibility

NETFLIX

자료: 넷플릭스.

것이 일상화된 한국 사회의 문화적 특성 때문에 쉽게 사라지지 않는다.

이것은 팬데믹 기간 동안 급성장한 미국의 미디어 기업 넷플릭스가 표방하는 '구성원을 성인으로 대하라'는 원칙과 극명한 대조를 이룬다. 2009년 당시 넷플릭스의 리드 헤이스팅스Reed Hastings 회장이 발표한 넷플릭스 문화에 대한 문건을 보면, "우리는 어린이 놀이 팀이 아니라 프로 스포츠 팀과 같다"라고 강조하며, 구성원을 자신에 대해 완전히 책임을 지는 성인으로 대할 것임을 곳곳에서 강조하고 있다. 잘 알려진 예로, 넷플릭스는 따로 휴가일수를 정하지 않고 있으며, 어떻게 휴가를 쓸지도 완전히 각자가 알아서 결정한다. 비용 지출이나 여행 경비, 선물 수수에 관한 규정도 없다. 출장 시 일등석을 타도 상관없고, "자기 돈을 쓰는 것처럼 여행하라", "회사에 가장 좋은 방식으로 행동하라Act in Netflix's best interest"는 단순한 지침밖에 없다. 물론 업무성과에 대해서는 냉정한 책임을 져야 한다. 우수한 직원들에게 최대한 자유를 주고 규율을 최소화하면 최고의 성과를 만든다고 믿기 때문이다.[47]

몰입은 구성원들이 스스로에 대해 긍정적 정체성을 갖고, 소속 조직과 독립적이고 동등한 관계를 갖는다고 느낄 때 강화된다. 이런 점에서 불필요한 서열의식과 가족주의적 관리는 구성원의 심리적 소유감을 낮추고, 몰입에도 부정적인 영향을 미칠 수 있다. 그러므로 몰입 향상을 위해 조직 구성원을 완전한 성인으로 대접하고, 그 대신 업무결과에 상응하는 책임을 지는 경영

---

47   R. Hastings and E. Meyer, *No rule rules: Netflix and the culture of reinvention* (New York: Penguin Books, 2020).

방식으로 전환할 필요가 있다.[48]

몰입관리의 향후 과제

몰입은 불확실성이 고조되는 경영환경에서 지속적인 우위를 확보할 수 있는 원천이다. 또한 구성원 만족과 동시에 창의성과 혁신을 증진시키는 기반이 된다. 직장 생활을 통해 자신의 가치를 발현하고 향상시키려는 조직 구성원들은 사회적 영향력이 높은 일을 자율적인 방식으로 수행할 때 업무몰입을 경험한다. 경영진의 신뢰와 후원을 받고, 자신들이 의사결정에 참여함으로써 소속 직장에 심리적 소유감을 느낄 때, 조직몰입이 증진된다. 그러나 이러한 과정에서 해결해 나가야 할 문제들은 여전히 남아 있다.

첫째, 자신의 일에서 사회적 영향력을 경험하고 친사회적 동기를 증진시키기 위해 고객이나 수혜자와 접촉하는 것이 필요하다. 그러나 아무리 사회적 영향력이 중요하더라도 고객과의 지속적이고 과도한 접촉은 감정노동과 소진으로 연결될 수 있음을 유의해야 한다. 특히, 영업직이나 콜센터와 같이 업무환경이 좋지 않은 서비스 부문에서 고객과의 접촉을 의도적으로 증가시키거나 과도한 친사회적 동기를 유도하려는 시도는 오히려 파괴적인 결과를 가져올 수 있다. 또, 간호사, 교사처럼 일 자체는 사회적 영향력이 크더라도 경직된 관료주의적 규정과 제약하에서 일한다면 직무혁신의 효과는 약화될 수밖에 없다. 즉, 직무혁신은 조직 민주주의의 진전이 동반된 조직혁신과 통합되어야 한다.[49]

최근 소셜 미디어가 확산되면서 역설적으로 일 정체성과 생활 정체성의

---

48 정명호, "직무혁신과 조직혁신을 요구하는 밀레니얼 세대의 몰입 관리", ≪월간 HRD≫, 12월 호(2019), 86~87쪽.

49 정명호, "밀레니얼 세대 몰입 관리의 향후 과제", ≪월간 HRD≫, 1월호(2020), 98~100쪽.

구분이 점점 모호해지는 면도 나타난다. 특히, 증가하는 소셜 미디어를 통해 친근한 관계를 맺고, 서로 개인적 이슈를 공유했을 때, 직무관계와 조직 내 행동에 부정적 영향을 미치는 경우도 있을 것이다.[50] 각종 정보시스템과 소셜 미디어의 확산으로 현대의 조직 구성원은 이전 시기보다 훨씬 더 자기 행동의 노출과 가시성이 높아졌다는 사실을 잘 알고 있다. 이것에 주목해 현대 사회 사람들의 정체성이 '프로필성profilicity'을 중심으로 재구성되는 프로필 사회로 전환되고 있다고 진단하기도 한다.[51] 사람들은 누구나 자기고양 동기가 있기 때문에 타인에 대한 공감과 선한 영향력을 미치는 것이 사실은 자신의 명성과 이익을 극대화하는 행위가 될 수도 있다. 만약 그런 목적이 달성되지 않는다면 긍정적 직무수행을 그만두거나 직무의 질이 나빠질 수도 있기 때문에 지속가능성 면에서도 문제가 될 수 있다. 그러므로 이른바 '긍정성의 함정positivity trap'을 조심해야 한다.

둘째, 업무몰입을 위해 직무 담당자의 동기와 역량을 반영한 직무재창조가 필요하지만 이 과정에서 상사, 소속 팀, 전체 조직특성을 고려할 수밖에 없다. 예컨대, 직무수행자가 직무재창조를 구실로 원치 않는 업무를 회피할 수도 있고, 개인이 주도하는 직무재창조가 팀이나 조직목표와 충돌한다면 당연히 조직에 해가 될 수 있다. 따라서 관리자들은 막연히 직무재창조를 권장하는 것에 그치지 않고, 그에 따르는 조정에 적극적인 노력을 기울여야 한다.

아울러 몰입은 순수하게 개인적인 정서적 경험이 아니라 다른 사람에게 영향을 받는 사회적 현상이라는 점을 상기할 필요가 있다. 어느 정도의 직무재창조는 조건에 상관없이 가능하겠지만 과업 수행에 소요되는 시간과 중요

50　J. Pillemer and N. P. Rothbard, "Friends without benefits: Understanding the dark side of workplace friendship," *Academy of Management Review*, 43(4), 2018, pp. 635~660.

51　묄러·담브로시오, 『프로필 사회: 진정성에서 프로필성으로』, 김한슬기 옮김(서울: 생각이음, 2021).

도를 재조정하고, 자신의 일과 관련된 상사나 동료와의 관계를 바꾸는 것은 혼자만의 결정으로 실행될 수 있는 것이 아니다. 당연히 관련 업무수행자나 소속 팀 전체가 영향을 받을 수밖에 없으며, 상사와의 협의도 필요할 것이다. 직무재창조가 개인 수준에서 시작되더라도 어떤 식으로든 팀이나 조직 전체에 영향을 미칠 수 있기 때문에 경영진과 관리자는 궁극적으로 '집단적 직무재창조' 방안을 모색해야 할 것이다.

셋째, 몰입은 분명히 개인과 조직 모두에게 긍정적인 것이지만 몰입의 드러나지 않는 비용과 지속가능성에 대한 고민도 필요할 것이다. 몰입 상태가 장기간 유지될 수 있을 것인가, 그리고 과연 그것이 바람직한 것인가를 생각해볼 필요가 있다. 일에 자신의 모든 것을 쏟아붓는 몰입 상태는 분명히 다른 대가를 요구할 것이기 때문이다. 단적으로, 한 사람의 전인적全人的 에너지를 요구하는 몰입을 지나치게 추구하는 것은 소진burnout으로 연결될 수 있다. 예를 들어, 몰입 수준이 매우 높은 사람은 일-생활 균형 면에서 문제를 갖는다는 연구결과들이 있다. 더 나아가서, 베를린 예술 대학교Universität der Künste Berlin의 한병철 교수는 현대 사회를 긍정성의 과잉으로 인한 '피로사회'라고 규정하고 있다. 과거는 금지와 명령을 중심으로 운영되는 규율 사회, 부정성 사회였지만 현대는 긍정성을 칭송하고 권장하면서 타자에 의한 착취가 자기 착취로 바뀐 성과사회가 되었다는 것이다.[52] 몰입과 주도성을 과도하게 강조하는 것은 구성원의 입장에서는 과거에 없었던 추가적인 직무 요구로 인식될 수 있다. 그리고 보통 전체 구성원 중 소수만이 몰입된 상태를 보이기 때문에 이들은 몰입 수준이 낮은 구성원들의 가치를 낮게 평가하거나 이들에 대해 특권적 태도를 보일 수 있다. 이러한 현상은 직업집단의 계층적 불평등이나 조직 내 지위 불평등과 구조적으로 관련되어 있기 때문에 앞으로

---

52   한병철, 『피로사회』(서울: 문학과 지성사, 2012).

직장에서 긍정성과 몰입을 향유할 수 있는 사람과 그렇지 못한 사람 간에 '정서적 분기affective divide'를 유도할 수 있다. 한 조직에 근무하는 사람들이 전혀 다른 감정과 정서를 갖는 것은 소득과 자원 불평등, 지식 불평등과 함께 새로운 종류의 갈등을 불러오게 될 것이다.

현대 조직에서 동기부여는 정체성 문제와 깊이 관련되어 있다. 일을 통해서 경험하는 정체성이 달라지면 직무 행동이 달라지고, 이에 따라 성과와 몰입의 정도도 달라진다. 의미 있는 일에 몰입할 때, 사람들은 스스로 역량 있고, 자기결정력이 있으며, 사회적으로 가치 있는 사람이라는 정체성을 형성하게 된다. 그렇다면 앞으로 여러 직무에서 AI가 본격적으로 사용되는 현실에서 일하는 사람들의 정체성에는 어떤 변화가 생길 것인지도 중요한 문제이다. 사실 지금도 챗GPT와 같은 생성형 AI는 인간에 버금가는 성과를 보여주고 있다. 누군가가 AI 도움을 받아서 업무기획서를 만들고, AI가 제시하는 업무일정과 방식에 따라서 그대로 수행한다면 그 구성원의 업무 효능감과 정체성은 어떻게 형성될 것인지 생각해보아야 한다. 더 나아가서 이미 의료 진단, 긴급 상황, 군사 관련 업무에서는 AI가 하나의 도구가 아니라 팀 동료와 같은 존재가 되고 있다. 이러한 인간-인공지능 협력 팀에서는 팀원 선발과 훈련은 물론 동기부여 문제에서 여러 가지 변화를 겪게 될 것이다.[53]

넷째, 근본적인 문제는 주도적 직무재창조의 효과가 분명하다고 해도 이것이 '선택받은 소수'의 혜택에 그칠 수 있다는 점을 고려해야 한다. 예를 들어, 일반 기업이라면 독립적으로 업무를 수행하는 전문직과 어느 정도 업무 재량권을 갖는 관리직이 직무재창조의 주체가 되기 쉬울 것이다. 또, 저성과자보다는 고성과자에게 직무재창조의 기회가 더 많이 주어질 것이다. 만약 몰

53　G. Chen and R. Kanfer, "The future of motivation in and of teams," *Annual Review of Organizational Psychology and Organizational Behavior*, 11, 2024, pp. 93~112.

입관리의 초점이 전문직, 고숙련자, 고성과자에만 맞춰진다면 하위직, 저숙련자, 저성과자는 오히려 역할 축소, 자율성 감소와 같은 부정적 결과에 직면할 수 있다. 즉, 현재 몰입 수준이 높고 고성과를 산출하는 구성원이 점점 더 많은 기회와 좋은 직무조건을 얻게 되는 선순환 구조를 갖게 되는 것인데, 이는 사회적으로 부익부 빈익빈이 가속화되는 '마태 효과Matthew effect'가 기업 내에서 그대로 반복되는 문제를 낳는다. 따라서 몰입관리의 실행과정에서 이러한 직종 간 혹은 조직 내 직급에 따른 차별성을 반드시 고려해야 한다.

현재 국내 노동시장은 급격한 변화를 겪고 있다. 한편에서는 빅데이터 분석, 머신 러닝, 블록체인 등 지식기술이 본격적으로 활용되면서 전문적 업무 역량을 갖춘 핵심인재들이 성장하고 있고, 다른 한편에서는 플랫폼 기업이나 어플리케이션의 중개로 직접 최종 고객에게 단순 서비스를 제공하는 플랫폼 노동인구가 늘어나고 있다. 이들은 앞으로 현재 정규직으로 일하는 단순 업무 종사자들보다 더욱 힘든 상황에 처할 수 있다. 주니어 구성원들이 주축이 되는 지식 근로자군 내에서도 신기술의 사용 여부에 따라 새로운 계층분화가 발생하게 될 것이다.

결론적으로, 현재 국내 기업들은 몰입관리 면에서 중대한 도전에 직면해 있다. 직무혁신과 근본적인 조직변화가 효과적으로 결합되지 못한다면 앞으로 의미 없는 직무를 기계처럼 수행하면서 소외되어 가는 '영혼 없는 근로자'군이 형성될 수 있다. 이것이 현재 구성원들의 소시민적 특성과 결합된다면 조직의 저생산성은 물론 큰 사회적 문제가 될 수도 있다. 많은 사람들이 미래에는 독립적이고 자유로운 프리랜서들이 조직적 제약 없이 자유롭게 공동체를 만들고, 위워크WeWork와 같은 공동의 일터에서 일하게 될 것이라고 말한다. 하지만 이러한 장밋빛 청사진은 쉽게 이룰 수 있는 간단한 문제가 아닐 것이다. 결국 어떻게 관계지향적이면서 동시에 자율성과 주도성을 발휘할 수 있는 조직과 직무를 만들 것인가가 핵심적인 문제로 남아 있다.

12장 연결의 힘, 소통과 네트워크 관리

1. 혁신을 위한 소통관리

혁신의 원천, 소통

지난 몇 년간 전 세계를 강타했던 코로나19 팬데믹의 긴 터널을 빠져나오자 다시 인공지능 열풍이 세계를 뒤덮고 있다. 2022년 12월, 대화형 AI인 챗GPT가 문을 연 인공지능 혁명은 우리들의 일상을 바꾸고 있다. 이제 우리는 AI를 활용해 여행 계획을 짜고, 코딩을 하고, 훌륭한 프레젠테이션 자료를 만든다. 이러한 흐름을 둘러싼 기업 간 경쟁도 치열해지고 있다. 오픈 AI에 선도적으로 투자한 마이크로소프트는 챗GPT를 탑재한 검색엔진 빙Bing을 출시하면서 주도권을 잡았고, 2011년 시가총액 기준으로 세계 10위까지 떨어졌던 MS가 2024년 초에는 애플을 제치고 다시 1위를 차지했다.[1] 뒤를 이어, AI 원천 기술 면에서 가장 앞서 있다는 구글 역시 자체 AI인 제미나이Gemini를 출시했다. 이와 함께, 최첨단 AI를 구동하는 데 필수적인 그래픽처리장치GPU를 개발하는 엔비디아NVIDIA, 이를 위탁 생산하는 대만의 TSMC, 차세대 제조 장비를 공급하는 네덜란드의 ASML 등 선도기업들이 AI 혁명의

---

[1] "따분한 살림꾼 팀쿡이 천재 잡스를 뛰어넘은 비결", ≪한경비즈니스≫, 2024년 1월 2일 자.

초기 과실을 나눠 갖고 있다.

이에 대응해, 국내 기업들도 네이버가 AI플랫폼 서비스 클로바-X CLOVA-X, 카카오가 코지피티 KoGPT를 출시했거나 준비 중이고, 삼성은 온디바이스 AI를 탑재한 새로운 휴대폰을 출시해 세계의 주목을 받고 있다. AI 혁명은 기업들에게는 분명히 전에 없는 기회 또는 위기가 되고 있다. 우리는 이미 AI가 일상생활을 도와주는 단계를 지나 의료 진료, 법률 자문, 투자결정 업무를 대신하고, 심지어 감원 대상자를 선정하는 등 인사관리까지 수행하는 시대에 살고 있다.[2]

21세기 초 인터넷 혁명을 뛰어넘는 새로운 물결을 몰고 온 것은 결국 기업의 창의성과 혁신이며, 그 근원에는 구성원의 잠재력과 역량을 최대한으로 끌어낼 수 있는 소통관리가 있다. 구성원들이 의미 있다고 생각하는 일을 원하는 방식으로 할 때, 몰입과 혁신 성과가 극대화된다. 그리고 구성원들이 무슨 일을, 어떻게 하고 싶은지를 알려면 효과적인 소통이 이루어져야 한다. 하버드 경영대 학장을 지냈던 니틴 노리아 Nitin Nohria 교수는 팬데믹과 같은 위기 상황이나 급변하는 경영환경에서는 복잡한 제도와 규칙보다는 단순하고 유연한 규칙으로 경영의 근본을 강화하고, 모든 구성원의 지식과 역량, 전문성을 최대한 끌어내고 통합해야 한다고 강조한다.[3]

경영의 근본은 무엇인지 간단히 답할 수 없겠지만 단순하게 생각한다면, 조직의 생존과 성장에 필요한 정보와 자원이 원활하게 흐르는 것이라고 할 수 있다. 정보흐름과 자원흐름을 인체에 비유하자면 신경계와 순환계에 해당한다. 한 사람의 중추신경과 말초신경이 원활하게 작동해 신체 말단의 자

---

2   "영혼 없는 AI가 해고 대상자도 결정한다", ≪이데일리≫, 2023년 2월 21일 자.

3   N. Nohria, "What organizations need to survive a pandemic," *Harvard Business Review*, 98(1), 2020, pp. 130~131.

극이 대뇌까지 순조롭게 전달되고, 혈액이 인체 구석구석을 막힘없이 순환해 필요한 영양분을 공급한다면 분명 건강한 신체일 것이다. 마찬가지로, 조직 각 부서와 구성원의 정보가 원활하게 흐르고, 필요한 각종 자원이 막힘없이 흐른다면 그 조직은 건강한 조직이 될 수 있다. 그중에서도, 조직 어느 곳에 어떤 사람과 자원이 얼마나 필요한지 알려주는 정보흐름이 먼저일 것이다. 한마디로, 소통은 조직 생존과 성장, 그리고 혁신에 없어서는 안 될 필수적인 요인이다.

왜 소통이 잘 안 되는가

소통의 중요성에도 불구하고 소통이 잘된다는 조직은 많지 않다. 오히려 대부분의 조직이 소통관리가 제일 큰 문제라고 말한다. 그래서인지 요즘 어느 기업이나 소통을 강화하기 위해 각별한 노력을 기울이고 있다. 소통 워크숍, 타운홀미팅, 부서 간담회 등 소통 관련 행사도 많다. 특히, 그동안 소통이 부족했던 회장이나 CEO 등 최고경영진이 일반 직원들과 격의 없는 소통의 장을 만들려고 노력하고 있다. 심지어 소셜 미디어에 일상을 공유하는 수고도 아끼지 않는다.[4]

그런데 그 내용을 들여다보면, 소통이 획기적으로 증진되었다기보다는 서로 안부를 묻고 일상의 어려움을 나누는 스몰토크나 경영진이 구내식당에서 직원들과 식사를 하면서 공감대를 만드는 이른바 스킨십 강화가 많다. 모두 그런 것은 아니지만 피상적인 대화나 일회성 행사에 그치는 경우가 적지 않다. 정작 업무회의 같은 중요한 소통의 장에서는 상사는 전달 사항을 말하고 직원들은 받아 적는 모습으로 돌아간다. 소통이 잘 안 되는 이유는 무엇일까?

---

4   "SK회장 라면 먹방 찍는 이유", ≪중앙일보≫, 2020년 7월 13일 자.

소통이 영어로 communication이기 때문에 많은 사람들이 소통관리라고 하면 커뮤니케이션의 양과 빈도를 늘려야 한다고 생각한다. 그러나 소통의 본질은 메시지(정보)가 오고가는 것이다. 즉, 양 당사자가 알고 싶은 정보가 실질적으로 교환되는 것이 진정한 소통이다.[5] 예를 들어, 아침 출근길에 이웃 주민과 날씨에 대해서 가벼운 대화를 나눴다면 분명 커뮤니케이션은 일어났지만 진정한 소통이라고 보기 어렵다. 교환된 정보가 당사자에게 별로 중요하지 않고 이미 알고 있는 사실이기 때문이다. 반대로 오랜 친구를 몇 년 만에 만나서 말없이 앉아 있다 가더라도 소통은 일어났다고 볼 수 있다. 굳이 말을 하지는 않았지만 친구의 표정과 행동을 통해 서로 그동안 있었던 일들을 짐작할 수 있기 때문이다.

정보교환이라는 관점에서 본다면, 소통은 비대칭적 소통과 대칭적 소통으로 나눌 수 있다. 비대칭적 소통은 한 쪽이 정보를 일방향으로 전달하거나 교환되는 정보의 양이 현저히 다른 경우이고, 대칭적 소통은 그 반대이다. 즉, 한 쪽이 정보를 말하면 다른 쪽도 그만큼의 정보를 교환하는 것이다. 반드시 일치하지는 않지만 이것은 수직적(위계적) 소통 및 수평적 소통과 유사하다고 할 수 있다. 일반적으로, 조직에서 정보의 양과 의사결정 권한을 더 많이 가진 상위계층과 하위계층이 소통할 때는 비대칭적 형태가 나타날 것이기 때문이다. 물론, 동일 직급 구성원 간에도 상황에 따라 비대칭적 소통이 이루어질 수 있을 것이다. 어쨌든, 소통관리가 목표로 하는 바람직한 소통은 양 당사자가 서로에게 중요하고 가치 있는 정보를 대칭적으로 교환하는 소통인 것은 분명하다.

---

5   B. R. Burleson, "The nature of interpersonal communication," In C. R. Berger, M. E. Roloff, and D. R. Roskos-Ewoldsen (Eds.), *The handbook of communication science*, 2nd Ed. (Thousand Oaks: Sage, 2010), pp. 145~163.

그렇다면 이른바 MZ세대가 직장에서 대면 소통이나 대면 보고를 회피하는 이유는 무엇일까? 많은 사람들이 MZ세대는 '디지털 원주민digital native'이기 때문에 대면보다 비대면 소통을 선호한다고 믿고 있다. 물론 그런 면이 없지는 않겠지만, 진정한 이유는 대면 소통으로는 자신들이 원하는 대칭적 소통이 어렵기 때문이다. 아무리 포용력 있는 상사라도 직접 마주하면 권한, 정보, 경험의 차이 때문에 대칭적인 정보교환을 하기는 어렵다. 즉, 대면 소통은 일방향 소통이지만 비대면 소통은 상대방의 직위에 관계없이 자신이 원할 때, 원하는 방식으로 응답할 수 있기 때문이다.

또 다른 오해는 대기업은 관료적 문화 때문에 소통이 안 되고, 스타트업 같은 소규모 조직은 잘된다고 생각하는 것이다. 물론 조직의 규모에 따라 소통양식이 영향을 받기 때문에 스타트업 중에는 소통관리의 모범이 되는 기업들도 있을 것이다.[6] 그래서 소통 워크숍을 하면 스타트업처럼 직급 호칭을 없애고 영어 별명을 부르자는 아이디어가 자주 나온다. 하지만 스타트업이라고 자유로운 대칭적 소통이 보장되는 것은 아니다.

이와 관련해서, 필자가 흥미롭게 읽은 한 신진 작가의 단편소설을 소개하고자 한다.[7] 이 소설은 판교 밸리에 있는 '우동마켓'이라는 가상의 기업을 소재로 한 소설이지만 작가 자신이 판교에 있는 한 IT 기업의 기획자로 근무한 경험을 소재로 쓴 것이기 때문에 스타트업의 근무환경과 조직문화를 생생하게 묘사했다는 평가를 받고 있다. 특히, 판교 스타트업 근무자의 필독서로 알려지면서 책을 출간한 출판사의 홈페이지에 공개된 단편의 누적조회 수가 22만 건에 달했을 정도이다.

---

6   "바텐더로 변신한 김택진 대표, 수직보다 수평 택한 판교밸리", 《중앙일보》, 2019년 1월 20일 자.

7   장류진, 『일의 기쁨과 슬픔』(파주: 창작과 비평사, 2018).

작가가 스타트업의 소통 현실을 묘사한 부분을 보면, 사람들의 일반적인 예상과는 상당히 다르다는 것을 알 수 있다. 예를 들어, 딱딱한 아침 업무회의를 대신하기 위해 직원들이 함께 둘러서서 간략하게 업무진행 상황을 공유하고 피드백을 주고받는 '스크럼scrum'을 하고 있는데, 직원들은 짧게 스크럼을 마쳐도 대표가 오랜 시간 말하는 바람에(비대칭적 소통) 스크럼이 제대로 되지 않는다고 지적한다. 아울러, 실리콘밸리Silicon Valley처럼 수평적인 소통을 하자고 영어 이름을 쓰고 있지만 대표와 얘기할 때는 영어 이름 말고는 극존칭을 쓰느라고 역시 비대칭적 소통으로 돌아가는 것을 재미있게 묘사하고 있다.

소설이라고 그냥 흘려 넘길 이야기는 아닌 것 같다. 한마디로, 규모가 작은 스타트업이라도 업무 권한과 의사결정 방식의 변화가 없다면 스크럼이나 영어 이름과 같은 피상적인 변화로는 수평적 소통이 어렵다는 것이다. 그렇다면 대칭적 소통을 가능하게 하고, 많은 조직들이 원하는 이른바 '할 말 하는 문화'를 만들려면 무엇이 필요한가?

대칭적 소통과 심리적 안전

먼저 살펴볼 것은 심리적 안전psychological safety이다. 사실 심리적 안전이라는 개념은 경영학의 조직행동OB 분야에서 오랫동안 연구되어 온 주제이다. 1960년대에 조직변화와 관련된 요인으로 연구되기 시작해, 1990년대 들어서 몰입, 학습, 팀 성과와 연결시킨 연구들이 활발하게 진행되었다.[8] 하지만 실무 기업의 관심을 끌게 된 계기는 구글의 고성과 팀 연구라고 생각된

---

8 A. C. Edmondson and D. P. Bransby, "Psychological safety comes of age: Observed themes in an established literature," *Annual Review of Organizational Psychology and Organizational Behavior*, 10, 2023, pp. 55~78.

다. 구글은 2012년부터 2년 동안 사내 약 180개 팀을 대상으로 팀의 성공요인을 분석한 '아리스토텔레스 프로젝트Project Aristotle'를 진행했다. 구글은 세계에서 가장 뛰어난 인재들이 일하는 곳이지만 거기에서도 성과가 좋은 팀들은 어떤 요인이 우수한가를 알아보기 위해 시작된 사내 연구 프로젝트이다. 연구팀은 초기에 팀 다양성이 핵심요인일 것으로 예상했지만 연구결과 발견된 다섯 개 요인 중 가장 중요한 요인은 바로 심리적 안전이었다.

최근 국내에서도 여러 서적이나 칼럼에서 심리적 안전의 중요성을 언급하고 있지만 아직 명확한 개념에 대한 소개가 부족한 것 같다. 가령, 많은 저자들이 이를 '심리적 안정감'으로 번역하고 있는데, 엄밀히 말하자면 잘못된 용어이다. 우선, 심리적 안전은 구성원이 안정감을 느끼는가 불안정한가의 문제가 아니다. 심리적 안전은 구성원들이 '어떤 의견을 말할 때 상사나 동료가 이를 무시하거나 거부하지 않을 것이라는 공유된 믿음shared belief'을 의미한다.[9] 즉, 개인의 막연한 느낌feeling이 아니라 상사나 동료관계, 제도, 시스템이 안전하다는 믿음belief이다. 따라서 심리적 안전의 반대 개념은 불안정이 아니라 위협 또는 두려움이다. 심리적 안전 연구의 권위자인 에이미 에드먼슨Amy C. Edmondson 교수가 쓴 세계적인 베스트셀러 제목이 『두려움 없는 조직The Fearless Organization』(2018)인 것은 이런 이유이다. 심리적 안전이 확보되어야 비로소 직장 생활과 경력에 대한 걱정 없이 의견을 말할 수 있는데, 사실 말처럼 쉬운 문제가 아니다. 우리 뇌의 편도체 부분에서 느끼는 공포는 인류의 진화 과정에서 가장 큰 역할을 한 감정이다. 인간의 사회적 인지의 대부분은 적과 우리 편, 위험과 안전을 구분하는 것을 중심으로 발전해 왔기 때문이다.[10]

9　A. C. Edmondson, "Psychological safety and learning behavior in work teams," *Administrative Science Quarterly*, 44(2), 1999, pp. 350~383.

하버드 대학의 에드먼슨 교수는 두 병원의 여덟 개 병동에서 근무 중인 간호사팀을 연구했다. 결과를 요약하자면, A병동 간호사팀은 리더십이 좋은 관리자good boss와 일하고 있었고, B병동 간호사팀은 리더십이 나쁜 관리자 bad boss가 이끌고 있었다. 에드먼슨 교수는 이 두 간호사팀 중 어느 쪽이 투약 실수가 더 많았는지 조사했다. 아마 많은 사람들이 B병동 간호사팀의 실수가 더 많을 것이라고 예상할 것이다. 그러나 결과는 A병동 간호사팀의 실수가 더 많았다. 그것도 약간 많은 것이 아니라 훨씬 많았다.[11] 왜 좋은 관리자와 일하는 간호사들의 투약 실수가 더 많았을까?

이런 결과가 나온 이유는 A병동 간호사들이 단순히 실수를 더 많이 보고했기 때문이다. 실수를 보고해도 큰 문제가 없을 것이라는 믿음이 있었기 때문이다. 그런데 B병동 간호사들은 관리자가 실수를 용납하지 않을 것이 두려워서 보고를 하지 못한 것이다. 병원에서 투약 실수는 결국 치명적인 의료 사고로 연결될 수 있다. A병동 간호사들은 실수를 두려움 없이 보고하고 서로 공유함으로써 앞으로 더 큰 사고를 막을 수 있는 학습의 기회를 가졌다. 그러나 B병동 간호사들은 심리적 안전이 없었기에 실수를 숨겼고, 이것은 결국 나중에 더 큰 의료사고로 발전할 수도 있다. 이와 같이, 최근의 많은 연구들은 심리적 안전을 조직의 창의성, 혁신, 팀 학습의 필수조건으로 주목하고 있다.

이와 더불어, 심리적 안전은 팀 차원의 요인이라는 인식이 중요하다. 심리적 안전은 팀 구성원들이 공유하는 신념이기 때문에 일상적인 팀 생활을 통

---

10   에이미 에드먼슨, 『두려움 없는 조직: 심리적 안정감은 어떻게 조직의 학습, 혁신, 성장을 일으키는가』, 최윤영 옮김(파주: 다산북스, 2019).

11   A. C. Edmondson, "Learning from mistakes is easier said than done: Group and organizational influences on the detection and correction of human error," *Journal of Applied Behavioral Science*, 32(1), 1996, pp. 5~28.

해 서서히 형성된다. 그렇기 때문에 관리자 한 사람의 각성으로 어느 날 갑자기 확보되는 것이 아니다. 가령, 기업마다 소통 워크숍을 할 때, CEO나 고위 임원들이 소통 활성화를 위해 허심탄회하게 의견을 말하라고 아무리 외쳐도 대부분의 직원들이 침묵을 지키는 것을 볼 수 있다. 당연한 현상이다. CEO가 자신의 안전을 지켜줄 수 없기 때문이다. 심리적 안전은 직속상사나 동료 등 주위 사람들과의 관계에서 만들어지기 때문에 평소 직원이 의견을 표명했을 때, 상사나 동료들이 냉소적 태도를 보이거나 무언의 압력을 행사했다면, 비공식 모임에서 제기한 불만에 대해 상사가 보이지 않는 보복을 가했다면, 심리적 안전은 확보될 수 없다. 결국, 심리적 안전은 제도나 시스템으로 뒷받침되지 않으면 확보하기 어렵다. 세계적으로 이름난 혁신기업들은 심리적 안전을 보장하기 위해 각자 독특한 제도나 관행을 갖고 있다.

대표적인 예가 애니메이션 영화를 만드는 픽사 스튜디오이다. 애니메이션 영화가 성공하기 위해서는 애니메이션 기술진, 대본, 특수효과, 음악 등 많은 부문의 협업이 필요하다. 또 관객들의 평가는 냉정하기 때문에 조그만 결함이라도 있으면 성공을 거둘 수 없다. 픽사가 〈토이스토리Toy Story〉, 〈벅스라이프A Bug's Life〉 등 수많은 히트영화를 만들 수 있었던 배경에는 '브레인 트러스트Brain Trust'라는 독특한 회의 문화가 있었다. 브레인 트러스트는 애니메이션 영화감독과 각 부문의 주요 관계자들이 함께 모여서 영화제작에 관한 중요 이슈들을 논의하는 회의체이다.

그런데 브레인 트러스트는 다음과 같은 두 가지 원칙으로 운영된다고 한다. 첫째, 잔인할 정도로 솔직하기brutally honest이다. 영화에 대한 관객들의 평가는 냉정하기 때문에 어설픈 칭찬을 늘어놓기보다는 직급이나 위치에 관계없이 누구나 평등하게, 그리고 솔직하게 문제점을 지적하자는 것이다. 둘째, 최종 결정은 감독이 내린다는 것이다. 여러 사람이 자유롭게 문제점을 지적하고 좋은 아이디어를 내놓지만 그것을 받아들일지 결정하는 최종 권한은 영화제작 전체를 가장 잘 알고 책임을 지는 감독의 몫이라는 것이다. 이것은 심리적 안전을 제공함으로써 구성원의 자유로운 참여를 촉진하지만 최종적으로는 리더의 단호한 결정이 필요하다는 신념에서 비롯된다. 픽사의 CEO를 오래 지냈던 에드 캣멀은 히트했던 여러 영화들이 처음에는 별로 '볼품없는 아이ugly baby' 같은 상태였지만 브레인 트러스트를 통해 좋은 작품으로 완성되었다고 회고한다.[12]

그림 12-1 픽사의 브레인 트러스트

자료: Julie and T.J., "Pixar's onward: From day 1 to now—Our behind-the-scenes interview with Dan Scanlon and Kori Rae [audio]," Pixar Post, January 14, 2020, https://pixarpost.com/2020/01/behind-the-scenes-of-pixar-onward.html.

픽사 이외에도 여러 혁신기업들이 심리적 안전을 제도적으로 보장하기 위해 노력하고 있다. 구글은 창사 초기부터 금요일 오후에 전 직원이 모여 사내의 주요 문제를 공유하고, 구성원의 질문에 경영진이 응답하는 TGIF 미팅을 갖고 있다. 이 모임의 원칙 역시 직급에 상관없이 누구든, 어떤 주제든 공평하게 토론하고, 만약 경영진의 답변이 부실하면 직원들이 빨간 막대를 드는 것으로 추가적인 설명이 필요함을 분명히 표시한다. 경영진도 기회가 있을 때마다 이러한 문제 제기에 대해 어떠한 보복도 없을 것임을 천명하고 있다. 또, 임직원용 소통 도구인 '도리 앱Dory App'을 통해 거의 모든 이슈에 대해 제한 없는 의견 발표를 할 수 있다. 한 예로, 팬데믹 기간 중 한 직원이 도리 앱에 올린 질문은 다음과 같았다. "우리가 솔직함과 정직함, 그리고 겸손이라는 구글의 미덕을 다시 복원시켜야 할까요, 아니면 지금처럼 계속 관료

---

12 Catmull, *Creativity, Inc.*

주의적인 길을 걸어야 할까요?" 당시 백신 의무접종 정책, 미국 국방성 프로젝트 참여 등 직원들의 의견과 다른 결정을 했던 경영진을 정면으로 비판한 것이다. 이에 대해, 순다르 피차이 CEO는 질문에 감사하며, 계속 직원들의 생각을 솔직하게 말해줄 것을 권고했다고 한다.[13] 이런 내부 소통 시스템이 심리적 안전을 확고하게 보장함으로써 지속적인 혁신 성과를 거두고 있는 것이다.

제언행동과 소통관리

어떤 조직이든 구성원의 몰입과 창의성을 이끌어내기 위해서는 대칭적 소통과 자유롭게 말할 수 있는 업무환경이 필요하다. 조직연구에서는 이것을 제언행동voice behavior이라고 한다. 급변하는 환경에 적응하고 지속적인 혁신을 이루려면 일반 구성원 모두가 업무 관련 사안에 대해 건설적인 의견을 내는 제언행동은 매우 중요한 요소이다. 그러나 많은 기업들이 제안제도, 의사소통 활성화, 임파워먼트 등 다양한 노력을 기울이고 있음에도 불구하고, 관리자는 일방적으로 말하고 직원들은 침묵하는 것이 회의나 업무관련 미팅의 일상적인 모습이 되고 있다. 그렇다면 구성원들이 자신의 목소리를 적극적으로 내도록 하기 위해서는 무엇이 필요한가?

구성원의 제언행동은 촉진적 제언promotive voice과 예방적 제언prohibitive voice으로 구분할 수 있다. 촉진적 제언이란 현재의 업무절차나 관행을 개선하기 위해 새로운 아이디어나 의견을 제출하는 것을 말하며, 예방적 제언은 장래 조직에 해가 될 수 있는 문제나 관행에 대해 우려를 표명하는 구성원의 목소리를 의미한다. 즉, 전자가 현 상태의 변화에 초점이 있다면, 후자는 현재의 문제가 더 이상 나빠지지 않도록 하는 것에 초점이 있는 것이다. 이런

---

13   "다시 솔직해질래, 이대로 관료주의 길 갈래", ≪매일경제≫, 2021년 12월 23일 자.

점에서 후자는 과거의 엔론Enron 스캔들이나 2008년 금융위기 때 많이 거론 되던 내부자 고발whistle-blowing과 유사한 면이 있으나 개인의 윤리적 판단에 의한 행위가 아니라 조직에 도움을 주기 위한 행위라는 점에서 차이가 있다. 어쨌든 그 유형에 상관없이, 자신의 목소리를 내는 제언은 일반 구성원들에 게는 위험하고 도전적인 행위임에 틀림없다. 그러므로 구성원 입장에서는 경솔하게 목소리를 내는 것보다는 여러 가지 이해득실을 따져볼 수밖에 없 는 것이다.

제언행동에 관한 대표적인 연구는 그 선행요인으로 심리적 안전, 지각된 의무감, 그리고 조직 내 자존감을 선정하고, 각 요인이 어떻게 촉진적 제언과 예방적 제언에 영향을 미치는지 분석했다. 여기서 지각된 의무감이란 자신 이 소속 조직에 뭔가를 빚지고 있고, 이를 건설적인 행위로 돌려주어야 한다 는 느낌을 말하며, 조직 내 자존감은 자신이 현재 조직에서 중요한 사람이라 는 일종의 지위 또는 권력 의식을 의미한다. 상하이 교통대학교Shanghai Jiao Tong University, 메릴랜드 대학교University of Maryland, 홍콩 과학기술대학교Hong Kong University of Science & Technology 교수들로 구성된 연구팀은 각 요인들이 작동하는 심리적 메커니즘을 알아내기 위해 중국의 한 유통업체 종업원 239 명을 대상으로 연구를 진행했다.[14]

연구결과, 제언을 이끌어내는 데 가장 근본적인 요인은 역시 심리적 안전 인 것으로 나타났다. 특히, 위험한 문제나 관행을 지적하는 예방적 제언에는 강력한 영향을 미쳤다. 이 점은 심리적 안전이 쉽게 위협받거나 훼손될 수 있는 비주류 집단minority에게는 더욱 중요하다. 여러 사례에서 볼 수 있듯이,

---

[14]   J. Liang, C. I. Farh, and J. L. Farh, "Psychological antecedents of promotive and prohibitive voice: A two wave examination," *Academy of Management Journal*, 55(1), 2012, pp. 71~ 92.

조직의 숨겨진 문제점을 찾아내는 예방적 제언을 할 수 있는 직원들은 주류 집단이 아닌 비주류 구성원인 경우가 많기 때문이다. 아울러, 촉진적 제언을 이끌어내기 위해서는 구성원들이 조직에 대한 일종의 의무감을 느끼도록 해야 한다는 것 역시 의미 있는 결과이다. 일하고 싶은 기업 연구에서 알 수 있듯이, GWP의 핵심요인은 고액 연봉과 복리후생, 기업의 명성 같은 것이 아니고, 결국 경영진이 구성원을 어떻게 보고 있는가의 문제로 귀결된다.[15] 직원 한 사람, 한 사람이 회사에 얼마나 중요한 존재이고, 함께 일하고 싶은 훌륭한 동료인지 지속적으로 인식시키고, 다른 누구도 그 사람을 대신할 수 없다는 확신을 심어준다면 혁신과 창의성에 필요한 구성원의 목소리를 들을 수 있게 될 것이다.

다만, 이러한 노력이 주류 집단에게만 배타적으로 집중되고 비주류 집단을 소외시킨다면 참신하고 창의적인 제언의 상당 부분을 놓치게 될 것이다. 많은 회의가 몇몇 직원들이 발표를 주도하는 '그들만의 리그'가 되는 것은 비주류 집단이 자신들도 목소리를 내야 한다는 의무감을 갖지 못하고, 심리적 안전을 보장받지 못했기 때문일 것이다.[16] 더구나 권력 격차가 크고 공개적으로 목소리를 내는 것을 꺼리는 한국 문화에서 소통 활성화를 위해서는 심리적 안전을 보장할 수 있는 제도나 시스템의 구축에 더욱 노력을 기울여야 한다.

1975년 레이 달리오Ray Dalio가 설립한 이후 뛰어난 성과를 거두고 있는 헤지펀드 브리지워터Bridgewater사는 심리적 안전을 보장하기 위해 '극도의 솔직함과 투명성'을 경영원칙으로 하고 있다. 회의 시에 구성원들이 서로의 의견을 아이패드iPad로 평가해 점수를 내고, 최종 대안은 투표로 결정한다. 이것을

15 M. Burchell and J. Robin, *The great workplace: How to build it, how to keep it, and why it matters* (San Francisco: Jossey-Bass, 2011).

16 정명호, "제언활성화, 심리적 안전에서 출발하라", ≪동아비즈니스리뷰(DBR)≫, 116호(2012), 47~50쪽.

아이디어 성과주의라고 말하고 있다.[17] 그래서 직위에 관계없이 누구나 의견을 자유롭게 이야기하고, 자신의 의견에 대한 다른 사람들의 비판도 기꺼이 감수해야 한다. CEO 달리오는 직원들에게 "개인의 의견은 구성원 개인의 것이라고

그림 12-2 브리지워터의 회의 모습

자료: Bridgewater Associates.

생각하지 말라. 한 사람의 의견은 기업이라는 집단에 속한 것이다. 그것을 표현하지 않고 마음속에 담아둘 권리는 없다"고 강조하며 제언행동을 격려한다고 한다.[18]

아울러, 정보공개와 투명성도 필요하다. 제언을 하려면 일단 소속 조직에서 무엇이 어떻게 돌아가고 있는지 알아야 하기 때문이다. 최근 혁신기업들은 조직운영에 관한 모든 정보에 대해서 '공개를 기본값으로default to open'라는 원칙을 실천함으로써 구성원 제언행동을 유도하고 있다. 얼마 전, 구글이 중국 정부의 검열 정책에 맞춘 전용 검색엔진 출시를 준비 중이라는 소식이 전해지자 구글 직원들은 회사의 이러한 조치가 '사악해지지 말자don't be evil'는 자사의 경영철학에 어긋난다며 윤리와 투명성 문제를 제기하는 청원서를 경영진에게 전달하고, 프로젝트 수행과 관련된 투명한 정보공개를 요구했다고 한다. 이렇게 일상적으로 조직의 중요한 의사결정에 참여하는 경험이야말로 장래에 더 나은 제언을 위한 탄탄한 기반이 될 것이다. 또, 구글은

---

17 "최정혁의 월스트리트 리더십, 달리오 브리지워터 창업자", ≪중앙선데이≫, 2020년 1월 18일 자.

18 에드먼슨, 『두려움 없는 조직』.

OKRs라는 목표관리를 도입해 모든 직원이 서로 어떤 일을 어떻게 하고 있는지, 어떤 성과를 내고 있는지 투명하게 알고, 피드백과 지원을 주고 있다. 이를 위해서는 투명성과 정보공유에 관련된 가치가 조직 전체에 걸쳐 확산되어야 한다. 따라서 최근 많이 소개되고 있는 구글의 TGIF, 카카오의 T500 같은 구성원과의 직접 소통채널, 상시 평가 및 피드백 시스템, 슬랙과 같은 수평적 소통 도구를 적극 활용해야 할 것이다.

소통은 연결의 함수

소통 워크숍의 단골 주제는 경청하는 태도, 커뮤니케이션 스킬, 개방적인 마인드, 역지사지 등이다. 유명한 소통 강사들은 청중을 웃고 울리면서 상대방의 이야기에 공감어린 경청을 하고, 열린 마음으로 진정성을 담아 자신의 생각을 전달하면 오해도 풀리고 문제가 해결된다고 말한다. 그러나 앞서 밝혔듯이, 소통은 정보의 교환이며, 연결의 함수이다. 소통할 당사자를 연결하는 파이프pipe가 있어야 유용한 정보가 교환될 수 있다.

주변에 사는 이웃과 약간의 안면만 있어도 가벼운 대화는 얼마든지 할 수 있겠지만 회사에서 하고 있는 프로젝트에 관한 고민이나 앞으로 경제 상황과 같은 심각한 이야기를 나눌 수는 없다. CEO 간담회에서 사장님과 즐거운 대화를 했더라도 엘리베이터 앞에서 우연히 만난다면 다시 대화를 시작하기는 어려울 것이다. 사전에 그런 대화를 할 만한 관계가 형성되지 않았기 때문이다. 마치 우리 몸 구석구석에 영양분이 전달되려면 미세한 모세혈관이 촘촘히 연결되어 있어야 하는 것과 같다. 혈관이 있어서 피가 순환되는 것이지 피가 돌아서 혈관이 생기는 것은 아니다. 이런 점에서, 갈등이 있는 두 팀을 모아놓고, 다 같은 회사의 가족이니 허심탄회하게 이야기를 나누고 소통하면 문제가 풀릴 것이라고 말하는 것은 그야말로 순진한 생각이 아닐 수 없다.

그러므로 소통관리는 '연결의 관리'라고 할 수 있다. 전혀 연결이 없던 구성원(혹은 팀이나 부서)들에게 우연한 연결의 기회를 만들어서 가치 있는 정보가 교환되는 소통이 일어날 수도 있고, 기존의 연결관계를 바꿈으로써 새로운 소통의 통로가 열릴 수도 있다. 창의성 경영에서 예로 들었던 구글의 랜덤 런치, 재능 있는 구글러가 진행했던 교육 프로그램, 다양한 직원 커뮤니티와 같은 비공식 네트워크는 회사 내에 눈에 보이지 않는 모세혈관과 파이프라인을 만드는 것과 같다.

소통의 필수 조건인 심리적 안전도 제도나 시스템을 통해서 확보되지만 팀원 간의 연결관계와 함께 발전한다. 한 연구는 미국에서 공공 서비스 부문 69개 팀을 분석해, 팀원 간의 친교관계task-advice ties와 업무조언 관계friend-ship ties가 증가할수록 팀 심리적 안전에 대한 지각이 높아지며, 역으로 심리적 안전 지각이 높으면 새로운 연결도 증가함을 발견했다. 하지만 팀원 간 부정적 관계difficult ties는 그러한 효과가 없었다.[19] 제언행동도 마찬가지다. 필자와 동료들이 국내 2개 기업, 43개 팀, 232명의 제언행동을 연구한 바에 따르면, 구성원이 팀 동료들과 많은 업무조언 관계를 갖고 중심 위치에 있을수록 제언행동은 증가했고, 팀 전체의 연결관계 밀도가 높을수록 구성원 개인의 제언행동은 역시 증가했다. 그러나 구성원들의 지위갈등 수준이 높으면 이러한 효과는 감소하는 것으로 나타났다.[20] 결국, 소통 자체는 물론 소통과 밀접한 관련을 갖는 심리적 안전과 제언행동이 모두 연결관계에 큰 영향을 받는다는 것을 기억해야 한다.

그렇다면 연결관계가 많을수록 심리적 안전이 높아지고 소통도 잘될까? 심리적 안전에 관한 대표적인 오해 중의 하나가 바로 이 문제다. 다시 말해

19   M. Schulite, N. A. Cohen, and K. J. Klein, "The coevolution of network ties and perceptions of team psychological safety," *Organization Science*, 23(2), 2012, pp. 564~581.

20   정명호·김지영·고유미, 「제언 행동의 구조적 선행 요인에 관한 다수준 연구: 사회적 네트워크와 지위갈등의 효과」, ≪연세경영연구≫, 56권, 2호(2019), 103~133쪽.

그림 12-3 팀원 간 밀도와 제언행동의 관계

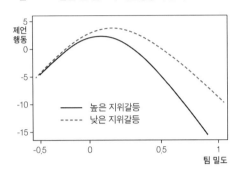

자료: Ko and Chung, "Too close to speak up?" p. 18.

서, 구성원들의 심리적 안전을 확보하려면 서로 친밀하게 가까워지고, 자주 만나서 팀워크를 다져야 한다는 편향된 생각이다. 이 질문에 대한 답은 굳이 연구 결과를 찾아보지 않아도 쉽게 짐작할 수 있을 것이다. 특히, 한국 기업들은 문화적 영향 때문에 회사라는 공식적 조직에서도 조금 친해지면 형, 언니 같은 가족 간 호칭을 쓰기도 한다. 겉으로는 상당히 친밀한 관계가 유지되기 때문에 심리적 안전이 높을 것 같지만 이렇게 친근한 관계 때문에 오히려 심리적 안전이 위축될 수 있다. 누구나 문제점을 알고 있지만 암묵적으로 강요되는 조화를 깨뜨리기가 어려워서 자신의 의견을 말하기 어려운 것이다. 마치 방 안에 큰 코끼리가 있는데도 모두가 못 본 척하는 '방 안의 코끼리elephant in the room' 현상이 나타나는 것이다.

　심리적 안전은 오히려 약간의 공식적인 관계가 유지될 때, 더 높아진다. 따라서 평소에는 격의 없이 친밀하게 지내다가도 중요한 업무회의를 할 때는 직급에 상관없이 존칭을 쓰거나 구성원 모두에게 적어도 한 번 이상의 발언 기회를 보장하는 것 같은 공식적 규칙이 필요하다. 제언행동 역시 비슷하다. 실제로, 필자와 동료의 연구에서도 같은 현상이 발견되었다. 〈그림 12-3〉와 같이, 한 팀의 팀원 간 관계가 증가하면, 팀원들의 제언행동은 증가했다. 그러나 팀 밀도(팀원 간 관계)가 일정 수준을 넘어서면 제언은 오히려 감소했다. 여기에 팀원 간 갈등 수준이 높은 팀은 제언행동이 더 가파르게 감소하는 것을 볼 수 있었다.[21] 그렇다면 연결과 네트워크를 어떻게 관리해야 소통과 혁신이 극대화될까? 다음 절에서 살펴보기로 한다.

2. 연결과 네트워크 관리

네트워크의 중요성

"모든 것은 모든 것에 연결되어 있다"[22]는 말처럼 이 세상은 수많은 관계와 네트워크로 연결되어 있다. 인터넷과 정보통신망, 도로 교통망, 금융 시스템 등 우리 생활의 대부분이 네트워크를 통해서 이루어진다. 직장 생활 역시 마찬가지이다. 사람들은 기업, 학교, 병원 등 어떤 조직에서나 다른 사람들과 관계를 맺으면서 일하고 살아간다. 사람들의 소통과 교류를 만드는 사회적 네트워크social network는 공식적인 명령체계나 업무관계만이 아니라 구성원들이 자연스럽게 맺고 있는 비공식적인 관계도 포함한다. 이런 관계는 결국 개인들이 만든 것이지만 어느 누구의 소유물도 아니고, 마음대로 바꾸거나 없앨 수도 없는 일종의 구조이기 때문에 조직 전반에 중요한 영향을 미치게 된다.

그런데 경영자들은 조직을 관리할 때, 보통 공식적인 구조를 중심으로 생각하게 된다. 기업의 조직도를 보면 전체 사업부와 팀 수, 각 팀별 인원, 결재 단계 등 여러 가지 정보를 알 수 있다. 그래서 대부분의 조직에서는 조직도를 대외비로 관리하고 있다. 그러나 실제 사람들이 일하는 현실은 공식적인

---

21   Y. Ko and M. Chung, "Too close to speak up? How group cohesion and status conflict affect group voice," *Proceedings of AOM Annual Meeting* (Chicago, USA, 2018).

22   아르헨티나 작가 호르헤 루이스 보르헤스(Jorge Luis Borges)의 말이다. A. L. 바라바시, 『링크: 21세기를 지배하는 네트워크 과학』, 강병남·김기훈 옮김(서울: 동아시아, 2002), 17쪽에서 재인용.

조직도와는 다르다. 같은 팀이 아니더라도 부서의 경계를 뛰어 넘어서 필요한 업무정보나 지식을 찾기도 하고, 공식적인 보고라인이 아닌 구성원이 업무진행에서 중요한 역할을 하기도 한다. 즉, 조직 내 비공식 네트워크는 실제로 업무가 이루어지는 모습을 그대로 보여주고 있다.[23]

조직에서 사람들이 맺고 있는 관계는 유용한 업무정보나 조언, 사회적 지지와 격려, 감정적인 유대와 교류 등 여러 가지 자원이 교환되는 통로이다. 따라서 조직 내 네트워크가 효과적으로 관리되어 구성원들이 풍부한 사회적 자본social capital을 갖고 있을 때, 그 조직은 원활하게 운영되고 성과 또한 높게 될 것이다. 반면에 눈에 보이지는 않지만 네트워크에 문제가 있다면 그 조직은 갖고 있는 잠재력을 제대로 발휘하지 못할 것이다. 다음 사례를 살펴보도록 하자.[24]

영국의 롤스로이스Rolls-Royce, plc사는 지주회사로서 선박, 항공, 방위산업 등 여러 산업의 계열사를 보유하고 있다. 롤스로이스는 세계에서 두 번째로 큰 항공기 엔진 제조사이며, 선박 엔진 및 에너지 분야의 주요 회사를 운영하고 있다. 1970년대 이전에는 주요 방위산업체였으나 국유화의 후유증과 항공기 엔진 개발 실패 등으로 경쟁력이 하락하고 침체를 겪었다. 그러다가 1987년 회사가 민영화되면서 발전의 계기를 마련하게 되었다. 우수한 기술력을 기반으로 항공기와 선박 엔진, 발전기 분야에 재진입했으며, 자회사인 롤스로이스 마린Rolls-Royce Marine을 설립했다. 이 과정에서 조선 및 선박 분야의 우량기업인 북유럽의 중소 업체들을 인수합병했다.

---

23 이하 정명호, "조직의 네트워크 관리, 외부팀과 우연한 교류 늘려보라", ≪동아비즈니스리뷰(DBR)≫, 255호(2018), 48~57쪽의 주요 내용과 최근 네트워크 연구들의 결과를 수정 및 보완했다.

24 이 사례는 삼성경제연구소의 SERICEO에 소개된 다음 글의 내용을 요약한 것이다. 채승병, 「네트워크의 함정, 어떻게 벗어날까?」(SERICEO 삼성경제연구소, 2007).

롤스로이스의 고민은 인수합병 이후 대거 유입된 북유럽계 직원들이 영국계 직원들과 제대로 융합되지 못하는 것이었다. 여기에는 국영기업으로 운영되면서 형성된 관료적이고 배타적인 문화가 주요 원인으로 작용했다. 물론 롤스로이스는 이를 극복하기 위해 일반적으로 시행하는 직무순환이나 문화통합 등 여러 가지 노력을 기울였다. 그러나 이러한 노력에도 불구하고 직원들의 원활한 소통과 지식공유 및 협력 측면에서는 별다른 효과를 거두지 못했다.

이에 따라 롤스로이스는 사내 비공식 네트워크를 분석해 보기로 결정했다. 먼저 직원들의 동의를 구한 다음, 사내 인트라넷과 업무 메일을 네트워크 전문가의 도움을 받아 분석했다. 경영진은 회사 내 중역과 각 부서 간부들이 회사 네트워크의 중심 위치에 있을 것으로 예상했다. 그러나 분석결과는 예상과 달랐다. 직급이 낮아도 여러 부서를 연결하는 다리bridge 역할을 하고 있는 직원들이 파악되었다. 이들은 영국계와 북유럽계 직원들 모두로부터 광범위한 신뢰를 받고 있었으며, 서로 다른 집단을 연결하는 브로커broker 역할을 하고 있었다. 경영진은 이러한 결과를 보고받고, 각 부서 간부들과 조직개편의 방향을 공유했다. 영국계와 북유럽계로 나뉘어 폐쇄적인 네트워크를 형성하고 서로 분리된 직원들을 적절히 통합하기 위해 네트워크 분석에서 파악된 브로커 직원들을 중심으로 협업 팀을 구성했다. 이러한 협업 팀이 정상적인 궤도에 오를 때까지 직원들의 의견을 반영하면서 경직된 비공식 네트워크를 협력이 가능한 구조로 변화시켜 나갔다. 이러한 노력이 효과를 발휘해 마침내 영국계 및 북유럽계 직원들이 자연스럽게 협력할 수 있는 구조가 만들어져 갔으며, 이를 기반으로 효과적으로 조직을 이끌어 갈 수 있었다. 결과적으로 현재 롤스로이스는 직원의 절반 이상이 비영국계 직원인 글로벌 기업으로 탈바꿈했고, 경영성과 역시 향상되고 있다.

조직의 성과는 결국 사람들이 만드는 것이다. 제아무리 좋은 제도와 업무 프로세스를 설계하고 도입해도 이를 실천할 사람들의 비공식적 네트워크 구조가 뒷받침되지 않는다면 효과를 거두기 어렵다. 소통관리나 혁신도 사실상 조직 내 네트워크를 어떻게 만들고 관리할 것인가의 문제라고 할 수 있다.

네트워크의 유형과 효과

네트워크 관리는 사실 여러 가지 복잡한 문제들을 포함하고 있다. 또한 네트워크에 관한 많은 오해들도 있다.[25] 예를 들어, 사람들은 막연히 많은 연결관계를 가지면 무조건 좋은 결과를 얻을 수 있다고 생각한다. 그러나 때로는 과도한 연결관계가 오히려 성과를 해칠 수 있다. 또, 누군가와 관계를 맺고 유지한다는 것은 그냥 되는 것이 아니라 시간과 노력이 필요하기 때문에 무한정 많은 관계를 갖는 것은 불가능하다. 문제는 관계의 양이 아니라 네트워크 내 구조적 위치이다. 이런 점에서 볼 때, 서로 연결되지 않는 팀이나 부서를 연결하는 위치의 구성원은 매우 중요하다. 그렇지만 때로는 이들에게 업무부하나 정보 요청이 몰려서 전체 업무 프로세스에서 병목bottleneck이 될 수도 있기 때문에 의사결정의 분권화와 같은 조치가 함께 필요한 경우도 있다.

이 밖에도 각 조직이 처한 구체적인 상황에 따라 네트워크 관리의 방향은 달라질 수 있을 것이다. 이것은 매우 넓은 주제이기 때문에 여기서는 가장 중요한 네트워크의 유형을 중심으로 살펴보고자 한다. 네트워크 연구에서는 가장 일반적인 네트워크의 유형을 아래와 같이 두 가지로 구분하고 있다. 이는 〈그림 12-4〉의 A와 B에서 볼 수 있는 '폐쇄형closure 네트워크'와 '매개형 bridging 네트워크'이다.

먼저 폐쇄형 네트워크는 네트워크를 구성하는 사람들이 서로 서로 연결

---

25 R. Cross, N. Nohria, and A. Parker, "Six myths about informal networks — And how to overcome them," *Sloan Management Review*, 43(3), 2002, pp. 67~75.

되어 하나로 뭉쳐 있는 네트워크이다. A의 포도송이처럼 뭉쳐 있는 네트워크는 보통 혈연이나 학연 관계에서 볼 수 있는데, 서로 중복된 관계로 연결되어 있기 때문에 연결관계가 강하고, 높은 연대의식과 신뢰 수준을 나타낸다. 접촉의 빈도가 높고 서로를 믿을 수 있기 때문에 불필요한 거래비용이 줄어들고 깊이 있는 정보교환이 가능하다. 이러한 네트워크로 연결된 사람들은 자신이 상대방을 도우면 이것을 다시 돌려받을 것이라는 것을 알기 때문에 하나의 공동체와 같이 움직이기 되므로 여러 가지 이익을 함께 누릴 수 있다. 미국의 정치학자 로버트 퍼트남Robert Putnam은 이렇게 신뢰에 기초한 네트워크가 발달해야만 민주주의 제도가 번성할 수 있는데, 미국에서 혼자 볼링을 치는 사람들이 늘어나는 것은 경제발전과 민주주의에 좋지 않은 신호라고 말한 바 있다.[26]

그런데 사람들이 서로 관계를 맺는 원리는 의외로 단순하다. 그저 가까이 있는 사람과 가장 쉽게 어울리는 것이다. 직장 내 친교관계를 살펴봐도, 같은 건물, 같은 층, 같은 복도에서 일하는 사람들은 그렇지 않은 사람들보다도 훨씬 쉽게 연결관계를 형성한다. 우연히 같은 사무실에 배정되어 매우 친한 관계로 발전하는 사람들이 많다. 그리고 사람들은 자신과 유사한 사람들과 함께 있을 때, 편안함을 느끼게 된다. 인간 행동의 매우 강력한 경향성인 '유사성-유인similarity-attraction' 원리이다. 다시 말해서, 사람들은 일부러 거리가 먼 다른 부서나 자신과 다른 낯선 사람들과 힘들게 연결관계를 만들지 않고, 유사하고 근접거리에 있는 상대와 네트워크를 형성하는 경향이 매우 강하다. 사회심리학자 돈 번Donn Byrne은 어느 두 사람의 태도가 유사하다면 그렇지 않은 경우보다 5.44배만큼 더 서로에게 끌리게 된다는 '유인의

---

26 R. D. Putnam, *Bowling alone: The collapse and revival of American community* (New York: Simon & Schuster, 2001).

그림 12-4 폐쇄형 네트워크와 매개형 네트워크

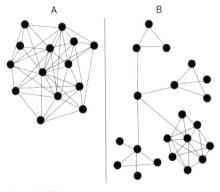

자료: 필자 작성.

법칙law of attraction'을 정식화하기도 했다.[27] 그렇기 때문에 폐쇄형 네트워크는 교환되는 정보가 중복되거나 동질적이고, 외부 집단에 배타적일 수 있다는 단점이 있다.

다음으로 B의 매개형 네트워크는 서로 분리된 집단이 오직 중간에 있는 연결자(브로커)에 의해서만 연결되는 유형을 말한다. 이렇게 서로 연결되지 않는 상대방들을 연결하는 유일한 위치를 구조적 공백structural hole이라고 한다.[28] 구조적 공백이 많이 있는 매개형 네트워크는 서로 다른 배경을 가진 다양한 사람들로 구성되므로 연결 강도나 접촉의 빈도는 폐쇄형 네트워크보다 낮다. 그러나 성별, 직업, 소득 등 특성이 다른 여러 사람들로부터 중복되지 않는 유용한 정보를 얻을 수 있다는 장점이 있다. 또, 보통 매개형 네트워크는 약한 관계로 연결되므로 멀리까지 확산될 수 있다. 네트워크 관련 서적에서 흔히 찾아볼 수 있는 '6단계의 분리'나 '작은 세상small world'과 같은 신기한 현상 역시 매개적 네트워크의 효과이다. 대부분의 사람들은 수십 명을 아는 정도에 그치지만 전혀 다른 배경을 가진 사람들을 다리처럼 연결하는 몇몇 사람들 때문에 불과 서너 단계 만에 전혀 모르는 사람과 연결될 수 있는 것이다.[29] 즉, 매개형 네트워크

27   D. E. Byrne, *The attraction paradigm* (Cambridge: Academic Press, 1971).

28   R. Burt, "The contingent value of social capital," *Administrative Science Quarterly*, 42(2), 1997, pp. 339~365.

29   바라바시, 『링크』.

는 넓고 다양한 연결을 통해 유용한 정보와 자원을 획득할 수 있다는 이점이 있다. 그러나 매개형 네트워크는 각 구성원이 강하게 연결되어 있지 않으므로 각자의 이익을 추구할 가능성이 높고, 서로에게 정서적인 지원을 제공하는 데는 한계가 있다.

정리하자면, 두 유형의 네트워크는 각각 장점과 단점이 있다. 폐쇄형 네트워크는 서로를 믿고 정서적으로 지원하기 때문에 어려운 목표를 함께 실행하는 데 효과적이고, 매개형 네트워크는 다양하고 새로운 정보를 얻을 수 있고, 네트워크 범위가 멀리까지 확장될 수 있다. 그렇지만 네트워크의 가장 근본적인 기능이 정보와 자원을 얻는 것이라면 매개형 네트워크를 가진 사람이 직업적인 성공이나 성과가 더 높을 것이라고 예측할 수 있다. 또한, 대부분의 사람들은 자신과 비슷한 배경과 특성을 가진 사람들을 좋아하기 때문에 폐쇄형 네트워크는 특별한 노력을 하지 않아도 자연스럽게 갖게 되는 네트워크라고 할 수 있다. 따라서 드문 형태인 매개형 네트워크를 가진 사람이 더 유리한 결과를 갖는 것은 당연하다고도 볼 수 있다.[30]

폴 리비어와 윌리엄 도스의 차이

네트워크에 관한 가장 큰 오해는 '무조건 많은 사람을 알수록 좋다'는 것이다. 특히 영업직에 종사하는 사람이나 정치인들은 가능한 많은 사람을 만나기 위해 사람들이 모이는 곳이라면 어디든 달려가서 자신을 알리고 명함을 주고받곤 한다. 그러나 미국의 유명 헤드헌터로 오래 근무했던 밥 보딘Bob Beaudine은 저서인 『누구의 힘The Power of WHO』(2009)에서 우리는 알아야 할 필요가 있는 모든 사람들을 이미 알고 있다고 역설한다. 사람들은 자신이 알고 있는 인간관계의 10%도 제대로 활용하지 못하기 때문에 더 많은 사람을

---

30 정명호·오홍석, 『휴먼 네트워크와 기업경영』(서울: 삼성경제연구소, 2005).

알려고 노력하지 말라는 것이다. 그는 자신이 알고 있는 100명을 절친한 친구, WHO 친구, 동맹자, 지지자, 지인으로 분류하고, 자신의 목표를 이루는 데 필요한 정보나 자원을 갖고 있는 40명을 찾아서 자신의 WHO 친구와 연결시키면 된다고 말한다.[31] 결국 숫자가 중요한 것이 아니라 네트워크의 구조와 전략이 중요하다는 것이다.

그러면 구성원들이 소통과 혁신을 위해서 가져야 할 효과적인 네트워크의 구조와 전략은 무엇일까? 결론부터 말한다면, 본인 스스로가 브로커가 되거나 본인과 가까운 사람 중 성공적인 브로커가 있어야 한다는 것이다.

미국 독립전쟁이 발발하기 직전인 1775년 4월 18일, 보스턴 항구에서 영국군이 쳐들어온다는 소식을 우연히 엿들은 한 소년은 독립운동 지도자인 폴 리비어Paul Revere에게 이 사실을 알리게 된다. 병력과 무기 면에서 우위에 있는 영국군이 불시에 보스턴에 상륙한다면 독립전쟁을 준비해 온 민병대원들은 희생되고, 미국의 독립도 물거품이 될 위기의 순간이었다. 폴 리비어는 이 소식을 듣자마자 즉각 말을 타고 밤새 보스턴 인근 지역에 흩어져 있던 독립운동 지도자들의 문을 두드려서 영국군의 침공을 알리고, 민병대원을 소집해 전투에 대비하도록 했다. 하룻밤을 꼬박 쉬지도 않고 말을 달린 덕분에 독립군은 전투준비를 마쳤고, 상륙하는 영국군을 선제적으로 공격해 독립전쟁의 기선을 제압할 수 있었다. 이러한 공적으로 폴 리비어는 미국 학생들의 교과서에 실릴 정도로 유명한 독립운동 지도자가 되었으며, 지금도 보스턴에 가면 그의 집과 행적이 유적지로 보존되고 있다. 그런데 재미있는 사실은 그날 밤 윌리엄 도스William Dawes라는 또 다른 독립운동 지도자가 리비어와 똑같은 행동을 했다는 것이다. 밤새 말을 타고 독립군들을 깨워서 전투준비를 하도록 한 것이다. 그러나 윌리엄 도스가 동원한 독립군은 얼마 되지 않

---

31   밥 보딘, 『WHO: 내 안의 100명의 힘』, 김명철·조혜연 옮김(서울: 웅진 지식하우스, 2009).

았고, 독립전쟁에서 그의 공적은 잊히고 말았다.

무엇이 이러한 차이를 만든 것일까? 〈그림 12-5〉에서 나타듯이, 폴 리비어는 서로 분리된 다양한 독립운동 지도자 그룹과 연결되어 있었다. 그래서 그가 전한 소식은 보스턴 근처의 모든 독립군들에게 널리 퍼질 수 있었다. 바로 구조적 공백의 역할을 한 것이다. 그러나 윌리엄 도스는 평소 매우 친밀하고 폐쇄적인 소수의 사람들과 친분관계를 맺고 있었기 때문에 그가 전한 소식은 포도송이처럼 뭉친 일부 지도자 사이에서만 전해지고 말았다. 두 사람이 같은 정도의 노력을 했는데 성과 차이가 이렇게 컸던 것은 결국 네트워크상에서 차지하고 있던 위치 때문이었다.

앞서 살펴봤듯이, 창의성과 혁신의 본질은 의외성이다. 조직 구성원들이 어디서, 어떤 계기로 회사에 도움이 되는 지식, 기술, 정보를 획득하게 될 지 알 수 없기 때문에 가능한 폭넓고 다양한 네트워크를 만들기 위해 노력해야 한다. 만약 본인이 직접 그렇게 하기가 어렵다면 자신과 긴밀한 관계에 있는 누군가가 그런 역할을 할 수 있어야 한다. 브라이언 우치Brian Uzzi 교수는 자신의 주위에 이런 사람이 있는지 쉽게 알아볼 수 있는 방법을 소개하고 있다.[32] 종이에 자신이 자주 만나고 주로 시간을 보내는 열 명을 적은 후, 이들을 자신이 직접 아는 사이라면 '나', 누군가를 통해서 알게 되었다면 그 '소개한 사람'의 이름을 적어보는 것이다. 만약 내가 주로 만나는 사람들을 소개한 사람이 동일인이고, 그 사람이 열 명 중 여러 사람을 소개했다면 그는 나에게 매우 중요한 '슈퍼 커넥터super connector'이다. 그런데, 만약 열 명 모두를 내가 직접 아는 사이거나 예닐곱 명 이상이 직접 아는 사이라면 경영자의 네트워크로서는 문제가 있음을 지적하고 있다.

---

32   B. Uzzi and S. Dunlap, "How to build your network," *Harvard Business Review*, 83(12), 2005, pp. 53~60.

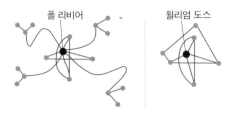

그림 12-5 폴 리비어와 윌리엄 도스의 네트워크

폴 리비어   윌리엄 도스

자료: Uzzi and Dunlap, "How to build your network,"
　　　 p. 55.

사실 이렇게 다양하고 폭넓은 네트워크를 만드는 것은 결코 쉬운 일이 아니다. 사람들은 누구나 자신과 비슷하고 가까이 있는 사람과 교류하는 것이 자연스러운 본성이기 때문이다. 또 사람마다 여유 시간이나 성격이 다르기 때문에 모든 사람에게 맞는 획일적인 네트워크라는 것은 생각하기 어렵다. 실제로, 최근의 한 연구는 브로커 역할을 하는 사람들이 개인적 이익은 있지만 심리적 비용이 상당히 크다는 점을 지적하고 있다. 남미와 미국에서 수천 명의 종업원을 연구한 결과, 브로커 역할을 하는 구성원은 심리적 소진에 시달리고, 그로 인해 동료들에게 비인격적 행위abusive behavior를 하게 된다는 것이다.[33] 그렇지만 효과적인 소통을 통해 창의성과 혁신성과를 내기 위해서는 다양성이 높고, 범위가 넓은 네트워크가 더 좋은 것은 분명한 사실이다.

응집적 관계의 힘

한편 폐쇄형의 응집적인 네트워크도 나름대로 강점이 있다. 영국 유니버시티 칼리지 런던UCL의 노리나 허츠Noreena Herz 교수는 현대는 '고립의 시대'이며, 현대 조직에서 외로움 문제가 크게 대두되고 있다고 강조한다. 개인은 성과 압박에 시달리고, 심지어 소셜 미디어에서도 최상의 모습을 보여야 한

33　J. W. Lee, E. Quintane, S. Y. Lee, C. U. Ruiz, and M. Kilduff, "The strain of spanning structural holes: How brokering leads to burnout and abusive behavior," *Organization Science*, 35(1), 2024, pp. 177~194.

다는 압박이 있다. 팬데믹 기간 동안 비대면 근무하에서 더 심화된 외로움으로 구성원들은 생산성 저하, 동기부여 감소, 퇴사율 증가 등 다양한 문제를 낳고 있다. 최근 한국을 방문한 미국의 유명 작가 마크 맨슨Mark Manson도 한국은 세계에서 가장 '우울한 사회'라고 진단하고 있다. 정신적 웰빙의 핵심이 자기 삶에 대한 자율성과 통제인데, 한국의 직장 문화에서는 스스로 어떤 것을 선택할 수 있는 능력이 제한되기 때문이라는 것이다.[34] 이에 대응하기 위해서, 경영진들은 구성원의 외로움을 인정하고 소속감을 느끼도록 노력해야 한다고 권고한다. 실제로, 뱅크 오브 아메리카Bank of America(BOA)는 근무 중인 전 직원이 같은 시간에 커피 브레이크를 갖도록 하고, 세일즈포스Salesforce는 구성원이 함께 하는 봉사활동을 통해 연결과 소속감을 느끼도록 노력하고 있다고 한다.[35]

이와 관련해 주목할 만한 연구가 있다. 하버드 의대가 1938년부터 무려 85년간 진행 중인 성인발달 연구이다. 거의 1세기 동안의 연구이기 때문에 당연히 연구진도 바뀌었다. 현재는 네 번째 연구책임자인 로버트 월딩어Robert Waldinger 하버드 의대 교수가 이끌고 있다. 이 연구는 '좋은 인생'의 핵심요인을 찾기 위해, 명문 하버드생(당시 19세) 268명과 보스턴 시내 저소득층 10대 456명 등 총 724명과 그들의 자녀 세대 약 1300명을 대상으로 1938년부터 85년간 그들의 인생을 종단적으로 비교 분석했다. 연구방법으로는 2년마다 설문조사, 5년마다 신체 건강을 측정했으며, 5~10년마다 심층 면접을 했다. 뇌 인지능력 검사, 유전자 연구도 병행했다. 그 결과, 그들의 행복에 가장 큰 영향을 준 요인은 교육 수준, 부와 명예, 성격과 기질 같은 것이 아니라 따뜻하고 의지할 수 있는 인간관계였다. 또, 관계의 양보다 질이 중요한 것으로

---

34 "가장 우울한 국가여행, 한국방문 미 작가가 본 원인", 《국민일보》, 2024년 1월 28일 자.
35 "MZ세대 20% 친구가 없다, 전 세계 '외로움 위기' 주의보", 《매일경제》, 2022년 2월 9일 자.

나타났다. 의지할 수 있는 관계라면 배우자, 형제자매, 자녀, 친구들, 직장 동료 등 어떤 관계든 상관없었다.[36]

이 밖에도, 좋은 관계가 건강과 행복, 개인의 성과에 결정적인 영향을 미치는 요인이라는 연구결과는 상당히 많다. 한 연구는 미국 캘리포니아에 거주하는 7000여 명의 생활 스타일과 사회적 네트워크, 그리고 건강 사이의 관계를 9년간 관찰했는데, 좋은 사회적 관계를 가진 사람이 고립된 사람보다 오래 살 확률이 세 배 이상 높다는 결과를 얻었다. 심지어 비만이거나 흡연자도 좋은 관계를 유지하면 그렇지 않은 사람보다 오래 산다는 것이다.[37]

제인 더튼과 에밀리 히피Emily D. Heaphy는 이러한 긍정적 관계를 '질 높은 연결High-Quality Connection: HQC'이라고 부르고 있다. 직장에서 HQC는 일과 관련된 감정을 자유롭게 표현할 수 있는 관계, 어려운 상황을 함께 견뎌낼 수 있는 관계, 그리고 상대방의 새로운 생각을 이끌어내고 개방된 태도로 받아들이는 관계를 의미한다.[38] HQC와 같은 긍정적 관계를 통해 소통함으로써 구성원은 활력과 에너지를 얻고, 상호 성장하고, 자신이 상대방에게 중요한 존재라는 긍정적 감정을 갖게 된다. 몰입 이론에서 소개했던 윌리엄 칸 교수도 긍정적 관계는 일에 몰입하게 만들고, 관계욕구를 만족시키며, 일에서 진정한 자아를 표현할 수 있는 관계라고 말하고 있다.[39]

이렇게 구성원 간 양질의 연결관계가 소통과 몰입에 매우 중요하기 때문

---

36 "한국인은 서울대 꿈꾼다지만 하버드는 행복과 관련 없었다", ≪동아일보≫, 2023년 1월 2일 자.

37 W. E. Baker, *Achieving success through social capital* (San Francisco: Jossey-Bass, 2001).

38 J. E. Dutton, and E. D. Heaphy, "The power of high-quality connections," In K. S. Cameron, J. E. Dutton, and R. E. Quinn (Eds.), *Positive organizational scholarship* (San Francisco: Berrett-Koehler, 2003), pp. 328~342.

39 W. A. Kahn, "Meaningful connections: Positive relationships and attachments at work," In J. E. Dutton and B. R. Ragins (Eds.) *Exploring positive relationships at work* (New York: Psychology Press, 2007), pp. 189~206.

에 창의적인 혁신기업들은 '최고의 보상은 우수한 동료'라는 모토로 우수 인재를 확보하고, 그들 간의 긍정적 관계를 만들기 위해서 노력한다. 가령, 넷플릭스는 "훌륭한 직장은 비싼 점심, 고급 사무실을 제공하는 곳이 아니라 최고의 동료를 제공해 주는 곳"이라고 정의하고, 각 분야에서 최고의 인재들을 모으기 위해 노력하고 있다. 헤이스팅스 당시 CEO는 직원 풀pool을 A급으로 유지하기 위해 정기적으로 직원들을 관리하며, 넷플릭스는 A급 인재 밀도를 높이기 위해 엄격한 동료평가를 하기도 했다.[40]

탐색과 이전, 약한 연결과 강한 연결

네트워크 유형에 따른 강점과 단점을 소통과 혁신의 관점에서 본다면, 개인이나 조직이 외부의 지식과 정보를 탐색하는 상황인지, 아니면 유용한 정보나 기술의 원천이 파악된 후, 그것을 획득하려는 상황인지에 따라서 그 효과가 달라질 수 있다. 이를 약한 연결weak tie과 강한 연결strong tie 개념을 통해 알아보겠다.

먼저 누군가가 자신이 필요로 하는 지식과 정보가 어떤 것인지 막연한 방향만 있고, 어디에 있는지를 탐색해야 하는 상황이라면 약한 관계로 연결된 넓고 다양한 네트워크가 필요할 것이다. 이것은 위에서 설명한 매개형 네트워크를 말한다. 사회학자 마크 그래노베터Mark Granovetter 교수는 미국 보스턴 근교 뉴턴Newton이라는 도시에서 실직한 사람들이 재취업하게 되는 과정을 연구했다. 구체적으로, 실직자들이 재취업에 도움이 되는 결정적인 정보를 가족, 친지, 오랜 친구와 같은 강한 연결에서 얻었는지, 아니면 그저 이름만 아는 정도의 약한 연결에서 얻었는지를 조사했다. 직관적으로는, 강한 관계의 사람들이 실직자를 도와주기 위해 더 노력할 것이므로 재취업할 때 강한

---

40 "자유를 누리되 책임을 져라", ≪조선일보 Weekly Biz≫, 2016년 2월 20일 자.

관계의 도움이 더 클 거라고 예측할 수 있지만 실제 결과는 약한 연결이 훨씬 효과적이었다. 그래노베터 교수는 이를 '약한 연결의 힘'이라고 불렀다.[41]

그 이유는 강한 관계로 연결된 네트워크는 포도송이처럼 뭉쳐 있으므로 거기에서 얻은 정보와 지식이 서로 중복될 가능성이 높기 때문이다. 비록 실직자를 돕고 싶은 마음이 강해서 여러 군데 수소문을 하고 구직 정보를 알아보겠지만 그 정보는 실직한 당사자도 같은 네트워크로 연결된 다른 사람을 통해 들었거나 이미 알고 있는 정보일 가능성이 높다. 그러나 약한 관계로 연결된 네트워크에서는 실직자의 지인들이 갖고 있는 정보는 중복되지 않고, 약한 관계이기 때문에 정보제공에 대한 부담이나 제약도 거의 없다. 자신이 별생각 없이 말한 정보가 다른 사람에게 얼마나 가치 있고 유용한 정보인지를 정확히 모르기 때문에 특별한 제한 없이 정보가 확산되는 것이다. 즉, 창의성과 혁신에 필요한 지식과 정보의 탐색을 위해서는 넓고 멀리까지 연결될 수 있는 네트워크가 필요하며, 이것을 가능하게 하는 것은 약한 연결밖에 없다. 그러므로, 새로운 지식과 정보를 탐색하려고 하면서 특정 상대와만 강한 관계를 만드는 것은 그다지 효과적이지 못할 것이다.

또한, 약하고 넓은 네트워크를 만드는 데 있어서 가장 중요한 것은 서로 분리된 집단을 연결해 주는 다리 즉, 브로커의 역할이라는 점에 유의해야 한다. 친숙하고 가까이 있는 동료보다는 자신과 다른 집단의 구성원을 동시에 알고 있는 사람을 통해서 지금까지 연결되지 않았던 제3의 상대방으로 연결되는 것이 중요하다. 이때, 중간 다리 역할을 하는 사람의 직급이나 전문성은 그다지 중요하지 않다. 우리가 필요로 하는 것은 그 브로커가 아는 다른 사람들이지 브로커 자신의 지식과 정보가 아니기 때문이다.

---

41 M. Granovetter, "The strength of weak tie," *American Journal of Sociology*, 78(6), 1973, pp. 1360~1380.

다음으로, 유용한 지식과 정보를 탐색했다면 이것을 적절히 이전transfer받을 수 있는 네트워크가 필요할 것이다. 여기에는 위에서 말한 폐쇄적 네트워크와 같은 응집적인 관계가 뒷받침되어야 한다. 그 누구라도 확실히 믿을 수 없는 상대에게는 자신만이 알고 있는 특유의 노하우나 지식을 선뜻 전달해 주지는 않을 것이다. 상대방이 그 지식을 알게 되더라도 자신에게 해가 되지 않을 것이라는 믿음이 필요한데, 폐쇄적 네트워크는 이러한 신뢰를 제공한다. 폐쇄적 네트워크는 강한 관계로 연결되어 있기 때문에 호혜성의 규범이 형성되고, 만약 누군가가 이를 어길 경우에는 제재를 받게 된다. 따라서 이러한 네트워크에서 신뢰는 자발적인 신뢰뿐만 아니라 '강제된 신뢰enforced trust'도 포함되어 있다.

미국 뉴욕 맨해튼Manhattan의 다이아몬드 보석상의 사례가 이것을 잘 말해준다. 네트워크 연구자 제임스 콜먼James Coleman은 맨해튼의 다이아몬드 도매상들이 수십만 달러 상당의 다이아몬드를 변변한 보험계약도 없이 상대방에게 넘기고 검사할 수 있도록 허용하는 전통적인 관행에 주목했다. 만약 상대방이 다이아몬드 일부를 질 낮은 것으로 바꾸거나 가짜로 슬쩍 바꾼다면 큰 손실을 볼 수 있는 상황인데도 이러한 관행은 오랫동안 지속되어 왔다. 그 이유는 맨해튼의 다이아몬드 도매상은 오래전부터 대부분 유대인들이 운영해 왔는데, 이들은 서로 혼인을 통해 연결된 가족이고, 브루클린Brooklyn의 같은 동네에 살며, 같은 유대교 회당에 다니면서 강한 관계로 연결되어 있는 매우 폐쇄적인 네트워크이기 때문이다. 만약 누군가가 개인의 이익을 위해 다이아몬드를 훔치는 기회주의적 행동을 한다면, 그와 가족들은 유대인 사회에서 살아가는 데 필요한 연결관계를 잃고, 강한 제재를 받을 것이기 때문에 어쩔 수 없이 규범을 따르게 되는 것이다. 외부인이 보기에는 전혀 이해할 수 없는 관행은 결국 폐쇄적 네트워크가 만드는 힘인 것이다.[42]

창의성과 혁신에 필요한 유용한 암묵지와 복잡한 정보는 특정 개인이나 팀에 배태되어embedded 있는 고착적 지식인 경우가 많다. 따라서 도제가 장인의 지식을 배우기 위해 함께 생활하면서 학습하는 것처럼 강하고 지속적인 관계가 필요하다. 한두 번의 회의나 비대면 소통으로 쉽게 전달받을 수 있는 것이 아니라는 말이다. 결론적으로 지식의 순조로운 이전과 전달을 위해서는 강하고 응집적인 관계가 요구되며, 지식 이전의 대상만이 아니라 그와 연결된 주변 사람들까지 포함하는 중복적 관계가 요구된다고 할 수 있다.

네트워킹 시대의 연결과 휴면관계

지금까지 연결과 혁신에 대해서 간략하게 살펴봤지만, 사실 네트워크 연결관계가 창의성에 미치는 효과는 상당히 복잡하다. 창의성에 관한 기존의 연구에서는 서로 연결되지 않은 다양한 사람들과 관계를 맺을 때, 강한 관계보다는 약한 관계로 연결될 때, 그리고 폐쇄적인 네트워크보다는 연결의 밀도가 낮은 네트워크가 창의성에 효과적이라는 결과가 많다. 창의성 연구의 권위자인 하버드 대학교의 테리사 애머빌 교수는 창의적 발견이란 결국 기존의 지식이나 아이디어를 새롭게 결합하는 것이기 때문에 창의성의 가장 중요한 조건은 관련 분야의 풍부한 지식이고, 이것에 자신의 업무에 대한 내재적 동기부여와 창의적 스킬이 더해져야 한다고 지적했다. 지금까지 창의성과 혁신을 위해 구성원의 다양성과 다양한 연결관계가 중시되었던 것은 이러한 이유이다.

그러나 인시아드INSEAD의 마누엘 소사Manuel E. Sosa 교수는 두 구성원이 맺는 양자관계의 성격과 이 양자관계를 통해 어떠한 지식과 정보가 교환되느냐가 더 중요한 요인이라고 주장한다. 강하고 친밀한 관계를 가진 동료 한

---

42 J. Coleman, "Social capital in the creation of human capital," *American Journal of Sociology*, 94, 1988, pp. 95~120.

사람으로부터 넓은 범위의 다양한 지식을 얻을 수 있다면, 약한 관계로 연결된 여러 사람들로부터 각각 다양한 지식을 얻는 것보다 효과적이라는 것이다. 왜냐하면 창의적 아이디어는 생산도 중요하지만 그것이 동료집단과 회사 내에서 유용한 것으로 평가되어야만 실행에 옮겨질 수 있기 때문이다. 아이디어 생산자가 창의적이라고 생각해도 동료집단이 그렇게 생각하지 않으면 아무 소용이 없다. 강하고 친밀한 관계는 창의적인 아이디어를 새롭고 유용한 것으로 인정하는 사회적·정서적 지원을 제공하기 때문에 아이디어 생산자가 자신의 업무에 몰입할 수 있는 내재적 동기를 부여할 수 있다. 또한 친밀한 관계는 보통 긍정적 정서를 동반하기 때문에 이것 역시 창의성에 도움이 된다.

소사 교수는 한 소프트웨어 회사를 대상으로 직원들이 어떠한 상호관계와 네트워크 구조를 가질 때 창의적 아이디어를 가장 많이 산출했는가를 분석했는데, 창의적 아이디어 생산에 가장 중요한 요인은 지식의 다양성과 범위였고, 새로운 지식을 전달받았느냐의 여부가 아니었다. 다시 말해서, 지식의 원천이 한 사람의 동료였더라도 그로부터 여러 종류의 광범위한 지식을 전달받을 수만 있다면 서로 다른 지식을 가진 여러 명의 동료에게 지식을 얻은 것 이상으로 창의성에 효과적일 수 있다는 것이다. 하지만 지나치게 연결이 높은 네트워크는 다른 동료의 생각에 동조하도록 강요하는 사회적 압력과 집단사고가 작용하기 때문에 창의성에 부정적인 것 또한 사실이다. 결론적으로, 네트워크의 연결 정도가 높아짐에 따라 창의적 성과도 어느 수준까지는 높아지다가 다시 낮아지는 역U자형 관계를 가질 것이다. 즉, 강한 관계와 중간 정도의 네트워크 연결 정도가 창의성에 가장 효과적이라는 결론이다.[43]

---

43 M. E. Sosa, "Where do creative interactions come from? The role of tie content and social networks," *Organization Science*, 22(1), 2011, pp. 1~21.

요약하자면, 강하고 친밀한 관계도 광범위한 지식을 교환할 수만 있다면 충분히 창의성에 기여할 수 있다. 마치 전송속도가 떨어지는 통신망을 여러 개 갖는 것보다는 텍스트, 음성, 영상이 동시에 빠른 속도로 전달되는 광대역broadband 통신망 하나를 갖는 것이 더 나은 것과 같은 이치이다. 물론 이것은 각 구성원이 충분히 다양한 지식 레퍼토리를 가졌다는 것을 전제로 한다. 아이디오와 같은 혁신기업에서 다양한 전공지식을 갖춘 T자형 인재확보에 주력하고 있는 것도 같은 이유일 것이다.

지금까지 연구개발 부서는 각자 전공지식과 전문성이 다른 직원들을 프로젝트별로 배치해 상호 경쟁하는 체제로 운영되는 경우가 일반적이었다. 이것은 각자가 가진 다양한 지식과 전문성이 서로에게 전달되고, 약한 관계로 연결된 타 팀 직원끼리도 효율적으로 지식교환이 이루어진다는 것을 가정한 것이다. 그러나 실제는 이와 다르다. 이질적인 직원 간의 지식교환은 생각보다 어려우며, 극단적으로는 각 프로젝트 팀이 전혀 의견 교환이 이루어지지 않은 채, 거의 비슷한 솔루션을 동시에 만들어내는 경우도 있다. 약한 관계만이 다양한 지식을 얻을 수 있다는 것은 편협한 시각이다. 평생을 함께 공동연구를 해 만년에 노벨Nobel상을 공동 수상하는 학자들처럼 강한 관계는 함께 일해야 하는 근본적인 이유를 제공한다. 구글이나 픽사 같은 창의적 기업이 자유롭고 유연한 근무환경과 함께 강하고 끈끈한 동료의식을 만들기 위해 많은 자원과 노력을 기울이는 것은 이런 목적을 위해서일 것이다.[44]

이런 관점에서 볼 때, 과거에 원활한 관계를 가졌지만 현재는 연결이 끊어진 '휴면관계dormant tie'를 다시 생각해볼 필요가 있다. 페이스북Facebook, 인스타그램Instagram, 링크드인LinkedIn 등 소셜 미디어를 이용하다 보면 "당신

---

44 정명호, "평생 함께 연구한 학자들이 노벨상 받는 까닭은?", 《동아비즈니스리뷰(DBR)》, 122호(2013), 18~20쪽.

이 알 수도 있는 친구가 있습니다"로 시작되는 사람들의 목록에서 오래 전에 가깝게 지냈던 동료나 까맣게 잊고 있던 친구를 발견한 적이 있을 것이다. 이 친구나 동료들에게 다시 연락을 해서 만난다면 어떻게 될까?

노스웨스턴 대학교Northwestern University의 J. 키스 머니갠J. Keith Murnighan 교수팀은 224명의 경영자들에게 과거에 친하고 강한 관계를 가졌으나 3년 이상 접촉이 없었던 모든 휴면관계를 열거하고, 이 중에서 현재 자신이 수행하고 있는 업무에 가장 유용한 정보, 지식, 조언을 제공할 것이라고 생각되는 두 명을 선택해 전화나 대면접촉 방식으로 재연결하도록 요청했다. 그 결과, 강한 휴면관계는 재활성화시키는 데 많은 시간과 노력이 들지도 않았고, 일단 재연결되면 현재의 강한 관계에 비해 더 새로운 정보를 제공하는 것으로 나타났다. 이것은 안 만났던 휴면기간 동안 상대방이 새롭고 다양한 경험과 지식을 축적했기 때문이다.[45]

기존의 사회적 자본 연구에서 강한 관계가 오랜 기간 지속되면 양 당사자의 지식 레퍼토리가 비슷해진다는 문제점이 지적되었는데, 과거에 강했던 휴면관계는 이러한 문제점을 보완할 수 있다는 것이다. 이것은 마치 일정 기간 농사를 짓지 않은 휴경지가 쉬는 기간 동안에 다시 비옥해지는 것과 마찬가지 원리다. 또한, 강한 휴면관계는 현재의 약한 관계보다 더 높은 수준의 신뢰와 공유된 관점을 보여주었다. 결론적으로, 강한 휴면관계를 재활성화시킬 수 있다면 강한 연결과 약한 연결의 이점을 동시에 획득할 수 있는 효과적인 대안이다.

우리는 인맥의 시대, 네트워킹의 시대에 살고 있다. 그래서 성공하기 위해서는 항상 많은 사람을 알아야 하고, 새롭게 인맥을 만들어가야 한다는 강박

45   D. Z. Levin, J. Walter, and J. K. Murnighan, "Dormant ties: The value of reconnecting," *Organization Science*, 22(4), 2011, pp. 923~939.

관념을 갖고 있다. 그리고 실제로 이를 위해 많은 시간과 노력을 쓰고 있다. 그러나 이 같은 맹목적인 노력보다는 자신의 잠자고 있는 관계를 돌아볼 필요가 있다. 직장 이동이나 담당 업무가 달라져서 오랫동안 연결이 끊어진 관계가 다시 연결될 경우, 매우 가치 있는 사회적 자본이 될 수 있다. 물론 이렇게 휴면관계를 다시 연결하기 위해서는 과거에 진실되고 상대방에게 도움이 되는 좋은 관계를 맺었다는 것이 전제가 될 것이다. 자신의 이익만 추구한다고 느꼈던 과거 동료의 연락에 흔쾌히 응할 사람은 없을 것이기 때문이다. 결국 연결과 네트워크에 대한 여러 연구들은 우리가 다른 사람과의 관계에서 무엇을 얻어낼까를 생각하기보다는 먼저 좋은 사람이 되어야 한다는 평범한 진리를 확인해 준다.[46]

3. 협업과 혁신의 네트워크

조직 내부 네트워크 관리와 협업

〈그림 12-6〉에 나타난 가상의 회사를 생각해보자. 이 회사의 비공식 네트워크에서 나타나는 문제점은 무엇일까? 자세히 찾아본다면 여러 가지가 있겠지만 가장 눈에 띄는 것은 마케팅팀이 영업팀이나 연구개발팀과 전혀 교류가 없고, 외부의 한 직원을 통해 간접적으로만 연결되고 있는 점을 들 수 있다. 기업에서 마케팅팀과 영업팀은 매우 긴밀하게 협력해야 함에도 불구하고 이렇게 서로 분리되어 있다면 정보와 지식 교류, 상호 신뢰와 지지, 공동의 목표 추구에서 어려움을 겪을 수밖에 없다. 마케팅 기획과 전략수립 측면

---

46 정명호, "잊혀진 친구와 만나 보세요, 휴면관계의 중요성", ≪동아비즈니스리뷰(DBR)≫, 106호 (2012), 18~19쪽.

그림 12-6 조직 내 비공식 네트워크

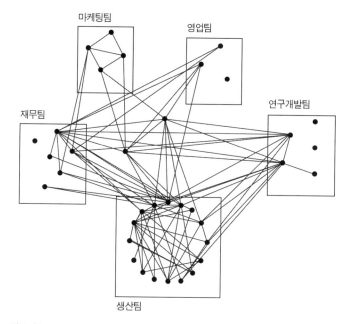

자료: "Organizational network mapping," Krebs & Associates(http://www.orgnet.com/OrgNetMap.pdf).

에서 긴밀히 협력해야 할 연구개발팀과의 관계 역시 마찬가지이다.

이 회사의 비공식 네트워크를 개선하는 것에는 여러 가지 방법이 있겠지만 가장 손쉬운 방법은 마케팅, 영업, 연구개발팀의 직원들이 공동으로 참여하는 정기적 회의체를 만든다거나 세 팀의 직원으로 구성된 교차기능 팀을 구성하는 것이 있을 것이다. 또, 세 팀 공동으로 업무 관련 교육이나 세미나를 진행하거나 각 팀의 베스트 프랙티스를 정기적으로 공유하는 자리를 마련할 수도 있다. 경우에 따라서는 업무와 무관한 어학 교육이나 동호회 등을 운영해 세 팀의 구성원들이 자연스럽게 교류할 수 있도록 유도할 수도 있다. 이렇게 팀 간의 사회적 관계가 구축되고 난 후에 목표하는 과업을 실행한다면 이전보다 훨씬 원활하게 진행될 가능성이 높을 것이다.

그런데 네트워크 연구자인 모튼 한센Morten Hansen 교수가 휴렛패커드의 41개 사업부 간 네트워크와 협업 성과를 분석한 결과, 네트워크의 규모(관계의 수)는 아무런 효과가 없었다. 그 대신 소수의 연결관계만으로 다양한 부서의 정보와 기술에 접근할 수 있었던 팀이 더 성과가 높았다. 또, 미국의 대형 IT 컨설팅 회사의 경우에도 182개 영업팀을 대상으로 한 연구에서 외부관계의 절대 수가 증가할수록 오히려 성과가 떨어지는 결과가 나타났다.[47] 이것은 연결관계가 거저 얻어지는 것이 아니라 다른 업무에 쓸 수 있는 시간과 노력 등 상당한 비용을 요구한다는 것을 다시 한 번 보여주는 결과이다. 핵심은 관계의 수가 아닌 외부 다양성이며, 다양한 관계를 통해 지금까지 얻지 못했던 새로운 기술, 다양한 유형의 고객, 다른 분야의 전문가, 다른 사업부문과 연결될 수 있어야 한다는 것이다. 그러기 위해서는 네트워크로 연결된 외부의 상대방들이 자신들끼리는 서로 연결되지 않는 상태가 가장 바람직할 것이다. 결론적으로, 네트워크가 성과 향상으로 연결되기 위해서는 내부보다는 외부로 향한 네트워크, 많은 연결을 가진 규모가 큰 네트워크보다는 다양한 상대와 연결된 넓은 네트워크가 더 효과적이라고 요약할 수 있다.

이와 관련해서, 최근 협업collaboration이 중요한 문제로 대두되고 있다. 지식경제, 창조경제에 이어 협업경제라는 용어도 널리 쓰이고 있다. 경영환경이 복잡해지면서 사내 협업 또는 조직 외부 파트너와의 협업으로 신제품을 개발하거나 과거에 시도하지 않았던 신사업을 시작하려는 기업들이 늘어나고 있는 것이다. 특히, 최고경영진의 입장에서는 자사가 보유한 우수한 인재와 기술력이 특정 사업부 목표를 달성하는 데만 쓰이기보다는 여러 부서가 함께 협력해 무엇인가 혁신의 돌파구를 찾아주기를 원할 것이다. 그러나 현실

---

47   M. Hansen, *Collaboration: How leaders avoid the traps, create unity, and reap* (Cambridge: Harvard Business School Press, 2009).

적으로 협업을 시도해서 큰 성과를 거두었다는 기업은 많지 않다. 협업을 추진하는 사람들도 협업을 단순한 업무협조 정도로 생각하고 너무 쉽게 성과를 내려고 하고 있다. 그렇다면 협업은 왜 잘 안 되는가?

우선, 탐색의 문제가 있다. 조직에서 각 부서나 팀들은 업무진행에 꼭 필요한 정보나 지식을 찾아 헤매고 있다. 그러나 일단 현대 기업은 규모가 매우 크다. 한 회사 소속이라지만 어느 부서에서 무슨 일을 하고 있는지 정확히 알고 있는 직원은 흔치 않다. 회사 돌아가는 사정을 한눈에 파악하기란 거의 불가능하다는 말이다. 또한 물리적인 거리 역시 탐색의 장애를 만든다. 오늘날 많은 기업들이 여러 지역과 도시, 심지어는 여러 나라에 사업부나 부서를 갖고 있다. 특히, 연구개발 및 생산 부서와 실제 고객을 상대하는 영업 부서는 거의 한곳에 있기가 어렵다. 유사성-유인, 근접성의 원리와 같이 사람들의 근본적인 행동 원리가 있기 때문에 필요한 지식과 기술이 원거리의 부서나 사업부에 있다면 거기까지 도달할 수 있는 방법을 찾기가 쉽지 않다.

또, 이전의 문제도 있다. 어렵사리 자신의 팀에 필요한 지식과 기술을 탐색했더라도 그 내용을 제대로 전달받을 수 있느냐가 문제가 된다. 노나카 교수의 지적처럼, 조직에서 대부분의 유용한 지식은 문서화된 형식지가 아니라 개인이나 팀에 체화되어 있는 암묵지이다.[48] 구성원들이 알고 있는 고유의 지식이나 노하우는 가까운 동료에게는 편하게 설명할 수 있지만 문서로 작성해서 회사의 지식경영시스템에 올리기는 매우 어려울 것이다. 또한, 이러한 지식을 전달하려고 해도 받아들이는 쪽에서 공동의 이해나 인지적 틀을 공유하고 있지 않다면 제대로 이해가 어려울 것이다. 이것은 마치 바둑의 규칙을 모르는 사람에게 이세돌 기사와 알파고의 대국 결과를 설명하기 어

---

48 I. Nonaka and H. Takeuchi, *The knowledge-creating company: How Japanese companies create the dynamics of innovation* (New York: Oxford University Press, 1995).

려운 것과 같다.

협업을 시도하는 기업의 CEO나 경영진은 공통적으로 "부서 이기주의를 타파하자, 자기 사업부의 이익과 성과만을 생각하는 사일로를 허물자"라고 주문을 한다. 그렇지만 기업의 사업부 구분이나 부서 간 업무분장은 어느 날 갑자기 생긴 것이 아니다. 한 기업의 조직구조나 사업부 구조는 나름대로 여러 가지 시행착오와 생존 테스트를 거쳐 최적화된 결과물이다. CEO가 어느 날 협업을 강하게 주문한다고 해서 이것이 쉽게 바뀌기는 어렵다. 또, 조직구조나 개인 수준의 업무분장은 사내 정보시스템과 평가제도 등 각종 관리제도와 정렬되어 뒷받침되고 있다. 협업을 시도한다고 부서 간 업무분장을 바꾸고, 조직구조를 개편한다면 새로운 업무 프로세스를 따라 정보시스템과 평가제도가 함께 바뀌어야 하는데, 이것은 상당한 시간과 노력을 필요로 한다.

그러나 역시 가장 중요한 원인은 뿌리 깊은 사내 경쟁구조에 있다. 많은 기업들이 팀 간, 사업부 간 경쟁을 독려하고 있으며, 그 결과를 평가에 반영하고 있다. 또, 이러한 평가의 결과는 팀별 혹은 개인별 인센티브 제도로 뒷받침되고 있다. 따라서 구성원들은 섣불리 다른 팀과 협업을 시도하다가는 자신만 경쟁에서 뒤처진다고 생각하게 된다. 오늘날 기업 구성원들은 너무 바쁘다. 국내 선도기업을 비롯해 글로벌 수준의 기업들은 운영 효율성이 극대화된 상태이기 때문에 여유 있게 다른 팀의 업무에 관심을 기울이고, 함께 협력하려는 동기 자체가 생기기 어렵다. 한마디로 주어진 업무를 해내기도 바쁘다는 것이 협업의 의지를 약화시키는 장애요인이다. 다음 사례를 살펴보자.

아이팟과 소니 커넥트, 협업과 경쟁

2001년 애플의 CEO 스티브 잡스는 당시까지 볼 수 없었던 새로운 디지털 음악 재생기기를 시장에 내놓았다. 주머니 속에 들어갈 만한 작은 재생기기가 1000여 곡의 음악을 저장할 수 있고, 디자인 또한 유려한 휴대용 음악플레이어였다. 바로 애플의 전성기를 열기 시작한 아이팟이다.

그러나 사실 아이팟은 기술적으로 완전히 혁신적인 기기는 아니었다. 대부분의 애플 신제품이 그렇듯이, 아이팟 역시 이미 유사한 기술과 디자인이 여러 차례 시도된 바 있었다. 당시 출시된 아이팟을 뜯어보면 도시바Toshiba의 하드디스크, 소니의 배터리, 텍사스 인스투르먼트Texas Instrument의 칩, 픽소Pixo라는 벤처기업의 소프트웨어를 솜씨 좋게 결합한 것이었다. 아이팟 성공의 비결은 다름 아닌 협업이었다. 1997년 CEO로 복귀한 잡스의 지휘하에 애플의 소프트웨어팀, 하드웨어팀, 펌웨어팀은 마치 한 몸처럼 움직였다. 이러한 성공적인 협업 덕분에 불과 8개월 만에 아이팟을 출시할 수 있었던 것이다.

순식간에 디지털 음악재생 분야의 주도권을 뺏긴 소니는 2003년 하워드 스트링어Howard Stringer 회장의 지휘하에 '커넥트Connect'라는 프로젝트를 시작했다. 커넥트는 아이팟과 같은 재생기기 개발은 물론 이를 온라인 음악 서비스와 연결시키려는 야심 찬 프로젝트였다. 그리고 당시만 해도 소니가 애플을 따라잡는 것은 시간문제로 보였다. 당시 소니는 이미 전 세계에 2억 대의 워크맨Walkman을 판매한 전자업계 부동의 리더였으며, 매출액은 620억 달러로 애플의 열 배에 달했다. 그리고 무엇보다도 소니는 아이팟 경쟁제품을 만들기 위한 모든 것을 이미 손에 쥐고 있었다. 음악재생 기술에서 독보적인 워크맨 사업부, 바이오VAIO PC 사업부, 소니뮤직Sony Music, 전자, 배터리 부문 등이 함께 일하기만 하면 금방 해결될 수 있는 일로 보였다. 더구나 소니는 온라인 음악 스토어 사업을 뒷받침할 수 있는 CBS와 컬럼비아 영화사Columbia Pictures까지 갖고 있었다.

그러나 예상과 달리 커넥트 프로젝트는 난항을 겪었다. 특히, 성공의 관건이었던 일본의 워크맨 사업부와 미국의 소니뮤직 간의 협업이 매우 부진했다. 결국 좋은 기술과 인력을 갖고 있던 소니의 각 사업부는 비슷한 기능의 플레이어를 각자 개발하고, 온라인 서비스도 각각 출시를 준비하기에 이르렀다. 2004년 우여곡절 끝에 워크맨을 연상시키는 재생기기와 커넥트 음악 서비스를 출시했으나 결과는 완전한 실패였다. 대부분의 독자들도 소니 커넥트 재생기를 구입하거나 그것으로 음악을 들었던 경험은 거의 없을 것이다. 그 사이에 애플의 아이팟 매출은 폭발적으로 증가했고, 아이튠즈iTunes 음악 서비스도 완전히 자리를 잡았다. 결국 2005년 소니는 프로젝트의 실패를 선언하고 이데이 노부유키出井伸之 CEO가 퇴진하기에 이르렀다.[49]

소니가 실패한 원인은 한마디로 과거 10여 년 동안 소니 성장의 원동력이었던 치열한 내부경쟁 문화 때문이었다. 소니는 글로벌 기업으로 성장하면서 각 사업부가 분권적 구조를 갖고 치열하게 성과 경쟁을 벌여왔다. 워크맨과 플레이스테이션PlayStation의 성공 역시 이러한 경쟁의 산물이었다. 그러나 이러한 사업부 구조와 문화는 협업과는 양립하기 어려운 것이다. 2000년대 초 애플에 비해 절대 강자였고, 모든 것을 갖고 있던 소니가 결국 바라던 협업 성과를 만들어내지 못한 것이다.

협업은 결코 보완적인 기술이나 구성 부분만 있으면 자동적으로 이루어지는 것이 아니다. 조직 내 산재하는 유능한 인재와 잠재력 있는 기술적 가능성을 이어주는 연결과 네트워크가 없다면 헛된 공상에 불과하다.

크루즈선과 디즈니랜드

아직도 많은 사람들이 협업이라고 하면 문화예술, 패션 디자인 분야의 예술가나 작가가 협력하는 것, 혹은 항공 산업, 자동차와 전자회사 등 특정 산업 분야에서 필요한 것으로 생각하는 경향이 있다. 그러나 이제 협업은 전통적인 소비재 산업은 물론 철강, 조선 등 협업과 별로 상관이 없을 것 같은 분야까지 확산되고 있다. 단적으로 협업과 아무 관련이 없는 기업이나 산업은

---

49 Hansen, *Collaboration*.

없다고 말할 수 있다.

몇 년 전, 학생들과 독일 연수를 갔을 때의 일이다. 우리는 브레멘Bremen 근처에 있는 메이어베르프트Meyer-Werft라는 세계적인 조선기업을 방문했다. 이 회사는 국내에는 잘 알려져 있지 않지만 주로 크루즈 선박을 만드는 세계적인 조선소이다. 회사 소개를 받고 한 학생이 그 기업의 CEO에게 한국의 유명 조선기업들을 경쟁자로서 어떻게 평가하느냐고 물었다. 그러자 그 CEO는 일언지하에 "우리는 한국의 조선소들을 경쟁자로 생각하지 않는다"고 대답했다. 예상외의 답변에 필자도 의아해서 재차 질문을 했다. "한국의 조선기업들은 세계 수준의 기술력과 선박건조 능력을 갖고 있는데 전혀 경쟁자로 생각하지 않는 이유가 무엇입니까?"

필자의 질문에 그는 웃으면서 이렇게 말했다. "물론 한국의 조선소들은 세계적인 우수한 기술을 갖고 있습니다. 그러나 우리는 크루즈선에만 특화하고 있습니다. 크루즈 선박은 조선 기술보다는 상상력이 필요한 비즈니스입니다. 그런데 이런 면에서 한국의 조선기업들은 아직 갈 길이 멀다고 생각합니다." 그러면서 그는 메이어 조선소가 만든 크루즈선 한 척을 소개해 주었다. 〈그림 12-7〉에 있는 배인데, 독자 여러분은 이 배에서 어떤 새로운 것을 발견했는가?

자세히 보면 배 앞부분 객실 상부에 높게 솟은 전망대 같은 것이 보일 것이다. CEO의 설명에 따르면, 이것은 높이가 90m에 달하는 회전 전망대로서 꼭대기 전망 타워는 유리로 되어 있다. 그래서 승객들이 항해 중에 드넓은 바다를 360도 회전하면서 감상하기도 하고, 특히 밤중에 전망대에 올라가 별을 바라보며 대화를 나누는 등 매우 반응이 좋다고 한다. 그런데 이 전망대를 만들자는 아이디어는 조선소 직원들이 내놓은 것이 아니라 디즈니랜드Disneyland 테마파크팀과의 협업을 통해서 나온 아이디어가 결실을 거둔 것이라고 설명했다.

그림 12-7 메이어베르프트사에서 만든 크루즈선

이런 설명을 듣고 나니 한국 기업을 경쟁자로 생각하지 않는다는 그 CEO의 대답이 어느 정도 이해가 갔다. 우리나라 대표적인 조선소들이 조선 기술로는 세계 최고이지만 과연 크루즈 유람선 고객들이 매혹될 만한 이런 새로운 아이디어를 만들고 실행에 옮길 수 있을까? 조선업을 선박건조, 공기 단축, 기술특허 등으로만 생각한다면 이런 시도는 어려울 것이다. 더 중요한 것은 이런 아이디어와 실행 역량이 전혀 새로운 파트너인 테마파크 관계자들과의 연결에서 나왔다는 사실이다.

누구나 협업의 중요성을 말하고 개방형 혁신이 필요하다고 하지만 아직도 협업을 사내 부서 간 협력이나 협조 정도로 생각하는 경향이 있다. 전혀 생각해보지 않았던 낯선 상대와의 연결, 미지와의 조우가 협업의 핵심적인 성공요인이다.

조직 외부 네트워크와 혁신

지금까지 조직 내부 네트워크 관리 문제를 살펴봤지만, 위 사례가 보여주듯이, 조직목표 달성에 필요한 지식과 자원이 반드시 조직 내부에 있으리라는 보장은 없다. 또 조직 내부에서 얻을 수 있더라도 조직 외부에서 더 좋은 자원과 지식을 더 효율적으로 얻을 수 있다면 그렇게 하는 조직이 경쟁에서 승리할 것이다. 팀 외부 네트워크 관리가 팀 성과를 좌우하는 중요한 요인인 것과 마찬가지로 조직 외부의 역량과 자원을 적극적인 연결로 확보할 수 있는 조직은 큰 성과를 거둘 수 있다. 이와 관련해서, 최근 개방형 혁신에 대한

관심이 증가하고 있다.

개방형 혁신이란 조직 내부의 자원과 역량을 이용한 폐쇄적 혁신에 대비되는 개념으로 이제 우리 생활의 일부가 된 위키피디아를 대표적인 사례로 들 수 있다. 위키피디아는 2001년 미국의 지미 웨일스Jimmy D. Wales가 무료 인터넷 백과사전을 목표로 설립했다. 이후 사용자가 자발적으로 자신의 전문지식을 공유하고, 협동을 통해 새로운 지식을 창조하는 웹 2.0의 대표적인 모델이 되었다. 사실 온라인 백과사전을 만들자는 아이디어 자체는 1999년 무료 소프트웨어와 카피레프트copyleft 운동의 선구자인 리처드 스톨먼Richard Stallman에 의해 제시되었지만, 이를 사업적으로 성공시킨 것은 지미 웨일스이다. 처음에 위키피디아는 전문가들만 편집할 수 있는 온라인 백과사전 프로젝트였지만 점차 일반 대중에게 공개되어 세계적인 다중 언어 프로젝트로 발전했다. 2024년 1월 기준으로 위키피디아에는 300여 개 언어로 쓰인 6200만 건 이상의 아티클이 게시되어 있는데, 이 모든 지식은 매월 12만 명 이상의 등록 사용자와 무수한 익명의 전문가가 전 세계에서 작성한 것이다. 지금 이 순간에도 위키피디아는 끊임없이 새로운 지식을 온라인 협업 방식으로 창조하고 있다. 더욱 놀라운 것이 이러한 방대한 양의 정보를 관리하고 운영하는 직원이 수십 명에 불과하다는 사실이다. 인류 지식의 보고라는 브리태니커Britannica 백과사전의 수십 배에 달하는 엄청난 양의 지식이 이러한 소수 직원에 의해 운영될 수 있는 것이 바로 개방형 혁신의 힘이다.

이와 같이, 사용자의 자유로운 참여와 협업으로 새로운 가치를 창조하는 방식을 전통적인 경제학에 대비한 '위키노믹스Wikinomics'라는 용어도 크게 유행한 바 있다. 실제로, 위키노믹스의 힘이 어느 정도인가를 설명하기 위해 캐나다의 금광 개발 회사인 골드코프사Goldcorp, Inc.의 사례를 소개하고자 한다. 2000년대 들어서 금값이 지속적으로 상승하자 전 세계에서 채산성 있는 금광 개발이 빠른 속도로 증가했다. 이에 따라, 금 채굴 가능성이 불확실한 금광 후보지들만 남게 되었고, 금광 개발 회사들의 수익성도 악화되기 시작했다. 금광을 발견하기 위해서는 유전 개발과 같이 여기 저기 후보지를 탐사하고 실제로 시추를 해야 하는데, 그 비용이 막대하기 때문에 정확하게 금광 후보지를 찾아내지 못하면 불필요한 매몰비용만 증가하기 때문이다. 골드코프 역시 경영이 악화되어 위험한 상황에 처하게 되었다.

그런데 당시 골드코프 창업자인 롭 맥윈Rob McEwen은 '골드코프 챌린지'라는 개방형 혁신 콘테스트를 기획하고, 자사가 보유하고 있던 광산 지질정보를 모두 인터넷에 공개했다. 당시 약 600만 온스 정도의 매장량이 추정되던 레드 레이크Red Lake 광산에서 경제적으로 채굴할 수 있는 금광 후보지를 찾는 사람에게 총 상금 약 58만 달러를 수여한다는 야심 찬 도전을 한 것이다. 결과는 놀라운 성공이었다. 전 세계의 지질학자와 광산 전문가들이 상금을 획득하기 위해서 이 콘테스트에 응모했고, 자신만의 분석모형과 노하우로 광산 후보지를 탐색해 골드코프에 보낸 것이다. 전문가들이 찾은 총 110곳의 후보지 중에 약 80%의 후보지에서 실제로 채산성이 있는 금이 발견되었다. 결과적으로, 골드코프는 매출액이 거의 90배로 늘어나며 도산 위기에서 벗어나게 되었다. 2019년 뉴몬트Newmont 광산회사와 합병한 골드코프는 2024년 현재 약 1만 5000명의 직원이 일하는 세계 2위의 금광 개발 회사로 성장했다.[50]

만약 골드코프가 회사의 주요 자산인 광산 지질정보를 외부에 공개하지 않고 폐쇄적인 방식으로 금광을 탐색했다면 절대로 이러한 결과를 얻을 수 없었을 것이다. 석유 시추와 마찬가지로 광산 후보지 탐색은 매우 성공 확률이 낮은 사업이며, 어느 한 가지가 아니라 다양한 지질학 지식과 모형이 요구

---

[50] 이 사례는 삼성경제연구소에서 발간한 SERICEO의 관련 항목과 https://en.wikipedia.org/wiki/Goldcorp의 주요 내용을 참고한 것이다.

되는 작업이다. 실제로 전 세계의 지질학자가 포상금을 얻기 위해 자신의 지식을 투입하지 않았다면 불가능한 일이었다. 골드코프는 위키노믹스와 개방형 혁신이라는 발상의 전환으로 생존과 성장을 확보한 것이다.

최근 챗GPT 같은 생성형 AI가 상용화되면서 개방형 지식 플랫폼이나 위키피디아의 미래에 대해 여러 가지 예측이 나오고 있다. 하지만 아직 누구도 미래를 내다볼 수는 없다. 필자가 직접 챗GPT에게 위키피디아의 전망에 대해 질문해 보니, 위키피디아의 성공은 커뮤니티 방식의 지식 창조와 전문가들의 적합한 정보제공에 있기 때문에 환경 변화에 잘 적응한다면 계속 성장할 것이라고 예측했다. 또, 위키피디아는 방대한 정보원천이고, 챗GPT는 사용자 지원과 대화를 위해 설계되었기 때문에 근본 목적 자체가 다르다는 답변을 얻었다.[51]

외부 협업과 개방형 혁신

P&G는 1837년 미국 오하이오주에서 윌리엄 프록터William Procter와 제임스 갬블James Gamble이 양초와 비누를 만드는 회사를 설립한 것에서 시작되었다. 이후 비누 제조와 관련된 유지油脂 기술을 바탕으로 식물성 식용유, 땅콩버터, 감자칩 등 제품을 생산했고, 식용유 생산을 위한 압착 기술을 발전시켜 종이 타월, 여성 위생용품, 기저귀 등이 제품군에 추가되었다. 또 유지와 관련된 계면활성제 개발에 힘입어 세제, 샴푸, 치약 등 여러 제품이 탄생하면서 P&G는 수많은 히트 상품을 가진 세계적인 소비재 기업으로 성장했다. P&G는 연간 매출액 10억 달러 이상의 브랜드만 24개 이상 보유하고 있으며, 약 50개 브랜드가 해당 분야 시장점유율 1위를 달리고 있는 초우량 기업이다. 우리에게 낯익은 브랜드만 보더라도 크레스트Crest 치약, 팸퍼스

---

51   ChatGPT, February 4, 2024.

Pampers 기저귀, 타이드Tide 세제, 질레트Gillette, 오랄비Oral-B 등 거의 모든 생활용품을 망라하고 있다. 2012년에 프링글스Pringles 감자칩을 켈로그Kellogg에 매각하는 등 최근에는 제품 포트폴리오를 축소하고, 수익의 95% 이상을 차지하는 65개 브랜드에 집중하고 있다.

P&G는 이렇게 다양한 제품군의 경쟁우위를 유지하기 위해 브랜드별 조직과 관리를 도입하고 있으며, 특히 각 브랜드의 마케팅이 매우 탁월해서 일찌감치 마케팅의 명가라는 별명을 얻었다. 실제로 유수 기업의 최고경영자 중에는 P&G에서 브랜드 매니저를 지냈던 사람들이 여럿 있다. 그런데 이렇게 다양한 브랜드가 시장 리더의 위치를 잃지 않으려면 지속적인 신제품 개발이 이루어져야 한다. 실제로 P&G는 막대한 예산을 신제품 연구개발에 쏟아붓고 있었다. 하지만 경영환경이 복잡해지고 시장경쟁이 격화되자 막대한 연구개발비는 큰 부담이 되기 시작했다.

이런 상황에서 P&G가 눈을 돌린 것이 바로 외부 전문가들의 네트워크이다. 이른바 개방형 혁신의 선두 주자가 된 것이다. P&G는 내부 연구개발 자원과 인력을 외부 전문가 및 관련 기술과 유기적으로 통합함으로써 '연결 후 개발C&D'이라는 새로운 모형을 창조했다. 전 세계 71개국에서 활동하고 있는 1000여 명의 박사와 150만 명의 외부 전문가와 연결된 네트워크를 통해 신제품의 아이디어를 발굴하고 연구개발을 협업해 나간 결과, 전체 신제품의 35%, 제품개발 계획의 45%가 개방형 혁신으로 진행되는 성과를 얻었다. 그 결과 R&D 투자는 대폭 줄이면서도 외부 아이디어 개발은 크게 증가해 R&D 생산성은 60% 증가하고 주가도 상승했다. 마케팅의 명가인 P&G가 개방형 혁신에서도 명가로 확실히 자리매김을 한 것이다.[52]

---

52 L. Huston and N. Sakkab, "Inside Proctor & Gamble's new model for innovation: Connect and develop," *Harvard Business Review*, 84(3), 2006, pp. 58~66.

물론 P&G는 내부 협업에서도 탁월한 기업이다. 다양한 제품라인과 조직을 가진 회사이기 때문에 과거에도 여러 기술을 융합하고 부서 간 협업을 통해 혁신적인 제품들을 만들어왔다. 그러나 조직 내부의 협업만으로는 지속적인 혁신을 이루기 어렵다. 혁신의 아이콘이었던 애플이 오픈 AI와 연결한 MS에게 1위 자리를 내준 것은 상징적이다. 과거에 기업들이 내부 기술과 내부 인력의 역량에 의존해서 성장했다면 미래에는 어떠한 외부 자원 및 인재와 연결되어 있는가, 그리고 이들과 어떠한 네트워크를 갖고 있는가에 달려 있다고 해도 과언이 아니다.

효과적인 외부 협업 네트워크를 만들고 유지하는 것은 대단한 노력이 필요하다. 위에서 예로 든 P&G의 경우, 외부 전문가인 교수나 연구원들과 좋은 관계를 유지하기 위해 연구 프로젝트를 지원하고 연구 기금을 기부하고 있다. 또, 각 전문가들과 수시로 이메일이나 전화로 교신하며, 기념일에는 축하 카드도 발송한다. 이렇게 파트너 관계가 유지되기 때문에 외부 전문가들이 자신의 학생을 P&G에 추천함으로써 우수한 인재를 확보하는 부수적 효과도 거두고 있다.

그러나 당연한 이야기지만 외부 협업은 내부 협업에 비해 관리하기가 상당히 어렵고, 각 기업이 어떤 방식의 외부 협업을 해야 하는지 자체가 어려운 선택의 문제이다. 하버드 대학의 게리 피사노Gary Pisano 교수는 외부 협업이나 개방형 혁신에서 어떤 상황에도 통하는 유일한 방법은 없고, 각 기업이 자사가 처한 상황에 맞는 방식을 찾아야 한다고 말한다. 특히 협업 방식을 선택할 때 다음 두 가지 요인을 결정해야 한다. 첫째, 외부의 참여자들에게 자사의 협업 네트워크를 완전히 개방할 것인가 아니면 폐쇄적으로 운영할 것인가, 둘째, 협업 문제를 선정하고 최종 솔루션을 결정하는 협업 네트워크의 지배구조를 위계적으로 할 것인가 수평적으로 할 것인가의 문제이다. 피사노 교수는 이러한 두 차원에 따라 〈표 12-1〉과 같은 네 가지 유형의 협업 모

표 12-1 외부 협업의 유형

혁신 몰	혁신 커뮤니티		
한 기업이 해결할 문제를 제시하고, 누구나 해결책을 제안할 수 있으며, 최선의 해결책을 해당 기업이 선택하는 유형	누구나 문제와 해결책을 제안할 수 있고, 해결책도 선택하는 수평적 네트워크 유형		개방형
사례: 이노센티브	사례: 리눅스 오픈소스 소프트웨어 커뮤니티	참여	
엘리트 서클	컨소시엄		
한 기업이 선정한 전문가 그룹이 문제를 정의하고 해결책도 선택하는 유형	소수의 참여자 그룹이 공동으로 문제와 해결책을 결정하는 유형		폐쇄형
사례: 디자인 기업 알레시와 디자인 전문가 그룹	사례: IBM과 협력사들의 반도체 기술 공동 개발		
지배구조			
수직적	수평적		

자료: Pisano and Verganti, "Which kind of collaboration is right for you?" p. 82.

형을 구분했다.[53]

　첫째, 참여는 개방적이고 지배구조는 위계적인 혁신 몰mall 형태이다. 이 것은 한 회사가 문제를 게시하고 해결책을 가진 참여자가 누구라도 자유롭게 응모하며, 게시한 회사가 최선책을 선택하는 방식이다. 이 방식은 자사의 문제를 해결할 외부 전문가를 정확하게 알 수 없고, 해결책들의 가치를 용이하게 평가할 수 있을 때 적절하며, 뒤에 살펴볼 이노센티브InnoCentive 혁신 플랫폼이 대표적인 예이다. 둘째, 참여가 개방적이고 지배구조도 수평적인 혁신 커뮤니티 유형이다. 이것은 누구든지 자유롭게 문제를 게시하고 해결책도 제안하며, 어떤 해결책을 선택할 것인지도 수평적으로 결정되는 방식으로 리눅스Linux와 같은 오픈소스 소프트웨어 커뮤니티를 예로 들 수 있다. 셋째, 참여가 폐쇄적이고 지배구조도 위계적인 엘리트 서클 유형이다. 이것

53　G. P. Pisano and R. Verganti, "Which kind of collaboration is right for you?" *Harvard Business Review*, 86(12), 2008, pp. 78~86.

은 한 회사가 선정한 전문가 그룹이 문제를 정의하고 해결책도 결정하는 방식으로서 디자인 회사 알레시Alessi가 운영하는 전문가 그룹이 대표적인 예가 된다. 넷째, 참여는 폐쇄적이지만 지배구조는 수평적인 컨소시엄 방식이다. 이것은 소수의 참여자 그룹이 공동으로 문제를 정의하고, 해결책 역시 공동으로 결정하는 방식으로 IBM의 협력 파트너들이 공동으로 반도체 기술을 개발하는 것을 예로 들 수 있다.

외부 협업을 시도하는 기업들은 위 유형들 중 어떤 방식이 자사가 처한 상황이나 자사가 찾고 있는 기술 및 지식의 성격에 맞는지를 신중하게 고려해서 외부 협업을 추진해야 한다. 특히, 기술개발과 인력운용 면에서 상당히 폐쇄적인 한국 기업들의 경우, 처음부터 무리하게 혁신 커뮤니티 방식을 시도하기보다는 점진적으로 기술 발달 정도에 맞춰 외부 협업의 수준을 높여가는 것이 좋을 것이다. 하지만 모바일 게임이나 어플리케이션 개발과 같이 환경 변화가 빠르고, 참여자가 많고, 어떤 전문가가 최선의 해결책을 갖고 있는지 확실치 않을 때는 혁신 몰이나 혁신 커뮤니티 방식이 더 적절할 수도 있을 것이다.

혁신 플랫폼과 크라우드소싱

마지막으로 위에서 소개한 혁신 몰 유형 외부 협업의 대표적 사례로 이노센티브라는 혁신 플랫폼을 알아보겠다. 현재는 영국에 본사를 둔 소프트웨어 기업 와조쿠Wazoku에 인수되어 '와조쿠 크라우드Wazoku Crowd'라는 플랫폼으로 운영되고 있다.[54]

원래 이노센티브는 보스턴 근교 월덤Waltham에 본사를 둔 크라우드소싱crowdsourcing 방식의 혁신기업이다. 이노센티브는 2001년 미국의 제약 회사인

---

54   https://www.wazokucrowd.com/.

그림 12-8 혁신 플랫폼: 이노센티브와 와조쿠

자료: Innocentive; Wazokucrowd.

일라이 릴리에 의해 설립되어 2006년 외부 펀딩을 받아 분사했으며, 록펠러 Rockefeller 재단과도 협력을 하고 있는 온라인 기반의 연구 중심 혁신기업이다. 공학, 컴퓨터 과학, 수학, 화학, 물리학, 경영 등 여러 분야의 혁신적 기술을 개방형 혁신 방식으로 개발했으며, 2020년 와조쿠에 인수되기 전까지 약 200개국의 35만 명 이상이 참여하고 있는 거대한 협업 네트워크로 발전했다.

이노센티브의 협업 방식은 사실 매우 간단하다. 〈그림 12-8〉에서 볼 수 있듯이, 과거 이노센티브 웹사이트의 초기 화면에는 챌린지 센터Challenge Center와 솔버Solvers 섹션이 있었다. 챌린지 센터에는 여러 기업들이 자사가 필요로 하는 기술이나 전문지식을 현상금을 걸고 게시한다. 예를 들어, 빗물을 저원가로 저장할 수 있는 시스템을 몇만 달러의 현상금과 기한을 명시해 공모하는 방식이다. 그러면 이노센티브에 문제해결 전문가(솔버)로 등록된 사람들이 이 공모에 각자의 해결책을 제출하고, 이를 공모한 기업이 심사해 가장 최선의 해결책을 제시한 사람이 현상금을 받는 승자가 되는 것이다. 현재의 와조쿠는 이노센티브의 솔버 커뮤니티를 기반으로 설립된 크라우드 플랫폼이기 때문에 메뉴 부분에 챌린지와 커뮤니티로 표시되어 있지만 이노센티브와 같은 방식으로 운영된다. 이노센티브 혹은 와조쿠에 참여하고 있는 전문가들은 반드시 박사학위 소지자는 아니고, 여러 분야에서 일하고 있는 기술자, 학생, 공학기사들도 포함되어 있다.

이와 같이 혁신 플랫폼은 복잡한 관리시스템을 구축하거나 큰 운영비용을 들이지 않고도 효율적인 협업 네트워크를 관리할 수 있는 대안이 되고 있다. 최근 널리 확산되고 있는 킥스타터, 인디고고 등 크라우드소싱 플랫폼이 주로 신규 프로젝트에 대한 펀딩을 목적으로 한다면, 이노센티브나 와조쿠는 혁신적 지식과 기술 등 솔루션 개발을 목표로 한다는 점에서 혁신 네트워크라고 부를 수 있다. 사실 이러한 방식은 조직 내부 네트워크 관리에도 적용될 수 있다. 대표적인 예로, 과거에 IBM은 자사가 전 세계에서 수행했던 다양한 프로젝트의 노하우와 지식을 효과적으로 공유하기 위한 온라인 사이트Same-time를 운영했다. 여기서 수많은 프로젝트의 지식과 성과물이 산업별, 담당자별, 국가별 등 여러 범주로 분류되어 각각의 프로젝트 진행에 도움이 되는 생생한 지식과 경험이 공유되었다. 이렇게 잘 설계된 온라인 네트워크는 내부 및 외부 협업관리에 매우 효과적인 수단이 될 수 있다.

이와 같이, 혁신기업들은 외부 협력 네트워크를 효과적으로 관리하기 위해 많은 노력을 기울이고 있다. 물론, 누구나 참여하는 개방형 온라인 네트워크나 구성원의 직접 교류는 자사의 노하우나 기술이 외부로 유출될 수 있는 위험도 있을 것이다. 그러나 외부 협업을 통해서 얻을 수 있는 성과가 진정으로 크다면 이러한 위험을 관리할 수 있는 방법을 찾아서라도 외부 협업을 두려워해서는 안 될 것이다. 위에서 소개한 이노센티브 플랫폼에서 특징적인 점은 솔버로 참여해 현상금을 받은 한국인은 꽤 있지만 챌린지 부분에 자사가 필요한 기술이나 솔루션을 공모한 한국 기업은 아직 보지 못했다는 것이다. 지금까지 대부분 폐쇄적이고 모든 것을 자체 연구개발을 통해서 만들어 온 한국 기업들이 고려해 볼 수 있는 대안이라고 생각된다.

13장 연대의 리더십,
WE-리더십을 향하여*

1. 리더십, 어디로 가는가

리더십 열풍의 그늘

우리는 '리더십 이론 과잉'의 시대에 살고 있다. 어디를 가든 리더십에 관한 책과 교육, 세미나, 코칭이 넘쳐난다. 리더십에 관한 담론, 새로운 리더십 이론이 끊임없이 만들어지고 있다. 금방 생각나는 것만 적어보더라도 변혁적 리더십, 원칙 중심 리더십, 레벨-5 리더십, 진정성 리더십, 셀프 리더십, 서번트 리더십, 슈퍼 리더십 등 끝도 없다. 그런데도 사람들은 끊임없이 새로운 리더십 이론을 원한다. 그리고 사람들은 리더십이 전부고, 리더가 바뀌면 모든 것이 바뀐다고 말한다.

왜 그럴까? 그것은 이 많은 리더십 이론과 새로운 리더십 상품을 소비할 사람들이 있기 때문이다. 리더십 이론의 주된 소비자는 현재 리더이거나 리더가 되기를 꿈꾸는 사람들이다. 이들은 보통 사람들에 비해 더 많은 자원과

---

*   이 장은 2019년 연재된 정명호, "1인 리더십으로는 멀리 못 간다", 《동아비즈니스리뷰(DBR)》,
     4월, 270(1)호; "팀 전체를 리더로, WE-리더십이 뜬다", 《동아비즈니스리뷰(DBR)》, 8월, 279
     (2)호; "팀 전체가 리더가 되는 WE-리더십", 《동아비즈니스리뷰(DBR)》, 12월, 286(1)호의
     주요 내용을 수정하고 최근의 연구들을 보완한 것이다.

그림 13-1 리더십 이론들

자료: Robert K. Greenleaf and Larry C. Spears, *Servant leadership: A journey into the nature of legitimate power and greatness* (Paulist Press, 2002); Bill George, *Authentic leadership: Rediscovering the secrets to creating lasting value* (Jossey-Bass, 2004); Charles C. Manz and Henry P. Sims, *The new superleadership: Leading others to lead themselves* (Berrett-Koehler Publishers, 2001).

권한을 갖고 있다. 그리고 새로운 이론과 역량으로 무장해 더 높은 지위와 권력을 얻고자 한다. 반면에 리더십과 불가분의 관계인 팔로어십에 대한 관심은 싸늘하다. 베스트셀러 저서를 보더라도 1992년 로버트 켈리Robert Kelley 가 쓴 『팔로어십의 힘The Power of Followership』말고는 기억나는 것이 별로 없다.[1] 학계를 돌아봐도 사정은 마찬가지다. 단적으로, 지난 2014년 리더십 분야 전문학술지인 《계간 리더십Leadership Quarterly》이 창간 25주년 기념으로 발간한 특집을 보면, 리더십 분야의 주요 학자들이 그동안 팔로어십에 대한 연구가 너무 부진했음을 반성하고 있다.[2] 이것은 어쩌면 당연한 현상이다. 누구라도 리더가 되고 싶지 팔로어가 되고 싶지는 않을 것이기 때문이

---

1   R. E. Kelley, *The power of followership* (New York: Doubleday Business, 1992).

2   M. Uhl-Bien, R. Riggio, K. Lowe, and M. Carsten, "Followership theory: A review and research agenda," *Leadership Quarterly*, 25(1), 2014, pp. 83~104.

다. 리더십 열풍이 지속되는 이유는 바로 이것이다. 일종의 '리더십 비즈니스 leadership business'인 셈이다.

물론 리더십은 중요하다. 여기서 리더란 주로 기업의 리더(최고경영자, 고위 임원, 혹은 중간관리자)를 말한다. 리더는 공식적으로 부여된 권한과 자원배분의 결정권을 갖고 있다. 직원들에 대한 보상을 결정하고 처벌도 행사할 수 있다. 따라서 당연히 중요한 역할을 수행하고 있다. 그렇지만 여기서 필자가 말하고자 하는 것은 이러한 중요성이 과장되어 있다는 것이다. "리더십이 모든 것이다." 과장이다. "리더가 바뀌면 모든 것이 바뀐다." 그렇지 않다. "한 사람의 리더가 조직의 성패를 결정한다." 전혀 그렇지 않다.

첫 번째 문제는 바로 리더십의 본질에서 비롯된다. 리더십은 근본적으로 다른 사람에게 영향력을 행사하는 것이다. 리더십은 각자 목표와 지향하는 바가 다른 사람들을 리더 자신이 원하는 목표(보통, 조직의 목표)로 향하도록 정렬시키고 통합하는 영향력이다. 이런 점에서 리더십은 근본적으로 '위험한 비즈니스'라고 할 수 있다. 자신이 책임질 수 없는 다른 사람의 인생에 영향을 미치려는 것이기 때문이다. 우리들 모두는 반복될 수 없는 한 번의 삶을 살다 간다. 누구도 남의 인생을 대신해 주거나 책임질 수 없다. 그런데 리더십은 다른 사람에게 영향을 미쳐서 자신이 원하는 결과를 만들려는 것이기 때문에 위험한 비즈니스라는 것이다. 물론 리더가 부하들의 삶을 완전히 바꿀 수도 있다. 그러나 적어도 경영 리더십business leadership의 세계에서 이것은 그다지 바람직하지 않다. 일하기 위해 들어간 직장, 거기서 만난 상사가 자신의 인생을 바꿔놓기를 원하는 사람은 별로 없을 것이기 때문이다.

이른바 '가치 중심 경영Value-Based Management: VBM'이 유행하면서 현대의 많은 경영이론들은 리더십에 과도한 중요성을 부여하고 있다. 때로는 종교나 영성spirituality 같은 영역으로 끌어올리려 하고 있다. 하지만 이것은 불필요하고 잘못된 결과를 낳을 수 있다. 예를 들어, 기업의 리더가 정직한 품성을 갖고, 자신만의 가치와 원칙을 지키는 것은 당연히 좋은 것이다. 하지만 직장의 부하들로 하여금 자신의 가치를 그대로 받아들이고, 그런 삶을 살도록 하려는 것은 종교의 영역이지 리더십의 영역이 아니다. 리더십이 목표 달성을 위해서 영향력을 행사하는 것은 맞지만 기업의 모든 리더가 부하들의 삶을 바꿔놓을 정도로 과도한 영향을 미치려는 것은 위험한 생각이다. 자신이 책임질 수 있는 일이 아니기 때문이다. 사리분별을 할 수 있는 성인을 고용하는 기업에서 무엇을 생각하고, 어떻게 일하고, 어떻게 살아갈 것인가는 온전히 그 사람의 몫이다.

또 다른 문제는 리더십 환경이다. 리더십은 불확실성 때문에 존재한다. 만약 모든 것이 확실하다면 구성원 각자가 자기 할 일을 하면 되지 리더가 필요하지는 않을 것이다. 어떻게 해야 할지 모르기 때문에 리더가 필요한 것이다. 이런 의미에서 하버드 대학의 존 코터John Kotter 교수는 리더십의 본질은 복잡한 문제를 푸는 기술이 아니라 '변화에 대처하는 것'이라고 했다.[3] 그런데 문제는 최근의 경영환경에서는 리더 자신도 불확실성을 꿰뚫어 볼 수 없다는 데 있다.

수년 전 전 세계를 덮쳤던 코로나19 팬데믹을 생각해보자. 조만간 진정될 것이라고 생각했던 국지적 감염병이 난생 처음 보는 팬데믹 사태로 확산되었다. 수천만 명이 사망하고 퍼펙트 스톰, 블랙스완, 둠스데이 같은 말을 매일 듣고 보게 되었다. 팬데믹이 터지자 국제유가는 1991년 걸프전 이후 최대 하락폭을 보였고, 미국 다우Dow지수도 1987년 블랙 먼데이 이후 30여 년 만에 최대 하락폭을 기록했다. 글로벌 공급망, 금융시장, 부동산과 실물경제가 빠른 속도로 붕괴되어 기업들에게 어떤 일이 생길지 아무도 알 수 없게 되었다. 나심 탈레브Nassim N. Taleb가 말한 것처럼 전혀 예상치 못했던 일이 실제

---

3   J. P. Kotter, "What leaders really do." *Harvard Business Review*, 68(3), 1990, pp. 103~111.

13장 연대의 리더십, WE-리더십을 향하여 **299**

로 나타나 충격을 주는 블랙스완 이론이 현실화되었다.[4]

이런 상황에서 조직 구성원들은 리더를 바라보고, 리더에게 묻고 의지할 수밖에 없다. 하지만 우리 모두가 지켜봤듯이, 문제는 리더도 어떻게 해야 할지 모른다는 것이다. 격변하는 경영환경에서 리더십에 대한 과도한 관심이 나타나는 것은 증대되는 불확실성에도 불구하고 이것을 속 시원하게 해결해 줄 사람이 없다는 데 있다. 그래서 구성원들은 때로는 리더에게 고대의 주술사나 제사장과 같은 역할을 기대하기도 한다. 그러나 리더 역시 무능력하기는 마찬가지이다. 그런데도 어떤 리더들은 자신이 이러한 불확실성을 통제할 수 있다고 믿는다. 스스로 착각과 망상에 빠진 리더들도 많다. 리더 자신도 무엇을, 어떻게 해야 할지 모른다면 과연 리더십은 왜 필요한가?

리더십 로망스

우리는 한 사람의 걸출한 리더가 불리한 전쟁을 승리로 이끌고, 도산 위기에 빠진 기업을 살려내고, 분열된 나라를 구했다는 많은 이야기를 알고 있다. 어떤 리더십 책을 보더라도 마치 중세 시대의 영웅·전설saga 같은 리더들의 활약상이 등장한다. 이런 일화와 사례들을 보고 함께 이야기하면서 사람들은 리더가 한 조직의 성패를 좌우한다고 굳게 믿게 된다.

그런데 재미있는 현상은 똑같은 리더 한 사람이 기업이 잘나갈 때는 영웅으로 칭송되다가도 위기에 처하게 되면 실패를 불러온 장본인으로 회자된다는 것이다. 예를 들어, 노키아의 요르마 올릴라Jorma Ollila 회장은 한때 핀란드의 국민 기업을 만든 훌륭한 경영자로 거론되었지만 노키아가 몰락하자 새로운 환경에 맞는 변신에 실패한 무능한 경영자가 되었다. 기업 구조조정

4　N. N. Taleb, *The black swan: The impact of the highly improbable* (New York: Random House, 2007).

의 천재로 불리던 카를로스 곤Carlos Ghosn 회장은 결국 금융 부정혐의로 체포되면서 닛산의 기술혁신을 정체시킨 경영자로 비판받고 있다. 1981년 이후 20년간 재임하면서 GE를 초우량 기업으로 만들었다며 '경영의 천재'로까지 추앙받던 잭 웰치 회장은 퇴임 후 온갖 추문에 휩싸였고, 나중에는 GE의 위기가 사실상 웰치 시절의 잘못된 경영에서 비롯되었다는 냉정한 평가를 받았다. 국내에서도 한 최고경영자는 실적이 호황일 때는 과감한 M&A로 그룹의 사업구조를 혁신한 리더로 평가되다가 경기가 어려워지자 본업을 버리고 무분별한 M&A로 그룹을 위기에 빠뜨렸다는 비판의 도마에 오른 바 있다. 한 사람의 리더가 이렇게 정반대의 상반된 평가를 받게 되는 이유는 무엇일까?

뉴욕 버팔로 주립대학교State University of New York at Buffalo의 제임스 마인들James D. Meindl 교수는 사람들이 리더십을 실제 이상으로 과장하고, 마치 영웅들의 이야기처럼 낭만화하기 때문이라고 말한다. 사람들은 근본적으로 스토리를 좋아하고, 주위에서 일어나는 일들의 원인을 알고 싶어 하기 때문에 기업의 성공과 실패의 원인을 리더에게 귀인한다는 것이다. 한 기업의 성공과 실패는 수많은 요인들이 복합적으로 작용한 결과이다. 사람들은 이 복잡한 과정을 이해하거나 알 수 없기 때문에 가장 손쉬운 귀인 대상을 찾게 되는데, 매일 눈에 띄고 언론에도 자주 보도되는 CEO나 고위 임원이 그 대상이 된다는 것이다. 이것이 리더십 로망스romance of leadership 이론이다.[5]

마인들 교수는 흥미로운 연구를 통해 이러한 리더십 신비주의 혹은 낭만주의를 잘 보여주었다. ≪비즈니스위크BusinessWeek≫, ≪포천Fortune≫, ≪포브스Forbes≫와 같은 경영 전문잡지에 실리는 리더십 관련 기사의 숫자가 기

---

5   J. R. Meindl, S. B. Ehrlich, and J. M. Dukerich, "The romance of leadership," *Administrative Science Quarterly*, 30(1), 1985, pp. 78~102.

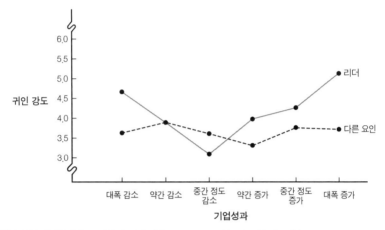

그림 13-2 기업성과와 리더십 귀인

자료: Meindl, Ehrlich, and Dukerich, "The romance of leadership," p. 94.

업들의 성과(성공과 실패)에 따라 어떤 차이를 보이는지 알아보고, 이와 비슷한 조건의 실험을 설계해 사람들이 성과 차이에 따라 그 원인을 리더에게 귀인하는지, 아니면 다른 요인에 귀인하는지 알아보았다. 그 결과가 〈그림 13-2〉이다.

만약, 사람들의 믿는 것처럼 리더십이 성과를 좌우하는 가장 중요한 요인이라면 성과 변화에 상관없이 그 원인이 리더라고 생각하는 결과가 나와야 할 것이다. 그러나 〈그림 13-2〉에서 뚜렷이 나타나듯이, 사람들은 성과가 좋지도 나쁘지도 않을 때는 리더십에 별로 관심이 없어서 관련 기사의 숫자도 적고, 그 원인이 다른 데 있다고 생각했다. 그러나 성과가 아주 좋거나 나쁠 때는 리더십에 관한 기사도 폭증했고, 그 원인을 리더에게 돌렸다. 즉, 리더십이 좋거나 나쁜 성과를 만드는 것이 아니라 그 반대로 현저하게 좋거나 나쁜 성과 자체가 하나의 단서가 되어 강한 리더십 귀인을 만든다는 것이다.

이를 '성과-단서 효과performance-cue effect'라고 하는데, 우리는 일상생활에서 그 예를 쉽게 찾아볼 수 있다. 가령, 어떤 기업이 창사 이래 최대의 실적을 거뒀을 때, 사람들은 그 실적은 특정 최고경영자가 수십 년 전에 과감하게 신사업에 뛰어든 결과이고, 그런 결단이 없었다면 오늘날의 최고 실적은 불가능했을 것이라고들 말한다. 그러나 업황이 부진해져서 실적이 안 좋으면, 과거에 실행했던 M&A가 '승자의 저주'가 되었다, 사법 절차가 진행 중인 사령탑의 부재 때문이라는 식으로 리더십과 관련된 갖가지 이유를 만드는 것을 볼 수 있다. 즉, 사람들은 언제든 영웅적 리더를 만들 준비가 되어 있는 것이다.

리더십 로망스 이론은 우리가 당연하게 받아들이는 리더십의 중요성이 생각보다 크지 않을 수 있다는 것을 말하고 있다. 극단적으로, 리더의 역할은 그저 누군가 있어야 할 자리에 앉아 있는 것이고, 리더에게 가장 필요한 자질은 '리더처럼 보이는 것'이라는 냉소적 결론에 이르게 된다. 이렇게 보면, 기업이 위기에 처하거나 실적이 저조할 때, 최고경영진을 교체하는 것 역시 크게 효과가 없는 '희생양 만들기' 의식에 불과할 수도 있다는 것이다. 같은 맥락에서, 앞서 살펴본 우수기업 연구 분야의 고전인 『비전기업의 성공 원칙』(1994)의 저자 짐 콜린스는 기술과 시장의 변화, 리더십 교체와 같은 요인을 모두 통제하고도 최상의 상태를 50년 이상 지속해 온 비전기업들의 성공 비결은 특정 시기의 리더 한두 사람이 아니라 뛰어난 조직을 만드는 데 성공했기 때문이라고 결론을 내린 바 있다.[6]

물론 실제 경영의 세계에서 리더십의 중요성을 부정하기는 어려울 것이다. 최고경영진이나 주요 관리자들의 전략적 선택이 기업과 부서의 운명을 바꿔놓는 사례를 어렵지 않게 찾아볼 수 있기 때문이다. 그러나 우리가 주의해야 할 점은 리더십이 모든 것이고, 한 사람의 리더가 구성원들을 젖과 꿀이 흐르는 땅으로 인도할 메시아라고 생각하는 신비주의적 환상이다. 우리가 아는 어떤 초우량 기업에서도 기적을 만든 것은 한 사람의 리더가 아니라 결

---

6 Collins and Porras, *Built to last*.

국 그 기업의 구성원들이었기 때문이다.

2. 리더십 이론 돌아보기

지금까지 수많은 리더십 이론들이 나타났다 사라졌지만 모든 이론은 나름대로 문제점과 한계를 갖고 있다. 먼저, 현대 리더십 이론의 주류이면서 가장 핵심이라고 볼 수 있는 변혁적 리더십 이론을 생각해보자.

변혁적 리더십의 문제들

변혁적 리더십은 물질적인 보상이나 처벌을 수단으로 부하들과 거래하는 리더십이 아니라 원래 이기적인 구성원들을 조직 전체를 위해 더 높은 수준의 목표를 달성하도록 완전히 변혁transform시키는 것을 말한다. 그런데 자신의 이익을 추구할 수밖에 없는 구성원을 전혀 다른 사람으로 탈바꿈시킬 수 있는 방법은 무엇인가? 변혁적 리더는 자신의 가치관과 신념을 부하들에게 불어넣어줌으로써 이 어려운 변화를 이끌어낸다. 그러므로 '숨을 불어넣다'는 의미를 가진 inspire라는 말은 변혁적 리더십의 핵심 키워드라고 할 수 있다. 그래서 변혁적 리더가 되려면 먼저 자신의 신념과 가치를 부하들에게 잘 전달할 수 있는 좋은 커뮤니케이터가 되어야 한다. 이것은 말을 잘하는 달변가라는 의미가 아니라 자신이 추구하는 신념과 가치가 옳은 방향이라는 확신을 부하들에게 줄 수 있도록 잘 전달해야 한다는 의미이다. 이후의 여러 리더십 이론들이 변혁적 리더십과 다르다며 나름대로 차별성을 주장하지만 이 점에 있어서는 크게 다를 바가 없다.[7]

---

7   Robbins and Judge, *Organizational behavior*.

구체적으로, 변혁적 리더십은 영감적 동기부여, 이상화된 영향력, 지적 자극, 그리고 개별적 배려라는 네 가지 하위 요인으로 구성된다.[8] 네 가지 요인 모두 영문자 I로 시작되기 때문에 이것을 흔히 '4I'라고 부르는데, 이 중 가장 핵심적인 요인은 역시 영감적 동기부여라고 할 수 있다. 테슬라Tesla와 스페이스-XSpace-X의 CEO인 일론 머스크Elon Musk가 항상 지구 전체의 미래를 위해 전기 자동차와 우주개발에 도전해야 한다고 부하들에게 사명감을 강조하고, 현상에 만족하지 않는 높은 기대를 전달하는 것을 예로 들 수 있다. 또, 이러한 사명감과 비전을 누구나 알 수 있는 단순하고 설득력 있는 메시지로 만들어서 강력하게 전달하는 것도 영감적 동기부여에서 빼놓을 수 없는 요소이다. 예를 들어, 미국의 전임 대통령 버락 오바마Barack Obama가 '우리는 변화할 수 있다Change, Yes We Can!'라는 단순명료한 구호를 선거 당시 슬로건으로 사용했던 것이 이에 해당된다. 변혁적 리더는 이상적인 목표와 가치를 제시하고 스스로 모범을 보임으로써 구성원들의 자발적인 노력과 성과를 이끌어낸다. 실제로 지난 30여 년간 수많은 연구들에서 변혁적 리더십이 조직성과와 구성원의 만족에 미치는 긍정적인 효과가 입증되었다.

그러나 변혁적 리더십은 큰 효과가 있지만 '누구를 위한 변혁인가'라는 근본적인 문제가 있다. 특히, 변혁적 리더가 제시하는 비전이 구성원과 조직 전체를 위한 것인가 아니면 결국 자신의 이익을 위한 것인가에 따라 전혀 다른 결과를 만들게 된다. 최근의 한 연구는 겉으로 보기에 똑같은 4I를 실천하더라도 리더의 가치가 조직 전체가 아닌 자기 이익을 위한 것이었다면 부하들에게 미치는 긍정적 영향은 감소하고, 심지어 1년 6개월이 지난 시점에도 이러한 부정적 효과가 지속된다는 것을 보여주고 있다.[9] 이것은 부하들이 겉

---

8   B. M. Bass and B. J. Avolio, *Improving organizational effectiveness through transformational leadership* (Thousand Oaks: Sage, 1994).

으로는 변혁적 행위를 하면서 내면적으로는 일신상의 이익을 추구하는 사이비 리더에 대한 실망감을 오랫동안 갖게 된다는 것을 말해준다. 사실은 자신의 이익을 목표로 하면서 조직의 비전 달성을 위해 변화하라고 요구하는 리더는 오래갈 수 없다. 자신의 이익을 위해 화려한 기술과 개인적 카리스마로 부하들을 이용하는 것은 리더로서의 존재 이유를 이미 잃은 것이다.[10]

그런데 변혁적 리더가 집단과 조직을 위하는 진정한 리더라고 해서 문제가 없는 것은 아니다. 변혁적 리더십의 영향력은 매우 강하기 때문에 의도치 않게 부하들의 의존성을 높이게 된다. 그래서 구성원들은 항상 리더의 인정과 승인을 추구하게 되고, 변혁적 리더가 사라지면 방향을 잃을 수 있다. 영화 〈죽은 시인의 사회Dead Poets Society〉(1990)에서 존 키팅John Keating 선생님은 입시와 경쟁에 찌든 학생들에게 '오늘을 살라Carpe Diem!' 같은 새로운 가치를 불어넣어 전혀 다른 학생들로 변화시킨 변혁적 리더였다. 그러나 그가 학교를 떠난 후에도 학생들이 그러한 변화를 실천할 수 있었는지는 알 수 없다. 학생들이 그를 부르는 '우리 대장님O Captain! My Captain!'이라는 호칭에서 알 수 있듯이, 강력한 리더에 대한 심리적·정서적 의존성을 피하기 어렵기 때문에 만약 리더의 지도와 안내가 없다면 스스로 성과를 향상시킬 수 있는 가능성이 제한될 수 있다.[11] 이런 점에서, 기존 연구들이 변혁적 리더십을 임파워먼트에 긍정적인 요인으로만 바라본 것은 성급한 결론일 수 있다.

---

9   P. Fu, A. Tsui, J. Liu, and C. Li, "Pursuit of whose happiness? Executive leaders' transformational behaviors and personal values," *Administrative Science Quarterly*, 55(2), 2010, pp. 222~254.

10 자세한 내용은 정명호, "변혁적 리더십의 두 얼굴: 누구를 위한 변혁인가", ≪동아비즈니스리뷰(DBR)≫, 103호(2012), 17~19쪽을 참고하기 바란다.

11 김병직·정명호, 「의존성과 독립성의 조화: 변혁적 리더십의 양면성과 신뢰 및 지각된 통제의 매개역할」, ≪한국심리학회지: 산업 및 조직≫, 25권, 2호(2012), 453~476쪽.

리더의 자아도취와 자만심

하지만 더 심각한 문제는 많은 변혁적 리더들이 자아도취narcissism에 빠진다는 점이다. 실제로 변혁적 리더라고 하는 사람 중 상당수가 자아도취적인 면이 있다. 자신이 부하들을 새롭게 태어나게 만드는 엄청난 일, 세상을 바꾸는 훌륭한 일을 하고 있다고 믿기 때문이다. 위에서 예로 든 일론 머스크 역시 분명 변혁적 리더의 특성을 강하게 보여주지만 유튜브 방송 중 마리화나를 피우는가 하면 급기야 자신의 트위터Twitter에 테슬라를 상장폐지하고 사기업으로 만들겠다는 무책임한 포스팅을 함으로써 회사에 막대한 피해를 끼친 적도 있다. 최근 트위터를 인수한 후에도 전격적으로 사명을 X로 바꾸고 많은 직원을 해고하는 등 자의적인 조치들을 서슴지 않고 있다. 팬데믹 기간 중 크게 성장한 오라클Oracle의 래리 엘리슨Larry Ellison 회장 역시 자아도취적 행동으로 구설수에 오른 적이 많다. 심지어 엘리슨 회장과 함께 일했던 고위 임원 중 한 사람은 "신神과 엘리슨의 차이는 신은 그가 엘리슨이 아니라고 생각하는 것이다"라고 말하기도 했다. 엘리슨은 본인이 신이라고 생각한다는 비아냥이니 그의 자아도취가 어느 정도였는지 알 수 있다.

최근 들어, 최고경영자의 자만심CEO hubris과 자아도취에 관한 연구가 많이 나오고 있는 것은 변혁적 리더십의 확산과 무관하지 않다고 본다. 자신의 말 한마디에 부하들이 열광하고, 자신이 부하들을 전혀 다른 사람으로 바꿔놓았다는 생각 때문에 스스로를 마치 신과 같은 존재로 착각할 수 있기 때문이다.

서울대학교 박선현 교수, 미시간 대학의 제임스 웨스트팔James D. Westphal 교수, 노스웨스턴 대학의 이타이 스턴Ithai Stern 교수 연구팀은 한때 뛰어난 경영능력과 통찰력을 보여주던 CEO들이 전략적인 판단에서 실수를 범하고 몰락하는 요인을 연구한 결과, 중요한 이유는 다름 아닌 주위 사람들의 아첨과 무비판적인 동조라는 것을 발견했다. 자신을 향한 아첨과 동조가 강할수록 해당 CEO는 자신의 전략적 판단 능력과 리더십 역량을 과신하게 되어 회사의 성과가 좋지 않은데도 필요한 전략 변화를 시도하지 않게 된다. 아첨과 동조가 사람들이 근본적으로 갖고 있는 '귀인 오류'를 증폭시켜서, 나쁜 성과를 자신의 잘못이 아닌 산업 전반의 문제 혹은 거시 경제환경의 문제로 생각하게 만들기 때문이다. 연구팀은 조사대상 기업에 대한 추가 조사에서 아첨과 동조의 총량이 결국 해당 CEO의 사퇴로 연결된다는 파괴적인 결과도 확인했다.[12]

그렇지 않아도 CEO들 주위에는 좋은 말만 해주는 아첨꾼들이 많은데, 스스로 자신을 훌륭한 변혁적 리더라고 생각한다면 자신의 경영능력과 판단에 대한 과신이 더욱 커져서 잘못된 의사결정을 하게 되는 것이다. 비록 리더를 격려하려는 순수한 동기의 사소한 아첨이었다 하더라도 여러 사람의 일치된 아부와 동조는 리더에게 치명적 결과를 만든다는 사실을 명심해야 한다. 특히, 화려한 배경과 업적을 자랑하는 리더일수록 스스로를 냉정하게 돌아봐야 한다. 우리는 다른 사람에 대한 아첨과 동조는 어렵지 않게 판별해 내지만 자신에 대한 아첨은 비판적으로 해석하는 능력이 훨씬 줄어든다. 누구나 좋은 결과는 자신에게 돌리고, 나쁜 결과는 외부에 돌리려는 인지적 편향성을 갖고 있기 때문이다. '나는 아부하는 사람을 싫어한다'고 장담했던 리더들도 머지않아 많은 아첨꾼들로 둘러싸이게 되는 이유가 바로 이것이다.[13]

이후에 변혁적 리더십의 이러한 문제점을 보완하기 위해 서번트 리더십, 셀프 리더십 등 여러 가지 새로운 리더십 개념들이 나오고 있지만 핵심 내용

---

12 S. H. Park, J. D. Westphal, and I. Stern, "Set up for a fall: The insidious effects of flattery and opinion conformity toward corporate leaders," *Administrative Science Quarterly*, 56(2), 2011, pp. 257~302.

13 자세한 내용은 정명호, "리더를 망치는 두 가지 유혹: 아첨과 동조", 《동아비즈니스리뷰(DBR)》, 7월호(통권 108호, 2012), 16~18쪽을 참고하기 바란다.

은 크게 달라지지 않았고, 실무적인 영향력 역시 변혁적 리더십과는 비교할 것이 못 된다.

진정성 리더십의 한계

2000년대 초 미국 에너지 기업 엔론의 회계부정 스캔들로 시작된 경제위기는 세계를 충격에 빠뜨렸다. 명석하고 뛰어난 경영성과를 보여주던 주요 기업의 경영자들이 뒤로는 회계부정, 주가조작, 배임, 횡령 등 갖가지 부정을 저질렀다는 것이 알려지면서 학계와 실무에서 리더십에 대한 근본적인 반성이 시작되었다. 이에 따라 윤리적 리더십을 비롯한 리더십 품성론이 리더십의 중요한 흐름으로 나타나게 되는데, 이를 대표하는 것이 바로 진정성 리더십authentic leadership 이론이다. 단적인 예로, 지난 20여 년 동안 ≪뉴욕 타임스The New York Times≫, ≪이코노미스트The Economist≫, ≪월스트리트 저널 The Wall Street Journal≫ 등 주요 언론 기사에 '진정성authenticity'이라는 단어가 등장하는 숫자가 급증하고 있다. 리더들에 대한 불신이 여전히 높기 때문이다.

진정성 리더십은 리더가 자신만의 일관된 정체성과 스토리를 갖고, 스스로 어떤 사람인지를 알고, 항상 자신에게 정직해야 한다고 말한다. 진정성 리더는 언제 어디서나 언행이 일치되고, 자신이 생각하고 느끼는 바를 투명하게 드러내며, 내면의 깊은 가치를 원칙으로 삼아 부하들에게 좋은 영향을 미쳐서 스스로 목표를 성취하도록 지원한다.[14] 한마디로 리더의 좋은 품성이 좋은 결과를 만들어낸다는 것이다. 언행이 일치되고 솔직한 리더는 신뢰할 수 있고, 부하들에게 좋은 영향을 줄 것이다. 이런 점에서 진정성 리더십은 물론 필요하고 긍정적 효과가 있을 것이다.

---

14 B. George, P. Sims, A. McLean, and D. Mayer, "Discovering your authentic leadership," *Harvard Business Review*, 85(2), 2007, pp. 129~138.

그러나 이것 역시 많은 문제점이 있다. 먼저, 진정성이란 말 자체가 가짜가 아닌 '원본original'이라는 의미를 갖고 있기 때문에 자신이 진정성 리더라고 생각하는 사람은 다른 사람들을 허위라고 생각하기 쉽다. 더 나아가서, 세상은 혼탁하기 때문에 자신의 진정성 있는 가치로 새로운 세상을 만들어야 한다는 사명감을 가질 수도 있다. 이렇게 '진짜 대 가짜'의 관점으로 모든 문제를 보기 때문에 의도치 않게 독선적인 행동을 하거나 자기중심적이 될 수 있다. 자신이 항상 옳고, 다른 사람들은 가식적이고 믿을 수 없다고 생각하기 때문이다. 또한, 리더의 진정성을 누가 인정하느냐의 문제도 있다. 리더가 자신의 진정성에 대해 특별히 의식하지 않는데, 부하들 모두가 그를 진정성 있는 리더라고 인정한다면 좋은 효과를 기대할 수도 있다. 하지만 리더 스스로 자신을 진정성 있는 리더라고 생각하거나 주장하는 것은 위험할 수 있다. '진정성 있는 독재자'가 될 수도 있기 때문이다.

이와 관련되는 문제로, 진정성 리더십은 성격 같은 개인의 특질과도 관계가 있다. 진정성 리더십의 주창자이며 『진북Discover Your True North』(2007)의 저자인 빌 조지Bill George는 진정성 리더십을 다음과 같이 비유한다. "당신의 삶이 하나의 집이라면, 당신은 방 사이를 가로막는 벽을 허물고 모든 방에서 똑같은 사람이 될 수 있겠는가?" 진정성 리더는 직장, 가족, 동료, 친구와의 관계 등 모든 면에서 일관되고 한결같아야 한다는 것이다. 이것은 기질적으로 '자기주시 성향self-monitoring'이 낮은 사람들의 특성에 해당된다. 이런 사람들은 주위 환경이나 다른 사람들의 반응에 별로 신경 쓰지 않기 때문에 일관된 모습을 보이고, 그런 이유로 자신이 진정

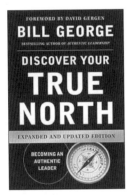

그림 13-3 진정성 리더십

자료: Bill George, *Discover your true north* (Jossey-Bass Inc Pub, 2015).

성 있다고 느낄 가능성이 높다. 반대로 자기주시 성향이 높은 사람들은 여러 가지 상황에서 다른 방식으로 행동하며, 사람들과의 관계 또한 다양하다.[15] 그렇다고 해서 그런 사람이 가짜 리더인 것은 아니다. 그 사람의 본성이 부도덕하거나 남을 속이려는 것이 아니라 자신의 타고난 기질이 그렇기 때문이다. 최근의 연구에서도 진정성 있는 행동과 진정성 리더십은 구별해야 한다는 주장이 나오고 있다. 리더의 어떤 행동이 진정성이 있거나 없다고 해서 리더십 자체의 진정성을 판단할 수는 없다는 것이다. 결국 진정성 리더십이라는 개념 자체가 명확하지 않다는 비판이다.[16]

다음으로, 진정성 리더가 자신의 생각과 느낌 등 모든 것을 부하들에게 솔직하게 드러내야 한다는 것 역시 상당히 비현실적이고 때로는 위험할 수 있다. 예를 들어, 리더가 새로운 직책을 맡았을 때, 불안한 마음을 그대로 부하들에게 말한다면 부하들은 리더가 진정성 있다고 높이 평가하기보다는 리더의 능력을 의심할 것이다. 특히, 비주류나 소수집단 출신의 리더라면 더욱 그럴 것이다. 또한 진정성 리더는 어려운 상황에서 어떻게든 부하들을 설득하고 지지를 구해야 할 순간에도 부하들의 감정을 조작하거나 어떤 조치로 유인하는 것을 피할 것이다. 그런 행동은 진정성 없는 정치적인 속임수라고 생각하기 때문에 하지 않는 것이다. 그리고 자신이 옳은 일을 하면 결국 언젠가는 그것이 통할 것이라고 생각한다.

그러나 스탠퍼드 대학의 제프리 페퍼 교수는 정의는 승리한다는 식의 '공정한 세상 가설just world hypothesis'은 우리의 희망일 뿐 그대로 실현되는 것이

---

15   M. Snyder and S. Gangestad, "On the nature of self-monitoring: Matters of assessment, matters of validity," *Journal of Personality and Social Psychology*, 51, 1986, pp. 125~139.

16   C. A. Helmuth, M. S. Cole, and S. Vendette, "Actions are authentic but are leaders? A reconceptualization of authenticity and leadership practice," *Journal of Organizational Behavior*, 45(1), 2024, pp. 119~135.

아니라고 강조한다. 그래서 리더가 내면의 나침반이 가리키는 목적대로 노력하다 보면 언젠가 실현될 것이라는 막연한 희망만 갖거나 자신의 생각을 투명하게 드러내고 진실되게 행동하기만 해서는 안 된다고 말한다. 그래서 오늘날 유행하는 많은 리더십 서적에 "주의: 이 책은 당신의 직장 생활에 해로울 수 있음"이라는 경고문을 붙여야 한다고 재치 있는 지적을 하고 있다.[17] 리더십의 핵심 요소 중 하나는 자신이 목표하는 바를 다양한 방법으로 설득하고 실현시키는데 있기 때문이다. 사실 어떠한 인위적인 노력도 없이 자신의 생각과 느낌을 부하들에게 솔직하게 말하면서 리더 역할을 할 수 있는 사람이 있다면 아마도 한 조직을 휘두를 수 있는 최고권력자밖에 없을 것이다.

　보다 근본적으로, 진정성 리더십에서 매우 중요하게 생각하는 '나는 누구인가(일관된 정체성)'라는 질문을 생각해보자. 사실 사람들은 다양한 정체성과 자아개념을 갖고 있다.[18] 특히, 직장에서 일을 하면서 형성되는 직업적 정체성은 고정된 것이 아니고, 승진이나 이동을 통해 새로운 역할을 맡게 되면 새로운 정체성이 형성된다. 대부분의 사람들은 신입사원 시절의 자신과 현재 관리자나 임원으로서 자신이 많은 점에서 다르다고 느낄 것이다. 그것은 새로 맡은 일과 업무상 요구되는 역할이 달라지고, 업무관계로 만나는 사람도 달라지기 때문에 과거와 똑같이 생각하고 행동하기는 어렵기 때문이다. 직장에서 우리는 이러한 요구에 맞춰 시행착오를 겪으면서 스스로 새로운 정체성을 만들어나가야 한다. 그런데 이것은 자연스럽게 형성되거나 터득할 수 있는 것이 아니다. 때로는 과거의 자신과 달라서 낯설게 느껴지고 마치 진실성 없는 연기를 하는 것처럼 불편할 수도 있다. 하지만 리더는 자

17　J. Pfeffer, "Power play," *Harvard Business Review*, 88(7), 2010, pp. 84~92.

18　J. Gooty, G. C. Banks, A. McBride, and D. van Knippenberg, "Is authenticity a 'true self', multiple selves, behavior, evaluation, or a hot mess? Response to Helmuth et al." *Journal of Organizational Behavior*, 45(1), 2024, pp. 145~150.

신에게 부여된 새로운 환경에 적응하고 목표한 바를 달성하기 위해 새로운 정체성과 역할을 배우고 성장해야 한다. 사람들의 정체성은 개인적 성찰로 깨닫는 것이 아니라 다른 사람들과의 관계에서 만들어지는 '사회적 정체성'이기 때문이다.

진정성 리더는 내적인 성찰에 과도하게 집중함으로써 다른 사람과의 관계나 환경 변화에 둔감해지고, 자신이 스스로 정한 원칙에 집착하는 결과를 낳을 수 있다. 어떻게 보면 진정성 리더가 일관된 정체성을 고집하는 것은 자신이 익숙한 '안락한 영역comfort zone'에 그대로 머무르려는 것이고, 리더에게 요구되는 역할과 책임을 소홀히 한다고도 볼 수 있다. 사실 현대 사회의 급격한 환경 변화를 생각한다면 이렇게 할 수 있는 사람은 많지 않을 것이다. 많은 사람들이 자신의 업무조건이나 근무환경을 스스로 결정할 수 없는 상황에서, 이른바 진정성은 어쩌면 '선택받은 소수'의 특권일지도 모른다.

인시아드 경영대학원의 에르미니아 이바라Herminia Ibarra 교수는 위에서 말한 진정성 리더십의 문제들을 '진정성 역설authenticity paradox'이라고 부르고 있다. 특히, 진정성 리더가 가장 중요하게 생각하는 자신의 스토리와 가치가 원래 의도와 다르게 미래의 변화에 적응하기 어렵게 만드는 점을 강조한다. 사람들은 누구나 자신의 인생에서 중요한 교훈을 얻은 개인적 스토리가 있고, 이것을 삶의 안내자로 삼는다. 그러나 진정성 리더의 가치 역시 과거의 경험에서 형성된 것이다. 이것을 무조건 고수하려 한다면 미래에 필요한 가치를 받아들이기 어렵다. 어쩌면 진정성이 자신이 익숙하고 편안한 가치에 머무르기 위한 하나의 구실이 될 수도 있다는 것이다. 리더로서의 정체성은 변할 수 있고 변해야 한다. 그러므로 변화하는 환경에서 리더에게 요구되는 것은 적응적 리더십adaptive leadership이라는 점을 강조하고 있다.[19]

---

19 H. Ibarra, "The authenticity paradox," *Harvard Business Review*, 93(1), 2015, pp. 52~59.

마지막으로, 진정성 리더가 가진 목적과 사명이 조직 전체의 목적이나 사명과 일치하지 않는다면 이것 역시 문제가 될 것이다. 조직에서 의미 있는 성과를 거두기 위해서는 전체 목적과 정렬이 되어야 하는데, 위에서 살펴본 바와 같이 진정성 리더는 자기 내면의 목적과 가치를 바꿀 가능성이 없으므로 함께 일하는 부하들은 상당한 혼란에 빠질 수 있다. 단순한 혼란에 그치지 않고 경력상의 불이익을 받는 경우도 있을 것이다. 결국 진정성 리더는 조직 전체를 책임질 만한 위치에 있지 않다면, 자신을 따르는 부하들의 희생을 대가로 자신의 가치를 지키는 결과를 만들 수도 있다.

공감적 리더십과 소진

최근 대내외적 환경이 어려워지면서 구성원과 격의 없이 소통하고, 구성원의 고통에 공감하고 배려하는 공감적 리더십empathetic leadership이 주목을 받고 있다. 국내 기업들에서도 구성원의 어려움을 경청하고, 구성원의 관점에서 문제를 해결해 나가는 리더가 필요한 것 또한 사실이다. 그러나 이것 역시 대가가 따른다. 실제로 코로나 팬데믹 같은 힘든 시기일수록 구성원들은 리더의 진정 어린 공감과 감정적 후원을 더 많이 요구하게 된다.

그러나 상대방의 어려움에 귀 기울이고, 마음으로 아픔을 느끼고 배려하는 일은 리더 자신에게도 감정적으로나 육체적으로 소진에 이를 만큼 힘든 것임에 틀림없다. 우리는 팬데믹 기간 동안 제대로 먹지도 쉬지도 못하고, 심지어 화장실에도 못 갈 정도로 전력을 다한 후에 탈진한 의료진들의 모습을 기억하고 있다. '공감 피로compassion fatigue'라는 말이 나올 만큼 공감적 리더십은 리더 자신에게 힘들고, 그래서 오래 지속가능하지 않은 것이다. 여기서 리더들은 자신의 웰빙을 희생하고 구성원을 돌볼 것인지 아니면 한 발짝 물러나서 자신의 건강을 지킬 것인지 결정해야 한다.[20]

그렇다면 어떻게 해야 하는가? 최근 필자와 동료가 행한 연구에서 한 가지

실마리를 찾을 수 있다.[21] 우리는 국내 기업 39개 팀, 204명의 구성원들로부터 서로 얼마나 신뢰하는가를 네트워크 방식으로 측정해 신뢰 네트워크 자료를 구축하고, 이것이 구성원의 업무성과에 어떤 영향을 미치는지 알아보았다. 그 결과, 동료들이 자신의 업무능력을 신뢰하는 인지적 신뢰cognitive trust 정도가 높은 구성원은 이러한 신뢰를 바탕으로 업무성과 역시 높았다. 그러나 동료들이 개인적으로 어려운 일을 의논하고 상담할 정도로 정서적 신뢰affective trust를 많이 하는 구성원은 업무성과에 부정적인 영향을 받았다. 위에서 말한 공감 피로와 비슷한 이유이다.

하지만 동료들로부터 정서적 신뢰를 많이 받아서 자신의 정서적 자원을 소진한 구성원이라도 다른 동료로부터 공감적 도움을 돌려받으면, 그것에 힘입어 자신의 고갈된 심리적·정서적 자원을 회복함으로써 업무성과가 높아지는 결과를 얻었다. 그것도 해당 구성원이 직접 공감과 배려를 제공한 상대방으로부터 직접 도움을 돌려받지 않더라도, 팀 내 누군가가 공감적 도움을 돌려주었다면 이러한 보상 효과는 변함이 없었다. 즉, 공감은 연대를 통해 보완되어야 한다는 것이다. 한쪽의 일방적인 공감을 요구하는 것은 개인의 희생을 초래할 뿐 조직 전체의 역량으로 확산되지 못한다. 공감적 리더십 역시 조건 없이 지속되기는 어려울 것이다.

1인 리더십의 위기

지금까지 살펴본 것처럼, 모든 리더십 이론은 한계가 있다. 그리고 아무리 뛰어난 리더라도 할 수 없는 것이 있다. 그러므로 리더십의 효과를 맹신할

---

20   J. Zaki, "How to sustain your empathy in difficult times," *Harvard Business Review*, 102(1), 2024, pp. 63~69.

21   J. Kim and M. Chung, "Trust networks, compassionate helping and employee performance," *Personnel Review*, 53(2), 2024, pp. 605~620.

필요도 없고, 리더 역시 부하들에게 과도한 영향을 미치려 해서는 안 된다. 특히, 기업의 리더들이 지나치게 철학자나 종교 지도자를 흉내 낼 필요는 더더욱 없다. 결국 이 모두가 한 사람의 리더를 통해 모든 것을 이루려는 '1인 리더십' 중심 사고를 벗어나지 못했기 때문이다.

그렇다면 경영환경은 어떠한가? 흔히들 최근의 경영환경을 VUCA라는 용어로 부른다. 변덕스럽고volatility 불확실하고uncertainty 복잡하고complexity 애매한ambiguity 상황이라는 뜻이다. 하지만 이러한 환경이 갑작스럽게 생겨난 것은 아니다. 과거부터 조직 환경의 두 가지 핵심 차원은 상호의존성과 불확실성이었다. 현대 경영환경은 이 두 가지 핵심 차원의 상호 관련성 자체가 높아지고 있다는데 특징이 있다. 인공지능과 로봇, 블록체인, 빅데이터 분석과 같은 혁신적 기술이 조직 전체의 상호의존성을 강화하고, 고객 수요의 급속한 변화에 따라 투입, 프로세스, 산출의 전 과정에서 예측 불가능성이 커지고 있다. 여기에서 발생하는 불확실성이 새로운 기술혁신을 만듦으로써 상호의존성과 불확실성이 서로를 강화하는 것이다.[22] 오늘날 경영환경은 다양한 고객과 다양한 솔루션 공급자를 연결하는 다면시장multi-sided market 형태로 이루어져 있기 때문에 성공적인 비즈니스 모델은 다양한 수요자와 공급자를 연결하는 플랫폼 형태를 갖고 있다. 모바일 메신저로 출발한 카카오가 플랫폼을 기반으로 쇼핑, 금융결제, 모빌리티 등 다양한 방면으로 사업을 확장해 나가는 것을 예로 들 수 있다.

이런 환경에서는 아무리 통찰력이 뛰어난 리더라도 정확한 전략적 목표를 세우고, 이를 실행해 다면시장 전체를 관리해 나갈 수가 없다. 플랫폼 자체가 많은 불확실성을 포함하고 있기 때문이다. 집단 창의성을 연구하는 하버드 대학의 린다 힐Linda A. Hill 교수에게 어느 혁신기업의 리더가 고백하기

---

22   정명호, 「관계적 직무설계와 직무 관계 이론의 비판적 검토」.

를, "나는 리더십 책을 보지 않습니다. 그걸 보면 기분이 안 좋아집니다"라고 말했다고 한다. 왜냐하면 어떤 리더십 책이든 첫 장에 비전 창조 이야기가 나오는데, 혁신기업을 이끌어가는 여정은 매우 불확실해서 자신도 방향을 모르겠고, 비전을 만들 수도 없고, 어떻게 가야 하는지도 모르기 때문이라고 고백한다.[23] 또한 과거에 일부 산업에서 제한적으로 시도되던 협업이 전통적인 제조업은 물론 의료와 공공 서비스 부문까지 확산되고 있다. 이에 따라 기업의 리더들은 정상적인 업무과정에서 한 번도 만난 적이 없는 파트너들과 함께 일해야 하는 상황에 직면해 있다. 한 사업부문에서 오랫동안 축적된 지식과 경험, 리더십 역량이 별로 쓸모가 없는 낯선 환경에 처하게 된 것이다.

조직 내부적으로도 대부분의 조직이 수평적 팀 구조로 운영되면서 직급의 중요성이 감소하고, 과거에 비해 구성원의 업무역량과 주도성이 향상되고 있다. 급격한 환경 변화와 불확실성의 증가로 인해 이제 기업은 리더의 정확한 업무 지시보다는 직원들의 대응능력과 적극적인 변화 역량에 더욱 의존하게 되었다. 이에 따라 업무 담당자가 자신의 동기, 역량, 강점에 맞춰서 직무를 스스로 만들어가는 직무재창조가 주목받고 있고, 리더-직원의 수직적 관계와 함께 직원 간 수평적 관계의 중요성이 더욱 커지고 있다. 구글은 OKRs라는 목표관리를 도입하면서 모든 직원이 다른 직원들이 어떤 일을 어떻게 하고 있는지, 어떤 성과를 내고 있는지 투명하게 알고 서로 피드백과 지원을 주고 있다.[24] 이제 기업의 업무는 직원이 리더의 지시를 받아 정해진 업무절차에 따라 수행하는 고정적인 것이 아니라 상사와 동료의 피드백에 따라 얼마든지 달라질 수 있는 유연하고 불확실한 과정이 되고 있다.

---

23 Linda Hill, "How to manage for collective creativity," TED, September 2014, https://www.ted.com/talks/linda_hill_how_to_manage_for_collective_creativity.

24 Bock, *Work rules!*

그림 13-4 I-리더십에서 We-리더십으로

　이러한 리더십의 위기에 대응하기 위해 학계를 중심으로 리더십에 관한 새로운 관점이 나타나고 있다. 여기에는 여러 가지 흐름이 섞여 있지만 공통적인 것은 1인 리더의 불완전성에 관한 지적이다. 예를 들어, MIT의 데보라 앤코나 교수는 '불완전한 리더십'을 말한다.[25] 아무리 똑똑한 리더라도 모든 문제를 알고 정확한 의사결정을 내릴 수 없다는 것을 인정해야 한다는 것이다. 이것은 과거의 신비화된 카리스마적 리더십의 정반대 경향이라고 할 수 있다. 불완전한 리더십은 리더가 부하들을 업무역량과 경험으로 압도하기 어렵기 때문에 이해와 관계 구축을 강조한다. 그래서 '부하들과 논쟁에서 이기려 하지 말라', '부하들과 진정한 관계를 구축하라', '권위적 업무 지시보다는 스토리와 은유를 사용하라'고 말하고 있다. 스티븐 마일스Stephen A. Miles와 마이클 와킨스Michael D. Watkins도 비슷한 맥락에서 리더십 팀의 개념을 실천하는 '리더십 3.0'을 제안한다. 그 내용 역시 리더 개인의 역량이 아니라 부하들과의 관계를 중시하는 보완적 리더십이다.[26]

25　D. Ancona, T. W. Malone, W. J. Orlikowski, and P. M. Senge, "In praise of the incomplete leader," *Harvard Business Review*, 85(2), 2007, pp. 92~100.

26　S. A. Miles and M. D. Watkins, "The leadership team," *Harvard Business Review*, 85(4), 2007, pp. 90~98.

사실 이러한 흐름은 공유 리더십, 분산적 리더십, 집단적 리더십, 네트워크 리더십, 관계적 리더십 등 매우 다양한 개념을 포함하고 있다. 이렇게 많은 리더십 개념들이 공통적으로 전제하고 있는 것은 한마디로 불완전한 리더 한 사람에게 의존하는 'I-리더십'을 구성원 전체가 리더가 되는 'We-리더십'으로 전환하자는 것이다. 즉, 현대 경영환경에 적합한 새로운 리더십은 전통적인 1인 리더십이 아니라 복수의 구성원이 리더십 기능과 역할을 나눠 가져야 한다는 것이다.

3. We-리더십이란 무엇인가

칠레 구리광산의 기적

2010년 8월 5일, 칠레 북부 산호세San José에 위치한 구리광산에서 사고가 발생해 작업 중이던 광부들이 지하 700m에 매몰되었다. 실낱같은 희망으로 지하 갱도를 탐지하던 중 사고 17일 만에 광부 전원이 생존해 있다는 것을 알게 되었고, 이후 칠레 정부와 구조대의 필사적인 노력으로 무려 69일이 지난 10월 13일 매몰된 광부 33명이 전원 무사히 구조되었다.

기적 같은 구조가 성공한 후, 사람들은 작업반장 루이스 우르수아Luis Urzúa의 뛰어난 리더십을 칭송했다. 실제로 매몰 초기에 작업반장 우르수아는 생존에 필요한 리더십을 효과적으로 발휘했다. 생사가 불투명했던 17일 동안 매일 일정표를 짜고, 48시간마다 쿠키 반쪽, 참치 통조림 두 숟가락, 우유 반 컵 등 식량을 배급했다. 또 극한적 상황에 처한 광부들이 서로 다투고 주먹다짐까지 했지만 이들을 하나로 묶고 의견을 통합했다.

그러나 칠레 광산의 기적은 사실 우르수아 한 사람의 능력이 아니라 각자 다른 역량을 가진 광부들이 주도적으로 리더십을 발휘하고, 이를 통합했기에 가능한 것이었다. 간호사 교육을 받았던 광부는 건강관리를 담당하고, 엘비스 프레슬리Elvis Presley 흉내를 잘 내는 광부는 오락을 담당하고, 기록 담당 광부는 매일 광부들의 상태와 일상을 기록하는 등 각자 정해진 임무를 수행했다. 점심 식사 후에는 전체 회의를 통해 각자가 가진 정보를 교환했다. 또한 최고령자였던 마리오 고메스Mario Gómez는 죽을 고비를 몇 번이나 넘겼던 자신의 생존 경험을 들려주고, 동료들과 함께 기도하면서 반드시 구조될 수 있다는 확신을 불어넣었다. 이 때문에 매몰 광부들은 편지를 쓰거나 게임을 하면서 시간을 보내고, 지하 폭포에서 샤워도 하는 등 즐거운 분위기에서 유머를 잃지 않을 수 있었다.

실제로 리더 역할을 했던 작업반장 우르수아는 맨 마지막에 구조되면서 동료들이 남다른 자질과 품성을 가진 멋진 사람들이라고 말했다. 구조 당시 세바스티안 피녜라Sebastián Piñera 칠레 대통령은 그를 캡틴(대장)이라고 불렀지만 사실은 33인의 캡틴이 있었기에 기적이 가능했던 것이다. 작업반장 우르수아, 항상 활기차고 상황 대처 능력이 뛰어났던 부작업반장 플로렌시오 아발로스Florencio Avalos, 구조 임무를 이끈 구조대장 마누엘 곤잘레스Manuel Gonzalez 등 관련 인물 모두가 효과적인 리더십을 발휘한 사례이다.

우리는 어떤 팀이나 조직의 뛰어난 성과를 보면 항상 리더 한 사람에 주목하고, 그 사람의 특별한 리더십을 칭송한다. 하지만 칠레 구리광산의 기적을 만든 것은 공식적 리더 한 사람이 아니라 집단 전체가 리더가 되어 어려운 일을 이루어낸 것이다. 700m 지하에 갇혀서 생사를 알 수 없고 언제 2차 붕괴가 있을지 모르는 절체절명의 상황에서 리더 한 사람에게 의지했다면 결과는 전혀 달랐을 수도 있다.

We-리더십의 개념

We-리더십은 학술적으로는 공유 리더십shared leadership 또는 분산적 리더십

distributed leadership을 의미한다. 원
래는 ≪산업과 조직심리학Industrial
and Organizational Psychology≫이라
는 학술 저널에서 '집단 리더십'에
관한 특집호를 출판하면서 키워
드로 썼던 용어인데, 학술적인 용
어는 아니지만 최근 리더십의 전
환 추세를 잘 나타내고 있다고 생
각된다.

We-리더십은 한마디로 리더십
의 주요 기능이 구성원들에게 공유

그림 13-5 We-리더십 이론들

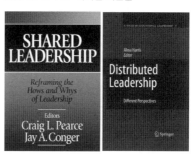

자료: Craig L. Pearce and Jay A. Conger,
*Shared leadership: Reframing the
hows and whys of leadership* (SAGE
Publications, Inc, 2002); Alma Harris
(Ed.), *Distributed leadership: Differ-
ent perspectives* (Springer, 2009).

되는 것을 말한다. 사실 리더십은 영향력이기 때문에 꼭 공식 리더 한 사람
만 발휘해야 하는 것은 아니고, 어떤 구성원이라도 행사할 수 있다. 리더십이
수행하는 기능은 보통 DAC로 표현되는데, 이는 목표와 방향 설정direction,
활동의 조정과 정렬alignment, 그리고 집단 목표에 대한 몰입commitment을 확
보하는 것이다. 그런데 이러한 기능을 반드시 정해진 리더 한 사람이 담당할
필요는 없다. 리더 한 사람이 하든 여러 구성원이 수행하든 제대로만 실행된
다면 해당 부서나 팀은 효과적으로 목표를 달성할 수 있다. 예를 들어, 스포
츠 팀의 작전을 지시하는 공식 리더는 감독이지만 경기장 안에서 팀원들의
사기를 북돋고, 소통을 원활하게 하는 기능은 선수 중 누구라도 할 수 있는
것이다. 결국 We-리더십은 공식 리더를 포함한 다수의 구성원이 목표수립,
업무조정, 피드백 제공, 몰입 확보, 팀워크 구축과 같은 여러 역할을 함께 수
행하면서 상호작용하는 현상이라고 볼 수 있다.[27]

---

27   J. L. Denise, A. Langley, and V. Sergi, "Leadership in the plural," *Academy of Management*

여기서 오해하지 말아야 할 것은, 공식 리더가 자신이 해야 할 역할 중 일부를 구성원들에게 나눠주는 것이 아니라 구성원들이 자발적으로 리더십을 발휘하고, 다른 구성원들이 그것을 받아들인다는 점이다. 즉, We-리더십의 핵심은 공식 리더 한 사람이 일방향으로 영향력을 행사하는 것이 아니라 리더를 포함한 구성원 모두가 상호 영향력을 행사하고 그것을 받아들이는 것이다. 그러므로 We-리더십이 실행된다고 해서 공식 리더, 지정된 리더가 없어져야 하는 것은 아니다. 오히려 공식 리더의 역할이 더 중요해질 수도 있다.

적절한 리더십의 공유 정도는 아래 그림과 같이, 각 팀이나 조직이 처한 상황에 따라 다를 수 있다. 공유 정도가 매우 낮다면 수직적 1인 리더십과 크게 다를 바가 없겠지만 공유 정도가 매우 높아서 모두가 모두에게 각각 다른 리더십 기능을 행사하는 단계는 고도로 복잡하고 불확실한 상황이 아니라면 반드시 바람직하지 않을 수도 있다. 일반적인 팀의 경우, 팀 미션을 달성하는 데 필수적인 리더십 기능이 몇 사람을 중심으로 발휘되는 것이 효과적일 것이다.

다음으로, We-리더십은 분산된 리더십이다. 리더십의 주요 기능과 역할이 구성원들에게 분산되어 있는 상태를 말한다. 이를 위해서는 구성원들이 특정 리더십 기능을 행사하기 위한 지식과 역량을 보유해야 한다. 그리고 각자가 보유한 리더십 역량과 지식이 서로 달라야 하고, 누가 어떤 역량을 보유하고 있는지 알아야 한다.[28] 그렇지 않다면 리더십 행사의 주도권을 둘러싸고 다툼과 충돌이 발생할 수 있다. 또한, We-리더십은 네트워크에 기반한 리더십이다. 그 성패는 결국 리더와 구성원, 그리고 구성원 상호 간에 정보

Annals, 6(1), 2012, pp. 211~283.

28 J. B. Carson, P. E. Tesluk, and J. A. Marrone, "Shared leadership in teams: An investigation of antecedent conditions and performance," *Academy of Management Journal*, 50(5), 2007, pp. 1217~1234.

그림 13-6 리더십의 공유 정도

최저 수준의 공유 리더십
(점수 = 2.40)

중간 수준의 공유 리더십
(점수 = 3.15)

최고 수준의 공유 리더십
(점수 = 3.90)

자료: Carson, Tesluk, and Marrone, "Shared leadership in teams," p. 1226.

와 전문지식이 효과적으로 교환될 수 있는가, 공식 리더가 그러한 조건을 만들어낼 수 있는가에 달려 있다. 이를 위해서는 리더십 역량과 기능을 보유한 구성원들이 업무관계 이외의 비공식적 네트워크를 통해 효과적으로 연결되어 있어야 한다.[29] 사람들은 자신이 알고 있고 신뢰할 수 있는 상대가 아니면 지식과 정보를 나누려고 하지 않는다. 특정한 리더십 역할을 발휘하고 영향력을 행사하는 것은 말할 것도 없다. 특히, 여러 팀이 전사적 공동 프로젝트를 수행해야 하는 경우 팀 경계를 뛰어넘는 이러한 네트워크 기반은 결정적인 역할을 할 수 있다.

우리는 구글과 같은 혁신기업이 양질의 식사와 스낵을 무료로 제공하는 것을 최고 수준의 직원 존중과 창의성 촉진을 위한 것이라고 생각한다. 하지만 이것이 소속이 다른 구성원들을 자연스럽게 연결하는 기능도 하고 있음을 주목해야 한다. 예를 들어, 구글에서 간단한 간식을 먹을 수 있는 마이크로 키친은 항상 서로 다른 팀의 경계 지역에 두고 있다.[30] 여기서 소속이 다른 구성원들이 간단한 요기를 하고 자연스럽게 어울리면서 조직의 실핏줄이

29 D. R. Carter and L. A. Dechurch, "Networks: The way forward for collectivistic leadership research," *Industrial and Organizational Psychology*, 5, 2012, pp. 412~415.

30 Bock, *Work rules!*

되는 네트워크를 만드는 것이다. 이러한 네트워크는 장차 전사 규모의 큰 프로젝트가 생길 때, We-리더십을 촉진하는 중요한 기반이 될 것이다. 이런 점에서 We-리더십은 '연결을 만드는 것'이라고 생각할 수도 있다.

아울러, We-리더십은 관계적 리더십이다. 현대 조직에서 효과적인 리더십은 시간이 많이 소요되고 관계 중심적이 될 수밖에 없다. 역설적으로 들리지만 상호의존성과 불확실성이 높은 업무환경에서는 팀에 막연한 자율성을 주는 것보다는 조정과 리더십 기능이 강화되어야만 목표의 공유와 상호 영향력의 행사가 가능해진다. We-리더십은 한편으로 리더가 구성원들과 목표와 지식을 공유하고, 다른 한편으로는 구성원들 상호 간에도 목표와 지식을 공유하도록 촉진하는 것이다.[31] 이와 함께 팀 간 지식 및 정보 교류도 필수적이다. 1인 리더십 환경에서는 직원들이 수직적 보고라인만 신경 쓰기 때문에 팀 간 지식과 목표 공유가 안 된다. 반면에 We-리더십을 발휘하기 위한 조정이 원활하게 이루어지기 위해서는 조직 전체가 일종의 자기통제를 실행해야만 한다. 즉, 리더십 기능이 몇 개 팀의 몇 개 자리에 집중되면 안 되고, 조직 전체에 분산되어야 한다.

We-리더십의 핵심은 각 구성원이 갖고 있는 전문성과 독특한 관점을 적시에 활용하고 통합하는 데 있다. 예를 들어, 특정 업무에 경험이 많은 구성원은 다른 구성원에게 업무조언을 하거나 기술을 가르치고 역할모델이 될 수도 있다. 각 구성원이 각자 서로 다른 리더 역할을 하는 데 그치지 않고, 책임을 공유하고 공동 의사결정 수준의 통합을 이루는 과정을 통해 1인 리더십과는 다른 새로운 질서가 발현되는 것이다.

철새 떼의 무리 비행을 생각해보자. 아무리 큰 새 무리도 관찰해 보면 분

---

31 J. H. Gittell, *Transforming relationships for higher performance: The power of relational coordination* (Stanford: Stanford University Press, 2016).

명 리더 역할을 하는 새가 있다. 하지만 날씨와 풍향 등 상황 변화에 따라 각각의 새가 자유롭게 무리의 비행을 이끌어가고 있다. 이렇게 변화무쌍한 새들의 비행을 우리는 군무群舞라고 표현한다. 하지만 그 내용을 자세히 들여다보면 결코 무질서한 비행이 아니다.

그림 13-7 철새 떼의 무리 비행

컴퓨터 과학자 크레이그 레이놀즈Craig Reynolds는 '보이즈Boids'라는 시뮬레이션 모델로 새 무리의 비행을 분석했다. 결론은 모든 새들이 '다른 새들과 같은 방향과 같은 속도를 유지한다', '지나친 몰림과 충돌을 피한다'는 규칙을 알고 지키고 있기 때문에 상황에 따라 어떤 새가 비행을 이끌더라도 결국 수천 km의 비행을 정확하게 완수한다는 것이다.[32] 전체 여정을 한 마리의 리더가 주도하지 않고, 각자가 자율성을 갖고 무리를 이끄는 권한을 공유함으로써 겉으로는 무질서해 보이지만 어려운 과업을 이룰 수 있는 것이다.

We-리더십의 유형

We-리더십은 꼭 해야 하는 어떤 것이 아니라 필요에 따라 나타날 수 있는 팀의 속성이라고 할 수 있다. 만약 수행해야 할 업무가 완전히 독립적이거나 불확실성이 거의 없다면 We-리더십은 불필요할 것이다. 〈그림 13-8〉과 같이, We-리더십은 상황에 따라 다양한 유형이 나타날 수 있다.

먼저 A는 구성원들이 각자 다른 리더십 기능과 역할을 행사하며 영향력을

---

[32] 정명호, 「복잡성 이론과 조직연구: 생물학적 관점의 재조명」, 신동엽 외, 『21세기 매니지먼트 이론의 뉴패러다임』(서울: 위즈덤하우스, 2008), 942~989쪽.

그림 13-8 We-리더십의 다양한 유형

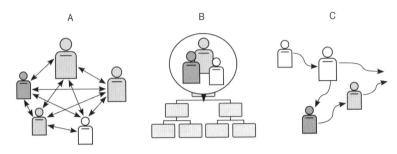

자료: Denise, Langley, and Sergi, "Leadership in the plural," p. 215.

주고받는 일반적인 공유 리더십의 개념을 보여준다. 상품개발팀, 위기관리 팀처럼 업무의 상호의존성이 높은 경우 가장 큰 효과를 발휘할 수 있을 것이다. 올림픽과 같은 대규모 국제행사의 운영을 담당하는 팀을 생각해보자. 이 팀에 공식적인 리더는 있겠지만 각 나라별로 다른 언어나 문화 때문에 각 지역에 관련되는 문제는 해당 지역에 전문성을 가진 구성원이 사실상의 리더 역할을 하게 될 것이다. 자율관리 팀도 마찬가지다. 성공적으로 운영되는 자율관리 팀은 업무목표 설정, 활동 및 일정계획, 팀원 선발, 예산 수립과 집행, 팀 성과평가를 자율적으로 수행하며, 팀 리더 선정까지 자율적으로 결정하는 경우도 있다. 이미 리더십이 공유되어 있는 상태라고 볼 수 있다. 그러나 중요한 것은 We-리더십이 자율관리 팀 같은 특수한 경우에만 필요한 것이 아니고, 경영환경 변화에 따라 일반 조직의 팀에서도 요구된다는 것이다.

다음으로 B는 이미 최고경영자팀에서 실천되고 있는 We-리더십이다. CEO를 중심으로 운영 경영자COO, 재무 경영자CFO, 마케팅 경영자CMO, 인사 경영자CHRO 등 C-레벨 경영자들이 모여 전사적·전략적 문제를 논의하고 결정하는 최고경영자팀 역시 리더십의 기능과 역할이 분산되어 있다고 할 수 있다. 대규모 M&A 프로젝트나 전혀 다른 분야가 만나는 협업 프로젝트를 진행할 때도 각 조직의 리더가 전문성을 합치고 필요에 따라 역할을 전문화하는 '통합 리더십pooling leadership' 형태가 나타날 수 있다.

마지막으로 C 유형은 업무나 프로젝트의 진행단계에 따라 리더십 기능이 순차적으로 전달되는 형태이다. 최근 각광받고 있는 '애자일agile 모델'이 유래된 소프트웨어 개발 기업의 전사적 개발 프로젝트를 생각해보자. 이 경우에 각 파트를 담당하는 전문가가 개발단계에 따라 전체 팀의 리더 역할을 맡게 될 것이다. 기업에서 쓰는 정보시스템을 업그레이드하거나 교체하는 프로젝트도 단계마다 실질적인 리더가 달라질 것이다. 이런 경우, 전체 프로젝트의 공식 리더는 주로 코치 역할을 하고, 실제 업무를 이끄는 것은 직급에 상관없이 해당 분야에 경험이 많은 일반 팀원이 담당할 수 있다. 물론 실제 현장에서는 위의 몇 가지 유형이 섞여서 진행되는 경우도 많을 것이다. 의료원의 원스톱 진료센터나 여러 팀이 함께 일해야 하는 멀티 팀multi-team 프로젝트의 경우, 특정 이슈마다 리더십이 순환되거나 여러 하위 팀이 동시에 리더십을 행사하기도 하고, 그 결과에 대한 책임도 각 부분을 담당하는 리더들에게 분산되는 경우도 있을 것이다.[33]

We-리더십이 실행되면 공식 리더의 역할이 불필요하게 되어 관리자 숫자가 줄어들 것이라고 생각할 수 있다. 그러나 그렇지 않다. 관리자 수가 줄어들어 인당 통제범위가 넓어지면 리더는 직원들에 대한 코칭, 피드백, 지원과 같은 중요한 기능보다는 성과를 평가해 저성과자를 걸러내고, 성과목표를 완수하는 일에 집중할 수밖에 없다. 상호의존성이 높은 업무환경에서는 오히려 조정과 관리기능이 강화되는 경우에 더 좋은 성과를 거두었다. 예를 들어, 아메리칸 항공 중간관리자의 평균 통제범위는 33.8명이지만 고성과로

---

33   F. J. Yammarino, E. Salas, A. Servan, K. Shirreffs, and M. L. Shuffler, "Collectivistic leadership approaches: Putting the "We" in leadership science and practice," *Industrial and Organizational Psychology*, 5, 2012, pp. 382~402.

유명한 사우스웨스트 항공은 8.7명으로 훨씬 적었다.[34] 사우스웨스트 항공의 중간관리자들은 그 숫자가 네 배 정도 많지만 업무가 바쁜 시간에는 구성원들과 현장 업무를 직접 함께 하면서 문제해결을 위해 노력한다. We-리더십은 이렇게 1인 리더가 가진 권위와 특권을 내려놓고, 공식 리더와 구성원이 함께 코칭과 피드백을 행사하는 리더십이기 때문에 소규모 팀에서 더 효과적일 수 있다.

결론적으로 We-리더십은 리더십의 새로운 기법이 아니라 새로운 연결을 만드는 것이다. 리더가 자신의 동료나 구성원들과 어떻게 연결할 것인가, 그리고 다시 연결된 구성원들이 서로 어떻게 영향을 미칠 것인가를 관리하는 과정이다. 즉, We-리더십은 새로운 리더십 역량이나 품성을 만드는 것이 아니라 관계를 만들고 촉진하고 강화하는 것이다.

4. We-리더십의 실행 조건과 핵심요인

위기와 리더십

We-리더십이 가장 필요한 상황은 언제일까? 아마도 평상시와는 다른 상황일 것이다. 환경이 극도로 불확실하고, 해야 할 목표는 분명하고, 결과에 대한 책임은 모두가 공유해야 하는 상황이다. 가령, 생사가 달려 있는 절체절명의 위기 상황을 생각해보자. 1972년 우루과이 럭비팀 선수들이 탄 비행기가 안데스Andes산맥에 추락해 열여섯 명이 고립된 사고, 2010년 칠레 산호세의 구리광산이 붕괴되어 서른세 명의 광부가 지하 700m에 매몰된 사고와 같은 상황이다. 구조 여부를 전혀 알 수 없고, 생존이라는 목표는 분명하고,

---

34　Gittell, *Transforming relationships for higher performance.*

잘못되었을 때는 모두가 목숨을 걸어야 그런 상황이다. 당연한 말이지만 이런 위기 상황에서는 구성원 모두가 각자의 지식과 역량을 총동원해서 위기를 헤쳐 나갈 수 있는 방안을 찾아야 할 것입니다.

하지만 이것은 말처럼 쉬운 일이 아니다. 위협-경직성 이론이 말해주듯이, 사람들은 위기나 위협에 직면하면 새로운 해결책을 찾아내기보다는 과거에 습관화된 행동을 반복하게 된다. 가장 창의성이 필요한 때에 역설적으로 가장 경직된 사고와 행동을 한다는 것이다. 이것은 개인, 집단, 조직에 상관없이 나타나는 일관된 경향성이다.[35] 또 위기 상황에서 사람들은 책임을 회피하기 위해 누구나 뻔히 아는 상식적인 대안을 선택하게 된다. 결국 이런 상황에서 구성원들은 지식과 경험이 많고 과거에 성과가 좋았던 리더에게 더욱 의존하게 될 것이다. 그러나 전례가 없는 위기 상황에서 리더 한 사람의 잘못된 결정은 돌이킬 수 없는 파국적 결과를 초래할 수 있다.

하버드 경영대 학장을 지낸 니틴 노리아 교수는 최근 코로나 팬데믹 같은 사상 초유의 위기 상황에서는 〈표 13-1〉과 같이, B 유형의 조직이 훨씬 더 생존확률이 높다고 말한다.[36] 위기 시에는 복잡한 컨틴전시 플랜과 위기 대응 매뉴얼을 미리 짜놓고 그대로 실행하는 것보다는 상황 변화를 빨리 감지하고, 그때그때 대응할 수 있는 몇 가지 단순한 원칙 중심으로 움직이는 것이 훨씬 효과적이라는 것이다. 특히 집중화된 1인 리더십보다는 분산적 리더십, 공유 리더십이 위기 대응에 적합함을 강조하고 있다.

위기 상황에서 한 사람의 리더에게 의사결정권이 집중되는 1인 리더십은 위험하다. 특히, 외부환경이 위험하다고 강조하면서 모든 의사결정을 리더가 독점하는 명령과 통제형command-and-control 리더십은 최악의 조합이다.

---

35 Staw, Sandelands, and Dutton, "Threat rigidity effects in organizational behavior."
36 Nohria, "What organizations need to survive a pandemic."

표 13-1 위기 상황과 조직 유형

A 유형 조직	B 유형 조직
위계적 조직	네트워크형 조직
집중화된 리더십	**분산적 리더십**
부문 간 강한 상호의존성	부문 간 느슨한 연결
집중화된 인력	분산된 인력
부문별 전문가 중심	부문 간 교차역량 보유 인재
제도/절차 기반 경영	소수의 단순하고 유연한 규칙 기반 경영

자료: Nohria, "What organizations need to survive a pandemic," p.130.

구성원들은 위협과 공포에 떨면서도 아무것도 할 수 없다는 사실에 더 큰 무력감을 느끼게 된다. 리더는 역량과 업적이 다른 사람보다 우수해서 현재의 위치에 오른 사람이다. 그래서 대부분의 리더들은 과도하게 낙관적이고 자신감이 넘치는 경향이 있다. 실제로 오랜 전쟁경험이 있는 베테랑 지휘관은 전쟁의 전개 양상을 예상할 수 있고, 어떻게 해야 하는지 정확한 지시를 내릴 수 있을 것이다. 그런데 만약 영화에 나오는 것처럼 외계인이 지구를 침공한 상황이라면 어떻게 될까? 처음 맞는 위기 상황에서는 아무리 똑똑한 리더라도 모든 문제를 알 수 없고, 정확한 의사결정을 내릴 수 없음을 스스로 인정해야 한다. 리더십의 공유는 리더가 어떻게 해야 할지 모른다는 것을 인식하고, 이를 구성원에게 솔직하게 알리는 것에서 시작된다.

2000년대 초 제록스가 약 2조 원의 적자를 기록하며 창사 이래 최대 위기를 맞았을 때, 앤 멀케이Ann Mulcahy가 새로운 CEO로 선임되었다. 회사가 심각한 재무위기에 처했는데 복사기 영업사원으로 입사해 영업과 인사 담당 임원 경력밖에 없는 멀케이가 CEO를 맡게 되자 시장의 반응은 싸늘했다. CEO 선임을 발표하는 날, 주가는 또 20% 폭락했다. 재무 전문성이 부족한 멀케이가 위기를 극복할 수 있을까 의심한 것이다. 실제로 멀케이는 취임 후 자신이 모르는 부분을 솔직하게 인정하고 도움을 요청했던 것으로 유명하다. 전 세계 지사를 90일 동안 순회하며 회사가 나아갈 방향에 대해 직원들의 의견을 경청했다. 그래서 '모릅니다의 달인Master of IDK'이라는 별명까지 얻었다. 이렇게 많은 의견을 들은 뒤 내놓은 비전이 앞으로 제록스는 '사무용 기기 회사가 아니라 비즈니스 솔루션 공급자가 되겠다'는 것이었다. 캐논, 리코Ricoh와 같은 저원가 업체와 원가 경쟁으로는 미래가 없기 때문에 월드 클래스의 고부가가치 제품에만 집중하고, 그러기 위해서는 월드 클래스 직원을 뽑아야 한다고 역설했다. 이것 역시 IBM의 비전과 유사했기 때문에 사람들은 냉소적이었지만 멀케이는 결국 예상보다 훨씬 빨리 제록스를 회생시켰다. 불확실성과 안개 속에서 길을 찾아가는 혁신기업이나 위기 상황에서 리더는 구성원과 함께 방향을 찾아가고, 그것을 진솔하게 공유하는 것이 최선의 방법이다.

위기 상황에서도 분명 리더십은 필요하다. 그러나 흔히 말하는 비전 중심 리더십 같은 것이 아니라 다른 종류의 리더십이다. 위기 탈출을 위해서는 구성원 전체가 주도성을 갖고, 자신이 아는 정보와 지식을 사용하거나 역량을 발휘하는 것을 서슴지 말아야 하며, 그것을 다른 구성원이나 리더가 경청하고 흔쾌히 받아들여야 한다. 물론 구성원이 리더십 기능을 공유한다고 해서 금방 문제가 해결되지는 않을 것이다. 여러 번 실패할 수 있으며, 많은 실패 끝에 해결책을 찾게 될 것이다. 칠레 광부들도 많은 시행착오가 있었지만 각자 다른 역량을 가진 광부들이 주도적으로 리더십을 발휘함으로써 무려 69일 후 기적처럼 구조될 수 있었다.

위기 탈출과 기업 혁신의 본질은 탐사exploration에 있다. 탐사의 대상이 무엇인지는 중요하지 않다. 생존자들이 활로를 탐사하는 것과 기업이 혁신적 제품과 기술을 탐사하는 과정은 본질적으로 같다. 탐사는 어쩔 수 없이 불확실성을 동반한다. 픽사의 애니메이션 영화에서 소년이 새에게 초콜릿을 주는 몇 초 분량의 장면을 만드는 데 6개월이라는 시간이 필요하다고 한다. 별

것 아닌 것으로 보이지만 애니메이션 제작은 정돈된 과정이 아니라 매우 혼란스럽고, 순서가 정해져 있지도 않은 다양한 실험이며, 수많은 실패를 거듭한다고 한다. 실패에도 불구하고 탐사를 계속하도록 하는 것, 실패의 결과에서 무엇을 배울 것인지를 관리하는 것이 리더가 할 일이다.[37]

특히 위기 상황에서 탐사와 혁신은 모든 구성원과 함께할 때만이 가능할 것이다. 우루과이 럭비 선수들의 안데스 추락 사고에서도 처음에는 무척 다툼이 많았지만 생존자들이 각자 생각대로 역할을 맡고, 몇 명이 끊임없이 탐사를 계속함으로써 결국 활로를 찾았다. 위기 상황에서 리더십은 근본적으로 리더가 구성원을 어떤 존재로 생각하는가의 문제와 맞닿아 있다. 혁신기업의 리더들은 막연한 비전을 만드는 데 헛된 시간을 쓰지 않고 사람들이 속하고 싶은 공동체, 열심히 일하고 교류할 수 있는 공동의 광장을 만드는 데 주력한다.

공식 리더의 역할

앞서 살펴봤듯이, We-리더십이 실행되면 공식 리더가 필요 없다는 것은 전혀 근거 없는 오해이다. 오히려 공식 리더는 다음 두 가지 중요한 역할을 성공적으로 완수해야 한다.

첫째, 조직목표에 대한 몰입을 확보하는 것이다. We-리더십을 위해서는 당연히 구성원들이 개인 중심적 사고를 버리고 집단적 정체성을 가져야 한다. 그러나 이것은 말처럼 쉬운 것이 아니다. We-리더십은 주로 여러 팀의 공동 프로젝트, 새로운 파트너와의 협업, 전문 진료과목이 다른 의료진의 협진과 같은 낯선 상황에서 시도되기 때문에 공식 리더가 구성원 전체를 장악하기가 어렵고, 최종 목표에 대한 명확한 비전을 제시하는 것도 쉽지 않다. 실제 대부분의 We-리더십 상황은 업무일정이 빠듯하고, 추상적인 목표만

---

37   Hill, "How to manage for collective creativity."

갖는 경우가 많기 때문에 공식 리더를 맡으면 즉시 업무와 역할을 나누고 업무수행에 돌입하려 한다. 그러나 복수의 구성원이 각자 리더 역할을 하고, 책임을 공유하고, 공동 의사결정 수준의 통합을 이루려면 충분한 정보 교환과 의사소통이 필수적이다. 이것은 의사소통 기술의 문제가 아니라 구성원 모두가 가치를 인정하고 받아들일 수 있는 진짜 목적에 대한 공감과 몰입이 필요하다는 의미이다.[38] 특히 누가 어떤 지식, 기술, 역량을 갖고 있는지에 관한 정보가 구성원들에게 적시에 정확하게 공유되어야 한다. 이를 위해서는 사전에 투명성과 정보공유에 관련된 가치가 조직 전체에 걸쳐 확산되어야 한다. 아울러 공식 리더는 구성원 모두가 받아들일 수 있는 강력한 실행목표를 제시해야 한다. 이 실행목표가 We-리더십을 촉진하기 위해서는 구성원 모두의 이해관계가 걸려 있어야 하고, 단순하고 구체적이어야 하며, 구성원의 열정을 불러일으킬 수 있어야 한다.

1961년 유리 가가린Yury Gagarin이 최초의 유인 우주비행에 성공함으로써 구소련은 우주 경쟁에서 미국을 앞섰다는 것을 입증했다. 충격적인 뉴스를 접한 미국은 어떻게 하면 우주개발 경쟁에서 주도권을 회복할 수 있을지 고심했다. 그러나 '우주개발 경쟁에서 우위에 선다'는 것은 매우 추상적이고 모호한 목표였기 때문에 그 실행방법을 둘러싸고 각계의 논란과 다툼이 벌어졌다. 이때 케네디 대통령은 "1960년대가 가기 전에 인간을 달에 착륙시키고, 다시 지구로 무사히 데려오겠다"는 실행목표를 발표했다. 사실 유인 우주선을 달에 착륙시키는 것은 당시 우주탐사 경쟁에서 여러 가지 기술적인 가능성 중의 하나였을 뿐이고, 최소한 40만 명이 협력해야 하는 매우 어려운 목표였다. 그러나 케네디는 '인간을 달에 보내고 다시 데려온다'라는, 어린 아이도 분명하게 이해할 수 있는 단순한 실행목표를 제시함으로써 강력한

---

38 Katzenbach and Smith, *The wisdom of teams*.

그림 13-9 텍사스 라이스 대학교에서 연설하는 케네디 대통령

자료: NASA on The Commons.

몰입을 유도했다. 이렇게 구체적인 실행목표가 결정되자 모든 후속 의사결정이 그것을 어떻게 실현할 것인가에 맞춰짐으로써 마침내 최초의 달 착륙과 귀환이라는 어려운 목표를 완수할 수 있었다.[39] 결과적으로, 케네디가 제시했던 목표는 논란의 여지가 없이 단순하고 매우 구체적이었고, 인간을 달에 보낸다는 가슴 뛰는 목표로 구성원의 열정과 몰입을 불러일으켰다. We-리더십 역시 이러한 목표 몰입을 확보함으로써 각 구성원이 성공을 재정의하도록 만들어야 한다.

둘째, We-리더십은 1인 리더로부터 다수의 구성원으로 권력이 이동하는 것이기 때문에 구성원들이 리더십 행사에 필요한 전문성과 역량을 갖고 있더라도 공식 리더가 충분한 수준의 임파워먼트를 보장하지 않는다면 실행되기 어렵다. 하나의 예로, 여러 언론에 보도되었던 다음 두 사진(〈그림 13-10〉)을 살펴보자. 왼쪽 사진은 2019년 10월, IS 지도자 아부 바크르 알 바그다디Abu Nakr al-Baghdadi 공격 작전을 지켜보는 백악관 상황실의 모습이다. 오른쪽은 2011년 5월, 9·11 테러의 배후로 지목되었던 오사마 빈 라덴Osama bin Laden의 사살 장면을 지켜보는 사진인데, 역시 같은 미국 백악관 상황실이다. 누구나 한눈에 차이를 느낄 수 있을 것이다. 도널드 트럼프Donald J. Trump 대통령은 미 합참의장 마크 밀리Mark A. Milley 장군을 옆에 거느리고 탁자 중앙에서 상황을 주시하고 있는 반면, 오바마 대통령은 상황실 한 구석에서 평

---

39   Hansen, *Collaboration*.

그림 13-10 백악관 상황실의 리더십

자료: 연합뉴스; Wikimedia Commons.

상복 차림으로 사살 장면을 지켜보고 있다. 테이블 중앙에는 당시 미군 특수
작전사령부 브래드 웹Brad Webb 준장이 앉아서 상황을 통제하고 있고, 조지
프 바이든Joseph R. Biden 당시 부통령이나 힐러리 클린턴Hillary R. Clinton 국무
장관도 옆에서 지켜볼 뿐이다. 물론 최종 의사결정은 대통령이 내릴 수 있겠
지만 긴박한 작전 상황에서 즉시 지시를 내리고 필요한 리더십을 발휘할 지
휘관이 가장 중요한 자리에 앉아야 한다는 것, 그리고 다른 사람들은 그의 리
더십 발휘를 인정하고 따르는 것이 We-리더십의 기본 전제이다. 이것을 가
능하게 하기 위해서는 공식 리더의 과감한 임파워먼트가 반드시 필요하다.
당시 상황을 정확하게 알 수는 없지만 트럼프 대통령의 상황실은 우리에게
익숙한 1인 리더십, 수직적 리더십을 상징하고, 오바마 대통령의 상황실은
We-리더십의 개념을 상징한다고 볼 수 있다.

물론 높은 수준의 임파워먼트가 이루어지기 위한 필수적인 선행조건은
'전문가주의professionalism'의 확립이다. We-리더십을 실행하기 위해서는 구
성원들이 중요한 정보와 전문성을 갖고 있어야 한다. 그렇지 않은 상태에서
구성원에게 리더십을 발휘하라고 요구하는 것은 혼란과 충돌을 야기하고,
비효율과 저성과를 낳을 뿐이다. 따라서 전문가를 양성할 수 있는 인사시스
템과 제도가 선행되거나 병행되어야 한다.

또한 We-리더십은 공식 리더는 물론 조직 전체 수준에서 지식과 정보가 자유롭게 교환될 수 있는 조건을 얼마나 잘 만들어낼 수 있는가에 달려 있다. 이것은 결국 조직 민주주의의 확립을 의미한다. 최근 대부분의 기업이 팀 중심의 수평적 조직구조를 채택하면서 조직 민주주의의 중요성이 새삼 부각되고 있다. 국내에도 구글의 TGIF, 카카오의 T500과 같은 구성원과의 직접 소통채널이 많이 소개되었는데, 그 핵심은 정보의 투명한 공개, 그리고 구성원의 직접 참여기회의 확대라고 볼 수 있다. 일상적으로 조직의 중요한 의사결정에 참여하는 경험이 We-리더십의 소중한 자산이 될 것이다.

We-리더십 실행의 핵심요인

We-리더십은 구성원들의 자발적인 영향력의 행사가 전제가 되기 때문에 리더십 기능들이 과연 어느 정도까지 공유될 수 있는지, 그 실행을 촉진하는 요인들은 무엇인지 파악하는 것이 중요하다. 지금까지 We-리더십의 선행요인으로 목표 공유, 구성원 간 사회적 지지, 심리적 안전, 공유 정신모형, 분산기억Transactive Memory System: TMS 등 여러 요인들이 제시된 바 있다.[40] 아래에서 몇 가지 요인들을 좀 더 상세히 살펴보도록 하겠다.

먼저 심리적 안전의 중요성에 대해서는 앞장에서 충분히 설명했다. We-리더십은 지금까지 각 부서나 팀이 수행하던 지식, 기술, 업무관행과는 다른 새로운 지식과 업무관행이 실행되는 과정이다. 이러한 과정이 성공하기 위해서는 심리적 안전의 확보가 절대적이다. 또한, We-리더십의 실행과정에서 생기는 여러 가지 불확실성을 학습의 기회로 삼기 위해서는 심리적 안전이 반드시 필요하다. 아울러 We-리더십의 실행에 구성원을 적극적으로 참여시키기 위해서도 심리적 안전은 반드시 제공되어야 한다.

---

40   Carson, Tesluk, and Marrone, "Shared leadership in teams."

다음으로, We-리더십의 실행을 위해서는 구성원들이 각자 자신의 목표 달성에만 매몰되지 않고 팀이나 조직 전체 관점에서 업무를 수행해 나갈 수 있는 자세가 필요하다. 팀 목표 몰입이 높은 것으로 유명한 사우스웨스트 항공에서는 신입사원 면접에서 각자 자신을 소개하는 짧은 글을 써서 다른 지원자 앞에서 발표하도록 한다. 지원자들은 발표 능력을 평가하는 것으로 알고 열심히 발표에 몰두하지만 사실 이 면접의 목표는 다른 데 있다. 면접관들은 지원자가 얼마나 다른 지원자의 발표를 경청하고, 호응하고, 박수를 쳐주는지를 관찰하고 있다고 한다. 긴장된 면접의 순간에도 다른 사람의 발표에 집중할 수 있는 '우리의식we-ness'을 갖춘 지원자들만 다음 단계로 진행하게 되는 것이다.[41] 이렇게 팀 의식과 팀 목표를 우선시하는 선발 방식이 지난 40여 년 동안 어려운 환경에서도 사우스웨스트가 초우량 항공사로 성공할 수 있었던 토대가 된 것이다. We-리더십의 성과 역시 리더 개인이 아닌 팀워크에서 나오기 때문에 이를 강화할 수 있는 요인을 효과적으로 관리해야 한다.

다음으로, 구성원들이 스스로 영향력을 행사하는 We-리더십 환경에서 보이지 않는 장애요인은 업무나 문제를 바라보는 관점과 기본적인 발상 자체가 다른 데서 오는 문제일 것이다. 따라서 We-리더십이 효과적으로 진행되기 위해서는 구성원들이 공통의 인식을 가져야 하는데, 이것이 6장 고성과 팀 부분에서 살펴본 '공유 정신모형SMM'이다. 공유 정신모형은 구성원들이 수행하는 업무가 어떻게 진행되어야 하는지에 대해서 갖고 있는 공통된 지식구조이다.[42] 공유 정신모형은 특히 다양한 팀이 참여하는 멀티 팀 환경이나 이질적인 파트너 간의 협업 상황에서 큰 효과를 발휘할 수 있다. 만약에 각

---

41 Gittell, *Transforming relationships for higher performance.*

42 Mathieu, Heffner, Goodwin, Cannon-Bowers, and Cannon-Bowers, "The influence of shared mental models on team process and performance."

구성원이 업무의 특성과 진행방식에 대해 다른 생각을 갖고 있다면 실행방법을 둘러싸고 많은 회의와 의견 교환을 해야만 할 것이다. 이것은 We-리더십의 성공에 필요한 소중한 경영자원을 낭비하는 것이다.

그렇다면 공유 정신모형은 어떻게 만들 수 있을까? 가장 간단한 방법은 구성원들이 함께 오랜 시간을 보내는 것이겠지만 한정된 기간 동안 팀에서 함께 일하는 구성원들이 이런 방식으로 공유 정신모형을 형성하기는 어려울 것이다. 이때 중요한 것이 리더의 역할이다. 특히, 효과적인 방법은 리더가 완수해야 할 업무의 성격을 단순하고 쉬운 용어로 정의하고, 이를 반복적으로 구성원들에게 전달하는 것이다. 예를 들어, 신제품 개발을 목표로 일하는 팀의 경우, 리더가 "이번 프로젝트는 최고의 제품을 만드는 것이 아니라 적시에 신제품을 내놓는 것이다", "이 프로젝트는 품질경쟁이 아니라 시간경쟁이다"라는 식으로 게임의 규칙을 알기 쉽게 정의하고 꾸준히 전달한다면 구성원들이 업무에 대한 공통의 인식을 형성할 수 있고, 의사결정의 기준도 공유하게 될 것이다.

이런 점에서 볼 때, 공유 정신모형 구축 과정에서 리더가 사용하는 언어나 용어는 매우 중요할 수 있다. 동일한 상황에서도 어떤 용어를 통해서 어떻게 전달하느냐가 구성원의 정신모형에 영향을 미치기 때문이다. 한 실험에서 대학생들에게 일정 금액을 주고, 파트너가 된 학생과 돈을 얼마씩 나눌 것인지를 결정하도록 했다. 실험의 명칭을 월 스트리트Wall Street 게임이라고 했을 때, 학생들은 상대방에게 적은 금액을 나눠 주었다. 그런데 실험의 명칭을 공동체Community 게임이라고 하자 상대방에게 더 많은 돈을 나눠 주는 것으로 바뀌었다. 실험의 내용과 방식은 완전히 같았지만 단지 그 이름에 따라 태도와 행동이 완전히 달라진 것이다.[43] 이렇듯, 구성원들의 공유 정신모형

------

43 A. M. Grant, *Give and take: Why helping others drives our success* (New York: Penguin

을 효과적으로 형성하기 위해서 리더는 항상 자신이 사용하는 용어나 태도에 주의를 기울여야 한다.

5. We-리더십의 실천과 관련된 문제들

지금까지 복잡하고 불확실한 경영환경에서 1인 리더십의 한계를 극복할수 있는 대안으로 We-리더십을 살펴보았다. 하지만 We-리더십이라고 해서 완벽할 수는 없다. We-리더십 역시 잠재적인 문제점을 갖고 있으며, 잘못 운영되면 의도치 않은 파괴적인 결과를 만들 수도 있다. 예컨대 구성원간에 공동의 목표를 두고 충돌이나 갈등이 생길 수도 있고, We-리더십을 아무것도 하지 않는 자유방임 리더십, 결과에 대해 아무도 책임지지 않는 리더십으로 오해할 위험도 있다. 아래에서 We-리더십을 실천하면서 발생할 수있는 실제적인 문제와 이에 대한 대안을 생각해보고자 한다.

리더십 역할의 분배

첫째, 리더십을 구성원과 공유할 때, 기능과 역할을 어떻게 나눌 것인가의문제가 발생할 수 있다. 리더의 기능은 크게 업무 관련 역할과 팀워크 관련역할로 나눌 수 있다. 전통적인 리더십 행동이론은 이를 과업중심 리더십과관계중심 리더십으로 구분한다. 공식리더는 이 두 가지 역할을 모두 구성원들과 공유할 수도 있고, 경우에 따라 이 중 어느 한 역할만 공유하게 될 수도있다. 하지만 어떤 경우든 구성원들이 해당 분야에서 실질적인 영향력을 행사할 수 없다면 We-리더십이 성과를 거두기는 어려울 것이다. 이때 리더십

Books, 2013).

역할의 공유는 구성원들의 자발적인 주도로 이루어져야 하며, 공식 리더가 자기 편의에 따라 임의적으로 나눠서는 안 된다. 리더가 본인이 하기 싫은 역할, 중요도가 떨어지거나 누구도 선호하지 않는 기능을 일방적으로 배분한다면 구성원들의 저항과 반발에 직면함은 물론 그 결과도 좋지 않을 것이다.

둘째, 리더십 기능을 구성원과 공유할 때, 자연발생적인 공유가 바람직한지, 아니면 인위적인 조정이 적합한 상황인지를 고려해야 한다. 예컨대, 현재 팀 내에서 비공식 리더 역할을 하고 있는 구성원의 영향력을 그대로 인정하고 활용할 것인지, 아니면 팀 미션과 목표를 고려해서 리더가 적극적으로 조정하고 설계할 것인지의 문제라고 볼 수 있다. 이는 공식 리더와 비공식 리더 팀원의 관계가 원만하고 협력적인지, 아니면 대립과 마찰이 있는지 등 여러 가지 상황적 요인을 고려해서 결정해야 할 문제다. 특히, 팀이 몇 개의 소그룹으로 나뉘어 있을 경우에 공식 리더와 각 소그룹 리더 팀원의 역할 배분은 상당히 복잡해질 수 있다. 하지만 어떤 경우든 효과적인 방법은 있다. 구성원 간의 비공식 네트워크는 분명 자연발생적인 측면이 있지만 공식 리더는 구성원들의 정보 교류가 잘 일어나도록 네트워크를 어느 정도 설계할 수도 있다. 업무배분이나 회의 방식의 변화 등 여러 가지 방법을 활용할 수 있을 것이다.

미국 인디애나폴리스Indianapolis에 있는 라일리 어린이 병원Riley Hospital for Children의 사례를 살펴보자. 이 병원은 열여덟 개로 구성된 인디애나 대학병원 시스템 중 한 곳인데, 원장이 새로 부임한 후부터 환자 가족 중심의 회진 방식을 새롭게 도입했다. 전통적인 회진방식은 병실을 순회하면서 주치의가 환자들 앞에서 소아과 과장에게 의학 전문용어로 보고하고 토론한 다음에, 과장의 지시를 받은 주치의가 나중에 가족에게 설명하는 것이었다. 그런데 새로운 회진방식에서는 주치의가 과장이 아닌 환자 가족에게 직접 치료의 내용과 계획을 설명하도록 했다. 그러기 위해 주치의는 전문 의료용어가

아닌 일반인들이 쓰는 용어로 말
해야 했는데, 이는 전문적인 의학
교육을 받은 의료진에게는 매우
힘든 일이었다. 심지어 기존 회진
방식에서는 일부러 환자가족이 알
아듣지 못하는 말로 설명하거나,
환자를 진단명으로 부르는 경우
도 많았다. 하지만 병원이 새로운
회진방식을 강하게 밀고 나가자

변화가 시작되었다. 환자 가족은 물론 간호사, 약사, 일반 의료 근무자들까
지 치료의 경과와 계획을 모두 알 수 있게 되었고, 모두가 한 팀으로 일할 수
있게 된 것이다. 이런 새로운 의사소통 방식은 의대 학생과 레지던트들에게
새로운 배움의 기회를 제공했다. 의사들은 환자 가족과 갈등을 관리하는 법
까지 배울 수 있었고, 환자의 치료에 관련된 모두의 지식과 정보를 활용하고
통합할 수 있게 되었다.[44] 라일리 병원은 이런 혁신을 기반으로 2017~2018
년 어린이 병원 부문 최우수 병원으로 선정되었다.

리더십 네트워크와 분산기억

We-리더십에 필요한 구성원 간 정보 교류가 원활하게 이뤄지려면 팀 내
에 실질적인 의사소통 네트워크가 존재해야 하며, 리더가 이러한 네트워크
를 정확하게 인지하고 있어야 한다. 누가 누구와 소통하고 친밀한지, 구성원
들이 몇 개의 소그룹으로 나뉘어 있는지를 안다면 리더십 공유는 훨씬 쉬워
질 것이다.[45] 이런 점에서 리더와 각 구성원의 네트워크 내 위치가 중요하

---

44   Gittell, *Transforming relationships for higher performance.*

다. 예컨대, 리더가 전체 의사소통 네트워크의 중심에 위치할 때, 그리고 각 소그룹의 비공식 리더들과 원활하게 연결되어 있을 때, 리더십 공유는 훨씬 더 효과적일 것이다.[46] 따라서 관리자들은 We-리더십 자체를 하나의 네트워크로 생각하고 네트워크를 관리하는 관점을 가져야 한다.

그런데 이때 함께 고려해야 할 문제가 분산기억TMS이다. 분산기억은 각 구성원이 갖고 있는 지식과 전문성이 서로 다르고, 누가 어떤 지식과 전문성을 갖고 있는지 알고 있는 상태를 말한다.[47] 모험영화에서 주인공들이 각자 열쇠를 하나씩 갖고 있는데, 모든 열쇠를 함께 모아야만 비밀의 문이 열리는 것에 비유할 수 있다. 앞서 살펴본 칠레 광산의 사례에서, 작업반장은 일정 계획과 업무배분을, 간호교육을 받은 광부는 건강관리를, 경험 많은 고령의 광부는 심리적 안정과 생존에 대한 몰입을 각각 이끌었다. 그리고 모든 광부가 이들이 가진 역량을 알았기 때문에 그들의 주도를 흔쾌히 받아들였다. 이런 점에서 분산기억은 팀원들이 일하는 방법에 대해 공동으로 갖고 있는 지식 구조인 공유 정신모형과 구분되는 것이다.

We-리더십은 구성원들이 자신의 지식과 역량을 자발적으로 발휘해서 리더십 기능을 행사하는 것이다. 하지만 각 구성원의 지식과 역량이 중복되거나 누가 어떤 전문성을 갖고 있는지 모른다면 상황에 효과적으로 대응할 수 없을 것이다. 예를 들어, 올림픽 운영지원팀의 경우, 만약 아르헨티나 선수단에 예상치 못한 문제가 생겼을 때는 남미 지역의 전문성을 가진 구성원이

45 D. Krackhard, "Assessing the political landscape: Structure, cognition, and power in organizations," *Administrative Science Quarterly*, 35(2), 1990, pp. 342~369.

46 A. Mehra, A. L. Dixon, D. J. Brass, and B. Robertson, "The social network ties of group leaders: Implications for group performance and leader reputation," *Organization Science*, 17(1), 2006, pp. 64~79.

47 K. Lewis and B. Hendon, "Transactive memory systems: Current issues and future research directions," *Organization Science*, 22(5), 2011, pp. 1254~1265.

적절한 리더십을 발휘해야 하는데, 그러려면 모든 구성원이 남미 지역 전문성을 가진 사람이 누구인지 알고 있어야 그가 행사하는 리더십을 받아들일 것이다. 그러므로 We-리더십을 강화하기 위해서 리더는 구성원들이 같은 지식과 역량으로 경쟁하는 상태를 방치하지 말고, 각자 특유의 지식과 전문성을 배양하도록 격려하고 지원해야 한다.

We-리더십이 잘 실행되고 있는지 알아볼 때도 역시 네트워크 방식으로 측정할 필요가 있다. 예컨대 각 구성원이 다른 구성원을 리더로 인식하는 정도를 측정할 수 있다. 또 팀원 명단을 제시하고, 각각의 팀원에게 팀 전체에 얼마나 리더십 영향력을 행사하는지를 측정하는 것이다.[48] 이렇게 측정된 리더십 네트워크의 연결 정도가 높을수록 해당 팀의 리더십 공유 수준이 높다고 판단할 수 있다.

책임 공유의 중요성

앞서 불확실한 환경에서 분명한 공동의 목표를 갖고 책임을 공유할 때, We-리더십을 실천하기 적합함을 살펴보았다. 그러나 일반 기업에서는 공동의 목표가 분명하지 않고, 책임과 평가도 개인을 기준으로 하는 경우가 많다. 따라서 We-리더십을 실천하다 보면 과연 최종 책임의 공유가 가능한가라는 문제에 봉착할 수 있다. 이것은 중요하면서도 쉽지 않은 부분인데, 근본적으로 평가보상 제도와 업무 프로세스의 동시적인 변화를 요구한다.

현재와 같이 공식 리더가 팀 목표 전체에 대해 책임을 지는 방식보다는 각 구성원이 주도하는 프로젝트별로 평가와 책임을 분배하는 새로운 방식이 필요할 수도 있다. 최근 GE가 정기고과를 폐지하고 상시 피드백 방식의 평가로 전환한 이유도 각 구성원이 수행하는 프로젝트의 업무주기와 평가주기가

---

48   Carson, Tesluk, and Marrone, "Shared leadership in teams."

일치하지 않고, 프로젝트 진행 과정에서 예상치 못한 변화가 계속 발생하는 현실을 반영한 것이다.[49] 이런 점을 감안하면, We-리더십은 업무가 프로젝트 단위로 진행되는 조직에 보다 적합할 것이다.

아울러 We-리더십이 제대로 자리 잡으려면 과정보다는 결과 중심의 업무 프로세스와 평가가 더 효과적일 것이다. 또 개인을 평가할 때는 개인 성과뿐만 아니라 다른 구성원의 목표 달성에 얼마나 도움과 피드백을 주었는지를 함께 평가하는 것도 도움이 될 수 있다. 예컨대, 한 투자은행은 매년 2200명의 임직원을 대상으로 온라인 설문조사를 실시하는데, 각 동료 직원이 자기 업무에 도움이 된 정도를 일정 비율로 강제배분해 평가하도록 하고, 이 유용성 평가결과를 보상과 연계하고 있다.[50] 물론 이런 변화가 이루어지려면 구성원들의 업무 전문성과 리더십 역량의 배양이 선행되어야 할 것이다. 리더십 공유를 위한 구성원 간의 실질적인 네트워크도 존재해야 한다.

물론 이런 노력에도 불구하고, We-리더십의 실행과정에서 책임이 분산되거나 갈등이 확대될 가능성은 여전히 있다. 그래서 We-리더십의 성과는 대체로 소규모의 팀 단위로 움직이는 조직에서 더 뚜렷하게 나타날 것이다. 구글이 한 관리자하에 직속 팀원은 최대 일곱 명까지라는 '7의 규칙'을 지키고, 아마존에서 팀 규모는 '피자 두 판의 법칙'을 따르는 것도 같은 이유라고 볼 수 있다. 결론적으로 We-리더십은 구성원의 참여와 조직 민주주의의 확립 정도가 높은 조직에서 더욱 성공적으로 실행될 수 있을 것이다.

49   P. Cappelli and A. Tavis, "The performance management revolution," *Harvard Business Review*, 94(10), 2016, pp. 58~67.

50   Hansen, *Collaboration*.

협력적 리더십과 갈등관리

마지막으로, We-리더십을 실행하더라도 현재 리더의 역할을 맡고 있는 관리자의 역할이 중요하다는 점을 다시 강조하고자 한다. 협업 연구의 권위자인 모튼 한센 교수는 장애요소가 많은 협업을 성공적으로 이끌기 위해서는 과거와는 다른 '협력적 리더십collaborative leadership'이 필요함을 강조하고 있다.[51] 그 내용은 자기중심의 협소한 목표를 넘어서 조직 전체의 목표를 달성하는 것으로 성공을 재정의하기, 업무 지시보다는 구성원의 이해관계를 조화시키고 갈등을 해결할 수 있도록 구성원들을 참여시키기 등을 들 수 있다.

특히 '먼저 책임지기'가 중요하다. We-리더십의 실행과정에서 책임의 공백이나 책임 소재가 모호한 상황이 발생할 수 있다. 과거에 명확한 책임 소재와 업무분장에 익숙해 있던 리더와 구성원 누구도 자신의 문제나 책임이 아니라고 생각할 수 있기 때문이다. 이런 상황에서 "내가 책임지겠다, 그것은 내 책임이다"라고 먼저 말할 수 있는 리더십이 반드시 필요하다. 협력적 리더십은 자신이 스스로 책임을 피하지 않을 뿐만 아니라 다른 구성원에 대해서도 적극적으로 책임을 질 것을 요구하는 것이다. We-리더십은 결국 리더와 구성원들이 위험과 책임을 나눠 갖는 과정이기 때문에 누군가가 일방적으로 책임을 떠맡아서는 성공할 수 없다.

갈등관리 능력 또한 빼놓을 수 없다. 칠레 구리광산의 기적은 초기의 갈등이 잘 관리되고 팀워크가 극대화되었기 때문에 가능했다. 칠레 광부들은 구조 순서를 정할 때도 최초 안전이 불투명한 상황에서는 가장 건강한 광부가 앞장섰고, 다음으로는 당뇨, 고혈압 등 건강이 좋지 않은 광부를 구조했고, 맨 마지막에 리더 역할을 했던 루이스 우르수아가 나왔다. 심지어 이들은 생환 이후 영화제작이나 출판 제안을 받게 될 경우 경제적 이익을 동일하게 나

---

51   Hansen, 같은 책.

누자는 합의까지 할 만큼 갈등의 요인을 완벽하게 차단했다. 그러므로 We-리더십의 성공을 위해서는 사소한 의견 차이가 관계갈등으로 발전하지 않도록 유의하고, 각 팀의 상황에 맞는 창의적인 갈등관리 방안을 모색해야 한다.

6. 새로운 세대를 위한 We-리더십

조직의 핵심인력으로 성장하고 있는 밀레니얼 세대와 최근 입사하고 있는 Z세대는 지도자나 리더라는 말 자체를 별로 좋아하지 않는다. 자라면서 올바르지 않고, 부도덕하고, 무능한 리더들을 너무나 많이 봐왔기 때문이다. 지금 이 순간에도 언론, 방송, 소셜 미디어에는 나쁜 리더에 관한 이야기들이 넘쳐난다. 하지만 역설적으로 새로운 세대는 본인이 열정을 가진 분야에서는 리더십을 발휘하고 싶어 한다. 그것이 회사 모임을 기획하는 것이든, 사회공헌 활동이든, 동료를 가르치는 것이든 상관이 없다. 다른 사람에게 좋은 영향을 미치고, 세상에 좋은 일을 하려고 한다. 이들의 열정과 뛰어난 역량을 사장시키고 억누르는 것은 옳지 않을 뿐만 아니라 조직성과에도 해를 끼치는 것이다.

이런 배경에서 We-리더십은 기존의 리더와 새로운 구성원 모두가 함께 리더가 되는 생산적인 대안이 될 수 있을 것이다. 다행스러운 것은 젊은 세대들이 '능력자'라는 유행어를 만들고 즐겨 쓰는 것에서 볼 수 있듯이, 과거에 비해 직급보다는 전문성과 역량에 대한 존중 의식이 확실히 높아지고 있다는 점이다. 이러한 사회적 변화는 앞으로 We-리더십의 실행을 더욱 촉진시킬 것이다.

We-리더십으로 가는 길은 하나가 아니며, 정해져 있지도 않다. 각 조직이 상황에 맞게 노력하다 보면 자신만의 길을 찾게 될 것이다. 물론 그것은 저절로 이루어질 수 없으며, 선발, 교육훈련과 개발, 성과평가 등 조직관리의 모든 측면에서 리더십 공유를 향한 지속적인 노력이 필요할 것이다. 개인 플레이어보다는 집단적 지향성이 강한 구성원을 선발하고, 보완적인 지식과 역량을 중시하고, 공유 정신모형과 분산기억을 촉진할 수 있는 팀 빌딩과 교육훈련을 지속해야 한다. 공동 리더를 선임하고, 리더십 기능의 순환을 평가할 수 있는 상시 및 유연 평가제도를 도입하는 것과 같은 다각적인 노력이 필요할 것이다.[52]

가장 중요한 것은 현재 리더의 위치에 있는 사람들의 변화이다. 구글의 인프라팀 책임자인 빌 코프런Bill Coughran은 자신이 '자원봉사팀을 이끌고 있다'고 말한다. 재능 있는 인재들은 자신을 따르려고 하는 것이 아니라 함께 미래를 만들려고 하기 때문이다. 지시나 명령으로 이끌어갈 수 있는 팀이 아니라는 의미이다. 그래서 자신의 일은 구성원들을 이어주는 연결자와 접착제 역할, 구성원 간 관계를 만드는 네트워크 건축가, 그리고 경영진에게 제시하는 구성원의 의견을 모으는 수집가의 역할이라고 정의한다. 그래서 자신과 논쟁할 수 있는 사람을 채용한다고 말한다. We-리더십을 실천하기에 충분한 열린 자세라고 할 수 있다.[53]

오랫동안 픽사의 CEO를 지냈던 에드 캣멀 역시 쓸데없는 비전을 만드는 데 시간을 쓰지 않고, 구성원이 교류할 수 있는 광장을 만들려고 애썼다고 회고한다. 리더의 역할은 무대를 만드는 것이지 직접 주연을 하는 것이 아니기 때문이다. 그래서 영화에 대해서라면 직급이나 보직에 상관없이 누구나 직접 자신에게 말할 수 있게 만들었다. 그리고 영화에 기여한 사람들을 밝히는

52   K. L. Cullen, C. J. Palus, D. Chrobot-Mason, and C. Appaneal, "Getting to "We": Collective leadership development," *Industrial and Organizational Psychology*, 5, 2012, pp. 428~432.

53   Hill, "How to manage for collective creativity."

크레딧credit은 매우 관대하게 허용했다고 말한다. 그러려면 먼저 구성원을 자율성과 책임을 지닌 완전한 성인으로 바라봐야 할 것이다. 그리고 구성원의 기여를 진정으로 인정한다는 꾸밈없는 마음을 지속적으로 전달해야 한다. 픽사가 왜 영화의 엔딩 크레딧에 제작 기간 동안 태어난 직원의 아이 이름까지 적어주는지를 생각해봐야 할 것이다.[54]

하지만 가장 중요한 것은 구성원을 믿고 그들과 함께 가는 것이다. 리더는 구성원을 가르치고 교화하는 사람이 아니다. 전지전능한 존재처럼 부하들에게 변화하라고 말하는 리더는 그런 방식으로 자신의 지위를 유지하는 것일 뿐이다. 리더십의 본질은 공감과 연대에 있다. 세상에서 의미 있는 대부분의 일들은 자유로운 개인들의 자발적인 연대에서 비롯되고 성취되었다. 그리고 이러한 연대를 위해서는 한쪽이 다른 쪽을 지도하는 관계가 아니라 진정한 연대가 있을 때 가능해진다. 새로운 리더십은 구성원과의 관계에서 출발해야 한다. 구성원을 계도하고 이끌려고 하지 말라. 변혁을 강요하지 말고, 진정성을 교화하지 말고, 그저 조용히 연결하라. 그러면 그들이 새로운 경영의 앞날을 열어 갈 것이다.

---

54   Catmull, *Creativity, Inc.*

에필로그

 한 청년이 있다. 이 청년은 케냐 출신 아버지와 미국 출신 어머니 사이에서 태어나서 하와이와 인도네시아에서 어린 시절을 보냈다. 명석하고 포부가 컸던 청년은 캘리포니아에서 대학을 다니다가 뉴욕의 명문 컬럼비아 대학교Columbia University에 편입하게 된다. 그러나 넉넉지 못한 가정 형편 때문에 주로 흑인들이 거주하는 할렘Harlem의 남루한 아파트에서 파키스탄에서 온 불법 체류자와 함께 살고 있다. 하지만 타고난 명석함 덕분에 학교에서 두각을 나타내고, 수업에서 만난 코네티컷Connecticut의 명문가 출신 백인 여자친구와 사귀게 된다. 청년은 미국에서 흑인들의 사회적 문제를 다룬 랠프 엘리슨Ralph Ellison의 소설 『보이지 않는 사람Invisible Man』(1952)을 읽으며 여전히 자신의 정체성에 대한 고민을 계속한다.[1]

 어느 날 여자친구 집안에서 열리는 성대한 결혼식에 초대받아 함께 가게 되는데, 유색인종이라곤 찾아볼 수 없는 백인 유명 인사들 사이에서 누구와도 어울리지 못하는 불편한 하루를 보내게 된다. 어쩔 수 없이 손님들을 서빙하는 흑인 바텐더들과 잡담을 하며 시간을 보내고 있는데, 여자친구의 어머니가 청년에게 꼭 만나봐야 할 분들이 있다며 손을 잡아 이끈다. 함께 가보니 초로의 부부가 앉아 있는 테이블이다. 그날 결혼식에서 거의 유일한 유색인종 부부인데, 남편은 흑인, 아내는 아시아인이었다. 여자친구의 어머

---

1   R. Ellison, *Invisible man* (New York: Random House, 1952).

니는 적어도 겉으로는 인종차별과 전혀 거리가 먼 교양 있는 명문가의 부인
이었는데, 아마도 불편한 시간을 보내고 있는 청년을 배려하는 마음에서
그 부부를 소개한 것 같았다. 아니면 또 다른 이유가 있었는지도 모른다.

어쨌든 부부의 테이블에 앉은 청년은 어색한 대화를 시작한다. 부부 두 사
람의 얼굴에서 지나온 세월의 풍상을 읽은 청년은 지금까지 참 힘든 일이 많
으셨을 것 같다고 말문을 연다. 처음 보는 흑인 청년의 복잡한 마음을 짐작
했는지 부부는 다음과 같이 대답한다.

우리는 먼저 살다간 사람들에게서 바통을 넘겨받아서 갈 수 있는 한 멀리까지
가져갔다가 언젠가 그것을 내려놓는 겁니다. 그것이 인생이죠. 아름다운 싸움
입니다.

이 말을 들은 청년은 마침내 자신의 정체성에 관한 갈등과 방황을 멈춘다.
그리고 자신이 해야 할 일을 깨달은 것처럼 바로 일어서서 그 집을 나온다.
마침 그날은 아침에 케냐에서 걸려온 국제전화로 아버지가 돌아가셨다는 소
식을 들은 날이기도 하다. 이야기는 여기서 끝이 나지만 우리는 이 청년을
잘 알고 있다.

이 이야기는 미국의 제44대 대통령 버락 오바마Barack Obama의 청년 시절
을 그린 영화 〈배리Barry〉(2016)의 내용이다. 이후 청년 오바마는 하버드 로스
쿨Harvard Law School을 졸업하고 시카고로 가서 지역운동가와 시의회 의원으
로 활동하다가 중앙정치 무대로 진출해 마침내 미국 최초의 유색인 대통령
이 된다. 이 영화는 오바마 대통령의 정치역정이 아니라 청년 오바마의 정체
성 혼란과 갈등을 그리고 있다.

우리는 누구나 성장기에 멋진 인생을 설계한다. 하지만 우리들 대부분은
학교를 졸업하고, 어떤 조직에 들어가서 주어진 일을 하다가 정년을 맞거나

중도에 퇴직을 한다. 다른 누군가가 우리가 하던 일을 계속 이어서 할 것이다. 아마도 우리가 죽고 난 다음에도 이것은 멈추지 않을 것이다. 우리들의 인생은 과거와 미래를 연결하는 이어달리기와 같다. 위 영화에서 인도 출신 비크람 간디Vikram Gandhi 감독은 노부부의 입을 빌려서 인생의 근본 원리를 말하고 있다.

이 책은 우리 직장을 지배하는 근본원리들을 이해하기 위해 10편의 경영 고전을 다시 펼쳐 보았다. 여기 소개된 고전들은 멀리는 100년, 가까이는 30여 년 동안 수많은 경영자와 실무자들에게 많은 영향을 준 책들이다. 그러나 고전의 명성에 압도되어 이를 교리처럼 받아들일 필요는 없다. 우리의 목표는 고전의 지혜를 디딤돌 삼아 다가올 미래에 우리들 직장을 어떻게 더 나은 곳으로 만들 수 있을지 고민하는 것이다. 이제 긴 코로나 감옥을 벗어나서 다시 숨 가쁘게 새로운 미래를 시작하는 시점에서 우리는 무엇을 지키고, 무엇을 바꿔야 하는가? 컴퓨터 전원을 다시 켜서 불필요한 앱들을 지우고 리부팅하는 것처럼 우리의 직장과 경영을 리부팅해야 할 것이다. 이 책은 고전의 지혜와 함께 미래의 경영을 리부팅하기 위해 꼭 생각해보아야 할 네 가지 키워드로 몰입, 소통, 연결, 연대를 살펴보았다. 각 주제가 현재와 미래의 경영에서 어떻게 작동하고, 이것이 어떤 결과를 만들 것인가를 여러 연구를 통해 알아보고, 그 시사점을 얻고자 했다.

지금 우리는 21세기 초에 인터넷이 그랬듯이, 또 다른 혁명의 초입에 서있는지도 모른다. 어떤 이는 AI 혁명은 인터넷과는 비교할 수 없는 진정한 게임체인저가 될 것이라고 한다. 실제로 이제 휴대전화 안으로 들어온 AI는 우리의 삶을 크게 바꿔놓을 것이다. 2000년 동안 축적된 인류의 지성이 우리 손안에 있는 것이다. 하지만 경영의 현실에는 열 편의 고전이 보여준 지난날의 사고와 행동양식이 그대로 남아 있다. 애덤 그랜트Adam Grant가 말했듯이, 격동의 시대에는 생각하고 학습하는 능력보다 '다시 생각하기rethink와 탈학습unlearn'의 능력이 필요하다.[2] 지금이야말로 다시 생각하는 능력이 우리가 알고 있는 모든 것보다 더 중요한 순간이다. 다시 생각하지 않는다면, 로봇과 인공지능이 대거 직장에 들어오는 미래의 우리 직장이 음울한 공상과학 영화가 그렸던 그런 곳이 될지도 모른다.

이 책에서 필자는 자율성과 자기결정이 주도하는 몰입관리, 연결과 네트워크가 이끄는 소통관리와 혁신, 그리고 구성원의 자발적 연대가 만드는 We-리더십을 주장했다. 이제 책을 마무리하면서, 새삼 리더십 담론의 변화가 필요함을 느낀다. 지금까지 우리는 리더십을 '우두머리 담론'으로만 생각해온 것은 아닐까? 누군가 똑똑하고 뛰어난 우두머리가 우리를 이끌어주기를 기다리는 것은 아닌가? 지금 혁신기업의 경영자들은 리더의 역할은 무대를 만드는 것이지 직접 주연을 하는 것이 아니라고 말하고 있다. 리더가 할 일은 재능 있는 인재들을 모으고, 그들이 교류할 수 있는 광장을 만드는 것이라는 사실을 깨달아가고 있다. 여기에 하나를 덧붙인다면, 구성원이 힘들어하는 문제를 해결하는 것이 바로 리더가 할 일이다. 미래의 리더는 '우두머리 boss'가 아니라 '문제해결자problem-solver'가 되어야 한다. 우리 일터를 짓누르고 있는 문제에서 벗어나서 자유로운 구성원들이 만드는 자발적인 연결과 연대가 소통과 혁신, 그리고 몰입과 성취를 만들 수 있기 때문이다.

경영의 미래는 우리 앞에 열려 있다. 정해진 것은 아무것도 없다. 우리는 묵묵히 지금 우리가 해야 할 일을 하면서 미래를 맞이하면 된다. 마지막으로, 이론보다는 실천적 삶을 중시했던 덴마크의 실존주의 철학자 쇠렌 키르케고르Søren Kierkegaard의 말로 이 책을 마친다.

---

2   A. Grant, *Think again: The power of knowing what you don't know* (New York: Viking, 2021).

인생은 지나고 나서 돌아봐야만 이해할 수 있다.

그러나 우리는 미래를 향해서 살아야 한다.

Life can only be understood backwards,

but it must be lived forwards.

감사의 말

이 책은 시간에 관한 이야기이다. 이타카Ithaca의 왕 오디세우스Odysseus가 망망대해를 떠돌며 수많은 사람을 만나고 모험을 했듯이, 지난 100년간 경영에 대해 고민하고 해답을 찾았던 고전들을 살펴보고, 다시 〈2001: 스페이스 오디세이2001: A Space Odyssey〉(1968)의 디스커버리Discovery호가 목성을 향해 끝없는 우주를 항해하는 것처럼 우리를 미래로 인도할 경영의 방향을 찾아보려 했다. 과거와 미래로 시간을 여행하는 '경영 오디세이'라고 할 수도 있다.

이 책을 쓰는 데도 많은 시간이 흘러갔다. 이 책을 처음 구상한 것은 언젠가 교수의 삶에 관한 어느 에세이를 보던 날이다. 저자는 주니어 교수 시절에는 자신이 제대로 연구할 수 있는 학교를 선택했는지, 어떤 연구주제로 학문세계에 공헌할 수 있을지 생각해야 하지만 정교수가 된 후에는 자신의 유산legacy이 무엇인지 스스로 물어야 한다고 썼다. 잠시 눈길을 멈추고 내 유산이 무엇인지 생각해봤지만 쉽게 떠오르지 않았다. 그동안 나름대로 열심히 논문을 쓰고 강의를 했지만 정작 내 생각을 담은 유산을 찾기는 어려웠다. 일반 독자가 쉽게 읽을 수 있는 책을 썼던 것이 벌써 20년 전 일이 되었다. 이제라도 부족한 생각들을 모으고 정리해야 한다는 생각에서 이 책을 쓰기 시작했다. 자연스레 공부를 시작할 때부터 지금 여기까지 흘러온 경영의 시간 여행이 된 것 같다.

당연한 일이지만 이 책에는 많은 분들의 도움과 보이지 않는 후원이 담겨 있다. 먼저 제1부 '경영 고전의 이해'는 2018년 현대경제연구원에서 제작했던 경영 고전 온라인 강의 시리즈의 초고가 기초가 되었다. 당시 강의를 위해 준비했던 경영 고전 중 열 편의 원고를 수정·보완하고, 필자의 연구를 포함해서 이후에 나온 여러 연구결과를 덧붙였다. 제2부 '경영의 미래' 역시 ≪동아비즈니스리뷰DBR≫와 ≪월간 HRD≫ 등 여러 지면에 소개했던 칼럼과 기고문이 기초가 되었다. 강의 원고를 책으로 출판하겠다는 계획을 흔쾌히 허락해 주신 현대경제연구원 관계자님과 시의적절한 주제로 칼럼을 의뢰하고 출판해 주신 저널 관계자님께 감사의 말씀을 드린다.

다음으로, 지난 20여 년 동안 여러 연구를 함께했던 오랜 동료 연세대학교 오홍석 교수님과 이화여자대학교 김지영 박사, 고유미 박사를 비롯한 연구실 학생들에게 깊은 감사를 드린다. 이 책을 쓰면서 그동안 우리들이 해온 연구가 어떤 의미를 갖는 것인지 새삼 깨닫게 됐다. 2005년부터 15년 이상 지속해 온 네트워크 세미나에서 함께 공부한 한양대학교 김민수 교수님, 홍익대 이승윤 교수님, 현은정 교수님, 연세대학교 김보경 교수님, 경희대학교 양대규 교수님을 비롯해서 일일이 적을 수 없지만 결코 잊을 수 없는 많은 대학원생 회원들께도 감사의 마음을 전한다. 긴 시간 동안 어느 금요일 오후마다 치열했던 세미나의 토론들이 이 책 곳곳에 씨앗과 열매가 되어 남아 있다. 지난 20여 년간 이화여자대학교 경영대 학부와 대학원에서 필자의 수업을 들으며 활발하게 토론에 참여해 준 학생들, 그들의 반짝이는 생각들도 어딘가에 담겨 있을 것이다. 이제 이 책으로 다시 만난다면 더 좋은 토론거리가 될 것이라고 확신한다.

연세대학교 경영대 이무원 교수님은 이 책의 프롤로그에서 소개했던 조얼 포돌니 교수님의 통찰력 있는 강연을 마련하고, 훌륭한 대담을 통해 이 책 전체의 구성과 집필에 영감을 주었다. 동국대학교 경영학과 이영면 교수님(전 한국경영학회장), 고려대학교 경영대 배종석 교수님(전 한국인사조직학회장), 연세대학교 경영대 장은미 교수님(한국인사조직학회장), 서울시립대학교 경영대 이춘우 교수님(한국인사관리학회장)은 연구와 강의는 물론 여러 활동으로 바쁘신 중에도 이 책의 원고를 읽고 훌륭한 추천의 말씀을 주셨다. 롯데인재개발원 김희천 원장님과 현대자동차그룹 인재개발원 송미영 원장님도 부족한 이 책에 과분한 추천과 격려의 말씀을 보내주셨다. 국내 매니지먼트 학계를 대표하는 교수님들과 탁월한 경영학자인 김희천 원장님, 실무와 학문을 겸비한 송미영 원장님께 특별한 감사를 드린다.

마지막으로 빈틈이 많고 여러 군데 확인이 필요한 원고를 꼼꼼히 편집하고, 훌륭한 책으로 만들어주신 한울엠플러스(주) 윤순현 부장님과 김우영님을 비롯해서 이 책의 출판 과정에서 수고해 주신 모든 분들께 감사 말씀을 드린다. 이 밖에도 여기에 적지 못한 많은 분들의 도움이 있었을 것이다. 모든 분들께 감사드린다.

노벨문학상을 수상한 튀르키예의 작가 오르한 파묵Orhan Pamuk은 자신을 기계처럼 하루에 0.75장을 쓰는 작가라고 소개하며 매일 정진하는 삶을 강조했다. 비교할 바는 아니지만 책을 쓴다는 것은 분명 쉬운 일은 아닌 것 같다. 지난겨울, 계획에 비해 너무나 느리게 채워지는 원고를 보며 막막할 때마다 코끼리를 먹는 방법은 '한 번에 한입씩one bite at a time'이라는 구절을 떠올렸다. 우공愚公이 산을 옮기는 것처럼 우리들 인생과 경영도 느리지만 한 걸음씩 앞으로 나가는 것이라고 믿는다. 이제 부족하나마 시간 여행을 마무리할 수 있었다는 것에 감사한다. 내가 감히 헤아릴 수도 없는 인류 지성의 광활한 우주에서 떠돌다가 잠깐 스쳐간 어느 별의 끝자락에서나마 희미한 흔적이 남는다면 더 바랄 게 없다.

C. W. 밀스C. W. Mills는 학문세계에 입문하는 것은 직업을 선택하는 것만이 아니라 어떻게 살 것인가를 선택하는 것이라고 했다. 긴 세월 동안 힘들고 쉽지 않았던 학자의 여정을 묵묵히 함께 해준 아내와 이제 막 학문의 길

에 첫발을 내딛는 재훈과 재현에게 마음속 깊이 고마움을 전한다.

2024년 5월
신록이 우거진 대현동 교정에서
정명호

참고문헌

글래드웰, 말콤(Malcolm Gladwell). 2008. 『아웃라이어: 성공의 기회를 발견한 사람들』. 노정태 옮김. 파주: 김영사.

＿＿＿. 2010. 『그 개는 무엇을 보았는가: 참을 수 없이 궁금한 마음의 미스터리』. 김태훈 옮김. 파주: 김영사.

김범준. 2016. 「대한민국 직장인은 워커홀릭」. 『대한민국 직장인 보고서』. NH투자증권.

김병직·정명호. 2012. 「의존성과 독립성의 조화: 변혁적 리더십의 양면성과 신뢰 및 지각된 통제의 매개역할」. ≪한국심리학회지: 산업 및 조직≫, 25권, 2호, 453~476쪽.

김성국. 2008. 「Frederick W. Taylor의 과학적 관리론」. 오석홍 외. 『조직학의 주요 이론 (3판)』. 파주: 법문사. 160~166쪽.

김주엽. 2008a. 「Gareth Morgan의 조직의 여덟 가지 이미지」. 오석홍 외. 『조직학의 주요 이론(3판)』. 파주: 법문사. 567~578쪽.

＿＿＿. 2008b. 「Geert Hofstede의 문화의 결과에 관한 이론」. 오석홍 외. 『조직학의 주요 이론(3판)』. 파주: 법문사. 423~430쪽.

김희천. 2008. 「James C. Collins와 Jerry I. Porras의 비전기업에 관한 이론」. 오석홍 외. 『조직학의 주요 이론(3판)』. 파주: 법문사. 453~461쪽.

모건, 가레스(Gareth Morgan). 2012. 『조직이론: 조직의 8가지 이미지』. 박상언·김주엽 옮김. 서울: 경문사.

묄러(Hans-Georg Moeller)·담브로시오(Paul J. D'Ambrosio). 2021. 『프로필 사회: 진정성에서 프로필성으로』. 김한슬기 옮김. 서울: 생각이음.

바라바시, A. L.(Albert-László Barabási). 2002. 『링크: 21세기를 지배하는 네트워크 과학』. 강병남·김기훈 옮김. 서울: 동아시아.

벨라스케즈, 마누엘 G.(Manuel G. Velasquez). 2002. 『기업윤리』. 한국기업윤리경영연구원 옮김. 서울: 매일경제신문사.

보딘, 밥(Bob Beaudine). 2009. 『WHO: 내 안의 100명의 힘』. 김명철·조혜연 옮김. 서울:

웅진 지식하우스.

슈미트(Eric Schmidt)·로젠버그(Jonathan Rosenberg)·이글(Alan Eagle). 2014. 『구글은 어떻게 일하는가: 에릭 슈미트가 직접 공개하는 구글 방식의 모든 것』. 박병화 옮김. 파주: 김영사.

애들러, 랠프 W.(Ralph W. Adler). 2013. "아메바 경영, '따로 또 같이' 교세라의 지혜". ≪동아비즈니스리뷰(DBR)≫, 121호, 106~113쪽.

애머빌(Teresa M. Amabile)·크레이머(Steven Kramer). 2013. 전진의 법칙: 리더는 무엇을 해야만 하는가』. 윤제원 옮김. 서울: 도서출판 정혜.

에드먼슨, 에이미(Amy C. Edmondson). 2019. 『두려움 없는 조직: 심리적 안정감은 어떻게 조직의 학습, 혁신, 성장을 일으키는가』. 최윤영 옮김. 파주: 다산북스.

유민영. 2014. "매뉴얼과 연습이 낳은 허드슨 강 기적: 최악 상황 훈련해 최선을 낳자". ≪동아비즈니스리뷰(DBR)≫, 153호, 32~39쪽.

장류진. 2018. 『일의 기쁨과 슬픔』. 파주: 창작과 비평사.

정명호. 1997. 『패러독스와 경영: 합리성의 위기와 경영의 새로운 패러다임』. 서울: 삼성경제연구소.

_____. 2008a. 「복잡성 이론과 조직연구: 생물학적 관점의 재조명」. 신동엽 외. 『21세기 매니지먼트 이론의 뉴패러다임』. 서울: 위즈덤하우스. 942~989쪽.

_____. 2008b. 「Ikujiro Nonaka의 지식창조이론」. 오석홍 외. 『조직학의 주요 이론』. 파주: 법문사. 462~471쪽.

_____. 2010. 「노란 피부, 흰 가면: 포스트식민주의(Postcolonialism) 담론과 베트남 진출 한국기업의 인사관리」. ≪인사조직연구≫, 18권, 4호, 105~151쪽.

_____. 2012a. "변혁적 리더십의 두 얼굴: 누구를 위한 변혁인가". ≪동아비즈니스리뷰(DBR)≫, 103호, 17~19쪽.

_____. 2012b. "잊혀진 친구와 만나 보세요, 휴면관계의 중요성". ≪동아비즈니스리뷰(DBR)≫, 106호, 18~19쪽.

_____. 2012c. "리더를 망치는 두 가지 유혹: 아첨과 동조". ≪동아비즈니스리뷰(DBR)≫, 108호, 16~18쪽.

_____. 2012d. "성과주의는 '양날의 칼'". ≪동아비즈니스리뷰(DBR)≫, 114호, 16~18쪽.

_____. 2012e. "제언활성화, 심리적 안전에서 출발하라". ≪동아비즈니스리뷰(DBR)≫, 116호, 47~50쪽.

_____. 2013a. "평생 함께 연구한 학자들이 노벨상 받는 까닭은?" ≪동아비즈니스리뷰 (DBR)≫, 122호, 18~20쪽.

_____. 2013b. "인간본성에 맞는 조직이 고성과를 낸다". ≪동아비즈니스리뷰(DBR)≫, 124호, 26~32쪽.

_____. 2016. 「한국기업의 권력구조」. 강혜련 외. 『지속가능한 혁신공동체를 향한 실천 전략』. 서울: 클라우드 나인. 133~160쪽.

_____. 2018. "조직의 네트워크 관리, 외부팀과 우연한 교류 늘려보라". ≪동아비즈니스 리뷰(DBR)≫, 255호, 48~57쪽.

_____. 2019a. 「관계적 직무설계와 직무 관계 이론의 비판적 검토」. ≪인사조직연구≫, 27권, 1호, 73~106쪽.

_____. 2019b. "밀레니얼 세대의 조직몰입과 일 몰입". ≪월간 HRD≫, 9월호, 90~91쪽.

_____. 2019c. "조직-구성원 관계와 조직몰입". ≪월간 HRD≫, 10월호, 90~91쪽.

_____. 2019d. "직무혁신과 일 몰입". ≪월간 HRD≫, 11월호, 90~91쪽.

_____. 2019e. "직무혁신과 조직혁신을 요구하는 밀레니얼 세대의 몰입 관리". ≪월간 HRD≫, 12월호, 86~87쪽.

_____. 2020. "밀레니얼 세대 몰입 관리의 향후 과제". ≪월간 HRD≫, 1월호, 98~100쪽.

_____. 2023. "매일의 일을 통해 전진의 힘을 얻게 하라". ≪HR Insight≫, 5월호, 10~11쪽.

정명호·오홍석. 2005. 『휴먼 네트워크와 기업경영』. 서울: 삼성경제연구소.

정명호·김지영·고유미. 2019. 「제언 행동의 구조적 선행 요인에 관한 다수준 연구: 사회 적 네트워크와 지위갈등의 효과」. ≪연세경영연구≫, 56권, 2호, 103~133쪽.

조영호. 2008. 「Henri Fayol의 산업 및 일반관리론」. 오석홍 외. 『조직학의 주요 이론(3 판)』. 파주: 법문사. 143~151쪽.

채승병. 2007. 「네트워크의 함정, 어떻게 벗어날까?」. SERICEO 삼성경제연구소.

페로, 찰스(Charles Perrow). 2013. 『무엇이 재앙을 만드는가: '대형 사고'와 공존하는 현 대인들에게 던지는 새로운 물음』. 김태훈 옮김. 서울: 알에이치코리아.

포돌니, 조얼(Joel M. Podolny). 2023.8.17. "From marching backwards to marching forward". 한국경영학회 융합학술대회 기조강연. 부산 BEXCO.

한병철. 2012. 『피로사회』. 서울: 문학과 지성사.

≪국민일보≫. 2024.1.28. "가장 우울한 국가여행, 한국방문 미 작가가 본 원인".

≪동아일보≫. 2023.1.2. "한국인은 서울대 꿈꾼다지만 하버드는 행복과 관련 없었다".

_____. 2023.11.2. "미국 델타항공 부기장, 총으로 기장 위협".

≪매일경제≫. 2021.12.23. "다시 솔직해질래, 이대로 관료주의 길 갈래".

_____. 2022.2.9. "MZ세대 20% 친구가 없다, 전 세계 '외로움 위기' 주의보".

≪문화일보≫. 2023.3.16. "마크 저커버그, "재택하는 직원은 일 못해" ".

≪서울경제≫. 2024.1.25. "직장인 90% '올해 이직 원해' ".

≪아시아경제≫. 2022.9.9. "미 직장인 절반은 조용한 사직자".

_____. 2023.2.20. "조용한 퇴사에 이은 리젠티즘".

≪연합뉴스≫. 2024.1.7. "모든 산업에 스며든 AI".

≪이데일리≫. 2023.2.21. "영혼 없는 AI가 해고 대상자도 결정한다".

≪조선일보 Weekly Biz≫. 2015.1.17. "충분히 즐기고 있나, 몰입의 마술".

_____. 2016.2.20. "자유를 누리되 책임을 져라".

≪중앙선데이≫. 2020.1.18. "최정혁의 월스트리트 리더십, 달리오 브리지워터 창업자".

≪중앙일보≫. 2019.1.20. "바텐더로 변신한 김택진 대표, 수직보다 수평 택한 판교밸리".

_____. 2020.7.13. "SK회장 라면 먹방 찍는 이유".

≪한경비즈니스≫. 2023.4.3. "유연근무가 기업 생산성에 효과적, 알지만 도입 꺼리는 경영진들".

_____. 2024.1.2. "따분한 살림꾼 팀쿡이 천재 잡스를 뛰어넘은 비결".

≪헤럴드경제≫. 2022.12.15. "120만 팬덤, 벨리곰".

Amabile, T. 1988. "A model of creativity and innovation in organizations." *Research in Organizational Behavior* (JAI Press), 10, pp. 123~167.

Amabile, T. and S. J. Kramer. 2011a. "The power of small wins." *Harvard Business Review*, 89(5), pp. 70~80.

_____. 2011b. *The progress principle*. Cambridge: Harvard University Press.

Ancona, D. and H. Bresman 2007. *X-teams: How to build teams lead, innovate and succeed*. Boston: Harvard Business School Press.

Ancona, D., T. W. Malone, W. J. Orlikowski, and P. M. Senge. 2007. "In praise of the incomplete leader." *Harvard Business Review*, 85(2), pp. 92~100.

Asch, S. 1955. "Opinions and social pressure." *Scientific American*, 193(5), pp. 31~35.

Ashby, W. L. 1956. *An introduction to cybernetics.* New York: Wiley.

Avey, J. B., B. J. Avolio, C. D. Crossley, and F. Luthans. 2009. "Psychological owner-ship: Theoretical extensions, measurement and relation to work outcomes." *Journal of Organizational Behavior*, 30, pp. 173~191.

Baker, W. E. 2001. *Achieving success through social capital.* San Francisco: Jossey-Bass.

Barney, J. B. 1991. "Firm resources and sustained competitive advantage." *Journal of Management*, 17(1), pp. 99~120.

Bass, B. M. and B. J. Avolio. 1994. *Improving organizational effectiveness through trans-formational leadership.* Thousand Oaks: Sage.

Berger, P. and T. Luckman. 1966. *The social construction of reality: A treatise in the soci-ology of knowledge.* New York: Doubleday.

Binder, J. and M. D. Watkins. 2024. "To solve tough problem, reframe it." *Harvard Busi-ness Review*, 102(1), pp. 80~89.

Bishop, J. W. and K. D. Scott. 2000. "An examination of organizational and team com-mitment in a self-directed team environment." *Journal of Applied Psychology*, 85(3), pp. 439~450.

Blumberg, M. and C. D. Pringle. 1982. "The missing opportunity in organizational research: Some implications for a theory of work performance." *Academy of Management Review*, 7(4), pp. 560~569.

Braverman, H. 1974. *Labor and monopoly capital.* New York: Monthly Review Press.

Burchell, M. and J. Robin 2011. *The great workplace: How to build it, how to keep it, and why it matters.* San Francisco: Jossey-Bass.

Burleson, B. R. 2010. "The nature of interpersonal communication." In C. R. Berger, M. E. Roloff, and D. R. Roskos-Ewoldsen (Eds.). *The handbook of communication science*, 2nd Ed. Thousand Oaks: Sage. pp. 145~163.

Burt, R. 1997. "The contingent value of social capital." *Administrative Science Quarterly*, 42(2), pp. 339~365.

Byrne, D. E. 1971. *The attraction paradigm.* Cambridge: Academic Press.

Cappelli, P. 2020. "Stop overengineering people management." *Harvard Business Review*, 98(5), pp. 56~63.

Cappelli, P. and A. Tavis. 2016. "The performance management revolution." *Harvard Business Review*, 94(10), pp. 58~67.

Carson, J. B., P. E. Tesluk, and J. A. Marrone. 2007. "Shared leadership in teams: An investigation of antecedent conditions and performance." *Academy of Management Journal*, 50(5), pp. 1217~1234.

Carter, D. R. and L. A. Dechurch. 2012. "Networks: The way forward for collectivistic leadership research." *Industrial and Organizational Psychology*, 5, pp. 412~415.

Catmull, E. 2014. *Creativity, Inc.* New York: Random House.

Chen, G. and R. Kanfer. 2024. "The future of motivation in and of teams." *Annual Review of Organizational Psychology and Organizational Behavior*, 11, pp. 93~112.

Coleman, J. 1988. "Social capital in the creation of human capital." *American Journal of Sociology*, 94, pp. 95~120.

Collins, J. and J. I. Porras. 1994. *Built to last: Successful habits of visionary companies.* New York: HarperBusiness.

Contu, A. and L. Pecis. 2017. "Groups and teams at work." In D. Knights and H. Willmott (Ed.). *Introducing organizational behaviour and management.* Thomson Learning. https://www.researchgate.net/publication/312188434_Groups_and_teams_at_work.

Coyle, D. 2018. *The culture code: The secrets of highly successful groups.* New York: Bantam Books.

Cropanzano, R. and M. S. Mitchell. 2005. "Social exchange theory: An interdisciplinary review." *Journal of Organizational Behavior*, 31(6), pp. 874~900.

Cross, R., N. Nohria, and A. Parker. 2002. "Six myths about informal networks — and how to overcome them." *Sloan Management Review*, 43(3), pp. 67~75.

Csikszentmihalyi, M. 1990. *Flow: The psychology of optimal experience.* New York: Harper and Row.

Cullen, K. L., C. J. Palus, D. Chrobot-Mason, and C. Appaneal. 2012. "Getting to "We":

Collective leadership development." *Industrial and Organizational Psychology*, 5, pp. 428~432.

Davis-Blake, A. and J. Pfeffer. 1989. "Just a mirage: The search for dispositional effects in organizational research." *Academy of Management Review*, 14(3), pp. 385~400.

Deci, E. L. and R. M. Ryan. 1985. *Intrinsic motivation and self-determination in human behavior.* New York: Plenum.

Denise, J. L., A. Langley, and V. Sergi. 2012. "Leadership in the plural." *Academy of Management Annals*, 6(1), pp. 211~283.

Dutton, J. E. and E. D. Heaphy. 2003. "The power of high-quality connections." In K. S. Cameron, J. E. Dutton, and R. E. Quinn (Eds.). *Positive organizational scholarship.* San Francisco: Berrett-Koehler. pp. 328~342.

Edmondson, A. C. 1996. "Learning from mistakes is easier said than done: Group and organizational influences on the detection and correction of human error." *Journal of Applied Behavioral Science*, 32(1), pp. 5~28.

_____. 1999. "Psychological safety and learning behavior in work teams." *Administrative Science Quarterly*, 44(2), pp. 350~383.

Edmondson, A. C. and D. P. Bransby. 2023. "Psychological safety comes of age: Observed themes in an established literature." *Annual Review of Organizational Psychology and Organizational Behavior*, 10, pp. 55~78.

Ellison, R. 1952. *Invisible man.* New York: Random House.

Forsyth, D. R. 2009. *Group dynamics*, 5th Ed. Pacific Grove: Brooks/Cole.

Frei, F. and A. Morris. 2023. "Story-telling that drives bold change." *Harvard Business Review*, 101(6), pp. 62~71.

Fu, P., A. Tsui, J. Liu, and C. Li. 2010. "Pursuit of whose happiness? Executive leaders' transformational behaviors and personal values." *Administrative Science Quarterly*, 55(2), pp. 222~254.

Gardner, H. K. 2012. "Performance pressure as a double-edged sword: Enhancing team motivation but undermining the use of team knowledge." *Administrative Science Quarterly*, 57(1), pp. 1~46.

Gates, B. and C. Hemingway, 1999. *Business@the speed of thought: Using a digital ner-*

vous system. New York: Warner Books.

George, B., P. Sims, A. McLean, and D. Mayer. 2007. "Discovering your authentic leadership." *Harvard Business Review*, 85(2), pp. 129~138.

Gittell, J. H. 2003. *The Southwest Airlines Way*. New York: McGraw-Hill.

_____. 2016. *Transforming relationships for higher performance: The power of relational coordination*. Stanford: Stanford University Press.

Gittell, J. H., R. Seidner, and J. Wimbush. 2010. "A relational model of how high-performance work system works." *Organization Science*, 21(2), pp. 490~506.

Gooty, J., G. C. Banks, A. McBride, and D. van Knippenberg. 2024. "Is authenticity a "true self", multiple selves, behavior, evaluation, or a hot mess? Response to Helmuth et al." *Journal of Organizational Behavior*, 45(1), pp. 145~150.

Granovetter, M. 1973. "The strength of weak tie." *American Journal of Sociology*, 78(6), pp. 1360~1380.

Grant, A. M. 2007. "Relational job design and the motivation to make a prosocial difference." *Academy of Management Review*, 32(2), pp. 393~417.

_____. 2013. *Give and take: Why helping others drives our success*. New York: Penguin Books.

_____. 2021. *Think again: The power of knowing what you don't know*. New York: Viking.

Grant, A. M., and S. K. Parker. 2009. "Redesigning work design theories: The rise of relational and proactive perspective." *Academy of Management Annals*, 3(1), pp. 317~375.

Hackman, J. R. and G. R. Oldham. 1976. "Motivation through the design of work: Test of a theory." *Organization Behavior and Human Performance*, 16(2), pp. 250~279.

Hamel, G. and C. K. Prahalad. 1994. *Competing for the future*. Boston: Harvard Business School Press.

Hammer, M. and J. Champy. 1993. *Reengineering the corporation: A manifesto for business revolution*. New York: HarperCollins.

Hansen, M. 2009. *Collaboration: How leaders avoid the traps, create unity, and reap*. Cambridge: Harvard Business School Press.

Hastings, R. and E. Meyer. 2020. *No rule rules: Netflix and the culture of reinvention.* New York: Penguin Books.

Heimans, J. and H. Timms. 2024. "Leading in a world where AI wields power of its own." *Harvard Business Review,* 102(1), pp. 70~79.

Helmuth, C. A., M. S. Cole, and S. Vendette. 2024. "Actions are authentic but are leaders? A reconceptualization of authenticity and leadership practice." *Journal of Organizational Behavior,* 45(1), pp. 119~135.

Herzberg, F. 1968. "One more time: How do you motivate employees?" *Harvard Business Review,* 46(1), pp. 53~62.

Herzberg, F., B. Mausner, and B. B. Snyderman. 1959. *The motivation to work.* New York: Wiley.

Hofstede, G. 1980. *Culture's consequences: International differences in work-related values.* Beverly Hills: Sage.

Hofstede, G., G. J. Hofstede, and M. Minkov. 1991. *Cultures and organizations: Software of the mind.* New York: McGraw Hill.

Huston, L. and N. Sakkab. 2006. "Inside Proctor & Gamble's new model for innovation: Connect and develop." *Harvard Business Review,* 84(3), pp. 58~66.

Ibarra, H. 2015. "The authenticity paradox." *Harvard Business Review,* 93(1), pp. 52~59.

Jang, S. and M. Chung. 1995. "Discursive contradiction of tradition and modernity in Korean management practices: A case study of Samsung's New Management." In Sonja A. Sackman (Ed.). *Cultural complexity in organizations: Inherent contrasts and contradictions.* Thousand Oaks: Sage. pp. 51~71.

Janis, I. L. 1972. *Victims of groupthink: A psychological study of foreign-policy decisions and fiascoes.* Boston: Houghton Mifflin.

_____. 1982. *Groupthink: Psychological studies of policy decisions and fiascoes,* 2nd Ed. Boston: Cengage Learning.

Julie and T.J. 2020.1.14. "Pixar's onward: From day 1 to now — Our behind-the-scenes interview with Dan Scanlon and Kori Rae [audio]." Pixar Post. https://pixar post.com/2020/01/behind-the-scenes-of-pixar-onward.html(접속일: 2024.5.22).

Kahn, W. A. 1990. "Psychological conditions of personal engagement and disengagement at work." *Academy of Management Journal*, 33(4), pp. 692~724.

_____. 2007. "Meaningful connections: Positive relationships and attachments at work." In J. E. Dutton and B. R. Ragins (Eds.) *Exploring positive relationships at work*. New York: Psychology Press. pp. 189~206.

Kahneman, D. and A. Deaton. 2010. "High income improves evaluation of life but not emotional well-being." *Proceedings of National Academy of Science (PNAS)*, 107 (38), pp. 16489~16493.

Karlgaard, R. 2015.4.13. "Think (Really!) Small." *Forbes*, p. 32.

Katzenbach, J. R. and Smith, D. K. 1992. *The wisdom of teams: Creating the high-performance organization*. Boston: Harvard Business School Press.

Kelley, R. E. 1992. *The power of followership*. New York: Doubleday Business.

Kim, J. and M. Chung. 2024. "Trust networks, compassionate helping and employee performance." *Personnel Review*, 53(2), pp. 605~620.

Kim, K. Y., J. G. Messersmith, and R. Eisenberger. 2020. "Social distancing initiatives and perceived organizational support: It's the intended beneficiary that counts." *Group & Organization Management* (online).

Ko, Y. and M. Chung. 2018. "Too close to speak up? How group cohesion and status conflict affect group voice." Proceedings of AOM Annual Meeting, Chicago, USA.

Kotter, J. P. 1990. "What leaders really do." *Harvard Business Review*, 68(3), pp. 103~111.

Krackhard, D. 1990. "Assessing the political landscape: Structure, cognition, and power in organizations." *Administrative Science Quarterly*, 35(2), pp. 342~369.

Lee, J. W., E. Quintane, S. Y. Lee, C. U. Ruiz, and M. Kilduff. 2024. "The strain of spanning structural holes: How brokering leads to burnout and abusive behavior." *Organization Science*, 35(1), pp. 177~194.

Levin, D. Z., J. Walter, and J. K. Murnighan. 2011. "Dormant ties: The value of recon-necting." *Organization Science*, 22(4), pp. 923~939.

Levitt, B. and J. G. March. 1988. "Organizational learning." *Annual Review of Sociology*, 14, pp. 319~340.

Lewis, K. and B. Hendon. 2011. "Transactive memory systems: Current issues and future research directions." *Organization Science*, 22(5), pp. 1254~1265.

Liang, J., C. I. Farh, and J. L. Farh. 2012. "Psychological antecedents of promotive and prohibitive voice: A two wave examination." *Academy of Management Journal*, 55(1), pp. 71~92.

March, J. 1991. "Exploration and exploitation in organizational learning." *Organization Science*, 2(1), pp. 71~87.

Mathieu, J. E., T. S. Heffner, G. F. Goodwin, E. S. Cannon-Bowers, and J. A. Cannon-Bowers. 2000. "The influence of shared mental models on team process and performance." *Journal of Applied Psychology*, 85(2), pp. 273~283.

Mehra, A., A. L. Dixon, D. J. Brass, and B. Robertson. 2006. "The social network ties of group leaders: Implications for group performance and leader reputation." *Organization Science*, 17(1), pp. 64~79.

Meindl, J. R., S. B. Ehrlich, and J. M. Dukerich. 1985. "The romance of leadership." *Administrative Science Quarterly*, 30(1), pp. 78~102.

Meyer, J. P. and N. J. Allen. 1991. "A three-component conceptualization of organizational commitment." *Human Resource Management Review*, 1(1), pp. 61~98.

Miles, S. A. and M. D. Watkins. 2007. "The leadership team." *Harvard Business Review*, 85(4), pp. 90~98.

Miller, G. A. 1956. "The magical number seven, plus or minus two: Some limits on our capacity for process information." *Psychological Review*, 63(2), pp. 81~97.

Mitchell, T. R., B. C. Holtom, T. W. Lee, C. J. Sablynski, and M. Erez. 2001. "When people stay: Using job embeddedness to predict voluntary turnover." *Academy of Management Journal*, 44(6), pp. 1102~1121.

Morgan, G. 1986. *Images of organization*. Beverly Hills: Sage.

NASA. 1986.6.6. Report of the presidential commission on the space shuttle Challenger accident.

Nohria, N. 2020. "What organizations need to survive a pandemic." *Harvard Business Review*, 98(1), pp. 130~131.

Nonaka, I. 1991. "The knowledge-creating company." *Harvard Business Review*, 69(6), pp. 96~104.

Nonaka, I. and H. Takeuchi. 1995. *The knowledge-creating company: How Japanese companies create the dynamics of innovation.* New York: Oxford University Press.

O'Reilly, C. A. and M. L. Tushman. 2004. "The ambidextrous organization." *Harvard Business Review*, 82(2), pp. 74~81.

Oh, H., M. Chung, and G. Labianca. 2004. "Group social capital and group effectiveness: The moderating role of informal socializing ties." *Academy of Management Journal*, 47(6), pp. 860~875.

Oh, H., G. Labianca, and M. Chung. 2006. "A multilevel model of group social capital." *Academy of Management Review*, 32(3), pp. 569~582.

Okhuysen, G. A., D. Lepak, K. L. Ashcraft, G. Labianca, V. Smith, and H. K. Steensma. 2013. "Theories of work and working today." *Academy of Management Review*, 38(4), pp. 491~502.

Park, S. H., J. D. Westphal, and I. Stern. 2011. "Set up for a fall: The insidious effects of flattery and opinion conformity toward corporate leaders." *Administrative Science Quarterly*, 56(2), pp. 257~302.

Perrow, C. 1984. *Normal accidents: Living with high-risk technologies.* New York: Basic Books.

Peters, T. J. and R. H. Waterman, Jr. 1982. *In search of excellence: Lessons from America's best-run companies.* New York: Harper Business.

Petroski, H. 1992. *The evolution of useful things.* New York: Alfred A. Knopf.

Pfeffer, J. 1994. *Competitive advantage through people: Unleasing the power of the workforce.* Boston: Harvard Business School Press.

_____. 1998. "Six dangerous myth about pay." *Harvard Business Review*, 76(3), pp. 109~119.

_____. 2010. "Power play." *Harvard Business Review*, 88(7), pp. 84~92.

Pierce, J. L., T. Kostova, and K. T. Dirks. 2001. "Toward a theory of psychological ownership in organizations." *Academy of Management Review*, 26(2), pp. 298~310.

Pillemer, J. and N. P. Rothbard. 2018. "Friends without benefits: Understanding the dark side of workplace friendship." *Academy of Management Review*, 43(4), pp. 635~

660.

Pisano, G. P. and R. Verganti. 2008. "Which kind of collaboration is right for you?" *Harvard Business Review*, 86(12), pp. 78~86.

Polanyi, M. 1966. *The tacit dimension*. London: Routledge & Kegan Paul.

Porter, M. E. 1979. "How competitive forces shapes strategy." *Harvard Business Review*, July-August.

_____. 1980. *Competitive strategy*. New York: Free Press.

Putnam, R. D. 2001. *Bowling Alone: The Collapse and Revival of American Community*. New York: Simon & Schuster.

Rhoades, L. and R. Eisenberger. 2002. "Perceived organizational support: A review of the literature." *Journal of Applied Psychology*, 87(4), pp. 698~714.

Rich, B. L., J. A. Lepine, and E. R. Crawford. 2010. "Job engagement: Antecedents and effects on job performance." *Academy of Management Journal*, 53(3), pp. 617~635.

Robbins, S. P. and T. A. Judge. 2024. *Organizational behavior*, 19th Ed. Pearson (Global Edition).

Robinson, A. G. and Stern, S. 1997. *Corporate creativity: How innovation and improvement actually happen*. San Francisco: Berrett-Koehler.

Schneider, B. 1987. "The people make the place." *Personnel Psychology*, 40, pp. 437~453.

Schulite, M., N. A. Cohen, and K. J. Klein. 2012. "The coevolution of network ties and perceptions of team psychological safety." *Organization Science*, 23(2), pp. 564~581.

Senge, P. M. 1990. *The fifth discipline: The art and practice of the learning organization*. New York: Currency.

Shenkar, O. 2001. "Cultural distance revisited: Towards a more rigorous conceptualization and measurement of cultural differences." *Journal of International Business Studies*, 32(3), pp. 519~535.

Sherif, M., O. J. Harvey, B, J. White, W. R. Hood, and C. W. Sherif. 1961. *Intergroup conflict and cooperation: The Robber's Cave experiment*. Norman: University

Book Exchange.

Snell, S. A. and S. S. Morris. 2019. *Managing Human Resources*, 18th Ed. Boston: Cengage.

Snyder, M. and S. Gangestad 1986. "On the nature of self-monitoring: Matters of assessment, matters of validity." *Journal of Personality and Social Psychology*, 51, pp. 125~139.

Sosa, M. E. 2011. "Where do creative interactions come from? The role of tie content and social networks." *Organization Science*, 22(1), pp. 1~21.

Staw, B. M., L. E. Sandelands, and J. E. Dutton. 1981. "Threat rigidity effects in organizational behavior: A multilevel analysis." *Administrative Science Quarterly*, 26(4), pp. 501~524.

Stillman, D. and J. Stillman. 2017. *Gen Z@work: How the next generation is transforming the workplace*. New York: HarperBusiness.

Taleb, N. N. 2007. *The black swan: The impact of the highly improbable*. New York: Random House.

Tamayo, J., L. Doumi, S. Goel, O. Kovacs-Ondrejkovic, and R. Sadun. 2023. "Reskilling in the age of AI." *Harvard Business Review*, 101(5), pp. 56~65.

Taylor, F. W. 1911. *The principles of scientific management*. New York: Harper & Bros.

Tung, R. L. and A. Verbeke. 2010. "Beyond Hofstede and GLOBE: Improving the quality of cross-cultural research." *Journal of International Business Studies*, 41(8), pp. 1259~1274.

Uhl-Bien, M., R. Riggio, K. Lowe, and M. Carsten. 2014. "Followership theory: A review and research agenda." *Leadership Quarterly*, 25(1), pp. 83~104.

Uzzi, B. and S. Dunlap. 2005. "How to build your network." *Harvard Business Review*, 83(12), pp. 53~60.

Vogel, E. F. 1979. *Japan as No. 1*. Cambridge: Harvard University Press.

Von Bertalanffy, L. 1972. "The history and status of general system theory." *Academy of Management Journal*, 15(4), pp. 407~426.

Wolf, Gary. 1996.2.1. "Steve Jobs: The next insanely great thing." *Wired*.

Wrzesniewski, A. and J. Dutton. 2001. "Crafting a job: Revisioning employees as active crafters of their work." *Academy of Management Review*, 26(2), pp. 179~201.

Wrzesniewski, A., J. Berg, and J. E. Dutton. 2010. "Turn the job you have into the job you want." *Harvard Business Review*, 88(6), pp. 114~117.

Yammarino, F. J., E. Salas, A. Servan, K. Shirreffs, and M. L. Shuffler. 2012. "Collectivistic leadership approaches: Putting the "We" in leadership science and practice." *Industrial and Organizational Psychology*, 5, pp. 382~402.

Zaki, J. 2024. "How to sustain your empathy in difficult times." *Harvard Business Review*, 102(1), pp. 63~69.

Future Forum Pulse Summer Snapshop Report. July 2022.

"Does money buy happiness? Here's what the research says." Knowledge at Wharton. March 23, 2023.

"Organizational network mapping." Krebs & Associates. http://www.orgnet.com/OrgNet Map.pdf.

"The gravity of $70k." Gravity Payments. https://gravitypayments.com/the-gravity-70k-min/(접속일: 2024.5.22).

"US Airways Flight 1549." Wikipedia. https://en.wikipedia.org/wiki/US_Airways_Flight_ 1549.

지은이

정명호

이화여자대학교 경영대에서 인사조직전략 분야 교수로 일하고 있다. 연세대학교에서 조직행동으로 경영학 박사를 받고, 삼성경제연구소, 미국 펜실베이니아 주립대학교, 메릴랜드 대학교에서 연구했다. (사)한국인사조직학회 31대 회장을 역임했으며, ≪인사조직연구≫ 편집위원장, ≪경영학연구≫ 부편집위원장으로 일했다. 여러 학회의 최우수논문상과 한국인사조직학회가 수여하는 중견연구자 학술상을 수상했다.

사회적 네트워크 이론, 권력과 다양성 관리, 고성과 팀, 공유 리더십 분야를 연구하고 있으며, 매니지먼트 분야 최우수 저널인 *Academy of Management Journal*과 *Academy of Management Review*를 비롯해 *Personnel Review*, *Small Group Research*, ≪인사조직연구≫, ≪경영학연구≫ 등 국내외 우수 저널에 50여 편의 논문을 발표했다. 저서로는 *Cultural Complexity in Organizations*(공저, 1997), 『패러독스와 경영』(1997), 『휴먼 네트워크와 기업경영』(공저, 2005), 『매니지먼트 이론 2.0』(공저, 2019) 등이 있으며, ≪동아비즈니스리뷰(DBR)≫, ≪월간 HRD≫ 등에 칼럼을 연재했다.

국내 유수 기업과 기관에서 소통관리, 고성과 조직관리, We-리더십 등에 대한 강의와 자문을 하며, 더 좋은 직장 만들기에 힘쓰고 있다.

한울아카데미 2523

경영 고전과 열린 미래

ⓒ 정명호, 2024

지은이 정명호
펴낸이 김종수
펴낸곳 한울엠플러스(주)
편집 김우영

초판 1쇄 인쇄 2024년 6월 18일
초판 1쇄 발행 2024년 7월 13일

주소 10881 경기도 파주시 광인사길 153 한울시소빌딩 3층
전화 031-955-0655
팩스 031-955-0656
홈페이지 www.hanulmplus.kr
등록 제406-2015-000143호

Printed in Korea.
ISBN 978-89-460-7523-8 93320

※ 책값은 겉표지에 표시되어 있습니다.
※ 이 책에는 KoPubWorld체(한국출판인회의, 무료 글꼴)가 사용되었습니다.